高等职业教育　市场营销专业教材

销售管理
原理与实务
（第三版）

主　编　◇　易正伟　　杨叶飞
副主编　◇　龙欣荣　　谢锦春　　陈志丹

中国水利水电出版社
www.waterpub.com.cn
·北京·

内 容 提 要

本书系统介绍了销售管理的知识、方法和工具。书中按照销售管理工作过程的逻辑层次展开，包括销售管理认知、销售计划管理、销售组织管理、销售人员管理、销售过程管理、销售网络管理、客户管理和销售物流管理等八大教学模块（共十二个教学单元），便于读者学习和理解。

本书在保留第二版基本结构和特色的基础上，紧跟销售管理理论和实践领域的新发展。校企编写团队对部分内容进行了修订，同时根据每个单元的教学重点和难点精心设计了微课，以帮助读者加深对教材重难点知识的理解。

本书可供高职院校市场营销专业学生使用，也可供广大销售实践工作者和有志于从事销售工作的人士参考。

本书配有免费电子教案，读者可以从中国水利水电出版社网站以及万水书苑下载，网址为：http://www.waterpub.com.cn/softdown/ 或 http://www.wsbookshow.com。

图书在版编目（CIP）数据

销售管理原理与实务 / 易正伟, 杨叶飞主编. -- 3版. -- 北京：中国水利水电出版社，2022.8
高等职业教育市场营销专业教材
ISBN 978-7-5226-0841-9

Ⅰ. ①销… Ⅱ. ①易… ②杨… Ⅲ. ①销售管理－高等职业教育－教材 Ⅳ. ①F713.3

中国版本图书馆CIP数据核字(2022)第121242号

策划编辑：周益丹　责任编辑：石永峰　加工编辑：曲书瑶　封面设计：梁　燕

书　　名	高等职业教育市场营销专业教材 **销售管理原理与实务（第三版）** XIAOSHOU GUANLI YUANLI YU SHIWU
作　　者	主　编　易正伟　杨叶飞 副主编　龙欣荣　谢锦春　陈志丹
出版发行	中国水利水电出版社 （北京市海淀区玉渊潭南路1号D座 100038） 网址：www.waterpub.com.cn E-mail: mchannel@263.net（万水） 　　　　sales@mwr.gov.cn 电话：(010) 68545888（营销中心）、82562819（万水）
经　　售	北京科水图书销售有限公司 电话：(010) 68545874、63202643 全国各地新华书店和相关出版物销售网点
排　　版	北京万水电子信息有限公司
印　　刷	三河市航远印刷有限公司
规　　格	184mm×260mm　16开本　18.25印张　422千字
版　　次	2011年8月第1版　2011年8月第1次印刷 2022年8月第3版　2022年8月第1次印刷
印　　数	0001—2000册
定　　价	59.00元

凡购买我社图书，如有缺页、倒页、脱页的，本社营销中心负责调换

版权所有·侵权必究

第三版前言

企业只有成功地进行销售才能生存下去，并获得持续发展，伴随企业活动的一切投资才能保值和增值。因此，对企业而言，销售工作是至关重要的。销售管理作为对企业销售活动进行计划、组织、指挥和控制的活动，其水平和效率的高低直接决定企业销售乃至整个经营的成败。

换句话说，没有任何企业能离开销售管理活动而生存，任何企业都不能不设置销售管理相关岗位。因此，"以就业为导向"的高职院校，其市场营销专业也就非常有必要开设销售管理课程，并将销售管理技能作为其学生的一项核心职业技能来培养。

鉴于此，我们联合具有多年实战经验的高职院校教师和长期战斗在市场一线的职业经理人、行业专家，在深入调研企业销售管理岗位群设置及职业技能要求的基础上，结合高职院校学生的学习特点，以销售管理工作过程为主线，与企业合作共同编写了本书。

本书特色如下：

1. 还原企业工作场景，突出实践应用

书中涉及的知识、方法和工具均从实际应用场景出发，避免抽象晦涩的理论陈述；按照销售管理工作过程设计教学模块单元，通过项目任务实战，把理论与应用紧密结合，结构清晰、逻辑性强，便于读者学习和理解。

2. 对标企业行业规范，体现专业素养

按照企业销售管理工作过程将全书内容分成八大教学情境，即销售管理认知、销售计划管理、销售组织管理、销售人员管理、销售过程管理、销售网络管理、客户管理和销售物流管理，且为每一个教学情境精心设计了教学单元、教学项目和教学任务，并设置具体的知识目标、能力目标和素质目标。

3. 组织校企编写团队，重构知识体系

本书由校企专家联合编写，他们是具有丰富实战经验的高职院校教师和长期工作在市场一线的职业经理人、行业专家。书中融入大量的实战案例、方法和工具，让读者少走弯路，提高学习效率。书中有原理和案例，有方法和工具，体系严谨，理实一体，将烦杂的管理活动简单化。

4. 注重人才培养效果，融入课程思政

坚持将立德树人作为教材编写的指导方针，让课程思政生根落地。每个单元除了设置"知识点"和"技能点"外，新增了"素养点"，将课程思政和生态文明教育贯穿始终。

5. 配套丰富教学资源，方便学习提升

本书配备了丰富的教学资源，电子课件、教案、课程标准、教学大纲、实训模块、试卷及答案、小模块参考答案等配套资源齐全。此外，为适应信息化教学的要求，根据每个单元的教学重点和难点精心设计了微课，以帮助读者加深对教材重难点知识的理解。

本书由易正伟、杨叶飞任主编，龙欣荣、谢锦春、陈志丹任副主编。其中广东工贸职业技术学院易正伟负责单元1、5、6、7、8的修订工作，深圳职业技术学院杨叶飞负

责单元 2、3、10 的修订工作，广州例外服饰有限公司龙欣荣负责单元 9 和 12 的修订工作，蚂蚁集团支付宝商业线谢锦春负责单元 4 的修订工作，易简传媒科技集团股份有限公司陈志丹负责单元 11 的修订工作，全书（第三版）由易正伟负责最后的统稿和定稿。本书在编写过程中参考了许多专家、学者的有关论著，汲取了多方面的研究成果，借此机会向他们表示最诚挚的谢意！另外，需要说明的是，在引用互联网资料时，因无法查实其最初来源，故没有在文中和参考文献中将原作者标注，在此对这些作者表示深深的歉意！

受编者知识水平所限，书中难免有疏漏和不足之处，恳请读者批评指正。

编　者

2022 年 4 月

"销售管理"课程介绍

第一版前言

企业只有成功地进行销售才能生存下去，并获得持续发展，伴随企业活动的一切投资才能保值和增值。因此，对企业而言，销售工作是至关重要的。销售管理作为对销售活动进行计划、组织、指挥和控制的活动，其管理水平和管理效率的高低，直接决定企业经营效果的好坏。

鉴于此，没有任何企业能离开销售管理活动而生存。换句话说，任何企业都不能不设置销售管理相关岗位。因此，"以就业为导向"的高职高专院校，其市场营销专业也就非常有必要开设销售管理课程，并将销售管理技能作为其学生的一项核心职业技能来培养。

与以往同类教材相比，本教材的特色主要体现在以下四个方面：

（1）按照销售管理工作过程将全书内容分成八大教学情境，即销售管理认知、销售计划管理、销售组织管理、销售人员管理、销售过程管理、销售网络管理、客户管理和销售物流管理，全书结构清晰，逻辑性强，便于读者学习和理解。

每个单元前设置了"本章导读""知识点""技能点""情境引入"等栏目，使读者一开始就对本单元内容和学习要求有了一个整体的认识和把握。

（2）适应高职高专人才培养要求，强调"理论够用，突出实践"。在坚持"能力导向"的前提下，重视学生理论素养的培养。所谓既"授之以鱼"，又"授之以渔"。

正文中精心编排了"案例点击""小知识""课堂互动"和"管理故事"等小栏目，增强了内容的知识性、趣味性和实践性。

课后安排了"单元小结""核心概念""实训设计""训练题""综合案例分析"等栏目，便于读者复习和总结。贴合单元内容的"综合案例分析"和具有针对性的"实训设计"，亦是本书"能力导向"的突出体现。

（3）针对中国销售及销售管理的特殊性，在案例材料的选取上，摒弃了以往教材"大品牌、大企业、洋案例"的思路，精心选编了大量"小而精"且贴近实际的本土化案例，为读者找到了一把打开中国企业销售管理之门的钥匙。

（4）本书由具有多年销售管理实践经验和教学经验的老师独立编写，保持了全书内容上的实践性、职业性、连贯性和风格上的一致性。

本书主要为高职高专市场营销专业学生编写，同时也可作为广大销售实践工作者和有志于从事销售工作人士的参考用书。

本书由易正伟、敖旭鹏编写，并负责提纲拟定、统稿和定稿。丛书主编郑锐洪博士对本书的编写提供了全程的指导，本书在编写过程中参考了许多专家、学者的有关论著，汲取了多方面的研究成果，借此机会向他们表示最诚挚的谢意！另外，需要说明的是，在引用互联网资料时，因无法查实其最初来源，故没有在文中和参考文献中将原作者标注，在此对这些作者表示深深的歉意！

受编者知识水平所限，书中难免有疏漏和不足之处，恳请读者批评指正。

编　者

2011 年 4 月

目 录

第三版前言
第一版前言

单元1　销售管理认知 1

项目1　理解销售 2
　　任务1　掌握销售的基本概念 2
　　任务2　掌握销售的要素 2
　　任务3　理解销售与推销、销售与营销、
　　　　　 推销与营销的关系 5
　　任务4　了解销售在中国的发展 6
　　任务5　了解销售的最高境界 7
　　任务6　了解销售的未来 8

项目2　理解销售管理 9
　　任务1　理解销售管理的含义 9
　　任务2　掌握销售管理的内容 9
　　任务3　熟悉销售管理的程序 10

项目3　了解销售管理的未来发展趋势 11
　　任务1　了解当前销售环境的变化 11
　　任务2　了解知名营销专家对销售管理
　　　　　 发展趋势的判断 12
　　任务3　把握销售管理的未来发展趋势 13

项目4　熟悉销售管理岗位 15
　　任务1　熟悉销售人员职业发展通道 15
　　任务2　熟悉销售管理的主要岗位、职责
　　　　　 及任职要求 15

单元2　销售计划管理 25

项目1　了解销售预测管理 26
　　任务1　了解销售预测 26
　　任务2　了解销售预测的程序 27
　　任务3　理解销售预测的方法 29

项目2　理解销售目标管理 31
　　任务1　理解销售目标管理的含义 31
　　任务2　熟悉销售目标的内容 32
　　任务3　理解销售目标值的确定方法 32
　　任务4　了解销售目标管理的步骤 34

项目3　了解销售预算管理 35
　　任务1　了解销售预算的含义及意义 35
　　任务2　了解编制销售预算的方法 36
　　任务3　熟悉销售预算的内容 37
　　任务4　了解销售预算的编制步骤 37

项目4　学会制订销售计划 38
　　任务1　理解销售计划的含义及分类 38
　　任务2　理解销售计划制订的原则 39
　　任务3　了解销售计划编制的步骤 40
　　任务4　掌握销售计划的内容及编制方法 40

单元3　销售组织管理 50

项目1　理解销售组织的职能 51
　　任务1　理解销售组织 51
　　任务2　理解销售组织的职能 52

项目2　了解销售组织的设计 56
　　任务1　理解销售组织设计的影响因素 56
　　任务2　了解销售组织设计决策 59
　　任务3　了解销售组织设计的原则 59
　　任务4　了解销售组织设计的步骤 60

项目3　熟悉销售组织结构 61
　　任务1　了解与组织结构有关的几个
　　　　　 关键因素 61
　　任务2　熟悉销售组织结构的主要类型 62
　　任务3　了解销售组织结构未来发展趋势 65

项目4　了解销售组织的变化与发展 66
　　任务1　了解销售组织是变化的 66
　　任务2　了解销售组织现存问题及原因 66
　　任务3　了解销售组织的改进与发展 69

单元4　销售团队建设 73

项目1　了解销售团队 74
　　任务1　了解团队及销售团队的含义 74
　　任务2　了解销售团队的构成要素 75
　　任务3　了解高效团队的特点 76

项目2　理解销售团队建设的内容 77

项目3　了解销售团队领导的选择 78
　　任务1　了解领导的含义 78
　　任务2　了解成功销售团队领导的
　　　　　 必备条件 80

项目4　了解销售经理 85

任务1　了解销售经理的权力构成 85
　　任务2　了解销售经理的领导行为与活动 .. 86
　　任务3　了解销售经理的领导方式 87
　　任务4　了解销售经理如何领导销售团队 . 89

单元5　销售人员的招聘与培训 96
　项目1　理解合格销售人员的条件 97
　　任务1　理解合格销售人员的必备条件
　　　　　与技能 97
　　任务2　理解不同行业对销售人员的
　　　　　要求 101
　　任务3　理解不同企业对销售人员的
　　　　　要求 103
　　任务4　理解影响销售人员胜任度的
　　　　　因素 104
　项目2　熟悉销售人员的招聘与录用 105
　　任务1　熟悉销售人员的招聘与录用的
　　　　　程序 105
　　任务2　熟悉销售人员候选人的来源 108
　　任务3　熟悉销售人员甄选的方法 108
　　任务4　理解销售人员招聘与录用过程中
　　　　　应注意的问题 109
　项目3　熟悉销售人员的培训与辅导 110
　　任务1　理解销售人员培训与辅导的
　　　　　重要性 110
　　任务2　熟悉销售人员培训管理流程 111
　　任务3　了解销售人员训练中常见的
　　　　　问题 112
　　任务4　熟悉如何对销售人员进行
　　　　　系统培训 114

单元6　销售人员的薪酬与激励 120
　项目1　熟悉销售人员的薪酬管理 121
　　任务1　熟悉销售人员薪酬的主要内容 .. 121
　　任务2　了解销售人员薪酬管理的原则 .. 122
　　任务3　了解销售人员薪酬设计的
　　　　　影响因素 124
　　任务4　了解销售人员薪酬设计流程 125
　项目2　熟悉销售人员薪酬方案的类型
　　　　　与选择 126
　　任务1　熟悉销售人员薪酬方案的类型 .. 126
　　任务2　了解销售人员薪酬制度的选择 .. 129
　项目3　了解激励 129
　　任务1　了解激励的含义及意义 129
　　任务2　了解激励的类型 130

　　任务3　了解激励的过程与机制 132
　　任务4　了解有关激励的经典理论 135
　项目4　理解销售人员的激励管理 136
　　任务1　理解销售人员工作状态变化的
　　　　　规律 136
　　任务2　理解影响销售人员工作状态的
　　　　　"八只拦路虎" 138
　　任务3　掌握有效激励销售人员的方法 .. 138

单元7　销售人员绩效考评 145
　项目1　理解销售人员绩效考评 146
　　任务1　理解销售人员绩效考评的含义
　　　　　与形式 146
　　任务2　理解销售人员绩效考评的作用 .. 147
　　任务3　了解销售人员绩效考评的流程 .. 148
　　任务4　了解如何保证销售人员绩效
　　　　　考评的公平性 149
　项目2　熟悉销售人员绩效考评的内容 153
　　任务1　熟悉销售绩效考评的内容 153
　　任务2　熟悉销售人员业绩之外的
　　　　　考评要素 154
　　任务3　了解销售人员绩效考评的误区 .. 157
　项目3　掌握销售人员绩效考评的方法 159
　　任务1　掌握常用的销售人员绩效
　　　　　考评方法 159
　　任务2　了解销售人员绩效考评的信度
　　　　　与效度问题 162

单元8　销售过程管理 167
　项目1　理解销售过程管理 168
　　任务1　理解销售过程管理的含义 168
　　任务2　理解销售过程管理的重要意义 .. 169
　　任务3　理解销售经理在销售过程
　　　　　管理中的角色 170
　项目2　熟悉销售过程管理与控制 171
　　任务1　了解企业在销售过程管理与
　　　　　控制中的常见问题 171
　　任务2　理解销售过程管理与控制的
　　　　　方向与要点 172
　　任务3　熟悉销售过程管理与控制的
　　　　　主要内容 172
　项目3　掌握销售过程管理的基本工具 174
　　任务1　掌握销售过程管理与控制的
　　　　　工具之一——管理表单 174
　　任务2　掌握销售过程管理与控制的

工具之二——销售例会............ 178
　　任务3　掌握销售过程管理与控制的
　　　工具之三——随访观察............ 182
　　任务4　掌握销售过程管理与控制的
　　　工具之四——述职谈话............ 184

单元9　销售网络管理 191
项目1　了解销售网络 192
　　任务1　理解销售网络与销售渠道的
　　　区别 192
　　任务2　了解销售网络的作用 193
　　任务3　了解销售网络的构成 194
项目2　熟悉销售网络的设计与开发 195
　　任务1　了解销售网络设计的影响因素 ... 195
　　任务2　了解销售网络设计的目标 197
　　任务3　了解销售渠道类型的选择 198
　　任务4　了解销售网络模式 199
项目3　熟悉不同行业销售网络构建 200
　　任务1　熟悉日用消费品销售网络构建 ... 200
　　任务2　熟悉生产资料销售网络构建 206
　　任务3　熟悉服务产品销售网络构建 207
　　任务4　熟悉高新技术产品销售网络
　　　构建 207
项目4　掌握销售网络管理 209
　　任务1　熟悉销售网络成员关系管理 209
　　任务2　掌握销售网络信息管理的内容 ... 210
　　任务3　了解销售网络的评价与改进 211

单元10　销售区域与终端管理 215
项目1　理解销售区域的划分 216
　　任务1　理解销售区域的概念 216
　　任务2　理解销售区域划分的依据 216
　　任务3　掌握销售区域划分的方法 219
项目2　学会开展区域市场调研 221
　　任务1　了解区域市场调研的含义 221
　　任务2　熟悉区域市场调研的内容 221
项目3　学会区域市场的开发与管理 224
　　任务1　熟悉区域市场开发与管理的
　　　步骤 224
　　任务2　掌握区域市场开发与管理的
　　　内容 224
项目4　学会销售终端管理 230
　　任务1　理解销售终端管理的目的
　　　与意义 230

　　任务2　理解终端通路管理的内容 231
　　任务3　学会终端陈列管理 234
　　任务4　学会终端理货 237

单元11　客户管理 241
项目1　了解客户管理 242
　　任务1　了解客户管理的含义 242
　　任务2　了解客户管理的原则 242
　　任务3　掌握客户管理的内容 243
　　任务4　掌握客户管理的方法 246
项目2　学会客户分析 248
　　任务1　了解客户分析流程 248
　　任务2　学会建立客户档案 250
　　任务3　熟悉客户分析的内容 252
项目3　理解现代销售中的客情关系 255
　　任务1　了解现代销售中客情关系的
　　　特点 255
　　任务2　理解建立良好客情关系的要点 ... 256

单元12　销售物流管理 261
项目1　了解销售物流 262
　　任务1　了解销售物流的含义 262
　　任务2　理解销售物流管理的流程 262
　　任务3　熟悉销售物流服务 263
　　任务4　了解销售物流合理化 265
项目2　学会制订销售物流计划 266
　　任务1　理解销售物流计划的重要性 266
　　任务2　熟悉销售物流计划的种类 267
　　任务3　熟悉销售物流计划的内容 267
　　任务4　学会销售物流计划的编制 268
　　任务5　熟悉销售物流计划的执行
　　　和控制 268
项目3　掌握销售物流管理内容 269
　　任务1　掌握销售订单管理的内容 269
　　任务2　掌握销售库存管理的内容 271
　　任务3　掌握销售运输管理的内容 273
　　任务4　掌握销售配送管理的内容 275
　　任务5　掌握销售终端管理的内容 277
　　任务6　掌握销售退货管理的内容 278
项目4　熟悉销售物流组织与控制 279

参考文献 283

单元 1　销售管理认知

 本章导读

通过本单元学习，读者应能够掌握销售的含义及要素，掌握销售管理的含义、内容及程序；理解销售与营销、销售与推销、营销与推销的关系；了解中国销售的历史及发展趋势，了解销售管理的未来发展趋势；熟悉销售管理主要岗位、职责及任职要求。

什么是销售管理

 知识点

★ 销售的概念及要素。
★ 销售管理的含义、内容及程序。
★ 销售与营销、销售与推销、营销与推销的关系。
★ 销售管理主要岗位、职责及任职要求。

 技能点

★ 能运用销售、销售管理的基本原理去理解企业的销售活动。
★ 能举例说明销售与营销、销售与推销、营销与推销的关系。
★ 能运用本单元所学知识为某企业设计一个简单的销售管理流程。
★ 能运用本单元所学知识为某企业设置销售管理主要岗位，并能准确描述各岗位职责及任职要求。

 素养点

★ 树立社会主义法制观念，在从事销售管理活动时遵守相关法律法规。
★ 遵守职业道德，在从事销售管理活动时兼顾个人、企业和社会的合法利益。
★ 树立远大的职业目标，不为短期利益而牺牲个人长远发展。
★ 遵从社会主义核心价值观，以"敬业"对待工作，以"诚信""友善"对待客户和相关人员。

▶ **情境引入**

企业只有成功地进行销售才能生存下去，并获得持续发展，伴随企业活动的一切投资才能保值和增值。因此，对企业而言，销售工作是至关重要的。销售管理是对企业销售活动进行计划、组织、指挥和控制，为企业和客户创造价值的活动。

项目1　理解销售

任务1　掌握销售的基本概念

1. 销售的定义

销售是一个过程，即实现价值并产生增值的过程，它是产品价值最终实现的关键阶段。

实现价值并产生增值是销售的重要功能。一件商品在商店里面失窃，或积压在仓库中就不属于销售行为，因为价值没有得到实现，更没有增值产生。

由此，我们将销售定义为：销售（Sales）是把企业生产和经营的产品或服务通过直接或间接的方式，卖给直接或间接的消费者并收回货款的过程。货款的回收和增值是销售实现与否的关键。对生产企业来说，销售活动大多发生在与各种中间商的交易过程中；而对经销商或零售商来说，销售是指向最终消费者出售产品或服务。

2. 销售在企业中的作用

正如英国著名管理专家罗杰•福尔克所说："一个企业，如果它的产品和劳务不能销售出去，那么，即便它的管理工作是世界上最优秀的，对于企业的前途和命运来说也毫无意义。"国际上一些企业之所以成为一流企业首先在于它的销售的成功，如可口可乐公司、微软公司等都十分重视销售工作，并将销售工作做得非常出色。

在买方市场条件下，企业的收入是通过销售来最终实现的，企业的营销战略必须通过销售管理工作的有效组织来执行。销售在企业中具有其他经营活动所不可替代的作用，销售是企业经营管理活动的中心。

任务2　掌握销售的要素

1. 销售的主体

销售的主体指销售产品或提供服务的企业组织。销售主体是整个销售过程中的核心部分。把从事销售活动的人员当成销售的主体，或是把产品或服务当成销售主体都是不对的。销售人员只是销售工作实现的媒介，而产品是销售的标的物，即销售工作的对象。但是销售人员、产品或服务都是销售活动的重要组成部分。

2. 产品

产品是销售活动的对象。这里的产品既包括有形的产品，如面包、电视机、汽车等；也包括无形的产品，如服务、信息、观念等。具体来讲，无形产品又可分为如下形式：

（1）服务（Service）。服务是指不以实物形式而是以提供活劳动的形式满足他人某种特殊需要的活动。服务业是指那些不生产商品和货物，而是以提供活劳动的形式满足他人某种特殊需要的产业，主要包括信息、物流、金融、会计、咨询、法律服务等行业。

【小知识 1-1】现代服务业

现代服务业是相对于传统服务业而言，适应现代人和现代城市发展的需求，而产生和发展起来的具有高技术含量和高文化含量的服务业。主要包括以下四大类：

1．基础服务，包括通信服务和信息服务。

2．生产和市场服务，包括金融、物流、批发、电子商务、农业支撑服务以及中介和咨询等专业服务。

3．个人消费服务，包括教育、医疗保健、住宿、餐饮、文化娱乐、旅游、房地产、商品零售等。

4．公共服务，包括政府的公共管理服务、基础教育、公共卫生、医疗以及公益性信息服务等。

现代服务业具有"两新四高"的时代特征。

第一新：新服务领域——适应现代城市和现代产业的发展需求，突破了消费性服务业领域，形成了新的生产性服务业、智力（知识）型服务业和公共服务业的新领域。

第二新：新服务模式——现代服务业是通过服务功能换代和服务模式创新而产生的新的服务业态。

四高：高文化品位和高技术含量；高增值服务；高素质、高智力的人力资源结构；高感情体验、高精神享受的消费服务质量。

现代服务业具有资源消耗少、环境污染少的优点，是地区综合竞争力和现代化水平的重要标志。

资料来源：百度百科．现代服务业[EB/OL]．（2013-08-07）[2022-01-25]．http://baike.baidu.com/item/ 现代服务业 /8089542?fr=aladdin.

（2）经历（Experience）。经历是指通过组合多种商品或服务，为人们创造的有偿的体验活动。例如华特·迪士尼世界（Walt Disney World）的梦幻王国，就为消费者提供种种经历，包括拜访童话王国、登上海盗船、太空遨游、走进鬼屋猎奇等。再比如花费巨资获得与股神巴菲特共进午餐的机会、购买门票进入故宫参观等。

（3）事件（Event）。事件包括发生过的历史和正在发生或即将发生的事件。为促进产品销售，企业可以通过策划、组织和利用具有新闻价值、社会影响以及名人效应的人物或事件，吸引媒体、社会团体和消费者的兴趣与关注，以求提高企业或产品的知名度、美誉度，树立良好品牌形象，并最终促成产品或服务的销售。例如蒙牛利用北京申奥、神五升天、超级女声等营销事件，名声大噪，销量节节攀升。而对于帮蒙牛策划这些事件的广告公司和媒体来说，其销售的产品就是事件。

（4）个人（Persons）。制造名人效应已成为营销领域的一项重要商业活动，一些希望出名的人常常聘请一些策划公司、新闻代理机构等利用报纸、杂志或网络为其包装和宣传。例如近年来一夜走红的所谓"网络红人"，很多都是媒体蓄意而为的结果。

（5）地点（Places）。地点，包括一个城市、省份乃至整个国家。随着市场经济的发展，城市营销以至省份、国家营销逐渐成为营销中的热点。例如加拿大安大略省的斯特拉特福是一个相当破旧的城市，它唯一的资产就是一条名为埃文的河流，但是，一年一度的莎士比亚戏剧节使得斯特拉特福成为世界闻名的旅游观光地。

【案例点击 1-1】成都的城市营销

一边是踏踏实实的城市战略的转型，一边是"润物细无声"的营销传播，虚实结合、虚实相通，成都的实践为更多城市的营销提供了极具参照意义的范本。

近年来，传统思维里"偏安一隅"的西部城市成都不断地以变幻多样的词汇刺激着人们的神经，"第四城""休闲之都""幸福指数最高""超女诞生的地方"、美食节、三国文化节以及张艺谋、王志纲、三宝……从"养在深闺人未识"变成了中国最具魅力的城市之首。

资料来源：知乎．时间互动 [EB/OL]．（2019-07-26）[2022-01-26]．https://www.zhihu.com/question/304602149/answer/763450685．

（6）财产权（Property Rights）。财产权，是指以财产利益为内容，直接体现财产利益的无形权利。财产权既包括物权、债权、继承权，也包括知识产权中的财产权利。

（7）组织（Organizations）。任何一个组织，包括营利性组织和非营利性组织，总是积极地试图在公众心目中树立一个良好形象。很多组织为获得更多的公众认可而大做形象广告，如荷兰飞利浦电气公司的标志性广告语——让我们做得更好，就是为树立其公司整体形象而做的。

（8）信息（Information）。随着社会的发展，信息对企业组织的生存而言是至关重要的。与此相适应，很多经营信息的公司应运而生了。今天，信息也可以像有形产品一样被生产和销售，如电信公司的电话黄页、展览公司的采购商数据库等。

（9）理念（Idea）。每一种产品或服务、每一个企业、每一个城市或国家都有其核心的价值理念，如何让别人接受这种理念日益成为营销和销售工作的重要内容。例如海尔的"真诚到永远"，中国移动的"沟通从心开始"等，阐释的都是一种经营理念。

产品的最大特点是有价性。它的价值多少取决于人们对它的认可程度，是一种主观的反映。有人认为，商品的价值取决于商品中含有的社会必要劳动时间的多少，但是，这种观点在今天的社会形势下已经无法解释各种现实问题。例如，一名歌星与一名大学教授同样工作一天，歌星收入10万元，而教授可能只收入1,000元。这位歌星只有19岁，而这位大学教授已有50多岁，我们能说歌星的劳动比教授的劳动含有更多的社会必要劳动时间吗？因此我们说，商品的价值大小取决于人们对它的认可程度，即消费者的需求。例如一个富豪花费1亿元购买一座别墅，这座别墅的价值就是1亿元，它是由消费者决定的，而不是由所谓社会必要劳动时间决定的，这是销售活动的价值与政治经济学中价值不一样的地方。

产品的价值决定是多方面的，既有产品本身的，如产品的质量、款式和技术先进性等；也有消费者赋予产品的，如品牌形象、品牌价值等。

3. 渠道

销售渠道分为直接渠道和间接渠道。其中直接渠道包括人员直销渠道、展会直销渠道、邮政直销渠道、电话直销渠道等；间接渠道是以代理商、经销商、批发商、K/A 店、百货店等为销售中介的渠道类型。保险业务员直接面向顾客的推销，就是直销业务，它是业务员直接把产品卖给最终消者；而间接渠道则是通过第三方中介实现销售过程的。

4. 消费者

消费者包括直接消费者和间接消费者。购买商品直接用于自身消费的人或团体称为直接消费者；不直接进行消费而是用该产品从事经营活动的一律称为间接消费者。例如买一个面包自己食用的人就是直接消费者，他购买是为自己消费；而购买机床的企业就是间接消费者，他购买机床不是直接消费，而是为了进一步生产。

任务 3　理解销售与推销、销售与营销、推销与营销的关系

1. 销售与推销的关系

销售不等于推销（Selling）。推销是说服顾客购买产品或服务，并协助满足其需要的一种活动；推销是一种"推"的策略，顾客在推销活动中一般处于被动地位。而销售不仅包括"推"的策略，而且常常会用到"拉"的策略，如通过广告、营业推广等促销手段，吸引消费者主动购买产品或服务。

销售包括直接销售和间接销售两部分。直接销售又包括人员推销、网络、展会、邮递、电话、电视直销等；间接销售包括代理通路和终端通路。从这点来看，推销只是销售的一小部分。

推销是产品终端的销售。推销作为直接销售的一种方式，是推销人员直接面对顾客、说服顾客购买产品或服务的活动。产品一经推销出去，便直接进入消费环节，销售过程由此结束。

2. 销售与营销的关系

销售不等于营销（Marketing）。著名营销学家菲利普·科特勒认为："市场营销是一个社会过程，在这个过程中，个人和团体可以通过创造、提供和与他人自由交换有价值的产品与服务来获得他们的所需所求。"营销包括产品开发、市场定位、消费者群体分析、价格策略、促销等问题；而销售是将产品或服务送达消费者手中的过程。因此，销售的外延要小于营销，我们不能用销售来代替营销，更不能忽视销售在营销中的重要作用。

营销是大脑，销售是四肢。没有大脑就没有思维，就会失去行动的方向；有大脑但没有四肢，就没有行动力。

销售的主要问题是渠道建设问题，不能完全用营销代替销售。营销有时需要灵感，需要更多想象力；但销售是实实在在的行动，是如何保证销售渠道通畅的问题。

3. 推销与营销的关系

推销是你去找客户，然后说服他买你的产品；营销是让客户主动来找你。在营销活动过程中，我们可以通过灵活运用 4P 策略 [产品（Product）策略、价格（Price）策略、渠道（Place）策略和促销（Promotion）策略]，达到吸引消费者主动购买的目的。

推销是先生产后销售，生产完再拿着产品去找客户；如果找不到客户，产品就会积压。营销是先挖掘顾客需要再生产，营销的终极目标是"让推销成为多余"。

推销是战术，营销是战略。推销是通过推销人员说服顾客购买的一种策略，体现的

是推销人员的推销技巧，属于战术层面的东西；而营销是为确保产品或服务为市场接纳所进行的全局性规划，属于战略的范畴。

【课堂互动1-1】 怎样理解营销的终极目标是"让推销成为多余"？

分析提示：营销通过运用4P策略（产品策略、价格策略、渠道策略和促销策略），达到吸引消费者主动购买的目的，是"不战而屈人之兵"的战略，而不是搞人海战术。因此，从这一点来讲，营销的终极目标是"让推销成为多余"。

任务4　了解销售在中国的发展

1. 中国销售的发展阶段

从销售的形式和技术发展来分，中国的销售大致经历了四个阶段：

第一阶段，坐销。为计划经济条件下的销售，主要以供销科为单位进行管理和运营。其特点是按国家统一规划进行销售，主要由国家调拨，只有少数计划外产品可以进行销售。这时候的销售人员基本没有自主权，销售也没有技巧可言。

第二阶段，行销。主要指20世纪80年代到90年代初这一时期，这时候的中国正处在商品经济的转型阶段，整个市场因商品短缺显得机会多多。因此在销售问题上，表现为粗放式的销售。但是，市场环境的变化开始促使一部分企业开始"走出去"，主动开展一些市场拓展工作。

第三阶段，深度分销（精细化销售）。指从20世纪90年代初到90年代末，这一时期的销售特点是销售网络开发和管理上的精耕细作。生产厂商不再是将产品卖给代理商或经销商了事，而是帮助其做进一步分销，或是通过开展直营、直销等方式对渠道进行精耕细作。生产厂商与代理商融为一体，尤其是他们的利益紧紧地结合在一起。全部销售环节的每一个成员被共同的利益链连接在一起，生产厂商不仅对代理商或经销商进行管理、培训，而且派出大量的人员帮助其开拓市场。

第四阶段，精益化销售。精益化销售发轫于21世纪初。由于第三阶段精细化销售需要大量人力物力做支撑，很多企业不堪渠道成本快速上升的重负。于是，销售开始向追求"精细"与"效益"平衡的方向发展。表现为对代理商、经销商和销售人员的管理越来越严格，考核指标体系越来越细、越来越科学；现代管理技术、方法和手段被大量采用，市场管理趋于精细，但销售效益和效率成为主要的管理指标。

2. 当代销售的最大特点

有人认为，目前已进入个性化消费时代，在销售过程中销售人员必须突出自己的个性。因此，销售人员个人能力的高低、职业性格的优劣决定了其业绩。

但也有人认为，目前市场竞争的格局从单纯的竞争演变成"既竞争，又合作"，甚至是"合作双赢"，销售人员必须具备良好的团队精神。否则，其必然很难获得组织资源和其他方面的支持。

随着销售进入精益化运作阶段，其呈现出最大的特点是越来越强调个人素质与团队精神的结合。毕竟，营销是一种"借力"的事业，靠单打独斗已经很难生存和发展了。

做销售工作就好比是一场足球赛，要赢得市场竞争，团队中每个队员的能力都很重要，但最重要的还是团队成员之间的密切配合。

3. 当代中国销售的特点

有人说，中国的销售是世界上最难做的销售。此话一点不假，中国地域辽阔，各区域在经济发展水平、风俗习惯、人口数量和质量以及自然地理条件等方面存在较大差异，造成当代中国销售呈现出以下特点：

一是成熟与不成熟并存。在一些市场发育比较充分的区域，市场管理和销售秩序渐趋成熟；但在一些经济不发达的地区，市场培育不充分，市场管理和销售秩序都表现得很不成熟。

二是规范与混乱相生。由于各行业发展程度不一，有的行业经过前期混乱竞争现在日趋变得规范，如家电业；但另一些行业，目前还处于比较混乱的阶段，表现为坐销、行销、精细化销售和精益化销售多阶段混杂，销售模式和手段各异，且缺乏有效的市场监管。

三是受固有观念影响深，"潜规则"流行。在固有观念中，"关系文化""面子文化"的影响根深蒂固，"人情""关系"往往在销售达成过程中显得比个人能力和企业素质更重要。因此，给销售工作增添了很大的不确定性。

任务5　了解销售的最高境界

1. 零库存

按照传统的销售观念，要销售就一定要有库存。对一线销售人员而言，每当他们销售出去一些产品的时候，他们最关心的是公司库房中有没有足够的库存，品项是否齐全，是否会缺货。

十年前，大部分公司的销售经理，每天早晨上班后都会收到一份公司前一天的库存报表。如果没有这一张库存报表，销售经理的心里就没有底，因为他不知道今天有多少货可供他们销售。

随着信息技术和物流技术的发展，一些企业提出零库存理论。所谓零库存，就是生产企业完全依据市场需求安排生产，生产一批，销售一批，没有库存产生。零库存的优点不言而喻，可以省去巨额的库存成本，减少资金占用，使企业能够以最低的成本取得最大的效果。

【课堂互动1-2】什么样的企业可以实现销售的"零库存"？

分析提示：①拥有较高知名度的畅销产品；②公司的管理非常规范；③行业产品非常具有吸引力。

---

2. 零运营成本

运营成本是指企业销售商品或者提供劳务的成本，主要包括主营业务成本和其他业务成本。好的企业可以凭借强大的市场影响力和良好的信誉，通过赊销原材料、推迟支付运输费用、预收货款、特许经营等方式，将运营成本大大降低直至为零。

任务 6　了解销售的未来

随着互联网的迅猛发展，网络销售已经成为传统销售模式的有益补充或者说最大竞争对手。有人大胆预测，在未来网络销售将完全取代传统销售。之所以有人敢提出如此大胆的预测，主要是基于互联网相对于传统销售网络具有以下方面的优势：

1. 时间的无限性

与传统商店每天有固定营业时间不同，网络商店永远都不会关门下班。最近在美国的一项调查表明，热衷于网上购物的人们认为便利性是他们在网上购物的主要原因。如家庭娱乐 REI 公司 30% 的订单是在晚上 10 点到早晨 7 点之间达成的。他们没有花费开店和雇用服务人员的费用，却可以在实体商店停止营业的时间段完成销售。

2. 地域的相对无限性

互联网通过数据传输将全球连成一体，只要你能够上网，就可以从世界上任何一个网上商店购买到你喜欢的东西。如著名的 C2C 网上商城 eBay 就是一个世界范围内的网上商城。

【案例点击 1-2】关于 eBay

全球在线交易平台 eBay（Nasdaq：EBAY）成立于 1995 年 9 月，目前已有 3.8 亿海外买家，为遍布全球 150 多个国家和地区的用户提供拍卖和一口价方式的商品在线交易。

在 eBay，每天都有数百万的新刊登物品。各方朋友来到 eBay，买卖超过数万种物品，不论是明星闪卡、古董、公仔或餐具组等各式收藏品，还是二手车、服饰、书籍、CD 或电子产品等实用物品，eBay 都一应俱全！

全球数以千万计的人在 eBay 上找到了自己心爱的商品，又有数以千万计的人成功地销售产品，建立了自己的公司，将商品销往海外，更有越来越多的企业在 eBay 上开设自己的商店，将产品销往全世界。

资料来源：个人图书馆. eBay 的基本知识 [EB/OL].（2017-05-07）[2022-02-15].
http://www.360doc.com/content/17/0507/09/39008247_651759142.shtml.

---

3. 经济性

很多公司通过互联网与供应商和消费者直接联系，大大降低了销售成本，因此公司有更大空间让利于消费者。同时，公司还可以获得很多意外的好处。如美国亚马逊网站，一天内就能从信用卡公司将当天售货的货款换成现金，并持有 46 天之久，然后才付给供货商、图书分销商、出版商等。对顾客而言，他们通过网络购物也获得了很多实惠，因为他们可以很方便地在网上进行比价，直至寻找到最低价。目前，甚至还有些网站专门提供比较产品价格的服务，极大地节省了消费者的金钱和时间。

4. 最大限度地展示公司及产品的特色和优势

在网上商店，店主不但可以通过高清图片生动地展示商品的特色及优势，还可以为商品附上详细的说明，让消费者一目了然而又印象深刻。

5. 网上销售能给卖主及顾客最大程度的信息双向交流

在网上商城，顾客可以通过在线聊天工具（包括音频、视频）与卖主进行即时沟通。

【案例点击 1-3】5G 时代巨大的超新蓝海市场

互联网时代是人与人、人与机器的关系，5G 时代是机器与机器、端与端之间的连接。所有生意的本质，都是得流量者得天下！

互联网技术在中国的快速发展，孕育了一批巨无霸式的互联网平台，这些平台无一不是掌控着流量入口，成了最终的赢家。如淘宝、京东掌控电商流量入口，微信、QQ 主导社交流量入口，飞猪、滴滴占据旅游出行流量入口等。

今天，随着人工智能、大数据、物联网等新兴产业迎来蓬勃发展，一个巨大的蓝海市场即将出现——围绕着 4 亿家庭和 14 亿人口的上网、娱乐、教育、消费、金融、医疗生态，必将催生出一个新的赛道——数字经济。

项目 2　理解销售管理

任务 1　理解销售管理的含义

关于销售管理的含义，中外营销专家和学者有不同的理解。

西方学者一般认为，销售管理就是对销售人员的管理。著名营销学家菲利普·科特勒认为，销售管理就是对销售队伍的目标、战略、结构、规模和报酬等进行设计和控制。美国学者约瑟夫·P. 瓦卡罗认为，销售管理就是解决销售过程中出现的问题，销售经理应该是一个知识渊博、经验丰富的管理者。拉尔夫·W. 杰克逊和罗伯特·D. 希里奇在《销售管理》一书中认为，销售管理是对人员推销活动的计划、指挥和监督。

我国学者李先国等人认为，所谓销售管理，就是管理直接实现销售收入的过程。

由此可见，销售管理有狭义和广义之分。

狭义的销售管理专指以销售人员为中心的管理，在市场发育比较好、企业营销职能部门划分较细的西方发达国家持这种观点。

广义的销售管理是对所有销售活动的综合管理，我国学者大多持这种观点。这是因为我国市场经济发育不完善，企业中营销活动划分不是太细，销售活动包括的范围较广。在我国一些企业，销售管理涉及销售计划管理、销售组织管理、销售人员管理、销售业务管理、销售网络管理、客户管理和销售物流管理等活动。

我们认为，销售管理是对企业销售活动进行计划、组织、训练、领导和控制，以实现企业价值的过程。

任务 2　掌握销售管理的内容

1. 菲利普·科特勒对销售管理内容的理解

菲利普·科特勒认为，企业销售管理涉及三个方面的内容：一是公司在设计销售队伍时应做什么决策，这涉及销售队伍的目标、战略、结构、规模和报酬等问题；二是公司怎样招聘、挑选、训练、指导、激励和评价他们的销售队伍；三是怎样改进销售人员在推销、谈判和建立关系营销上的技能。

2. 查尔斯·M. 富特雷尔对销售管理内容的理解

查尔斯·M. 富特雷尔认为，销售管理涉及五个方面的内容：一是制订销售计划，即要建立一个面向有利可图的顾客的销售团队；二是设计销售组织，要选择合适的人，并建立适当的组织结构；三是对销售人员进行科学训练；四是引导和指挥销售人员提高销售效率；五是对销售人员和销售结果进行评价以指导未来的销售活动。

3. 本书对销售管理内容的概括

在我国，一般认为企业销售管理的内容应涉及制订销售规划、设计销售组织、指挥和协调销售活动、评价与改进销售活动等四个方面。

根据前述对销售管理含义的讨论，我们认为销售管理包括销售计划管理、销售组织管理、销售人员管理、销售过程管理、销售网络管理、客户管理和销售物流管理等内容（图1-1）。本书将以此为主线，逐一和读者一起学习。

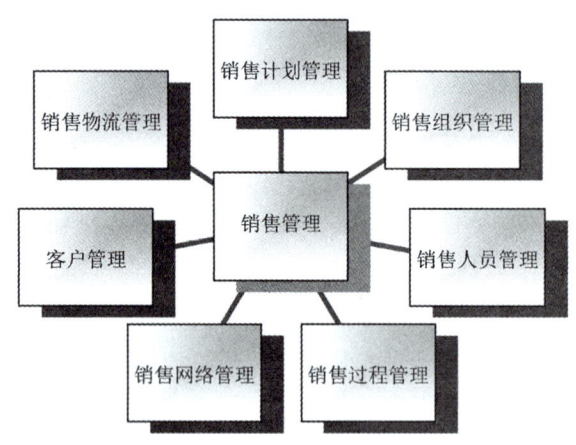

图 1-1 销售管理的七大模块

任务 3　熟悉销售管理的程序

1. 菲利普·科特勒对销售管理程序的描述

如前所述，菲利普·科特勒将销售管理的内容归纳为销售队伍设计、销售队伍管理和销售队伍改进等三个方面。由此展开的销售管理程序如图1-2所示。

2. 查尔斯·M. 富特雷尔对销售管理程序的描述

查尔斯·M. 富特雷尔将销售管理的内容归结为五大职能，这五大职能遵循如图1-3所示的程序。

3. 本书对销售管理程序的概括

根据我国销售管理的现状和特点，我们将销售管理程序概括为如图1-4所示的流程。

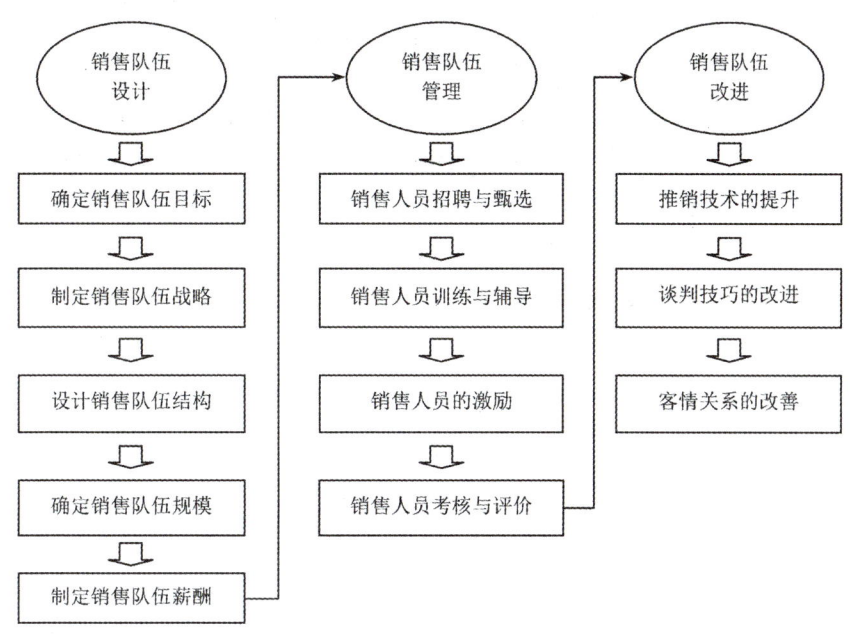

图 1-2 菲利普·科特勒对销售管理程序的描述

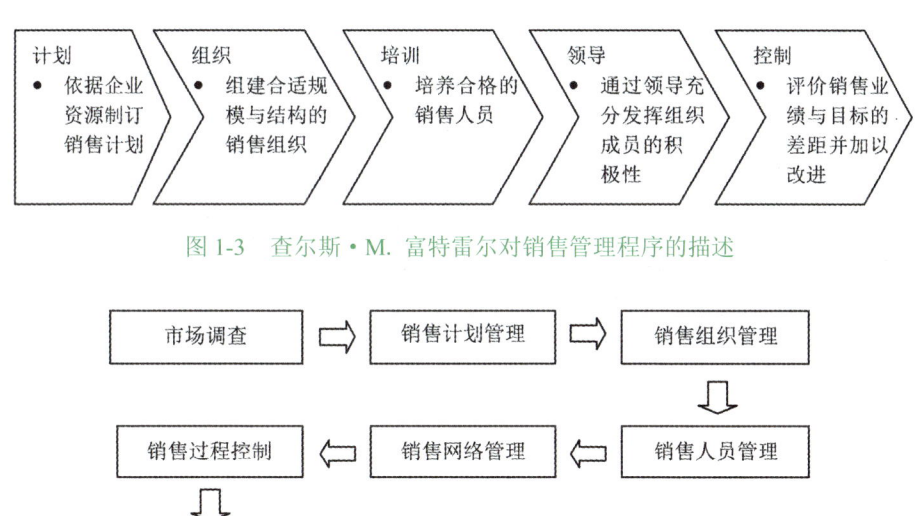

图 1-3 查尔斯·M. 富特雷尔对销售管理程序的描述

图 1-4 销售管理程序

项目 3 了解销售管理的未来发展趋势

任务 1 了解当前销售环境的变化

随着市场竞争的日益加剧和科学技术的飞速发展，企业的经营环境正经历着前所未有的剧变。顾客的需求在变化，顾客的兴趣在变化，顾客的消费观念和购买行为在变化，服务顾客的方法和技术也在变化。如何应对急剧变化的市场形势，已成为所有企业和销售管理者面临的最大挑战。

【课堂互动 1-3】与以往相比，当前顾客的需求都出现了哪些变化？

分析提示：随着经济和科技的发展，顾客的需求在不断变化，出现了以下规律性特点：
（1）对产品的档次要求越来越高。
（2）对产品的价格要求越来越低。
（3）对产品的质量要求越来越高。
（4）对产品的服务要求越来越高。
（5）对产品的个性化要求越来越高。
（6）对产品的品牌内涵要求越来越高。
（7）对产品的企业形象要求越来越高。

资料来源：陈子秋．客户经理培训方案精选[M]．广州：广东经济出版社，2005．

任务 2　了解知名营销专家对销售管理发展趋势的判断

美国学者托马斯·英格拉姆等认为，销售管理出现了某些新的趋势。

1. 从交易推销到关系推销

在经营过程中，越来越多的企业发现，仅仅将注意力放在自身利益以及与顾客的单次交易上已经很难维持良好的客户关系。为了持续地发展，企业需要将自己放在一个开放的系统中，与上游的供应商直至下游的消费者建立起长期良好的合作关系。在这种思想的指导下，产生了关系营销理论。

关系营销是以系统论为基本思想，将企业置身于社会经济的大环境中来考察企业的市场营销活动，建立并发展与消费者、竞争者、供应者、分销商、政府机构和社会组织的良好关系。关系营销将建立与发展同所有利益相关者之间的关系作为企业营销的关键，把正确处理这些关系作为企业营销的核心。

关系营销和交易营销的区别主要表现在：

（1）交易营销的核心是交易，企业和营销人员通过"诱使"顾客发生交易活动从中获利；关系营销的核心是关系，是企业通过与利益相关方维持长久的良好关系而获益。

（2）交易营销把其视野局限于目标市场上，即各种顾客群；关系营销所涉及的范围则广得多，包括顾客、供应商、分销商、竞争对手、银行、政府机构和内部员工等。

（3）交易营销强调如何获得顾客；关系营销强调如何保持顾客。

（4）交易营销不太强调顾客服务；关系营销高度强调顾客服务。

（5）交易营销是有限的顾客参与和适度的顾客联系；关系营销却强调高度的顾客参与和紧密的顾客联系。

2. 从个人推销到团队推销

在过去的企业里，销售精英大行其道；但是，在今天，超级明星式的销售人员的重要性在许多销售组织内的作用正在下降，特别是当销售的重点从销售产品转向解决

顾客问题、增加顾客价值时。在许多情况下，一个人不可能拥有判断和解决顾客问题所需要的全部知识和技巧。此时，就需要某种类型的团队一起工作。这种团队协作可以是在销售组织内不同的个人之间，可以是在销售和市场营销部门之间，或者是在企业内不同职能部门之间。

3. 从关注销售量到注重销售效率

一个销售组织的基本任务就是将产品销售出去，达到理想的销售量。在以往，对销售人员和销售经理的评估与奖励通常是依据其在一定时间内完成的销售量来进行的。但是，今天许多企业发现同样的销售额给企业带来的效益是不一样的。因此，许多销售组织不再只关注于"为销售而销售"（只注重销售量），而是关注销售利润。这就使得销售管理关注点从单纯的销售量转向了销售效率。销售管理的效率导向，要求销售人员更有效地或效率更高地做事，在成本一定的条件下能够完成更多的销售量。

4. 管理方式从依赖职权发展到依靠领导者个人魅力

过去许多销售组织都采用传统科层式的组织架构，销售经理利用职权对下属的活动进行控制，以实现预期目标。现在的销售组织多采用团队合作的方式开展工作，团队中每个成员按照自己的能力完成团队赋予的任务，团队领导的主要工作是激励其成员完成任务。

【课堂互动 1-4】 管理者与领导者的最大区别是什么？

分析提示：管理者与领导者的最大区别是管理者拥有下属，领导者拥有追随者。管理者的影响力随着职权的消失而消失，而领导者靠人格魅力影响别人，故其影响力不会随着职权的消失而消失。

---

5. 销售区域从本地辐射到全球

随着经济的全球化和信息技术的迅猛发展，传统的以地理界线为基础划分销售区域的方式显得越来越不适用。每一个企业都是全球分工中的一员，因而其市场很难再锁定在某一固定地理区域，而是全球化的。因此，现如今的销售组织必须主动适应这种变化，其领导者和成员必须具有国际视野，以应对来自世界范围内的竞争挑战。

任务 3　把握销售管理的未来发展趋势

结合前面销售环境分析以及知名营销专家对销售管理发展趋势的判断，我们认为，未来销售管理的发展将呈现出以下几个特点。

1. 销售管理各要素将变得越来越难以控制

首先，从销售的对象——产品或服务来看，由于科学技术的快速发展，产品的寿命周期越来越短。如在 IT 和电子行业，很多产品的寿命周期短到只有几个月。这不但加大了企业技术研发的难度，对销售管理工作而言，也是极大的挑战。因为产品的快速更新，要求销售部门以最快的速度、最有效的方式打开市场，同时也给销售管理过程中的退、换货和售后服务带来极大困扰。

其次，信息技术的发展，使得渠道管理和控制变得越来越困难。传统的以地理界线划分的区域管理模式越来越受到来自电子商务的挑战，困扰渠道管理的两大"顽症"——窜货和价格管制变得越来越困难，加上电子商务带来的假冒伪劣产品泛滥等问题，给销售管理工作带来的冲击和挑战将越来越大。

最后，是消费者需求的变化。有人说，"20世纪80年代，100个人需要1件商品；20世纪90年代，100个人需要100件商品；21世纪初，1个人需要100件甚至1,000件商品……"由此可知，消费者的需求越来越多，如何从众多的竞争者手中将消费者抢夺过来，则需要企业及其销售管理人员为顾客提供更高的价值。

2. 销售管理将从粗放式向精细化方向发展

在市场竞争日益激烈的今天，粗放式的管理越来越难有用武之地。这迫使企业不得不从以前"一丈宽，一米深"的粗放管理模式向"一米宽，一丈深"的精细化管理转变。"向管理要效益"，已成为所有企业和营销人员的共识。

3. 销售管理将从依靠经验向专业化、科学化方向发展

在市场环境动荡不定的情况下，光凭经验管理已经显得有点捉襟见肘。销售管理工作与财务管理、生产管理一样，正在向专业化、科学化的方向发展。这不但体现在具体的管理指标体系、管理方法和工具上，更体现在思想观念上。

4. 销售管理将从以销售业务管理为中心向整合营销方向转变

以前，太多的公司认为，吸引顾客是营销或销售部门的工作。如果营销或销售部门抓不住顾客，只能说明公司的销售人员不称职。但事实是，在公司吸引和留住顾客的工作中，营销仅仅是其中的一个部门。即使是世界上最优秀的营销部门，也无法销售劣质产品或没人需要的产品。只有当公司所有的部门和员工都相互合作，共同设计和执行一个有竞争力的顾客让渡价值系统（Customer Value-delivery System）时，营销部门才能有效地开展工作。

以麦当劳为例，每天有109个国家的3,800万人访问它的23,500家餐馆。人们不会仅仅因为喜欢汉堡包就涌向麦当劳快餐店，其他一些餐馆制作的汉堡包味道可能更好。人们冲着某个系统而来，并不仅仅是汉堡包。这个有效运转的系统向全世界传送一个高标准，即麦当劳所谓的QSCV——质量（Quality）、服务（Service）、清洁（Cleanliness）和价值（Value）。麦当劳公司的有效就在于它和它的供应商、特许经营店业主、员工以及其他有关人员共同向顾客提供了他们所期望的高价值。

5. 销售管理重心将从产品销售转向服务销售

现代企业的竞争已经不再仅仅是围绕产品展开，今后服务将成为企业建立竞争优势的主要手段。当前销售不可克服的一个缺陷在于被动，缺乏对客户群的主动研究、细分和定位。而顾问式销售显然可以很好地弥补这一缺陷，通过一对一的专家顾问式销售，可以把售前咨询、售中服务、售后维护有机结合起来，形成面向客户的全程销售模式，减少来自不同环节的潜在客户流失。

项目4 熟悉销售管理岗位

任务1 熟悉销售人员职业发展通道

1. 了解营销职业岗位群及其发展

对于营销岗位,可以从两个维度来划分:一是按照营销的客体来分,营销人主要涉足三大行业,即消费品行业、工业品行业和服务业,与之相对应的是消费品营销、工业品营销和服务营销;二是按职能来划分,营销职业可以分为市场、销售、客户服务和营销管理四大岗位群。

随着社会分工的深入,市场营销相关岗位的划分越来越细,涉及的岗位也越来越多。在一些业务复杂、规模较大、管理规范的公司,市场营销职能机构已经细分为市场部、销售部、企划部、促销部、客服部、广告部、品牌部、大客户部、网络营销部、电话销售部等部门,并设置相应的岗位。

2. 熟悉销售人员职业发展通道

根据个人性格、知识结构、职业性向等,销售人员可以有两条职业发展通道:一条是走专业化道路,即从见习销售代表或销售助理一直干到高级销售代表或金牌销售员;另一条是向管理岗位发展,即从见习销售代表或销售助理干到区域主管、区域经理、销售经理、销售总监直至营销副总。

任务2 熟悉销售管理的主要岗位、职责及任职要求

1. 熟悉销售部门岗位设置

各企业由于规模不同,管理模式各异,其销售部门的岗位设置会存在较大差异。按照销售管理专业化和科学化发展的要求,一般企业的销售部门岗位设置如图1-5所示。

2. 熟悉销售部门主要岗位工作职责和任职要求

销售部门主要岗位工作职责和任职要求如下:

(1)销售部经理工作职责和任职要求。

工作职责:

- 根据企业总体战略规划,制订企业销售计划,报营销总监审批后执行。
- 根据企业年度销售计划,制定详细的营销策略,并组织实施。
- 负责销售工作的具体推进,并监督检查销售计划的执行。
- 负责销售回款的管理,确保销售回款及时。
- 负责组织销售渠道的拓展与维护工作。
- 负责根据销售计划制定销售费用预算并进行销售费用控制。
- 负责促销活动的组织与管理工作,并对促销效果进行评估。
- 负责组织客户关系管理工作。
- 完成上级领导临时交办的工作。

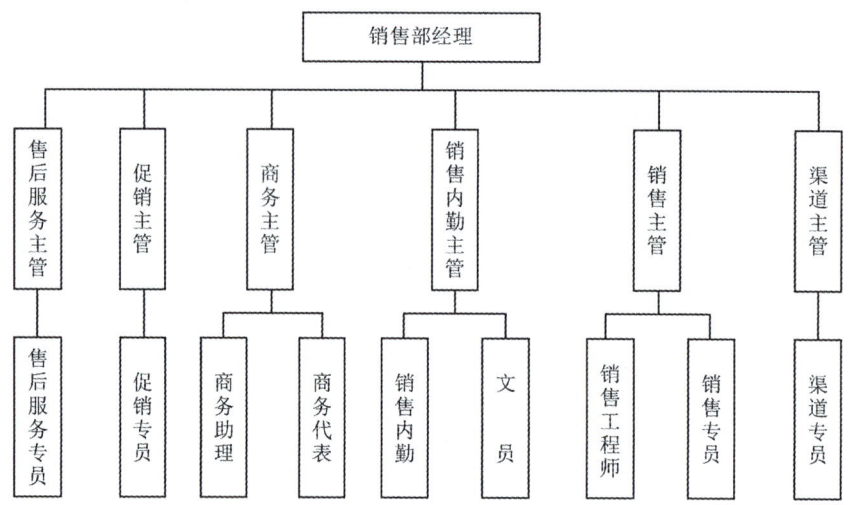

图1-5　销售部门岗位设置

资料来源：程淑丽，王宏. 市场营销精细化管理全案[M]. 北京：人民邮电出版社，2008.

任职要求：
- 学历：大学专科以上，具有企业管理、市场营销、物流管理、合同管理、市场策划等专业知识。
- 专业经验：三年以上销售管理工作经验。
- 个人能力要求：沟通能力、协调能力、创新能力等。

其他要求：
- 认同公司企业文化，忠诚度高。
- 了解不同类型的客户及本行业的发展状况。
- 注重内部管理。
- 有学习意识和团队意识。

（2）区域销售经理工作职责和任职要求。

工作职责：
- 负责编制辖区内市场拓展计划、销售计划并组织实施。
- 负责销售活动的组织与销售目标的达成。
- 负责辖区内销售预算的制定与费用控制工作。
- 负责辖区内市场策划方案、市场推广方案的审批。
- 定期或不定期对阶段销售活动效果进行评价。
- 负责组织客户服务与售后管理工作。
- 负责所属部门人员的管理工作。
- 完成上级领导临时交办的工作。

任职要求：
- 学历：大学专科以上，具有企业管理、市场营销、物流管理、市场策划等专业知识。

- 专业经验：三年以上营销管理工作经验。
- 个人能力要求：沟通能力、协调能力、创新能力等。

其他要求：

- 认同公司企业文化，忠诚度高。
- 了解不同类型的客户及本行业的发展状况。
- 注重内部管理。
- 有学习意识和团队意识。

（3）售后服务主管工作职责和任职要求。

工作职责：

- 负责根据企业实际情况制订售后服务工作计划，报主管领导审批。
- 负责对售后服务人员进行监督和评审。
- 负责售后服务流程的改进与服务质量的改善等工作。
- 负责解决售后服务纠纷及突发事件的处理工作。
- 负责安排售后服务专员做好回访工作，保证服务质量。
- 负责受理客户投诉等客户关系维护与管理工作。
- 负责分析与整理售后服务反馈的资料、信息等，并向主管领导汇报。
- 负责对所属员工进行售后服务规范的培训工作。
- 完成上级领导临时交办的工作。

任职要求：

- 学历：大学专科以上，具有企业管理、市场营销、客户关系管理、公共关系管理等专业知识。
- 专业经验：两年以上客户管理工作经验。
- 个人能力要求：沟通能力、协调能力、谈判能力等。

其他要求：

- 认同公司企业文化，忠诚度高。
- 了解不同类型的客户及本行业的发展状况。
- 有学习意识和团队意识。

（4）促销主管工作职责和任职要求。

工作职责：

- 负责促销推广计划的编制与执行工作。
- 负责组织收集竞争产品信息。
- 负责组织促销前期的市场调查与分析工作。
- 负责编制具体的市场促销方案，并报市场部经理审批。
- 负责促销活动的组织管理，并对促销现场进行巡视。
- 负责组织对促销人员的培训工作，确保促销的质量。
- 负责组织促销效果评估工作，并按时提交评估报告。
- 负责编制促销活动预算，并进行促销费用控制工作。
- 完成上级领导临时交办的工作。

任职要求：
- 学历：大学专科以上，具有企业管理、市场营销、产品管理等专业知识。
- 专业经验：两年以上销售管理工作经验。
- 个人能力要求：沟通能力、协调能力、激励能力等。

其他要求：
- 认同公司企业文化，忠诚度高。
- 了解不同类型的客户及本行业的发展状况。
- 有学习意识和团队意识。

（5）销售内勤主管工作职责和任职要求。

工作职责：
- 全面负责销售内勤保障工作，为销售业务人员提供支持。
- 合理安排内务人员工作，做好内务与外部销售人员的协调工作。
- 负责组织各类销售报表的统计、整理工作，并及时向主管领导报送。
- 负责组织销售合同的拟订工作，并及时送主管领导审核。
- 定期或不定期对销售内勤的工作进行检查，发现问题及时纠正。
- 负责销售客户档案、销售合同等文档的整理与归档工作。
- 负责协助销售业务人员做好客户接待与客户关系维护工作。
- 完成上级领导临时交办的工作。

任职要求：
- 学历：大学专科以上，具有企业管理、市场营销、行政管理专业知识。
- 专业经验：两年以上销售管理工作经验。
- 个人能力要求：沟通能力、创新能力、协调能力等。

其他要求：
- 认同公司企业文化，忠诚度高。
- 了解不同类型的客户及本行业的发展状况。
- 有学习意识和团队意识。

（6）销售主管工作职责和任职要求。

工作职责：
- 协助市场部经理编制市场拓展计划，并组织具体实施。
- 负责渠道市场推广方案的编制与组织实施。
- 负责市场拓展活动的策划与执行。
- 负责组织广告发布与宣传管理。
- 负责协助相关部门进行促销活动的管理工作。
- 负责组织市场公关活动，与相关单位保持良好的沟通关系。
- 负责协助相关部门做好新产品发布会、新闻发布会等工作。
- 完成上级领导临时交办的工作。

任职要求：
- 学历：大学专科以上，具有企业管理、市场营销、广告管理、公共关系管理专业知识。

- 专业经验：两年以上市场营销工作经验。
- 个人能力要求：沟通能力、创新能力、策划能力、协调能力等。

其他要求：

- 认同公司企业文化，忠诚度高。
- 了解不同类型的客户及本行业的发展状况。
- 有学习意识和团队意识。

（7）渠道主管工作职责和任职要求。

工作职责：

- 根据主管领导的要求编制渠道拓展方案。
- 负责对重要客户进行开发、沟通，并制订合作方案。
- 负责贯彻、执行企业市场营销策略与方案。
- 负责制定渠道政策，提供渠道支持服务。
- 负责及时与客户沟通，反馈市场信息，做出处理意见。
- 协助销售部经理开发重要客户。
- 定期或不定期对渠道管理工作进行总结，向销售部经理提交总结报告。
- 完成上级领导临时交办的工作。

任职要求：

- 学历：大学专科以上，具有市场营销、产品管理、渠道管理专业知识。
- 专业经验：两年以上渠道管理工作经验。
- 个人能力要求：沟通能力、策划能力、协调能力等。

其他要求：

- 认同公司企业文化，忠诚度高。
- 了解不同类型的客户及本行业的发展状况。
- 有学习意识和团队意识。

（8）促销专员工作职责和任职要求。

工作职责：

- 根据促销活动计划，有效地向消费者传递产品信息及企业形象。
- 负责产品宣传资料的发放工作。
- 负责促销产品的陈列及摆放工作。
- 采用适当的销售技巧，增强消费者的购买欲望。
- 负责收集客户的意见，及时处理客户提出的问题。
- 负责收集竞争对手的产品、价格等方面的信息。
- 负责按时填报各类销售日报表。
- 完成上级领导临时交办的工作。

任职要求：

- 学历：大学专科以上，具有市场营销、产品管理等专业知识。
- 专业经验：一年以上促销工作经验。
- 个人能力要求：沟通能力、创新能力、协调能力等。

其他要求：
- 认同公司企业文化，忠诚度高。
- 了解不同类型的客户及本行业的发展状况。
- 有学习意识和团队意识。

（9）商务助理工作职责和任职要求。

工作职责：
- 负责协助销售部商务主管完成销售工作的协调与管理工作。
- 负责销售合同的草拟、整理与跟进工作。
- 负责部门内部行政事务工作的处理。
- 负责各项销售报表的制作与报送工作。
- 负责协助销售部商务主管做好销售工作的推进与管理工作。
- 负责协助相关部门做好市场推广工作。
- 负责协调销售回款的催收工作。
- 完成上级领导临时交办的工作。

任职要求：
- 学历：大学专科以上，具有市场营销、产品管理、行政管理、市场策划管理等专业知识。
- 专业经验：一年以上销售管理工作经验。
- 个人能力要求：创新能力、沟通能力、策划能力、协调能力等。

其他要求：
- 认同公司企业文化，忠诚度高。
- 了解不同类型的客户及本行业的发展状况。
- 有学习意识和团队意识。

（10）销售内勤工作职责和任职要求。

工作职责：
- 负责销售合同的跟进、督促，建立合同台账。
- 负责根据销售内勤主管的要求编制年度、月度工作计划，呈报销售部经理审核。
- 负责编制资金回笼计划，并监督资金的回笼情况。
- 根据企业的营销政策建立销售核算总账，按时登记相关科目。
- 负责接收、发送销售部门的所有商务信函。
- 负责编制销售部门内部的各类销售报表，送交相关部门。
- 负责销售合同的管理工作。
- 负责收集市场营销信息，编制信息简报。
- 完成上级领导临时交办的工作。

任职要求：
- 学历：大学专科以上，具有市场营销、会计学、行政管理等专业知识。
- 专业经验：一年以上销售内勤工作经验。

- 个人能力要求：沟通能力、协调能力等。

其他要求：

- 认同公司企业文化，忠诚度高。
- 了解不同类型的客户及本行业的发展状况。
- 有学习意识和团队意识。

（11）销售专员工作职责和任职要求。

工作职责：

- 根据销售目标和计划，具体执行企业市场营销策略。
- 依据企业制订的销售计划，具体负责产品销售工作。
- 负责按时提交销售数据，以利于相关部门进行统计分析。
- 负责销售尾款的追回工作，确保资金回笼。
- 定期向客户了解使用产品的情况，并及时反馈给相关部门。
- 负责协助相关部门做好售后服务工作。
- 协助相关部门做好客户档案建立工作。
- 完成上级领导临时交办的工作。

任职要求：

- 学历：大学专科以上，具有市场营销、产品管理等专业知识。
- 专业经验：一年以上销售工作经验。
- 个人能力要求：创新能力、沟通能力、协调能力等。

其他要求：

- 认同公司企业文化，忠诚度高。
- 了解不同类型的客户及本行业的发展状况。
- 有学习意识和团队意识。

（12）渠道专员工作职责和任职要求。

工作职责：

- 负责制订渠道拓展计划，完成渠道开拓工作。
- 负责按照主管领导的要求完成销售目标。
- 负责企业自行研发产品和运营产品的推广工作。
- 负责所属区域销售情况的统计与分析。
- 负责所属区域客户关系的维护工作。
- 负责建立企业与经销商的合作关系。
- 负责渠道货款的追讨工作。
- 完成上级领导临时交办的工作。

任职要求：

- 学历：大学专科以上，具有市场营销、产品管理等专业知识。
- 专业经验：一年以上销售工作经验。
- 个人能力要求：沟通能力、创新能力、协调能力等。

其他要求：
- 认同公司企业文化，忠诚度高。
- 了解不同类型的客户及本行业的发展状况。
- 有学习意识和团队意识。

说明：由于部分岗位不为一般企业销售部门常设，因此其岗位职责和任职要求在此不表，以精简篇幅。

单元小结

销售是把企业生产和经营的产品或服务通过直接或间接的方式，卖给直接或间接的消费者并收回货款的过程。货款的回收和增值是销售实现与否的关键。

在买方市场条件下，企业的收入是通过销售来最终实现的，企业的营销战略必须通过销售管理工作的有效组织来执行。销售在企业中具有其他经营活动所不可替代的作用，销售是企业经营管理活动的中心。

销售的要素包括主体、产品、渠道和消费者四个方面。

在营销、销售和推销的关系中，销售重点解决营销中的渠道问题，而推销仅指直接销售渠道中的人员推销。因而，营销包含销售，销售包含推销。

中国的销售经历了坐销、行销、精细化销售和精益化销售四个阶段。

狭义的销售管理专指以销售人员为中心的管理，在市场发育比较好，企业营销职能部门划分较细的西方发达国家持这种观点。广义的销售管理是对所有销售活动的综合管理，我国学者大多持这种观点。我们认为，销售管理是对企业销售活动进行计划、组织、训练、领导和控制，以实现企业价值的过程。

销售管理包括销售计划管理、销售组织管理、销售人员管理、销售过程管理、销售网络管理、客户管理和销售物流管理等七大内容。

根据个人性格、知识结构、职业性向等，销售人员可以有两条职业发展通道：一条是走专业化道路，即从见习销售代表或销售助理一直干到高级销售代表或金牌销售员；另一条是向管理岗位发展，即从见习销售代表或销售助理干到区域主管、区域经理、销售经理、销售总监直至营销副总。各职位有相应的岗位职责和任职要求。

核心概念

销售　营销　推销　销售管理　关系营销　交易营销

实训设计

项目：认识销售管理。

目的：理论与实践相结合，通过了解销售管理实践加深对理论知识的理解。

内容：以某一企业为个案，研究其销售管理流程、模式和特点。

步骤：

（1）寻找某具体行业中在销售管理方面比较有特色的企业。

（2）通过文献调查、深度访谈、企业实习等方式，了解其销售管理流程、模式和特点。

（3）熟悉该企业销售管理的主要岗位、职责及任职要求。
（4）就实训项目撰写一份调查报告或实训报告。

训练题

1. 简述销售在企业中的作用。
2. 简述销售的基本要素。
3. 如何理解产品概念？无形产品包括哪些形式？
4. 如何理解销售与推销、销售与营销、推销与营销的关系？
5. 试述销售在中国的发展。
6. 试述电子商务的兴起给销售管理带来的机遇与挑战。
7. 如何理解销售管理的含义？
8. 简述销售管理的内容。
9. 简述销售管理的程序。
10. 试述销售管理的未来发展趋势如何。
11. 试述销售人员职业发展通道是怎样的。
12. 销售管理的主要岗位有哪些？其职责及任职要求如何？

综合案例分析

从销售新人到销售冠军

赵魁是凯乐公司一位新的销售代表，以前从来没有做过销售，但赵魁有一颗想要成功的心。虽然他现在因为刚毕业不久，一穷二白，但他坚信自己能在两年内赚到买车钱和买房的首付款，并和女朋友约好，两年后在自己的新房里结婚。到了凯乐公司，赵魁在接受过"销售员的心理准备"的培训后，开始了自己成功之旅。他首先计算自己需要多少钱。按照当时的价格，全款买车，贷款买房，他需要40万元，加上两年的生活开销，他总共需要赚50万元。通过公司给出的销售奖励制度，计算出了要达成目标需要完成的销售额，这个销售额是公司规定销售任务的1.4倍。然后，他去请教自己的销售经理，了解如果想实现这样的销售额需要做哪些工作。销售经理告诉他，首先要了解产品和客户，要学会和客户打交道。销售经理说："作为新人，客户经验的缺乏不是很快能改变的，你至少要接触过30～50个客户，才能有客户感觉。"另外，按照行业经验，如果想实现这样的销售额，至少需要200个潜在客户，并且还需要时间去和他们建立友好关系。然而，赵魁决心要赢，他只想完成自己的目标，他相信任何困难都是能被战胜的。为此，他专门请教专家，了解如何去克服销售经理所说的困难。最后，在专家的指点下，他制订了具体的计划：

前三个月：熟悉产品，并通过拜访50个"不良客户"（即成交希望很小的客户）积累客户经验。

4～6月：找到100个潜在客户，与他们建立联系，并学习如何与客户成交。

半年后：主要工作转化成深化客户关系，并努力达成销售。在这个阶段，赵魁要每季度实现200万的销售额，为此，要让自己手中始终保持有10个左右的客户处在销售过程中，并为每个有意向的客户制订详细的发展计划，按计划推进。同时，每个月再开发20个新客户，为以后做准备。

制订了计划之后，在两周的产品培训中，赵魁不仅认真听讲，还每天工作到12点，记忆和消化培训内容。同时，在网上查阅各种相关资料，丰富自己的专业知识。其专业培训考试成绩名列第一。此后，按照专家的建议，赵魁开始寻找一些"不良客户"进行拜访。"不良客户"的约见难度是很大的，但是赵魁通过扩大约见数量和坚持不懈地约见等方法，最终实现了拜访50个客户的目标。通过这些拜访，赵魁找到了客户感觉，他基本知道客户的需求和采购心理，并知道如何与客户打交道。而且，在这三个月中，赵魁还很幸运地获得了一个订单。

三个月的磨练之后，赵魁开始了疯狂的客户开发，同事们经常看到从上班开始，赵魁就在不停地打电话，一直打到下班。下班后，赵魁会留在办公室统计发现的潜在客户数量，为他们建立客户档案，并且按照承诺给他们发邮件。如果能约到客户，赵魁也开始去正式拜访客户，遇到搞不定的地方，就去向销售经理请教。因为在半年试用期内，销售员可以向经理申请支持，因此，遇到重要客户，赵魁还会向经理申请协同拜访。这样，三个月下来，赵魁又获得了两个订单。虽然这些都是小订单，但赵魁积累了充足的潜在客户资源，并且，在销售经理的辅导下，销售技巧越来越熟练，因此，他对未来充满信心。

半年试用期后，赵魁已经能像一个老销售一样熟练地工作了。虽然在试用期间，赵魁的销售业绩很一般，但一过试用期，赵魁的销售业绩就开始节节高升。在第一年末，赵魁成为公司的季军，而在第二年末，赵魁不仅实现了他的销售目标，还成为公司的年度销售冠军。当然，赵魁也实现了他当初的梦想：拥有了自己的房子和汽车。

这是一个平常的不能再平常的故事，赢家的梦离你并不遥远，如果你拥有比赵魁更远大的梦想，用同样的方法，你依然可以成功，只不过你需要用更长的时间，付出更多的努力。

资料来源：王云. 销售冠军这样做业务 [M]. 北京：机械工业出版社，2010.

问题：

1. 案例中赵魁成功的原因是什么？
2. 一个成功的销售人员需要具备什么条件？
3. 该案例给你什么样的启示？

单元 2　销售计划管理

本章导读

通过本单元的学习，读者应能够了解销售预测的含义、程序，理解销售预测的方法；理解销售目标的含义和销售目标值的确认方法，熟悉销售目标内容，了解销售目标管理步骤；理解销售预算的含义、意义，了解销售预算的编制方法和编制步骤，熟悉销售预算的内容；理解销售计划的含义、分类、制订原则，了解销售计划的编制步骤，掌握销售计划的内容，学会销售计划的编制方法。

销售计划管理

知识点

★ 销售预测的含义、程序、方法。
★ 销售目标的含义、内容、确认方法和管理步骤。
★ 销售预算的含义、意义、编制方法、内容和编制步骤。
★ 销售计划的含义、分类、制订原则、编制步骤、内容和编制方法。

技能点

★ 能掌握简单的销售预测方法，并运用之为自己熟悉的某个行业或企业进行预测。
★ 能结合某一销售组织，如自己实习过的商店，运用所学知识为其确认销售目标值，并对目标值进行合理分解。
★ 能策划一个创业项目，为其市场拓展做一个简单预算，确认其可行性。
★ 能就自己熟悉的某一项目或某一企业，运用销售计划的有关知识为其编制一份年度销售计划书。

素养点

★ 树立生态文明观念，在从事销售管理工作时强化计划意识，节约社会资源。
★ 坚持实事求是的原则，在从事销售管理活动时重视销售预测工作，合理确定销售目标。
★ 树立社会营销观念，深刻理解预算管理和计划管理对一个企业、一个地区乃至整个国家发展的重要意义。
★ 强化职业精神，塑造务实、严谨的新时代销售管理人员职业形象。

▶ **情境引入**

俗语说，"凡事预则立，不预则废"。一个销售组织的计划工作做得是否完善，对于其运行的成效影响很大。首先，销售计划提供了一个销售组织所有行动的正确方向；其次，销售计划具有协调销售组织内各子系统行动的作用；最后，计划提供了控制与衡量成绩的标准。

项目 1　了解销售预测管理

在确定销售目标和制订销售计划之前，企业必须对整个行业的市场潜力进行科学预测，然后根据企业自身的资源条件和竞争地位预测本企业在一定时期的销售指标。

任务 1　了解销售预测

在讨论销售预测之前，我们需要说明和明确在销售预测中一些经常用到的术语。其中最主要的是市场潜力和销售潜力。

1. 市场潜力和销售潜力

市场潜力是指在某特定时期和特定条件下，一个具体的市场上某个行业的某种产品或服务的总的预期销售额（量）。完整和清楚的市场潜力概念，必须包括四个要素：

（1）可出售物品，这里指产品、服务、主意、人员或地点等。

（2）整个行业的销售可以用货币或产品单位来计量。

（3）一个具体的时期，例如一年。

（4）可用地理范围或顾客类型，或者二者综合来确定具体的市场界限。

例如，2022 年中国咖啡行业市场规模将达 4000 亿元，总体呈现持续扩大的趋势。请注意这个关于咖啡市场潜力的表述包含了上述四个方面的信息：物品——咖啡，单位——元，时间——2022 年，地理范围——中国。

销售潜力是指单个企业对自己能够在整个市场潜力中获得的市场份额（或百分比）的合理预期。例如，某咖啡品牌 2021 年取得了中国咖啡市场消费总额的 40%，因此有理由相信该品牌下一年的销售潜力接近整个中国咖啡市场的 40%。在谈论公司销售潜力的时候，我们必须详细到产品、具体市场范围、计量单位和时期。

市场潜力一般是对整个行业市场而言，而销售潜力多针对单个企业。因此，我们谈到整个咖啡行业就用"市场潜力"，谈到某咖啡品牌就用"销售潜力"（或市场份额）。在垄断的行业中，有时市场潜力就等同于销售潜力。然而，在绝大多数行业中，由于市场上存在许多相互竞争的企业，市场潜力与销售潜力是不同的。

2. 理解销售预测的含义

销售预测是指企业对其所有产品或某一产品的销售数量与销售金额在未来某一特定时期或时间点的估计。销售预测是在充分考虑未来各种影响因素的基础上，结合本企业的销售实绩，通过一定的分析方法提出的切实可行的销售目标。

3. 销售预测的重要性

在企业营运中预测是一件非常重要而且具有多重用途的工作。销售预测在企业管理中具有很重要的作用，它不仅提供寻求市场机会以及营销策略的依据，而且是制订销售计划和目标的前提，同时还影响和决定着企业其他工作的安排。

销售预测是企业制订短、中、长期销售计划的起点，而销售计划又是企业制订生产计划、采购计划、财务计划乃至人力资源计划的基础。

4. 销售预测应考虑的因素

企业在组织销售预测工作时需要考虑的因素很多，概括起来，主要分为外部因素和内部因素两个方面，其中外部因素包括消费者需求状况、经济发展态势、同业竞争状况和政府政策法律等，内部因素包括企业营销战略、销售政策、销售人员数量和质量、生产能力等。具体见表2-1。

表 2-1 影响销售预测的因素

影响销售预测的主因素	影响销售预测的子因素	影响点
外部因素	消费者需求状况	指消费流行趋势、消费者偏好、消费习惯、生活方式、人口数量及流动性等
	经济发展态势	指国民总收入或国内总收入、人均收入、收入分配状况和经济发展阶段等
	同业竞争状况	指产业竞争环境、主要竞争对手及其营销战略、销售政策、资源和核心优势等
	政府政策法律	指政府的产业扶持或限制政策、相关行业管理法规等
内部因素	企业营销战略	包括的市场定位、产品策略、价格策略、销售渠道策略、广告及促销策略等
	销售政策	包括企业市场管理政策、交易条件或付款条件、销售人员报酬方式、销售方法、经销商支持等
	销售人员数量和质量	指企业销售队伍规模、销售人员构成、销售人员个人能力和整体水平等
	生产能力	指在计划期内，企业参与生产的全部固定资产，在既定的组织技术条件下，所能生产的产品数量，或者能够处理的原材料数量

任务2 了解销售预测的程序

销售预测作为一项专业性、科学性很强的工作，其组织开展必须依一定的程序进行，如图2-1所示。

1. 确定预测目标

在组织销售预测前必须明确预测的目标，具体包括：

（1）销售预测的目的是什么？

（2）预测结果将被如何使用？由谁来使用？

（3）预测结果的使用范围如何？

2. 选择、确定预测方法

需要根据预测的对象，对结果要求的精确程度和预测结果对企业目标达成的影响程度等来确定。

3. 预测结果处理

得到初步预测结果后，需要与现实情况或预期进行比对，如果相符则进入执行环节，否则需要重新检查预测目标是否正确，因素分析过程是否存在问题以及预测方法是否得当等。

4. 执行及评估

若经与现实情况或预期进行比对，预测结果基本符合，则进入执行环节。在执行过程中若发现有问题，则需重新检查各环节是否存在问题，直至问题消除。

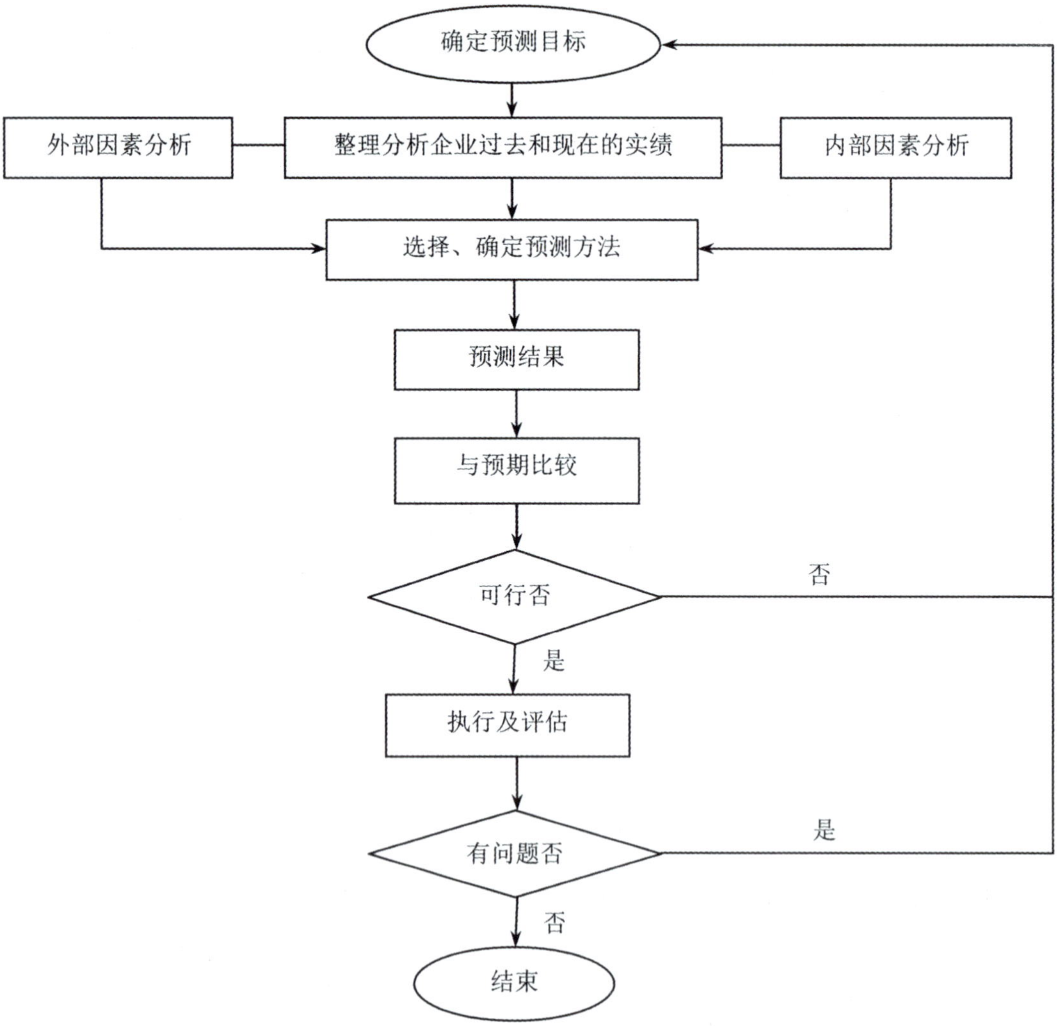

图 2-1　销售预测程序

任务3 理解销售预测的方法

销售预测的方法有多种，既可以采用数理统计方法进行预测，也可以凭直觉或经验来估算。至于何者为佳，则无一定标准可循。但有一点需要注意，就是不要拘泥于单一的销售预测方法，而应视实际情况综合利用多种方法。

一般来讲，销售预测方法分为定性预测方法和定量预测方法两种。

定性预测方法包括购买者意向调查法、销售人员综合意见法、高级管理人员估计法和专家意见法。

定量预测方法包括市场试验法、时间序列分析法、回归分析法、趋势外推法、模拟分析法等方法。

下面我们简要讨论一下几种常用的方法。

1. 定性预测方法

在销售预测中常用的定性预测方法有四种：高级经理意见法、销售人员意见法、购买者期望法和德尔菲法。

（1）高级经理意见法。高级经理意见法是依据销售经理或其他高级经理的经验与直觉，通过一个人或所有参与者的平均意见求出销售预测值的方法。

（2）销售人员意见法。销售人员意见法是利用销售人员对未来销售进行预测。有时是由每个销售人员单独做出这些预测，有时则与销售经理共同讨论而做出这些预测。预测结果以地区或行政区划汇总，一级一级汇总，最后得出企业的销售预测结果。

（3）购买者期望法。许多企业经常关注新顾客、老顾客和潜在顾客未来的购买意向情况，如果存在少数重要的顾客占据企业大部分销售量这种情况，那么购买者期望法是很实用的。

这种预测方法是通过征询顾客或客户的潜在需求或未来购买商品计划的情况，了解顾客购买商品的活动、变化及特征等，然后在收集消费者意见的基础上分析市场变化，预测未来市场需求。

（4）德尔菲法。德尔菲法是采用背对背的通信方式征询专家小组成员的预测意见，经过几轮征询，使专家小组的预测意见趋于集中，最后得到符合市场未来发展趋势的预测结论。德尔菲法又名专家意见法，是依据系统的程序，采用匿名发表意见的方式，即团队成员之间不得互相讨论，不发生横向联系，只能与调查人员发生联系，通过反复地填写问卷，以集结问卷填写人的共识及搜集各方意见，可用来构造团队沟通流程，应对复杂任务难题的管理技术。

德尔菲法的具体实施步骤如下：

第一步，组成专家小组。按照课题所需要的知识范围，确定专家。专家人数的多少，可根据预测课题的大小和涉及面的宽窄而定，一般不超过20人。

第二步，向所有专家提出所要预测的问题及有关要求，并附上有关这个问题的所有背景材料，同时请专家提出还需要什么材料，然后由专家做书面答复。

第三步，各个专家根据他们所收到的材料，提出自己的预测意见，并说明自己是怎样利用这些材料并提出预测值的。

第四步，将各位专家第一次判断意见汇总，列成图表，进行对比，再分发给各位专家，让专家比较自己同他人的不同意见，修改自己的意见和判断。也可以把各位专家的意见加以整理，或请身份更高的其他专家加以评论，然后把这些意见再分送给各位专家，以便他们参考后修改自己的意见。

第五步，将所有专家的修改意见收集起来，汇总后再次分发给各位专家，以便做第二次修改。逐轮收集意见并为专家反馈信息是德尔菲法的主要环节。收集意见和信息反馈一般要经过三四轮。在向专家进行反馈的时候，只给出各种意见，但并不说明发表各种意见的专家的具体姓名。这一过程重复进行，直到每一个专家不再改变自己的意见为止。

第六步，对专家的意见进行综合处理。

德尔菲法的最大优点是充分民主地收集专家意见，从而较准确地把握市场发展趋势。

2. 定量预测方法

用来进行销售预测的定量方法可以按照不同类型分成三大类：时间序列分析法、回归分析法和相关分析法。

（1）时间序列分析法。时间序列是按时间顺序排列而成的一组数字序列。时间序列分析就是利用这组数列，应用数理统计方法加以处理，以预测未来事物的发展。时间序列分析是定量预测方法之一，它的基本原理：一是承认事物发展的延续性，应用过去数据，就能推测事物的发展趋势；二是考虑到事物发展的随机性，任何事物发展都可能受偶然因素影响，为此要利用统计分析中加权平均法对历史数据进行处理。该方法简单易行，便于掌握，但准确性差，一般只适用于短期预测。

在分析销售收入时，大家都懂得将销售收入按照年或月的次序排列下来，以观察其变化趋势。时间序列分析法现已成为销售预测中具有代表性的方法。

（2）回归分析法。各种事物彼此之间都存在直接或间接的因果关系。同样的，销售量也会随着某种变量的变化而变化。当销售与时间之外的其他事物存在相关性时，就可运用回归和相关分析法进行销售预测。所谓回归分析法，是在掌握大量观察数据的基础上，利用数理统计方法建立因变量与自变量之间的回归关系函数表达式（称为回归方程式）。

（3）相关分析法。掌握了业界的各种指数后，将会发现某种产品的销售指数和其他指数之间有密切关联，而且发现有些指标具有一定的领先性，就可以设立一个和因素相关的方程式，以预测未来，这时相关分析就有很大的作用。

关于销售预测方法，因在"市场调研"这门课程中已做过深入学习，故在此不再赘述。

【案例点击 2-1】小米手机 2022 年度销售预测

2021 年是小米成立的第 11 年，在今年第一季度和第二季度，小米都拿到了全球智能手机第二的位置，顺利接班华为。雷军马上喊出下一个目标：三年后，小米力争成为智能手机的全球销量第一。

那么小米能否替华为完成这个终极目标，在三年后，也就是 2024 年，成为全球手机销量第一呢？

先看前两年的数据，小米手机 2019 年出货量 1.24 亿台，2020 年出货量 1.48 亿台，同比增长近 20%；若 2021 年出货量能达到 2 亿台，同比就能增长 35%。

再来预测下小米未来三年的出货量。假设从 2022 年开始，小米手机继续保持 20% 的年增长比例，那么 2022 年、2023 年、2024 年的出货量，分别是 2.4 亿台、2.88 亿台和 3.45 亿台，最迟 2024 年、最快 2023 年可以超过三星。

因此，雷军提出三年后超过三星，是经过了测算后得出的结论，并不是一时头脑发热而喊出的口号。这不是梦想，而是努力就可以实现的结果。

资料来源：搜狐．雷军没乱说，经过数据预测，小米最快 2023 年成为全球手机销量第一 [EB/OL]．（2021-09-06）[2022-02-19]．https://www.sohu.com/a/488070668_116551.

项目 2　理解销售目标管理

任务 1　理解销售目标管理的含义

目标管理的概念是管理学家彼得·德鲁克 1954 年在其名著《管理实践》中最先提出的，其后他又提出"目标管理和自我控制"的主张。德鲁克认为，并不是有了工作才有目标，而是相反，有了目标才能确定每个人的工作。所以"企业的使命和任务，必须转化为目标"，如果一个领域没有目标，这个领域的工作必然被忽视。因此管理者应该通过目标对下级进行管理，当组织最高层管理者确定了组织目标后，必须对其进行有效分解，转变成各个部门以及各个人的分目标，管理者根据分目标的完成情况对下级进行考核、评价和奖惩。

目标管理提出以后，便在美国迅速流传。时值第二次世界大战后西方经济由恢复转向迅速发展的时期，企业急需采用新的方法调动员工积极性以提高竞争能力，目标管理的出现可谓应运而生，遂被广泛应用，并很快为日本、西欧国家的企业所效仿，在世界管理界大行其道。

目标管理的具体形式多种多样，但其基本内容是一样的。所谓目标管理乃是一种程序或过程，它使组织中的上级和下级一起协商，根据组织的使命确定一定时期内组织的总目标，由此决定上下级的责任和分目标，并把这些目标作为组织经营、评估和奖励每个单位和个人贡献的标准。

目标管理指导思想是以 Y 理论为基础的，即认为在目标明确的条件下，人们能够对自己负责。具体方法是泰勒科学管理的进一步发展。它与传统管理方式相比有鲜明的特点，可概括为如下几点。

1. 重视人的因素

目标管理是一种参与的、民主的、自我控制的管理制度，也是一种把个人需求与组织目标结合起来的管理制度。在这一制度下，上级与下级的关系是平等、尊重、依赖和支持的，下级在承诺目标和被授权之后是自觉、自主和自治的。

2. 建立目标锁链与目标体系

目标管理通过专门设计的过程，将组织的整体目标逐级分解，转换为各单位、各员工的分目标。从组织目标到经营单位目标，再到部门目标，最后到个人目标。在目标分解过程中，权、责、利三者已经明确，而且相互对称。这些目标方向一致，环环相扣，相互配合，形成协调统一的目标体系。只有每个人员都完成了自己的分目标，整个企业的总目标才有完成的希望。

3. 重视成果

目标管理以制定目标为起点，以目标完成情况的考核为终结。工作成果是评定目标完成程度的标准，也是人事考核和奖评的依据，成为评价管理工作绩效的唯一标志。至于完成目标的具体过程、途径和方法，上级并不过多干预。所以，在目标管理制度下，监督的成分很少，而控制目标实现的能力却很强。

销售目标管理就是通过设定合理的销售目标，并对其进行合理的分解，通过合适的手段予以实施和监控，并关注最终结果和评估的一种管理过程。

任务2 熟悉销售目标的内容

1. 销售额指标
销售额指标包括部门别、地区别、区域别、客户别、月别、产品别销售额指标。

2. 销售费用指标
销售费用指标包括年度、季度、月变动销售费用和固定销售费用指标。

3. 利润目标
利润目标包括部门别、地区别、区域别、客户别、月别、产品别利润目标。

4. 销售活动目标
销售活动目标主要指销售人员行动管理目标，包括访问新客户数、访问客户总数、营业推广活动实施成果、新客户开发数、客户流失率等。

任务3 理解销售目标值的确定方法

销售目标值是在销售预测的基础上，结合企业的营销战略、行业特点、竞争对手的状况以及企业的现状来制定的。由于销售收入是整个销售目标的核心，因此，在确定销售目标时应首先确定销售收入目标。确定销售收入目标值的方法主要有以下几种。

1. 根据销售增长率确定

销售增长率，是今年销售实绩与去年实绩的比率。其计算公式如下：

$$销售增长率 = (今年销售实绩 \div 去年销售实绩 - 1) \times 100\%$$

那么，明年销售收入目标值 = 今年销售实绩 × （1+ 销售增长率）

根据实际情况，有时销售增长率可以人为确定，譬如明年销售额比今年增长20%，这样就更简单了。

2. 根据市场占有率确定

市场占有率是企业销售收入占业界总的销售收入的比率。其计算方法如下：

$$市场占有率 = (本企业销售收入 \div 业界总销售收入) \times 100\%$$

使用这个方法，首先要通过需求预测求出整个业界的销售收入。

那么，下年度的销售收入目标值＝下年度业界总销售收入 × 市场占有率目标值

3. 根据市场增长率（或实质成长率）确定

这是根据企业希望以其市场的地位扩大多少来决定销售收入目标值的方法。如果企业想保住本企业的市场地位，其销售增长率就不能低于业界平均市场增长率。

业界平均市场增长率＝（今年市场销售总额 ÷ 去年市场销售总额 -1）×100%

那么，企业下年度的销售收入目标值＝今年销售额 ×（1+ 业界平均市场增长率）

4. 根据损益平衡点公式确定

损益平衡点是指销售收入等于销售成本时的点。损益平衡点对应销售收入计算公式推导如下：

销售收入 = 成本 + 利润

销售收入 = 变动成本 + 固定成本 + 利润

损益平衡点销售收入 = 变动成本 + 固定成本（利润为 0 时）

销售收入 - 变动成本 = 固定成本（利润为 0 时）

变动成本随销售收入（或销售数量）的增减而变动，故可通过变动成本率计算每单位销售收入的增减率：

变动成本率 =（变动成本 ÷ 销售收入）×100%

销售收入 - 变动成本率 × 销售收入 = 固定成本

可利用上述公式导出下列损益平衡点公式：

损益平衡点上的销售收入 = 固定成本 ÷（1- 变动成本率）

5. 根据销售倒算确定

企业要开展销售活动，就必须投入一定的资金，企业要收回投资就要有一定的销售收入。因此根据经费的投入来确定销售收入是保证企业稳步发展的基础。其具体计算方法如下：

销售收入目标值 =（投入销售费用 + 预期纯利润）÷（1- 销售毛利率 - 变动成本率）

式中，销售毛利率 =（销售毛利 ÷ 销售额）×100%

毛利率一般根据上一年或同行业数据计算。

变动成本率 =（变动成本 ÷ 销售收入）×100%

这一数据也是根据以往的资料进行计算的。

6. 根据消费者购买力确定

此法适合零售商采用，是通过估计企业营业范围内的消费者购买力，用以预测销售额的方法。

首先需要设定一个营业范围，并调查该范围内的人口数、户数、所得额及消费支出额，另外再调查该范围内的商店数及其平均购买力。

7. 根据销售人员确定

（1）根据销售人员人均销售收入确定。这是以销售效率或经营效率为基数求销售收入目标值的方法。其中最具代表性、较简易的方法是：

销售收入目标值 = 每人平均销售收入 × 人数

（2）根据每人完成的销售毛利确定。这是以每人平均毛利额为基数，计算销售收入的方法。公式如下：

销售收入目标值＝（每人平均毛利×人数）÷毛利率

（3）根据销售人员申报确定。这是通过逐级累积一线销售负责人申报的销售目标值，计算企业销售收入目标价值的方法。由于一线销售人员最了解销售情况，因此通过他们估计而申报的销售收入可能是比较符合实际的。当然，一线销售人员的总预测值和经营者的预测一致最为理想。

任务 4　了解销售目标管理的步骤

1. 确定销售目标
包括年度、月度销售目标。

2. 分解销售目标
将销售目标按部门别、地区别、区域别、客户别、月别、产品别进行分解。

3. 签订销售目标责任书
将销售目标进行分解后需要与各有关责任人签订销售目标责任书，以便考核和控制。

【案例点击 2-2】某企业的销售目标管理

某企业每年 12 月 31 日前，销售管理部确定各区域的年度、季度销售目标和费用率，由营销总经理、总经理审批，并由销售管理部以公司文件的形式直接下达给各省部和直属区域。每季度第三个月 5 日前，由省部和直属区域经理向销售管理部上报下季度销售目标确认书和分解表，经销售管理部评审、沟通与调整，由营销总经理审核、总经理审批。每季度第三个月月末，由区域经理签署季度销售目标责任书，并经销售管理部经理确认，由营销总经理签字生效。

资料来源：百度百科．销售目标管理．[EB/OL]．[2021-02-20]．http://baike.baidu.com/view/3397690.htm．

4. 审核、审批销售目标
签订销售目标责任书后，须由相关部门（如计划部）审核，报销售管理部经理、营销总经理审批。

5. 评估检讨销售目标
在目标执行过程中，要随时对完成情况进行评估和检讨，发现问题要及时纠正或调整销售目标。

6. 考核销售目标
一个经营周期末了，须对照销售目标责任书对相关责任人进行考核，考核结果将作为绩效工资、奖金发放和晋升的依据。

项目3　了解销售预算管理

任务1　了解销售预算的含义及意义

1. 销售预算的含义

销售预算是一个财务计划,它包括完成销售计划的每一个目标所需要的费用,以保证公司销售利润的实现。销售预算是在销售预测完成之后才进行的,销售目标被分解为多个层次的子目标,这些子目标一旦确定,其相应的销售费用也被确定下来。

2. 销售预算的作用

为什么需要预算？销售预算是企业生产经营全面预算的编制起点,生产、材料采购、存货费用等方面的预算,都要以销售预算为基础。销售预算把费用与销售目标的实现联系起来。销售预算一方面为其他预算提供基础,另一方面,销售预算本身就可以起到对企业销售活动进行约束和控制的功能。

财务计划是一个连续的过程,它对于计划中涉及各方的交流与沟通起着重要的作用。预算是计划的工具,也是实际工作的控制基准。预算主要有以下作用：

（1）使销售机会、销售目标、销售定额清晰化和集中化。
（2）计划出达到目标的合理费用投入。
（3）有助于促进各职能部门协调合作。
（4）有助于保持销售额、销售成本与计划结果之间的平衡。
（5）提供了一个评估结果的工具。
（6）集中预算于有利可图的产品、市场区域、顾客和潜在顾客而使收益最大化。

【管理故事2-1】山田本一夺冠的秘密

1984年,在东京国际马拉松邀请赛中,名不见经传的日本选手山田本一出人意料地夺得了世界冠军。当记者问他凭什么取得如此惊人的成绩时,他说了这么一句话：凭智慧战胜对手。

当时许多人都认为这个偶然跑到前面的矮个子选手是在故弄玄虚。马拉松赛是体力和耐力的运动,只有身体素质好又有耐性才有望夺冠,爆发力和速度都还在其次,说用智慧取胜确实有点勉强。

两年后,意大利国际马拉松邀请赛在意大利北部城市米兰举行,山田本一代表日本参加比赛。这一次,他又获得了世界冠军。记者又请他谈经验。

山田本一性情木讷、不善言谈,回答的仍是上次那句话：用智慧战胜对手。这回记者在报纸上没再挖苦他,但对他所谓的智慧迷惑不解。

10年后,这个谜终于被解开了。他在他的自传中是这么说的：每次比赛之前,我都要乘车把比赛的线路仔细地看一遍,并把沿途比较醒目的标志画下来,比如第一个标志是银行;第二个标志是一棵大树;第三个标志是一座红房子……这样一直画到赛程的终点。

比赛开始后，我就以自己控制好的速度奋力地向第一个目标冲去，等到达第一个目标后，我又以同样的速度向第二个目标冲去……40多公里的赛程，就被我分解成这么几个小目标轻松地跑完了。起初，我并不懂这样的道理，我把我的目标定在40多公里外终点线上的那面旗帜上，结果我跑到十几公里时就疲惫不堪了，我被前面那段遥远的路程给吓倒了。

资料来源：詹承豫. 从这里出发——娱乐管理的99个故事 [M]．北京：中国建材工业出版社，北京赛迪电子出版社，2004．

任务 2　了解编制销售预算的方法

1. 销售预算形成方式

销售预算的形成方式有两种：一是自上而下，即由公司管理层根据目标执行和活动开展需要，选择一种或多种决定预算水平的方法确定预算，然后分配给各部门；二是自下而上，即由销售人员根据上年度预算，结合去年的销售配额，用习惯的方法计算出预算，提交销售经理，并由销售经理上报。

2. 确定销售预算水平的方法

各企业采用的预算方法多种多样，这里介绍几种常用的方法。

（1）最大费用法。这种方法是在公司总费用中减去其他部门的费用，余下的全部作为销售预算。这个方法的缺点在于费用偏差太大。在不同的计划年度里，销售预算也不同，不利于销售经理稳步地开展工作。

（2）销售百分比法。用这种方法确定销售预算时，最常用的做法是用上年的费用与销售百分比，结合预算年度的预测销售量来确定销售预算。另外一种做法是把最近几年的费用的销售百分比进行加权平均，其结果作为预算年度的销售预算。这种方法，往往忽视了公司的长期目标，不利于开拓新的市场，比较适合销售市场比较成熟的公司。同时，这种方法不利于公司吸纳新的销售人才。因为从长远来看，吸引有发展潜力的销售人员对公司的长期发展是必不可少的，但这种方法促使销售经理只注重短期目标，而忽视对公司具有长期意义的人才的培养。

（3）同等竞争法。同等竞争法是以行业内主要竞争对手的销售费用为基础来制定的。同意用这种方法的销售经理都认为销售成果取决于竞争实力，用这种方法必须对行业及竞争对手有充分的了解，做到这点需要及时得到大量的市场及竞争对手的资料，但通常情况下，得到的资料是反映以往年度的市场及竞争状况。用这种方法分配销售预算，有时不能达到同等竞争的目的。

（4）边际收益法。边际收益是指每增加一名销售人员所获得的效益。由于销售潜力是有限的，随着销售人员的增加，其收益会越来越少，而每个销售人员的费用大致是不变的。因此，存在一个点，再增加一个销售人员，其收益和费用接近，再增加销售人员，增加的费用反而比增加的收益要大。边际收益法要求销售人员的边际收益大于零。边际收益法也有一个很大的缺点，在销售水平、竞争状况和市场其他因素变化的情况下，确定销售人员的边际收益是很困难的。

（5）零基预算法。在一个预算期内一项活动都从零开始。销售经理提出销售活动必

需的费用,并且对此活动进行投入产出分析,优先选择那些对组织目标贡献大的活动。经过反复分析,直到把所有的活动按贡献大小排序,然后将费用按照这个序列进行分配。这样做可能有时使得贡献小的项目得不到足够的费用。另外,使用这种方法须经过反复论证才能确定所需的预算,比较费时费力。

(6) 任务目标法。任务目标法是一个非常有用的方法,它可以有效地分配费用给达成目标的任务。以下举例说明这种方法。

例如,如果企业计划实现销售额 140,000,000 元时的销售费用为 5,000,000 元。其中,销售工作对公司总目标的贡献率若为 64%,那么,用于销售人员的费用为 5,000,000×64%=3,200,000 元。

使用这种方法要求数据充分,因而管理工作量较大,但由于它直观易懂,一直为很多企业所采用。

(7) 投入产出法。这种方法是对目标任务法的改进。任务目标法是一定时间内费用与销售量的比较。但有时有些费用投入后,其效应在当期显示不出来,而无法真实反映费用与销售量的比率。投入产出法不强调时间性,而是强调投入与产出的实际关系,因而一定程度上克服了任务目标法的缺点。

任务 3　熟悉销售预算的内容

销售预算按其构成可分为变动费用和固定费用两大部分。

1. 销售变动费用

销售变动费用是指随销售量变化而变化的费用,包括销售佣金、运输费用、包装费用、保管费用、燃料费、促销费、广告宣传费、消耗品费用和其他费用。

2. 销售固定费用

销售固定费用是指不随销售量变化而变化的费用,这部分费用包括两部分:一部分是销售人员工资、不与销售任务挂钩的奖金、福利费、劳保费和其他费用;另一部分包括交通费、业务招待费、通信费、折旧费、保险费等。

任务 4　了解销售预算的编制步骤

一般来说,销售费用预算编制遵循以下流程。

1. 预测下一年度销售额

计算分析上一年度实际销售额,并与预测值进行比较,评估目标完成和计划执行情况,进而预测下一年度的销售额。

2. 选定费用预算方法

在销售预算的基础上,采用合适的预算方法确定预算总额度。

3. 确定销售费用额度

收集各相关部门上一年度实际发生的销售费用数据并进行统计分析,确定销售费用占销售额比重,然后根据下一年度的销售额预测确定销售费用额度。

4. 分析产品销售周期

分析确定各产品的销售周期,为将总的销售预算分解到每一个销售周期提供依据。

5. 确定销售预算的时间分配

分析确定各产品的销售周期，将总的销售预算分解到每一个销售周期。

6. 确定年度销售预算的分配方法

确定年度内销售费用总的分配方法，划定销售经费项目。

7. 销售费用的分类预算

按照销售费用项目分类，运用适当方法进行费用分类预算。

8. 确定各项费用要达到的效果

确定各项销售费用开支所要达到的效果。

9. 确定费用记录方法

确定每个时期每项销售费用开支的记录方法。

10. 制定预算控制与评价标准

制定预算实施过程的控制与评价标准，以便进行费用控制，使各项费用实际发生额控制在预算范围之内。

11. 确定机动费用

确定机动经费的投入条件、时机、效果及其评估标准。

12. 编制销售费用预算书

根据上述各项确定的内容，编制企业销售费用预算书并上报领导审核，签准后下发执行。

项目4　学会制订销售计划

任务1　理解销售计划的含义及分类

1. 了解销售计划的含义

销售计划是指企业根据历史销售记录和已有的销售合同，综合考虑企业的发展和现实的市场情况制订的，针对部门、人员的在特定时间范围的销售任务指标（数量或金额）。

销售计划是企业各项计划的基础，企业的生产作业计划、采购计划、资金筹措计划以及相应的其他计划均需以此为依据。

销售计划是在销售预测的基础上，通过设定目标销售额，进而通过任务分解和销售预算分配，来支持特定销售周期内销售活动的一系列安排和筹划。

2. 销售计划的分类

（1）销售计划从时间长短来分，可以分为月度销售计划、季度销售计划、年度销售计划等。

（2）销售计划从范围大小来分，可以分为企业总体销售计划、分公司（部门）销售计划等。

（3）销售计划从市场区域来分，可以分为整体销售计划、区域销售计划，区域一般按大区或省区、地市、县市、乡镇等行政区域来划分，也可以根据公司的实际销售范围和统计区域来划分。

（4）销售计划根据企业主体的不同，又分为生产企业销售计划、流通企业销售计划、零售企业销售计划等。各类企业由于经营性质和销售产品的不同，其市场销售计划的制定方法和模式也完全不一样。

任务2　理解销售计划制订的原则

制订出周密的销售计划是销售活动成功的第一步，在制订销售计划时，应遵循以下原则。因这几项原则的英文首写字母组合在一起恰好构成英文单词SMART，所以我们称之为编制销售计划的SMART原则。

1. S（Specific），即具体化原则

所谓具体就是要用明确的语言清楚地说明要达成的行为标准。明确的目标几乎是所有成功团队的一致特点。很多团队不成功的重要原因之一就是目标定得模棱两可，或没有将目标有效地传达给相关成员。

【案例点击2-3】对客户管理目标的具体化表达

如有的企业将客户管理目标表达为"客户服务质量显著提高"，这种对目标的描述就很不明确。因为到底什么程度才能算得上"显著"，没有一个明确的标准。因此我们可以将其表达为"减少客户投诉，将客户投诉率从3%降低到1%以下"，这就是对"客户服务质量显著提高"的具体化表达。

资料来源：百度百科．SMART原则[EB/OL]．[2022-02-21]．http://baike.baidu.com/view/470808.htm．

---

2. M（Measurable），即可衡量原则

可衡量性就是指目标应该是明确的，而不是模糊的，应该有一组明确的数据，作为衡量是否达成目标的依据。如果制定的目标没有办法衡量，就无法判断这个目标是否实现。

3. A（Acceptable），即可接受原则

可接受原则是指目标必须是通过执行人认可和接受的，如果上级利用行政手段将目标强加给下属，势必会使其产生抗拒心理。

4. R（Realistic），即现实性原则

现实性是指销售目标和计划必须是执行人通过努力可以实现和达到的，目标过高则会挫伤其积极性，目标过低又会因为缺乏挑战性而失去激励作用。

【管理故事2-2】猴子取食的实验

美国加利福尼亚大学的学者做了这样一个实验：把六只猴子分别关在三间空房子里，每间两只，房子里分别放着一定数量的食物，但放的位置高度不一样。第一间房子的食物就放在地上，第二间房子的食物分别从易到难悬挂在不同高度的适当位置上，第三间房子的食物悬挂在房顶。数日后，他们发现第一间房子的猴子一死一伤，伤的缺了耳朵断了腿，奄奄一息。第三间房子的猴子也死了。只有第二间房子的猴子活得好好的。

究其原因，第一间房子的两只猴子一进房间就看到了地上的食物，于是，为了争夺唾手可得的食物而大动干戈，结果伤的伤，死的死。第三间房子的猴子虽做了努力，但因食物太高，难度过大，够不着，被活活饿死了。只有第二间房子的两只猴子先是各自凭着自己的本能蹦跳取食，最后，随着悬挂食物高度的增加，难度增大，两只猴子只有协作才能取得食物，于是，一只猴子托起另一只猴子跳起取食。这样，每天都能取得够吃的食物，很好地活了下来。

资料来源：詹承豫．从这里出发——娱乐管理的99个故事[M]．北京：中国建材工业出版社，北京赛迪电子出版社，2004．

5．T（Timetable），即时间限制性原则

时间限制性是指目标的完成必须有一个明确的时间界限，譬如说一年、一个季度、一个月。

任务3　了解销售计划编制的步骤

1．确定销售目标

有关销售目标的确定在项目2中已有详细叙述，请读者参考项目2的相关内容。

2．制订销售计划

依据公司营销战略和销售目标以及以往销售数据，编制销售计划。经管理层讨论和论证后，确定销售计划指标及标准。

3．销售计划的分解

将销售总额计划在各部门、区域、人员、产品、客户、时期间进行分解和分配。

4．执行销售计划

相关执行人根据分派的任务和计划予以执行。

5．执行情况反馈

企业通过收集各类经营报表和数据，对实际执行效果与计划相比对，并将比对结果及时反馈给相关责任人。

6．分析、调整销售计划

对未达到计划的事项，须进行认真分析，找出原因。如属于计划本身的问题，则应对计划进行适时调整。

任务4　掌握销售计划的内容及编制方法

1．销售计划的内容

一般来讲，企业的销售计划应包含以下内容：

（1）商品计划，即生产或销售什么产品（或服务），各占多少比重。

（2）渠道计划，即通过何种渠道销售，每种渠道占多大比重。

（3）成本计划，即用多少钱来完成销售目标，这些钱花在什么地方。

（4）销售单位组织计划，即谁来销售，各完成多少比重。

（5）销售总额计划，即整个企业在特定期限内须完成的销售计划。

（6）推广宣传计划，即如何销售产品。

（7）促销计划，即增进销量须采取哪些措施，各自占多少预算。

2. 年度销售总额计划的编制

年度销售总额计划是所有销售计划中最重要的，是制定其他计划的基础。年度销售总额计划的制订方法有许多，具体参见"项目2——理解销售目标管理"之"任务3——理解销售目标值的确定方法"，只需将其中的"销售目标值"换成"年度销售总额计划数"即可。

3. 月别销售额计划的编制

月别销售额计划的编制步骤如下：

（1）收集过去三年间月别销售实绩。为保证计划的准确性，也可以采用过去若干年的销售数据。但一般来讲，最近三年与计划年度市场环境比较相似，其数据应该更有代表性，见表2-2。

（2）将过去三年间月别的销售实绩合计起来。见表2-2第5列第14行，过去三年间月别的销售实绩合计为67,000万元。

（3）得到过去三年间的月别销售比重。其中过去三年1月份占比=5,025/67,000×100%=7.5%，其余月份依此类推。

（4）将年度销售总额计划乘以三年间的月别销售比重，则可得到计划年度月别销售额计划。

计划年度1月份计划销售额 = 计划年度销售计划总额 ×7.5%，其余月份依此类推。

表2-2 过去三年月别销售实绩

月别	三年前实绩/万元	两年前实绩/万元	一年前实绩/万元	前三年合计/万元	月别占比/%
1	1,685	1,540	1,800	5,025	7.5
2	1,575	1,435	1,680	4,690	7.0
3	2,196	1,899	2,136	6,231	9.3
4	1,922	1,857	2,184	5,963	8.9
5	1,422	1,731	1,872	5,025	7.5
6	1,996	1,941	2,160	6,097	9.1
7	2,148	1,899	2,184	6,231	9.3
8	1,489	1,540	1,728	4,757	7.1
9	1,420	1,604	1,800	4,824	7.2
10	2,084	1,772	2,040	5,896	8.8
11	1,859	1,772	2,064	5,695	8.5
12	2,104	2,110	2,352	6,566	9.8
合计	21,900	21,100	24,000	67,000	100

4. 月别商品别销售额计划的编制

月别商品别销售额计划的编制步骤如下：

（1）取得月别商品别销售比重历史数据。

（2）根据市场情况调整商品销售比重政策和调整各商品销售比重。

（3）用修正过的商品销售比重来设立商品别计划。

（4）用修正后的月别商品销售比重和月别销售总额计划金额即可得到商品别的计划销售金额。

5. 部门别、客户别销售额计划的编制

部门别、客户别销售额计划的编制步骤如下：

（1）取得部门别及客户别的商品销售比重历史数据。

（2）根据市场情况调整部门别及客户别商品销售比重。

（3）用修正后的销售比重与年度销售计划总额相乘，获得客户别及部门别的销售计划额。

6. 销售费用计划的编制

销售费用按其构成可分为变动费用和固定费用两大部分，各部分费用计划制订方法如下：

（1）将销售费用按构成进行分类。

（2）统计分析各类费用年度、季度或月度占比的历史数据。

（3）将预算年度销售费用总额乘以各类费用年度、季度或月度占比，即可得到各类费用在预算年度、季度或月度的预算数。

7. 促销计划的编制

一般来讲，促销计划的内容涉及以下几个方面。

（1）与商品相关的促销计划。

- 销售系统化。
- 商品的质量管理。
- 商品的保鲜、卫生及安全性。
- 专利权。
- 样本促销。
- 展示会促销。
- 商品特卖会。

（2）与销售方法相关的促销计划。

- 确定销售点。
- 销售赠品及奖金的支付。
- 招待促销会。
- 节日人口聚集处促销。
- 代理店及特约店的促销。
- 建立连锁店。
- 销售退货制度。
- 分期付款促销。

（3）与销售人员相关的促销计划。

- 业绩奖赏。

- 行动管理及教育强化。
- 销售竞赛。
- 团队合作的销售。

(4) 广告宣传等促销计划。

- POP(销售点展示)。
- 宣传单随报夹入。
- 模特展示。
- 目录、海报宣传。
- 报纸、杂志广告。

各部分促销计划可根据该项目历史数据占比,经调整后确定。

8. 销售账款回收计划的编制

销售账款回收计划的编制方法见表 2-3。

表 2-3 销售账款回收计划表(样表)

月别	计划销售金额/元	回收计划					赊销款余额/元	回收率/%	无法回收率/%
		现款	30 天以内	30~45 天	45 天以上	……			
1									
2									
3									
4									
5									
6									
7									
8									
9									
10									
11									
12									
合计									

9. 销售人员行动管理计划的编制

销售人员行动管理计划关系到销售效率的高低,越来越受到企业的重视。销售人员行动管理计划按照时间长短可分为月行动计划和周行动计划等,销售人员月行动计划表和周行动计划表格式分别见表 2-4 和表 2-5。

10. 部门别、分店别损益管理计划的编制

部门别、分店别损益管理计划的编制方法分别见表 2-6 和表 2-7。

第　　　月　　　　　　　表 2-4　销售人员行动计划表——月别重点行动目标表（样表）

总经理：	经理：	主管：	组长：	姓名：

本月销售方针及计划：

重点销售商品	重点拜访客户	新客户开拓名单
1. 2. 3. 4.	1. 2. 3. 4.	1. 2. 3. 4.

第　　　周　　　　　　　表 2-5　销售人员行动计划表——周别重点行动目标表（样表）　　姓名：

重点目标

重点销售商品

重点拜访客户名单

重点行动目标	星期一	星期二	星期三	星期四	星期五	星期六

表 2-6　部门别损益管理计划表（样表）

部门		销售总额	变动费用	边际收益	固定费用	部门收益	回款总额
销售一部	计划						
	实绩						
	完成率						
销售二部	计划						
	实绩						
	完成率						
销售三部	计划						
	实绩						
	完成率						

表 2-7　分店别损益管理计划表（样表）

部门		销售总额	变动费用	边际收益	固定费用	部门收益	回款总额
北京分店	计划						
	实绩						
	完成率						

续表

部门		销售总额	变动费用	边际收益	固定费用	部门收益	回款总额
上海分店	计划						
	实绩						
	完成率						
广州分店	计划						
	实绩						
	完成率						

单元小结

在确定销售目标和制订销售计划之前，企业必须对整个行业的市场潜力进行科学预测，然后根据企业自身的资源条件和竞争地位预测本企业在一定时期的销售指标。

销售预测是指企业对其所有产品或某一产品的销售数量与销售金额在未来某一特定时期或时间点的估计。

企业在组织销售预测工作时需要考虑的因素很多，概括起来，主要分为外部因素和内部因素两个方面，其中外部因素包括消费者需求状况、经济发展态势、同业竞争状况和政府政策法律等，内部因素包括企业营销战略、销售政策、销售人员数量和质量、生产能力等。

销售预测方法分为定性预测方法和定量预测方法两种。定性预测方法包括购买者意向调查法、销售人员综合意见法、高级管理人员估计法和专家意见法。定量预测方法包括市场试验法、时间序列分析法、回归分析法、趋势外推法、模拟分析法等方法。

销售目标管理就是通过设定合理的销售目标，并对其进行合理的分解，通过合适的手段予以实施和监控，并关注最终结果和评估的一种管理过程。

销售目标的内容包括销售额指标、销售费用指标、利润目标和销售活动目标。

销售目标值的确定方法有根据销售增长率确定、根据市场占有率确定、根据市场增长率（或实质成长率）确定、根据损益平衡点公式确定、根据销售费用倒算确定、根据消费者购买力确定和根据销售人员确定等。

销售预算是一个财务计划，它包括完成销售计划的每一个目标所需要的费用，以保证公司销售利润的实现。销售预算是在销售预测完成之后才进行的，销售目标被分解为多个层次的子目标，这些子目标一旦确定，其相应的销售费用也被确定下来。

销售预算按其构成可分为变动费用和固定费用两大部分。

销售变动费用是指随销售量变化而变化的费用，包括销售佣金、运输费用、包装费用、保管费用、燃料费、促销费、广告宣传费、消耗品费用和其他费用。

销售固定费用是指不随销售量变化而变化的费用，这部分费用包括两部分：一部分是销售人员工资、不与销售任务挂钩的奖金、福利费、劳保费和其他费用；另一部包括交通费、业务招待费、通信费、折旧费、保险费等。

销售计划是指企业根据历史销售记录和已有的销售合同，综合考虑企业的发展和现实的市场情况制订的,针对部门、人员的在特定时间范围的销售任务指标(数量或金额)。

销售计划是企业各项计划的基础,企业的生产作业计划、采购计划、资金筹措计划以及相应的其他计划均需以此为依据。

一般来讲,企业的销售计划应包含以下内容:商品计划、渠道计划、成本计划、销售单位组织计划、销售总额计划、推广宣传计划和促销计划。

▶ 核心概念

销售预测　销售目标　销售目标管理　销售预算　销售预算管理　销售计划
销售计划管理

▶ 实训设计

项目:学会编制销售计划。

目的:理论与实践相结合,通过了解销售管理实践加深对理论知识的理解。

内容:以某一企业为个案,为其制订年度销售计划。

步骤:

(1)寻找某行业在销售计划管理方面比较有特色的企业。

(2)通过文献调查、深度访谈、企业实习等方式,了解其销售计划管理流程、模式和特点。

(3)就实训项目撰写一份"××公司年度销售计划书"。

▶ 训练题

1. 简述销售预测的作用。
2. 简述销售预测工作的基本程序。
3. 销售预测的方法有哪些?
4. 简述销售目标的内容。
5. 试述销售目标值的确定方法。
6. 简述销售目标管理的实施步骤。
7. 简述销售预算的作用。
8. 编制销售预算的方法有哪些?
9. 简述销售预算的基本内容。
10. 简述销售预算的编制流程。
11. 简述销售计划的作用。
12. 简述销售计划的制订原则。
13. 简述销售计划编制的步骤。
14. 试述销售计划的内容及编制方法。

▶ 综合案例分析

下面是某企业年度销售计划书,供读者参考。

企业年度销售计划书

方案名称	××公司202×年度销售计划书		受控状态	
			编　　号	
执行部门		监督部门	考证部门	

一、202×年度基本目标

本企业202×年度的销售目标如下：

（1）销售额目标：销售部部门年销售额达 _____ 万元以上；每位员工每月销售额达 _____ 万元以上。

（2）利润目标：202×年度实现利润达 _____ 万元以上。

（3）新产品的销售目标：新产品销售额达 _____ 万元以上。

二、实现目标的基本措施

（1）市场营销部门应采取措施，如培训、定期的经验交流等，使所有人员都能精通业务，有危机意识并能有效地工作。

（2）员工需全力投入工作，使工作向高效率、高收益、高分配的方向发展，公司将加强业务管理。

（3）为提高运营的效率，公司将大幅下放权限，使员工能够自主处理各项事务。

（4）为达到销售目标，建立岗位责任制，实行重赏重罚政策。

（5）交易发生要签订合同，彼此应遵守合同约定，履行相应义务，保证合同的顺利执行。

（6）公司为促进零售店的销售，建立销售管理体制，即将原有购买者的市场转移为销售者的市场，使本公司能享有控制代理店、零售店的优势。

（7）将主要销售目标放在零售店方面，培养、指导其促销方式，借此刺激需求的增长。

（8）定期举办联谊会，进一步加强与零售商的联系。

（9）利用对客户调查卡的管理来规范零售店销售实绩、需求预测等的管理工作。

（10）除沿袭以往对代理店所采取的销售拓展策略外，再以上述的方法作为强化政策，从两方面着手致力于拓展新的销售渠道。

（11）检查与代理商的关系，确立具有一贯性的会计制度。

三、市场营销部门工作计划

市场营销部门包括内部部门和外部部门，具体的销售工作计划和措施见下表：

市场营销部门计划

部门	具体工作安排
内部部门	1. 服务店将升级为营业处，借以促进销售活动 2. 营业处增设新的出差处（或服务中心） 3. 解散不必要的部门，将该部门的人员分配到营业处，致力于扩展销售活动 4. 以上各新体制下的业务机构暂时维持现状，不做变革，借此确立各自的责任制 5. 在业务的处理方面若有不妥之处，再酌情调整
外部部门	交易机构及制度将维持"企业→代理店→零售商"的销售方式

四、零售商的促销计划

（一）新产品的销售方式

（1）将全国有影响力的30家零售商店依照区域划分，在各划分区域内采用新产品的销售方式，即每人负责30家左右的店铺，每周或隔周做一次访问，借访问的机会督导、奖励销售，并进行调查、服务及销售指导和技术指导等工作。

（2）新产品的库存量应努力维持在零售店有一个月的库存量、代理店有两个月的库存量。
（3）销售主管及销售人员的职务及处理基准应明确。
（二）新产品协作机构的设立与工作内容
（1）为使新产品的销售方式及所推动的促销活动得以顺利展开，还要以全国各主力零售店为中心，依地区设立新产品协作次级机构。
（2）新产品协作机构的工作内容包括：分发、寄送相关杂志；赠送本公司产品的样品；安装各地区协作店的招牌；分发商标给市内各协作店；分发广告宣传单；积极支持经销商；举行讲习会、研讨会；增设年轻人专柜；介绍新产品。
（三）增强零售店员工的责任意识，加强其销售意愿，具体实施要点如下：
（1）奖金激励法。
零售店员工每次售出本公司产品时都令其寄送销售卡，当销售卡达到15张时，即颁发奖金给本人以提高其销售积极性。
（2）加强人员的辅导工作。
1）销售主管可利用访问机会进行教育指导说明，借此提高零售商店店员的销售技术及加强其对产品的认识。
2）销售主管可亲自接待顾客，对销售行为进行示范说明，让零售商的员工从中获得直接的指导。
3）邀请协作机构员工参加零售店员工的研讨会，借此提高其销售技巧及对产品的认识。
4）参加研讨会的员工通过对其他店员传授销售技术及产品知识、技术，借此提高大家对销售的积极性。

五、扩大消费需求计划

（一）实施广告宣传
（1）在新产品销售方式体制确立之前，暂时先以人员的访问活动为主，把广告宣传活动作为未来规划活动。
（2）对广告媒体进行研究，达到以最小的费用获得最大成果的目标，完成广告宣传计划。
（3）为完成以上两项目标，对广告、宣传技术进行充分研究。
（二）利用购买调查卡
（1）针对购买调查卡的回收、调查方法等进行检查，借此确实掌握客户真正的购买动机。
（2）利用购买调查卡的调查统计、新产品销售方式体制及客户调查卡的管理体制等，切实做好需求的预测。

六、营业管理控制

（一）营业业绩统计
利用各零售店店员所返回的客户调查卡，将销售额的实绩统计出来，或者根据客户调查卡进行新产品销售方式体制及其他的管理。
（1）依据各营业处、区域分别统计商店的销售额。
（2）依据各营业处分别统计商店以外的销售额。
（3）另外几种销售额统计需以各营业处为单位进行。
根据上述统计，观察并掌握各店的销售实绩和各负责人员的活动实绩，以及各商品种类的销售实绩。
（二）确立及控制营业预算
确立营业预算与经费预算，经费预算需随营业实绩进行上下调节。

编制日期		审核日期		批准日期	
修改标记		修改处数		修改日期	

资料来源：程淑丽，王宏. 市场营销精细化管理全案[M]. 北京：人民邮电出版社，2008.

问题：

1. 案例中某企业的年度销售计划包括哪些内容？
2. 该年度销售计划制订流程是怎样的？
3. 你觉得该年度销售计划有问题吗？若有，该如何改进？

单元 3　销售组织管理

本章导读

通过本单元学习，读者应能够理解销售组织的含义、职能、销售组织设计的影响因素，了解销售组织设计决策、销售组织设计的原则、销售组织设计的步骤，熟悉销售组织结构的主要类型及各自优缺点和适用范围，了解销售组织结构未来发展趋势，了解销售组织现存问题及原因，了解销售组织的改进与发展相关内容。

销售组织管理

知识点

- ★ 销售组织的含义、职能。
- ★ 销售组织设计的影响因素、原则和步骤。
- ★ 销售组织结构的主要类型及各自优缺点和适用范围。
- ★ 销售组织现存问题及原因。

技能点

- ★ 能运用所学知识，去分析自己所熟悉的一些企业在销售组织管理方面的特点。
- ★ 以某一企业或项目为背景，为其设计一个合理的销售组织架构。
- ★ 能列举国内在销售管理方面比较成熟的行业，如家电行业，并总结其在销售组织设计方面的模式及特点。
- ★ 能初步诊断某一企业在销售组织管理方面存在的问题，并提出改进思路。

素养点

- ★ 树立集体主义观念，在从事销售管理工作时个人利益应当服从企业、社会和国家利益。
- ★ 树立组织纪律观念，在从事销售管理活动时遵守企业规章制度和国家相关法律法规。
- ★ 树立服从意识，在任务执行过程中遵循一切行动听指挥的规则，个人行动与团队保持一致。
- ★ 强化职业精神，不论处在组织中的哪个层次，都应兢兢业业干好本职工作。

情境引入

当一群人在一个团体内(如公司)为同一个目标而努力时，就会产生"组织"。换句话说，组织就是将员工在工作中的地位、职责和权利，以及他们相互间的关系加以明确的规定。为了最高效率地达成销售目标，必须充分发挥销售组织的作用。

项目1 理解销售组织的职能

任务1 理解销售组织

1. 组织的含义

一般来讲，对组织的含义有两种理解。

一是将组织理解为名词，即组织（Organization）是关于一群人活动的安排或运行机制，目的是使相关者一起活动的效果优于单个人的活动。

二是将组织理解为动词，即组织（Organize）是对工作任务进行合理安排以达成组织目标的过程。

本单元提及的组织，特指销售组织，是名词的概念。

2. 组织结构的含义及其在管理中的作用

组织结构（Organizational Structure），简而言之，就是组织内部对工作的正式安排。

在组织职能中，组织结构的设计与选择是十分重要的，组织结构制约着管理目标的实现，组织结构的变动还会影响到目标与计划的变动。一个组织，只有当其目标与计划与它的结构保持一致时才能有效地实现其目标与计划。

组织的结构是组织内各要素及其相互关系的总和。它包括以下内容：

（1）正式关系和责任模式。

（2）对组织中不同部门的个人活动或任务安排。

（3）这些活动或任务的协调。

（4）组织内部的等级关系。

（5）指导组织内部人们活动和关系的方针、程序、标准、评价系统等。

组织结构在企业管理中的作用如图3-1所示。

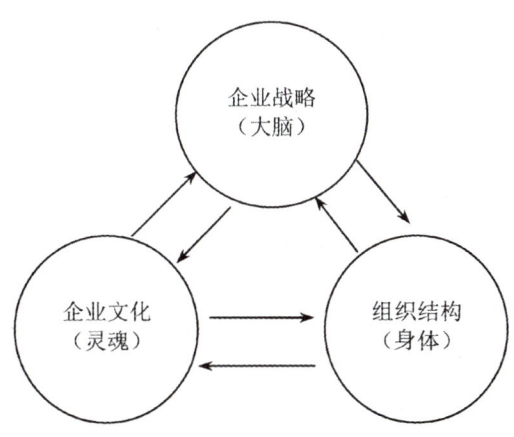

图3-1 组织结构在管理中的作用

从图3-1可以看到，组织结构与企业战略、企业文化一起构成企业管理系统的三大支柱。在这个系统中，组织机构就像身体一样，构成企业的物质组成部分，是企业行动力和执行力的直接来源；而企业战略就像大脑，起着指挥、导向作用；企业文化是灵魂，体现一个企业的价值观和经营观。

3. 销售组织的定义

销售组织是企业内部从事销售工作的人、事、物、信息、资金的有机结合，通过统一协调行动完成企业既定的销售目标。

4. 销售组织的特点

销售组织作为企业组织体系的重要组成部分，具有以下特点。

（1）整体性。在企业内部，企业的每一个组成部分和各个活动之间都是紧密联系在一起的，必须服从企业的整体发展目标。也就是说企业的销售网络的计划、行动都必须服从和服务于企业的总体目标，每一职能部分的活动必须是企业总行为的有机组成部分。现代企业的整体性要求企业的销售部门内部各要素之间必须密切配合，协调一致，不能各自为政。

（2）适应性。适应性是指企业的销售组织机构必须适应外界环境的变化，能够对瞬息万变的市场环境迅速做出反应并采取行动。销售组织是一个开放的系统，它与企业的战略和环境保持动态的适应，随着企业发展战略的调整和环境的变化，销售组织也要进行调整和变革，以保证较高的组织运行效率。

（3）稳定性。稳定性是指企业一旦按照其销售目标构建起销售组织，就必须保持相对的稳定性。朝令夕改、内部动荡都不利于销售目标的达成。

（4）关联性。销售组织的关联性可以从两个方面理解：一是从整合营销的角度讲，企业的销售组织建立起来后，不可能靠单打独斗就能完成销售任务，而必须与其他部门如生产部门、物流部门、仓储部门、财务部门、市场部门等保持密切合作；二是销售组织内部各要素之间也不是孤立存在的，只有将部门内部人、事、物、信息、资金有机地结合，才能达成销售目标。

任务2　理解销售组织的职能

1. 组织职能的含义

组织职能是指根据一个组织的目标，将实现这个目标所必须进行的各项活动和工作加以划分和归类，设计出适合的组织结构，配备负责人员，分工授权并进行协调的一系列活动的总称。

2. 销售组织的职能

彼得·德鲁克在《管理：任务、责任和实践》一书中指出，企业的两项基本职能是市场销售和创新。只有市场销售和创新才能产生出经济成果，其余一切都是"成本"。由此可见销售工作在整个企业中的重要性。

销售组织的职能主要体现在以下几个方面。

（1）确定内部员工之间的正式关系。

（2）确定各职位的责、权、利。

（3）负责招聘、录用、培训、考核、激励销售组织员工。

（4）负责组织内部人、财、物、时间和信息等资源的计划、使用和调度，使组织效率最大化。

（5）负责企业销售计划的实施与销售目标的达成。

（6）负责销售渠道的拓展与管理工作。

（7）负责具体促销活动的组织实施。

（8）负责销售内勤事务的处理工作。

3. 销售部门在企业中的地位

销售部门在企业中的地位主要受市场发育程度、行业特征、企业规模、营销战略等因素的影响，并集中通过其与市场部门之间的相互关系来体现。

（1）市场化初期销售部门在企业中的地位。在市场化初期，由于市场上产品品种不丰富，供应量也不足够，消费者没有多大的选择权，整个市场处于卖方市场。但在供应者之间，已开始有竞争，因此这个时期很多企业将销售部门放在核心位置，谋划将来的市场地位。"销售量为王"成为这一时期流行的观点，谁把东西卖得出去谁就是市场的王者，而对市场维护、生产质量控制、售后服务等关注度不够。

但是，一些小企业因为受财力、人力、物力条件的限制，其销售部门在企业中的地位并不如大企业那么显赫，有的企业甚至不设专门的销售部门，而是靠产品自身的性价比优势进行市场渗透。

市场化初期销售部门在企业中的地位如图 3-2 所示。

图 3-2 市场化初期销售部门在企业中的地位

（2）市场成熟期销售部门在企业中的地位。随着市场日趋成熟，市场上产品明显供过于求，竞争因此也变得越来越激烈。为赢得竞争，以往不被企业所重视的市场维护、生产质量控制、售后服务等日益受到重视。销售部门在企业中虽然仍处于比较重要的地位，但已经与市场部、生产部、物流部、财务部等其他部门处于并列的位置。

市场成熟期销售部门在企业中的地位如图 3-3 所示。

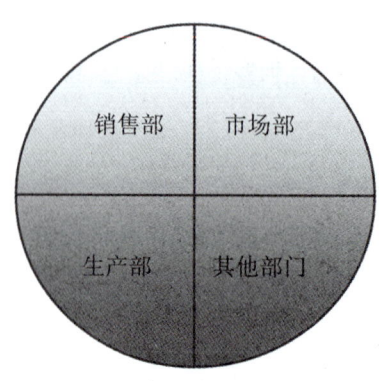

图 3-3　市场成熟期销售部门在企业中的地位

随着中国市场化程度越来越高，空白市场越来越少，原有的市场竞争也越来越激烈。在这种情况下，单凭销售部门单打独斗已经很难应付市场竞争，而必须借助其他部门的支持，通力合作才能赢得消费者。

（3）日用消费品行业销售部门在企业中的地位。由于日用消费品消费人群众多，且分布不均匀，在城市比较密集，在农村比较分散，为方便消费者购买，企业必须建立一定数量的销售网点来进行市场的渗透与扩张，因此市场部门的工作就显得比较重要了。在日用消费品行业，市场部门与销售部门一般处于同等地位，在一些大的企业，市场部门的地位甚至高过销售部门。

（4）工业品行业销售部门在企业中的地位。由于工业品行业目标客户比较集中，客户开发和维护主要依靠销售人员采取一对一或者多对一的方式进行，市场部门只是起到辅助的沟通和服务作用。因此，在工业品行业中，市场部门的职能常常包含在销售部门中。

（5）企业中销售部门与市场部门的关系。根据市场发育程度、行业特征、企业规模、营销战略等方面的差异，各企业销售部门与市场部门的关系可以有两种形式：一种是包含关系，另一种是并列关系。

包含关系又分为两种情况，分别如图 3-4、图 3-5 所示。

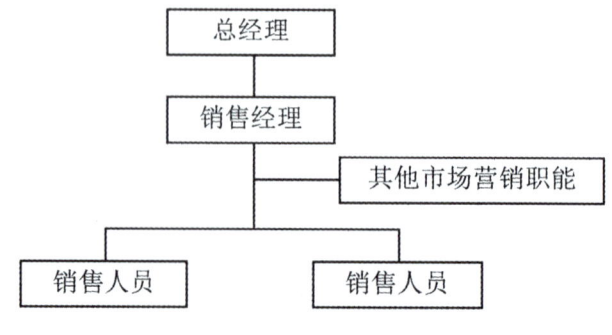

图 3-4　包含关系（一）

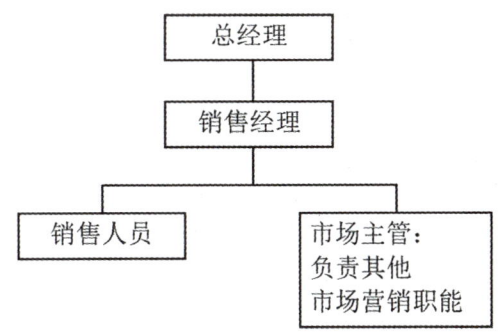

图 3-5 包含关系（二）

在图 3-4 中，市场部门的职能完全由销售人员承担。在图 3-5 中，则在销售经理下设置市场主管一职，分管市场部门的职能。

并列关系也分为两种情况，分别如图 3-6、图 3-7 所示。

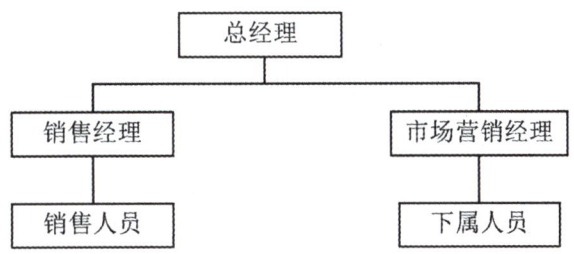

图 3-6 并列关系（一）

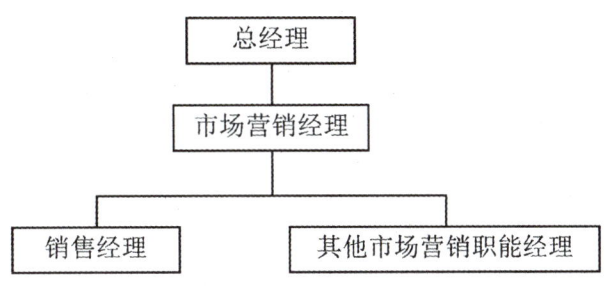

图 3-7 并列关系（二）

在图 3-6 中，在总经理下分设销售经理和市场经理，分管销售和市场工作。在图 3-7 中，在总经理下增设营销经理或营销总监一职，分管销售与市场工作；在营销经理或营销总监的领导下，销售经理和市场经理独立开展工作。

项目 2　了解销售组织的设计

任务 1　理解销售组织设计的影响因素

建立销售组织时，需要考虑以下几个因素，即产品特征、销售策略、销售区域、渠道特性以及外部环境等，如图 3-8 所示。

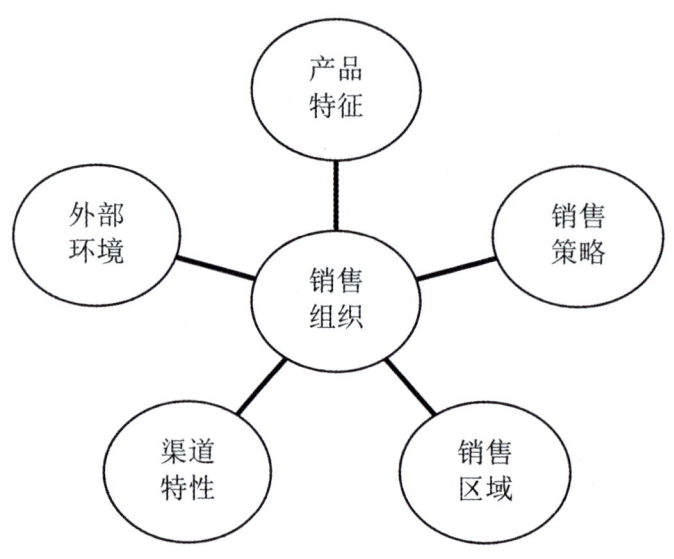

图 3-8　销售组织设计的影响因素

1. 产品特征

不同的产品因其特征不同，其面临的消费群体也不同，因而会具有不同的销售特征。如前述日用消费品和工业用品，采用的销售组织类型就不一样。

当产品结构复杂、采用高水平技术时，按产品专门化组成销售队伍就较合适，否则按区域设立销售组织就可以了。如柯达公司就为它的胶卷产品和工业用品配备了不同的销售队伍。胶卷产品销售队伍负责密集分销的简单产品，工业用品销售队伍则负责那些具有一定的技术含量的工业用品。

另外，在日用消费品行业，当企业经营的产品线特别宽时，为加强对市场的管理，企业常常以产品线为单位设置相应的组织架构。譬如海尔、美的等家电巨头，在销售组织设计时，就按产品线设立了诸如空调事业部、冰箱事业部、小家电事业部等。

【小思考 3-1】如何设计美的集团股份有限公司的销售组织

美的集团股份有限公司（以下简称"美的集团"）是一家集消费电器、暖通空调、机器人与自动化系统、智能供应链、芯片产业、电梯产业的科技集团。1968 年成立于佛山顺德，现总部位于广东省佛山市顺德区北滘镇内，在世界范围内拥有约 200 家子公司、60 多个

海外分支机构及10个战略业务单位,同时为德国库卡集团最主要的股东(约95%)。美的集团的业务包括以厨房家电、冰箱、洗衣机及各类小家电为主的消费电器业务;以家用空调、中央空调等供暖及通风系统为主的暖通空调业务;以德国库卡集团、美的机器人公司等为核心的机器人及工业自动化系统业务;以安得智联为集成解决方案服务平台的智能供应链业务;美仁半导体公司的芯片业务。

问:美的集团的销售部门应该采用怎样的组织结构?分析并查阅资料验证。

资料来源:百度百科. 美的集团[EB/OL].(2016-07-21)[2022-02-22]. https://baike.baidu.com/item/美的集团/9590056?fr=aladdin.

2. 销售策略

一般来讲,企业可以采用"推式"或"拉式"策略进行产品销售。"推式"即通过人员推销来销售产品,"拉式"是指通过广告等促销手段吸引消费者购买而达到产品销售的目标。企业采取何种销售策略显然影响着销售组织的设计,"推式"比"拉式"策略需要更多的销售人员。

即使是同样采取"推式"策略,也会因具体的方式方法不同而影响到销售组织的设计。因为,在进行人员推销时,可以从以下方式中选择一种或几种最适合企业产品销售的方式。

(1)一个销售人员对一个顾客,即一个销售人员通过电话或亲自拜访,和一个现实或潜在的顾客进行交谈。

(2)一个销售人员对一群顾客。

(3)一个销售小组对一群顾客。

(4)推销研讨会,即公司销售小组为客户单位举办一个有关产品技术发展状况的教育讲座。

【案例点击3-1】什么行业或产品适合采用"拉式"销售策略?

在日常生活中,我们会看到形形色色的商业广告。久而久之,我们会发现一个规律:有些行业有些产品广告投放非常密集,而另外一些行业和产品却鲜见有广告投放。那么,什么行业或什么产品需要大量广告投放,或者说适合采用"拉式"销售策略呢?归纳起来,主要有以下几大类行业或产品。

1. 新技术、新产品。作为新生事物,它们迫切需要培育消费者,需要通过广泛的信息传达使潜在需求转化为现实需求。

2. 快速消耗品。此类产品因为消费人群分布广泛,消费频率高,广告宣传无疑是最直接、最有效的促销手段。

3. 潮流与时尚类产品。此类产品的目标消费人群属易冲动、感性消费的群体,最易受广告的影响,他们对于品牌的热衷远大于产品的实用价值。

4. 固定资产投入比重大的行业或产品,如汽车、房地产等。

5. 利润率高的行业,如烟、酒、医药和高档的化妆品等。

6. 处于完全竞争环境的行业或产品。

7．耐用消费品，如汽车、家具、电器、手机等。

8．形象依赖型企业。这些企业的经营，很大程度上依赖于消费者的信任及对其形象的正面评价，如银行、保险等。

3. 销售的区域范围

销售区域范围对销售组织设计的影响主要体现在两个方面。

一是企业划分给每个销售人员的责任辖区有多大。每个销售人员的责任辖区越大，则企业在目标市场管理中所需的销售人员数量越少，因而销售组织结构就越简单；反之，则需要更多的销售人员，销售组织结构也就越复杂。

二是企业对销售区域开发的程度。如企业采用精耕细作的方式对区域市场进行管理，则组织机构就会变得比较庞杂；反之，则简单。因为有经验数据显示，企业销售渠道每"下沉"一级（即从高一级区域下降到次一级区域，如从市下降至县区），销售人员的数量将增加三倍。

4. 渠道特性

渠道特性是指销售渠道的长短和宽窄。显然，销售渠道越长、越窄，销售组织就会越复杂；反之，则越简单。在我国家电行业，就有区域多家代理制（如春兰）、区域总代理制（如格力、科龙、美的等）和直供分销模式（如海尔）等三种典型的渠道模式，不同的渠道模式对应不同的销售组织形式。

【小思考3-2】如何设计完美（中国）的销售组织

完美（中国）有限公司成立于1994年，总部设立在粤港澳大湾区中心地带的广东省中山市，销售健康食品、小型厨具、化妆品、保洁用品及个人护理品。作为中国直销本土化的典型代表，在短短几年间，完美公司成长为集研发、生产、销售、服务为一体的明星企业，在中国直销界占据了一席之地。它以"建立完美事业，拥有完美人生"的经营理念而著称于直销界。

试简要画出完美（中国）有限公司销售部门的组织结构图，并查阅资料验证。

资料来源：郑星季．完美：一个直销企业的兴盛[M]．北京：中国纺织出版社，2005．

5. 外部环境

企业外部环境对销售组织变化的影响较大。一般来讲，在比较稳定的外部环境中，企业的销售组织结构也会相对稳定。反之，则需要采取一种随时应变的动态结构。

导致销售组织变动的外部因素包括需求状况的变化、竞争状况、政治法律环境的变化和科学技术的发展等。如世界日化巨头安利和雅芳进入中国后，迫于中国政府严厉打击传销销售模式的压力，其销售模式被迫由传销向"店铺+直销"模式转型，因而也迫使其对销售组织结构进行重新设计。

任务 2　了解销售组织设计决策

如前所述，销售组织的设计受许多因素的影响，企业必须根据自身情况选择最合适的销售组织结构形式，以最大程度地实现企业的目标。

在设计销售组织之前，企业除了要在具体的组织结构形式之间进行选择外，也需要在采取机械式还是选择有机式的组织形式之间进行选择。

表 3-1 描述了两类组织形式各自的特点及它们之间的区别。

表 3-1　机械式组织与有机式组织的特点对比

机械式组织的特点	有机式组织的特点
• 高度的专门化 • 界限分明的部门划分 • 指挥链明确 • 窄管理幅度 • 集权化 • 高度正规化	• 跨职能团队 • 跨层级团队 • 信息自由流动 • 宽管理幅度 • 分权化 • 低度正规化

1. 机械式组织

机械式组织是一种正规的、严密控制的组织结构形式，其特征是：高度的专门化、界限分明的部门划分、高度正规化、有限的信息沟通（大多是下行沟通）、基层员工很少参与决策。

机械式的组织结构犹如一台高效率的机器，以规则、条例、工作的标准化作为组织正常运转的保障。这种组织设计将个性差异、个人的主观意志等人为因素的干扰降到最低限度，因为个性化的东西被认为是非效率的，只会带来不和谐。

机械式的组织结构适合经营日用消费品的公司。

2. 有机式组织

与机械式组织形成鲜明对比的是有机式组织，这是一种灵活的、具有高度适应性的组织形式。有机式组织也进行劳动分工，但人们所从事的工作并不是标准化的。员工经过良好的训练，并被授权进行多种多样的工作活动和处理不同的问题，因此，这些组织经常地使用员工团队。有机式组织中的员工不需要多少正式的规则和直接监督，因为他们高水平的技能和训练，以及来自其他团队成员的支持，使正规和严密的管理控制变得不必要。

有机式组织适合需要团队配合的工业用品、咨询服务和大型项目的销售。

任务 3　了解销售组织设计的原则

根据销售管理的需要，在设计销售组织时，必须遵循下列十大原则。

1. 任务目标原则

该原则是指销售组织结构的设计和改进等都应该以是否能实现销售目标和任务为衡量标准，可以说没有目标和任务的销售组织是没有存在价值的。

2. 顾客导向的原则

在设计销售组织时，管理者必须首先关注市场、关注顾客需求，以满足顾客需求为中心，组建一支面向市场的销售队伍。

3. 精简与高效的原则

精简与高效是手段和目的的关系，提高效率是组织设计的目的，而要提高组织的运行效率，又必须精简机构。具体地说，精简与高效包含三层含义：一是组织应具备较高素质的人和合理的人才结构，使人力资源得到合理而又充分的利用；二是要因事设岗而不是因人设职；三是组织结构应有利于形成群体的合力，减少内耗。

4. 管理幅度合理的原则

管理幅度是直接向一个经理汇报的下属人数。管理幅度是否合理，取决于下属人员工作的性质，以及经理人员和下属人员的工作能力。正常情况下，管理幅度应尽量小一些，一般为 6~8 人。但随着企业组织的变革，出现了组织结构扁平化的趋势，即要求管理层次少而管理幅度大。

5. 分工协作原则

该原则要求在进行销售组织结构设计时，既要实行专业分工的原则，以利于提高管理工作的质量和效率，还要重视部门间的协作配合，以发挥管理的整体效益。

6. 命令统一原则

该原则要求在进行销售组织结构设计时，应注意在管理工作中实行统一领导的制度，建立起严格的责任制度，从而保证销售活动的有效领导和正常运行。

7. 责权利相结合原则

该原则是指销售组织的设计应保证每一个管理层次、部门、岗位的责任和权利要相对应，还要与相应的经济利益结合起来。

8. 集权与分权相结合原则

该原则要求在进行销售组织结构设计时，应把必要的权力集中于高层和把权力恰当地分散到下级两者有机地结合起来。

9. 执行与监督分开设置原则

该原则要求在进行销售组织结构设计时，公司中的执行性机构和监督性机构应分开设置，而不应该合并为一个机构。监督机构既要执行监督职能，还要履行对被监督部门的服务职能。

10. 稳定而有弹性的原则

组织应当保持员工队伍的相对稳定，这对增强组织的凝聚力，提高员工的士气是必要的。同时，组织又要有一定的弹性，以适应环境的变化。

任务 4　了解销售组织设计的步骤

销售组织设计一般应遵循如下步骤。

1. 明确销售组织设立的目标

设立销售组织的第一步骤，是决定所有要达到的目标。最高管理阶层决定公司的全盘目标，主管销售业务的负责人决定销售业务部门的目标。

2. 分析达到销售组织目标所必须完成的各项任务

要达到销售组织目标，首先应确定要完成哪些任务，其次应该将任务归集到各岗位职责，再次将职责明确归集到各岗位，最后确定岗位任职要求。

3. 确定合适的人员上岗

根据销售活动的职位要求，将任务下达给销售人员。为此，首先要确定相应销售职位的人员任用资格与编制，其次应选择确定适合的销售人员来从事相应岗位。

4. 制定协调与控制方法

销售过程任务繁多，销售人员各司其职而又经常发生工作关系，因而需要在不同的任务、不同的岗位之间加以协调和控制，以保证销售活动按照既定的目标进行。

5. 改善销售业务部门的组织工作

销售组织运作一段时间后，要定期评估实际绩效与销售目标是否存在差异，当实际与目标有差异时，需要对销售组织进行改进与调整。

项目3　熟悉销售组织结构

任务1　了解与组织结构有关的几个关键因素

与组织结构有关的几个关键因素主要包括：工作专门化、部门化、指挥链、管理跨度、集权与分权、正规化。

1. 工作专门化

工作专门化被用来描述组织中的任务被划分为各项专门工作的程度。工作专门化的实质是将整项任务分解为若干步骤，每一个步骤由一个人独立完成，即各个员工仅专门从事某一部分的活动而不是全部。一般来讲，工作专门化有利于提高个人的工作熟练程度，从而提高工作效率和准确率。

2. 部门化

部门化是指按照完成某个目标的需要，将若干职位组合在一起的方式。每一个组织根据其实际情况和任务的特性，可以按照职能部门化、产品部门化、地区部门化、过程部门化和顾客部门化等方式来划分和组合其工作活动。

3. 指挥链

指挥链是指从组织高层延伸到基层的一条职权线，它规定了谁向谁报告工作。

4. 管理跨度

管理跨度指一个管理者直接管理的下属数量。管理跨度在很大程度上决定了组织中管理层次的数目及管理人员的数量。

5. 集权与分权

集权指的是组织高层进行决策制定时的集中程度。如果高层管理者在做出组织的关键决策时，从不或很少听取下属的意见，这样的组织就是集权的。反之，就是分权的。

6. 正规化

正规化是指组织中各项工作的标准化程度，以及员工行为受规则和程序约束的程度。如果一项工作是高度正规化的，则承担这项工作的人员对做什么，何时做以及如何做等没有什么自主权。

任务 2　熟悉销售组织结构的主要类型

销售组织结构的选择受到企业人力资源状况、财务状况、产品特性、消费者需求状况及竞争对手等因素的影响。各企业根据自身的实力及发展战略，可以从以下几种基本组织结构中进行选择。

1. 区域型销售组织

区域型销售组织是指企业将销售人员派遣到不同地区，在各地区成立分支机构，全权代表企业开展销售业务。区域型销售组织结构如图 3-9 所示。

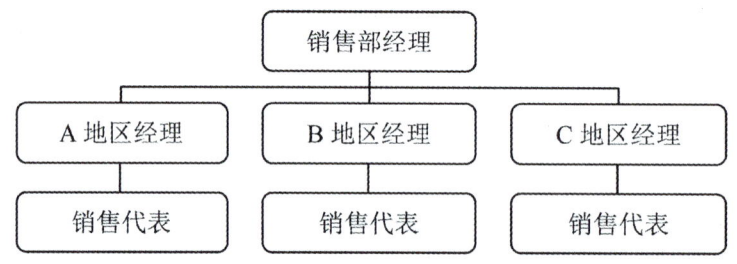

图 3-9　区域型销售组织结构模式

区域型销售组织的优点：①区域主管权力相对集中，决策速度快；②地域集中，费用相对较低，人员集中，易于管理；③区域负责制提高了销售人员的积极性，激励他们去开发当地业务和培养人际关系。

区域型销售组织的缺点：销售人员要从事所有的销售活动，技术上可能不够专业，不适应种类多、技术含量高的产品。

区域型销售组织的适用范围：①企业规模较小；②企业产品种类单一，技术含量不高；③销售渠道单一；④销售部门人数较少，销售部门结构比较简单。

采用区域型销售组织应注意的问题：销售区域须按销售潜力相等或工作负荷相等的原则加以划定，以防出现销售人员投入与产出不成比例的情况出现，从而避免引起销售人员苦乐不均的现象。

2. 产品型销售组织

在产品型销售组织里，企业按产品或产品线分配销售人员，每个销售人员专门负责特定产品或产品线的销售业务。产品型销售组织结构如图 3-10 所示。

产品型销售组织的优点：①销售队伍与相关的生产线相联系，便于熟悉与产品相关的技术、销售技巧，有利于培养销售专家；②生产与销售联系密切，产品供货及时。

产品型销售组织的缺点：①由于地域重叠，造成工作重复；②成本高。

产品型销售组织的适用范围：①当产品技术复杂、产品之间联系少或数量众多时，如乐凯公司就为它的普通胶卷产品和工业用胶卷及医用胶卷配备了不同的销售队伍，普通胶卷销售队伍负责密集分销的简单产品，工业用和医用胶卷销售队伍则负责那些需要了解一定技术的产业用品；②当企业的产品种类繁多时，如家电行业的海尔、美的等，就是按产品线成立事业部。

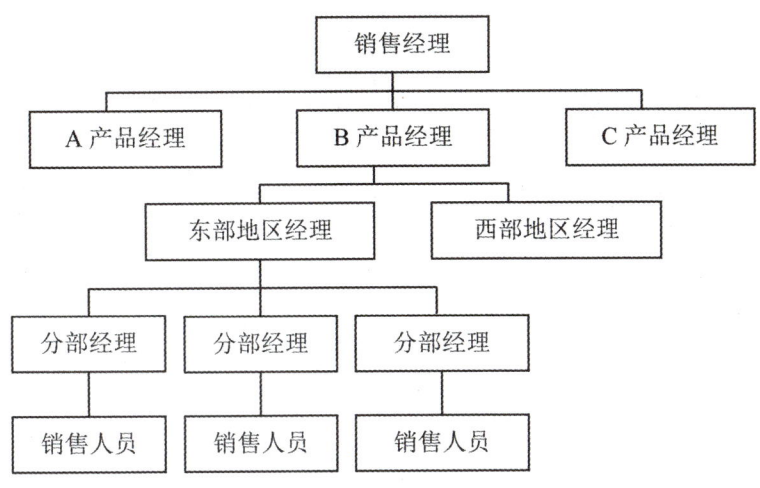

图 3-10 产品型销售组织结构模式

采用产品型销售组织应注意的问题：当企业的产品种类繁多时，不同的销售人员会面对同一顾客群。这样不仅使销售成本提高，而且也会引起顾客的反感。例如，庄臣公司设有几个产品分部，每个分部都有自己的销售队伍。很可能，在同一天，几个庄臣公司的销售人员到同一家医院去推销。如果只派一个销售人员到该医院推销公司所有的产品，可以省下许多费用。

【案例点击 3-1】IBM 公司的销售组织

IBM 公司是按产品划分销售部门的典范，分别有一支负责销售电脑的销售队伍和负责销售办公设备的销售队伍。这些产品差别很大，需要专业人员来负责。具体如图 3-11 所示。

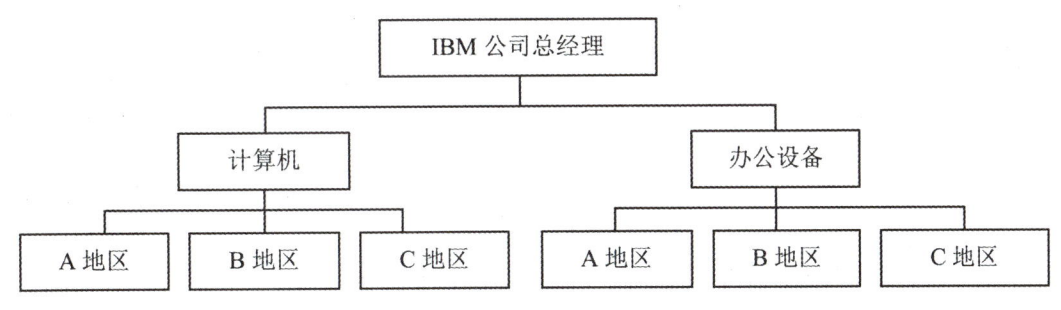

图 3-11 IBM 公司销售组织结构模式

3. 顾客型销售组织

顾客型销售组织是指企业按市场或顾客类型来组建自己的销售队伍。例如一家计算机厂商，可以把它的客户按其客户所处的行业如金融行业、电信行业等来加以划分。顾客型销售组织结构如图 3-12 所示。

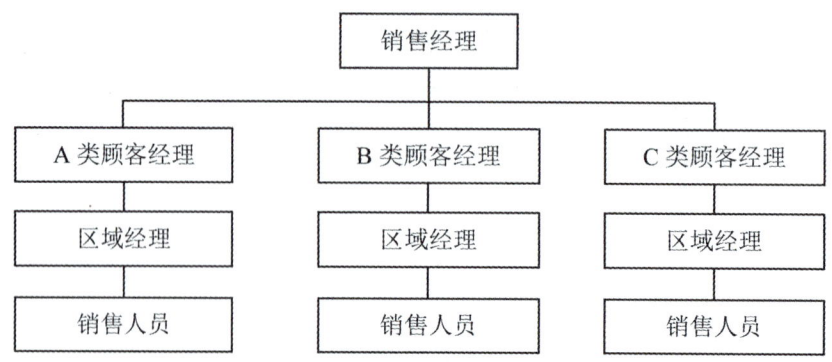

图 3-12 顾客型销售组织结构模式

顾客型销售组织的优点：①更好地满足顾客需要；②可以减少销售渠道的摩擦；③为新产品开发提供思路。

顾客型销售组织的缺点：①销售人员熟悉所有产品，培训费用高；②主要消费者减少带来的威胁；③销售区域重叠，造成工作重复，销售费用高。

顾客型销售组织的适用范围：当企业规模扩大，而主要采用渠道分销时（前提多是日用消费品），则要根据渠道的类型设计销售部门的组织结构。

近年来，按市场或顾客类型来建立销售组织的企业逐渐增多，而产品专业化组织在某些行业已经减少了。因为市场专业化与顾客导向理念一致，都强调了营销观念。按市场或顾客类型划分销售组织的著名公司有施乐、NCR、惠普、通用食品和通用电气公司等。

采用顾客型销售组织应注意的问题：按市场组织销售队伍最明显的优点是每个销售人员都能了解到消费者的特定需要。有时还能降低销售人员费用，更能减少渠道摩擦，为新产品开发提供思路。但当主要顾客减少时，这种组织类型会给企业造成一定的威胁。

4. 职能型销售组织

职能型销售组织是按工作专门化要求组建的一种组织结构形式。一般而言，销售人员不可能擅长于所有的销售活动，但有可能是某一类销售活动的专家，基于这种思路有些公司采用职能型的组织结构模式。

职能型销售组织的优点：①分工明确；②工作专业化，有利于提高工作效率；③有利于培养销售专家。

职能型销售组织的缺点：费用高，不适合规模较小和实力较弱的公司采用。

职能型销售组织的适用范围：适合规模较大的公司采用，大公司由于销售队伍庞大，很难协调不同的销售职能，较多采用这种模式。

【案例点击 3-2】吉列公司的销售组织模式

吉列公司销售部门采用职能型组织结构模式，一个部门负责销售产品及协调产品的价格、促销、展示及分销的有关问题；另一个部门负责辅助零售商，检查他们的商品展示，协助他们销售吉列产品。

5. 围绕大客户规划组织结构

有些公司的经营业绩主要由几个大客户来支撑,因此成立专门的销售团队服务于这些大客户。这种组织模式针对性强,不需要过多的管理和销售费用。如华为技术有限公司的大型通信设备,其客户主要为中国移动、中国电信和中国联通等。

【案例点击 3-3】"利乐包"的销售组织模式

利乐包是瑞典利乐公司(Tetra Pak)开发出的一系列用于液体食品的包装产品。该产品目前在中国的饮料包装市场的占有率达到 95%。

早在 20 世纪 50 年代,利乐是最先为液态牛奶提供包装的公司之一。自此以后,它就成为世界上牛奶、果汁、饮料和许多其他产品包装系统的大型供货商之一。

在中国,使用利乐包的都是一些大型的饮料、乳品公司,为服务好这些大客户,利乐公司围绕大客户规划组织结构。具体做法是成立大客户销售和服务团队,为某一大客户提供专门化的服务。为了随时了解大客户需求,这些大客户团队甚至将办公室设在大客户公司内部。

资料来源:百度百科. 利乐包 [EB/OL]. (2018-07-11) [2022-02-23]. http://baike.baidu.com/view/208449.htm.

任务 3 了解销售组织结构未来发展趋势

销售组织未来发展趋势主要体现在两个方面:一是采用复合型销售组织结构的企业逐渐增多;二是采用团队销售组织结构将成为未来销售组织的主要形式。

1. 复合型销售组织

前面几种销售组织建设的基础都是假设企业只按照一种基础形式划分销售组织,如按区域、产品或顾客。事实上,许多企业使用的是这几种结构的组合。例如,有的企业的销售组织可能按产品和区域来划分,或者按顾客和区域来划分,还可能按产品和顾客来划分。

如果企业在一个广阔的地域范围内向各种类型的消费者销售种类繁多的产品时,通常将以上几种结构方式混合使用。销售人员可以按区域—产品、产品—顾客等方法加以组织,一个销售人员可能同时对一个或多个产品线经理和部门经理负责。

总之,随着销售管理专业化程度的发展,销售组织的划分也将延续专业化的趋势,其划分基础——地域、产品或顾客或者其组合会因企业具体情况而异。

2. 团队销售组织

如在单元 1 中所述,未来销售发展的趋势是由个人销售发展为团队销售,因此以团队为基础设计与建立销售组织将成为必然。

例如,通用电气公司(以下简称"通用公司")为了更好地为重要客户服务,成立了跨职能和跨公司的大型销售团队。针对南加州爱迪生公司从通用公司购买蒸汽涡轮发电机项目,通用公司专门成立了 140 人的跨公司团队以减少停工期。这个团队包括 60 名来自通用公司的员工，其他成员则来自爱迪生公司。Baxter 公司更为超前，它甚至与客户共同协商设立组织目标，并分享与之有关的成本和盈余。

一个企业在选择采用团队销售组织时，必须考虑很多因素，诸如确定团队的规模和职能，以及团队整体和个人的报酬机制问题。这些决策在很大程度上取决于团队的战略目标。如果团队的主要任务是提供大量的售后服务，通常在团队中要包含支持人员，因为支持人员能更好地理解售后服务的需要，促进销售的完成。另外，随着销售团队规模的增长，个人有减少努力的倾向，因而有必要限制团队的规模。

项目 4　了解销售组织的变化与发展

任务 1　了解销售组织是变化的

由于内外环境的变化，企业的销售组织也是不断变化的。这就要求销售管理者要时刻关注公司环境的变化并相应地调整内部的组织结构，从而加强企业的销售竞争力。

1. 公司外部环境变化

公司外部环境的变化主要包括以下几个方面：

（1）宏观经济环境变化造成需求变化。

（2）行业竞争的加剧造成市场份额降低。

（3）战争、自然灾害、瘟疫等不可抗力造成经营环境变化。

2. 公司内部环境变化

公司内部环境的变化包括以下几个方面：

（1）新产品和新业务的增加，促使本公司要开发的新市场。

（2）本公司产品在寿命周期上的位置发生较大变化。

（3）本公司产品之间的销售比率出现较大变化。

（4）本公司的流通政策有了较大的变化。

（5）本公司销售人员的质量结构出现变化。

任务 2　了解销售组织现存问题及原因

1. 销售组织现存的主要问题

在销售组织中，现存的比较常见的问题主要有以下几个方面。

（1）销售人员懒散疲怠。销售人员的懒散疲怠，主要有三个具体表现。

第一，晚出早归。指销售人员拖得很晚才出去见客户，或者见到客户简单聊两句，就赶紧跑回来了，然后自己骗自己说："没什么，这个单子出不了问题，说多了客户反而会烦……"更有甚者，竟盼着客户不在或有事，自己好落得清闲。

第二，办事拖拉。比如知道此时该给客户打电话，但却莫名其妙地对自己说："等会儿再打吧！"知道该去和客户见个面，却对自己说："明天再去吧！"知道此时应当为推动订单做点什么事情，却也为自己开脱说："回头再做吧，那么积极可能也没什么用！"

第三，工作消极。整个人坐在那里连眼皮都不愿意抬，似乎非常累，凡事支支动动、拨拨转转，没有客户的"反提醒"，或是经理"瞪眼睛"，是不会有行动的。

懒散疲怠是个非常严重的问题，它像一种瘟疫一样，极易在整个队伍中蔓延。尤其是比较成熟的老业务员最容易犯，并且当老业务员疲怠懒散的时候，其他业务员都看在眼里，那么不但老业务员自己的工作绩效会下降，而且还会影响到其他的同事。

（2）销售动作混乱。销售队伍常见的第二个问题是销售动作混乱，无章可循。比如客户仅仅提出了初步意向，兴奋不已的销售员就盲目地把最低价格报出去了；或者客户刚刚提出想了解一下产品，结果销售员把全套的系统资料都一股脑给过去了，而放弃了循序渐进的跟踪接洽，幻想着一锤定音……还有就是根本不去了解客户的需求起点和背景，也没有针对客户的需求来设计方案或解释产品，而是盲目地信口开河。

（3）销售人员带着客户跑。这个问题在一些处在快速成长期中的中小型企业里尤其突出。这些企业在其本身产品的性价比或是企业的核心竞争能力不是很明显的情况下，基本上全凭销售人员的公关能力才能最终实现销售。在这些企业里面，业务人员很容易带走客户。如果比较好的、处在成熟期的业务人员带走客户，给企业带来的损失就尤为严重。

【案例点击3-4】李经理的尴尬

A公司是一家为建筑行业提供工程造价软件及相关解决方案的企业。一年半以前，该公司广州市场部李经理力排众议，招了一个非建筑行业出身的叫小王的业务员。招聘进来以后，虽然小王对建筑行业了解甚少，对软件本身也不熟悉，但是干起活来很卖力，学习的劲头也很足。

李经理对小王也是关爱有加，亲自辅导他、督促他，帮着他一步一步地成长。经过半年多的不断学习、实践，小王成长起来了，逐渐有了自己的订单和亲自开拓的客户，一年多以后，还获得了公司的"新人奖"。

但是刚刚获奖3个月之后，小王便找到李经理，郑重其事地提出要离职，原因是自己要去学习深造，即使是面对李经理苦口婆心的挽留也无动于衷。小王走的第一周，李经理脑子里总有小王的影子，总觉得这小伙子是个干销售的料，不干这行实在太可惜了。

又过了3个月，传来了令大家吃惊、令李经理难堪的坏消息，小王根本没有去深造，而是直接投奔了A公司最大的竞争对手B公司，而且A公司最近输给B公司的两个订单，正是小王带走的，据说小王已经当上了B公司广州公司市场部经理。

资料来源：秦毅. 金牌销售经理[M]. 北京：北京大学出版社，2011.

（4）销售队伍"鸡肋充斥"。所谓"鸡肋充斥"，就是"能者走，劣者下，庸者留"。也就是说，有本事的、有想法的，或者说想挣钱的销售代表都跑了；确实很差的，一看就不行的，很快也就被考核体系淘汰了；而业务能力不高不低、工作业绩不上不下、工作状态不好不坏的那些人留下来了。

（5）好人招不来，能人留不住。销售队伍常见的第五个问题，就是好的销售人员招不进来，有本领的销售人员看了看公司的现状，又萌生去意，只要他认为机会好，公司很难留得住。

好的销售人员招不来有多方面的原因，可能是对公司的理念理解得不够，或是对薪酬的期望太高，或是对产品知名度有怀疑，或是对当前的市场运作有看法等；能人留不住原因就更多，比如公司发展与个人发展的步调不一，对主管经理的好恶，对团队文化的不认同，自我期望过高等，都有可能促其另谋高就。

（6）销售业绩动荡难测。以上几个问题的叠加，最终导致了销售队伍的第六个常见问题——业绩动荡不稳。业绩动荡难测的典型表现就是：当成功签了一两个大单子的时候，整个销售部都非常受鼓舞，销售业绩"呼"一下就涨上去了；但是假如市场进入自然平缓期或是有些小的市场波动（比如竞争对手忽然加大市场投入度或放低价格），整个销售队伍的情绪又"唰"地下去了，业绩也大幅缩水。

业绩上下震荡，会使销售经理为保全业绩而不得不一头扎进具体的单子和业务里，但是人的精力总是有限的，有很多的销售经理因为无法对团队未来的业绩和订单进行基本的预测和把握，只好天天反复切换着"抓单子、看市场、管队伍、搞协调"等几个角色，在不断增加的业绩指标的压力下，最终使自己变成了一个彻头彻尾的"救火队长"。

2. 销售组织现存问题的原因分析

从内部可控因素来分析，销售组织出现上述问题的原因有以下三个方面。

（1）针对队伍的治理体系设计不当。

首先是销售目标设计的合理性，如：有的销售指标定得太高，却发现"重赏之下没有了勇夫"；有的目标定得太单一，100%业绩论英雄，这时想要销售人员服从日常的销售过程管理就会很困难。

其次，要害业务流程的梳理也很重要，比如技术部门到底在什么情况下必须做出什么样的行动来配合销售部；物流部门在保证供货周期上都应当承担哪些责任；大客户部在签订订单之后，计划建设部是否应当全力保证项目的实施进度等。这些都需要明确的业务流程来界定。假如这些要害的业务流程不界定清楚，就非常容易产生"内部推诿，得过且过"等现象，进而伤害到整个销售团队的积极性。

最后，销售组织设计也是系统规划的重要内容。企业是按产品来划分销售队伍、按行政区域划分销售队伍，还是按客户群划分销售队伍。不管企业按何种标准划分，但总的原则是要跟所卖产品的特性和客户的购买习惯相匹配。

【案例点击3-5】K公司的市场划分方式

K公司是日本某知名工程机械品牌在大中华地区的一级代理，公司代理的产品包括各种型号的挖掘机、筑路机、压路设备等。在市场划分上，K公司采取的是简单的按行政区域来划分销售队伍的方式，比如在北京地区划分的方式是：小张负责东城区，小李负责西城区，小王负责海淀区、小刘负责朝阳区等。

区域划分到业务代表以后，他们每个人肩上背着公司所有类型的产品，包括挖掘机、筑路机、砸夯机等的销售任务。初期启动市场的时候，经理会给业务员一些当地市场的准客户名单，然后鼓励负责业务员去进一步深挖客户。一般开始的时候，主管业务员还会跟经理交流市场、客户、订单推进等各个方面的情况，但随着业务能力的增强，他们也就独立做市场了。当业务能力再进一步增强的时候，他们自然就会觉得自己完全可以掌控这一方的客户了，因为所有的客户虽然熟悉了公司，但更多的是熟悉他们自己，在客户眼中，公司和他们完全是一体的。负责业务员代表了公司，代表了所有的产品，也就演变成了"划区承包、单线联系"。这实际上就等于把这个区域完全包给销售员了，把公司各个产品线都"押宝"在这个业务员身上。

请问：K公司的市场划分方式合理吗？如果不合理，该如何改进？

分析提示：不合理。因为K公司的产品很多，而且均为技术复杂的工程机械类产品，宜按产品或客户划分市场区域，即每个业务员负责一类产品或某个客户群的销售工作。

资料来源：秦毅．金牌销售经理[M]．北京：北京大学出版社，2011．

（2）针对销售活动过程的管理控制不够。销售经理日常管理控制销售队伍的工作主要有三个方面：第一是招什么样的人，第二是如何管理控制销售代表的日常行为，第三是如何管理控制客户。假如对这三项工作控制得不理想，销售队伍的问题就会很多。

（3）针对销售人员的系统培训不到位。造成诸多团队问题的第三个原因，是针对销售人员的系统培训存在问题，销售人员没有经过基本的培训过程，仅靠目标和奖励进行驱动，虽然也成就了一些业绩，但是其成长明显缺乏后劲，对市场也会造成很大的隐形损失。

任务3 了解销售组织的改进与发展

1. 销售组织改进的动因

销售组织建立起来后，并不是一成不变的，而是要根据环境的变化对现行组织予以变革。销售组织是否需要改进，关键看销售组织的基本职能是否得到较好的发挥。

一般来讲，当企业发现销售管理存在下列问题时，必须迅速检查销售组织的运作，并加以改善。

（1）销售业绩不振。
（2）企业的营销措施与行动无法及时推行。
（3）市场开拓和销售面临瓶颈问题。
（4）销售责任不分明。
（5）本位主义盛行。
（6）销售组织系统混乱。
（7）极端的劳逸不均。
（8）公司整日充斥低效率的会议。
（9）其他弊端。

2. 销售组织改进的原则

销售组织的改进必须遵循以下原则：

（1）指挥系统统一的原则。命令与报告，只能经由一个系统传达。特别是对于团队销售更应注意命令的统一性，命令系统应将命令依序下达。

（2）管理幅度适当的原则。要根据销售工作的种类、难易度、标准化等设置管理层次，每一个销售经理所直接指挥的下属人数应适当。

（3）同类职务的分配原则。为避免各销售单位工作重复，同类工作尽量集中于一个组织单位，以避免出现工作重叠和交叉。

（4）授权的原则。必须明确各人的责权利。当需要向下属授权时，应视其承担责任的意愿、工作能力和成熟度来定。

3. 销售组织改进的步骤

（1）评价销售组织的运行绩效。对照销售目标，评估各项销售指标实际完成情况与目标的差距。

（2）确定销售组织改进的内容。

- 确定销售组织改进的目标。
- 确定完成上述目标的工作要点与销售人员个人的工作规范。
- 确定如何完成销售工作的计划，划分原始责任。
- 确定完成销售工作所需的销售组织类型。
- 确定销售人员编制及工作分配。
- 检查销售部门组织的健全程度。

（3）销售组织改进项目的检查。根据改进目标和项目对销售组织予以改进后，还需定期检查，看各项项目是否达到预期。

单元小结

一般来讲，对组织的含义有两种理解：一是将组织理解为名词，即组织（Organization）是关于一群人活动的安排或运行机制，目的是使相关者一起活动的效果优于单个人单独的活动；二是将组织理解为动词，即组织（Organize）是对工作任务进行合理安排以达成组织目标的过程。

销售组织是企业内部从事销售工作的人、事、物、信息、资金的有机结合，通过统一协调行动完成企业既定的销售目标。

在建立销售组织时，需要考虑以下几个因素，即产品特征、销售策略、销售区域、渠道特性以及外部环境等。

与组织结构有关的几个关键因素主要包括：工作专门化、部门化、指挥链、管理跨度、集权与分权、正规化。

各企业根据自身的实力及发展战略，可以从以下几种基本组织结构中进行选择：区域型销售组织、产品型销售组织、顾客型销售组织、职能型销售组织、围绕大客户规划的销售组织等。

销售组织现存的主要问题有：销售人员懒散疲惫；销售动作混乱；销售人员带着客户跑；销售队伍"鸡肋充斥"；好人招不来，能人留不住；销售业绩动荡难测。

出现上述问题的原因有以下三个方面：针对队伍的治理体系设计不当；针对销售活动过程的管理控制不够；针对销售人员的系统培训不到位。

核心概念

组织　组织结构　销售组织　组织职能　区域性销售组织　产品型销售组织
顾客型销售组织　职能型组织结构　围绕大客户规划组织结构

实训设计

项目：了解销售组织设计。

目的：理论与实践相结合，通过了解销售管理实践加深对理论知识的理解。

内容：了解中国家电行业代表性企业的销售组织设计。

步骤：

（1）选取中国家电行业在销售组织管理方面比较有代表性的企业若干。

（2）通过文献调查、深度访谈、企业实习等方式，了解其销售组织管理方面的特点。

（3）通过个案研究，总结出中国家电行业在销售组织管理方面的代表性模式。

（4）就实训项目撰写一份调查报告或实训报告。

训练题

1. 简述销售组织的职能。
2. 试述销售部门在企业中的地位。
3. 试述销售组织设计的影响因素。
4. 试述机械式组织和有机式组织的各自特点及适用范围。
5. 简述销售组织设计的原则。
6. 简述销售组织设计的步骤。
7. 试述销售组织结构的主要类型及各自优缺点和适用范围。
8. 试述销售组织结构未来发展趋势。
9. 试述引起销售组织变化的内外因素。
10. 试述销售组织现存的问题及原因。

综合案例分析

旭日升的变革之痛

神话的诞生

旭日升的神话诞生于河北冀州。1993年，冀州供销社成立了旭日集团，公司总裁段恒中在考察国内外饮料市场后，大胆投入3,000万元用于冰茶生产和上市，当年即获得几百万元回报。1995年，旭日升冰茶销量达到5,000万元。

到了1995年，源源不断的订单让旭日升的管理层意识到已无法满足市场需求，便采取了"借鸡生蛋"的资本运营方式，利用租赁厂房或委托加工在全国开设了23家分公司。1996年，旭日升冰茶的销量骤然升至5亿元，开始了"冰茶神话"的旅程。到1998年，旭日升冰茶的销售额达到了30亿元。

2000 年旭日升总产量 103.6 万吨，在中国饮料十强中排名第二，曾一度占据茶饮料 70% 以上市场份额，被誉为中国茶饮料大王。高峰时期旭日升冰茶的销售额达到 30 亿元，其品牌价值一度达到惊人的 160 亿元。

临危变革

旭日升的成功引来了众多竞争对手。康师傅、统一和娃哈哈等茶饮料异军突起，市场迅速洗牌。此后，有关旭日升的一系列负面消息又接踵而来："旭日欠款 5 个亿，转移资产还是没钱还"，"债主不止一家，'茶饮料大王'旭日集团被指为欠债大王"……旭日升市场份额迅速丢失，到 2001 年年底，旭日升的市场份额从最初的 70% 迅速跌至 30%，销售额也从高峰时的 30 亿元降到不足 20 亿元。

据一些媒体报道，为扭转局面，旭日升的管理层进行了变革。

首先是高层换血。旭日集团当时引进 30 多位博士、博士后和高级工程师，个个是战略管理、市场管理、品牌策划和产品研发方面的"少壮派"高手，其中集团的营销副总经理还曾在可口可乐中国公司任过销售主管。

其次，公司把 1,000 多名原来一线的销售代表安排到生产部门，试图从平面管理向垂直管理转变。集团总部建立了物流、财务、技术三个垂直管理系统，直接对大区公司调控，各大区公司再对所属省公司垂直管理。

在公司架构方面，旭日集团也重新划分为五大事业部，包括饮料事业部、冰茶红酒事业部、茶叶事业部、资本经营事业部、纺织及其他事业部，实现多元化经营。

但是大刀阔斧的变革并没有让产品的市场表现好转，相反组织内部却先乱了。在"空降兵"进入集团并担任要职后，新老团队之间的隔阂日益加深。国外来的"洋领导"移植的成功模式在元老那里碰壁，元老们的经验之谈在新人那里触礁。由于公司最初没有明确股权认证，大家都不愿意自己的那份被低估，元老们心里想的是"当初我的贡献比你多"，而新人则认为"今天我的作用比你大"。人员的调整不仅关系到个人利益的重新分配，更重要的是，它关乎销售渠道的稳定性和持续性。于是各种矛盾不可避免地尖锐起来，企业出现了混乱。

自 2001 年，如日中天的旭日升开始明显地滑落，2002 年下半年，旭日升停止铺货。一度风光无限的"旭日升"渐渐成为人们脑海中的一个回忆。

对于旭日升衰落的原因，一些知情人士认为，始自 2000 年的企业内部"管理变革"是真正的要害所在。这好比是一个体质很差的病人，给他服用药力太猛的补药，他就有可能在病尚未恢复之时就丢了性命。

资料来源：李俊杰，蔡涛涛. 销售管理知识、方法、工具与案例大全 [M]. 北京：企业管理出版社，2011.

问题：

1. 旭日升神话破灭的主要原因是什么？
2. 为扭转颓势，旭日升在组织管理方面进行了哪些变革？
3. 你认为旭日升组织变革失败的原因是什么？

单元 4　销售团队建设

本章导读

通过本单元学习，读者应能够了解销售团队的构成要素，理解销售团队建设的内容，了解成功销售团队领导的必备条件，了解销售经理如何领导销售团队。

知识点

★ 团队及销售团队的含义，销售团队的构成要素。
★ 销售团队建设的内容。
★ 领导的含义，成功销售团队领导的必备条件。
★ 销售经理的权力构成，销售经理的领导方式。

技能点

★ 能运用销售团队的有关知识，列举组建一个销售团队的关键点。
★ 能举例说明销售团队建设涉及的内容。
★ 能根据成功销售团队领导的必备条件，为自己制订一个能力训练计划。
★ 能根据自己的个性选取适合的领导方式，并思考自己将来作为领导者如何避免自身的缺点。

素养点

★ 树立团队观念，理解团队精神对一个组织、一个企业乃至一个国家发展的重要意义。
★ 加强职业修养，塑造优秀销售团队领导者的良好品格。
★ 树立责任担当意识，将自己培养成合格的销售团队领导者。
★ 树立文化自信，从中华优秀传统文化中汲取养料，培养自己的领导素质。

情境引入

几十年前，当戈尔、沃尔沃、卡夫食品等公司把团队引入它们的生产过程时，曾成为轰动一时的新闻热点，因为当时没有几家公司这样做。今天，情况截然相反，不采用团队方式的企业倒够得上新闻热点了。据估计，80%的《财富》500强企业中，至少一半或一半以上的员工以团队的方式工作。超过70%的美国制造公司也运用工作团队，团队可能继续盛行。为什么？研究证据表明，如果完成任务需要多种技能、经验和判断，那么通常团队比个人做得好。管理者发现，在动态的环境中，团队比传统的部门或其他稳定的工作群体更为灵活，反应也更为迅速。

随着外部环境的急剧变化和科学技术的迅猛发展，销售工作面临越来越大的挑战。以团队的方式工作、充分发挥组织中各成员的智慧，将是销售组织应对动荡环境的关键举动。

项目1　了解销售团队

任务1　了解团队及销售团队的含义

1. 什么是团队

工作团队是这样的群体，其成员通过他们正面的协同效应、个体和相互责任以及互补的技能为实现一个具体的、共同的目标而认真工作。

团队按其存在目的，可分为问题解决团队、自我管理团队、虚拟团队和跨职能团队等。

- 问题解决团队由来自同一部门或职能领域的员工组成，其目的是努力改进工作活动或解决具体问题。
- 自我管理团队是指员工在没有管理者监督的情况下进行操作，并对整个工作流程或部门负责的团队。
- 虚拟团队是指利用计算机技术把实际上分散的成员联系起来，以实现共同目标的工作团队。
- 跨职能团队由来自不同领域的专家组成一个团队，以解决某些复杂或特定的问题。随着管理工作复杂程度的提高，越来越多的组织采用跨职能团队。

2. 团队和工作群体的区别

群体是指由两个或两个以上相互作用、相互依赖的个体，为实现特定的目标而组合在一起的结合体。

群体可以是正式的，也可以是非正式的。正式群体是由组织建立的工作群体，它有着明确的工作分工和具体的工作任务。非正式群体则是社会性的，它们自然而然地出现，反映了人们对社会交往的需要。

工作群体与工作团队的区别见表4-1。

表4-1　工作群体与工作团队的区别

● 比较内容	工作群体的特点	工作团队的特点
领导者地位	强势的，受到关注的领导者	共同分担领导角色
责任分担方式	强调个体责任	个体和团队成员共同承担责任
目标制定方式	由组织制定目标，下达后执行	由团队自身制定目标
绩效评估方式	强调个人工作成果	强调团队工作成果
沟通方式	通过正式的会议	通过漫谈和头脑风暴
授权方式	由领导决策，交群体执行，较少授权	一起讨论和制定决策，授权成为普遍工作方式

资料来源：斯蒂芬·P. 罗宾斯，玛丽·库尔特. 孙建敏，黄卫伟，王凤彬，等译. 管理学[M]. 14版. 北京：中国人民大学出版社，2008.

3. 什么是销售团队

根据前述团队的定义，我们认为，销售团队就是以完成销售目标，并最终实现企业目标为归宿，通过销售组织成员正面协同效应组成的责任共担、权力共享、知识和技能互补的工作团队。

销售团队的最大特点是，团队中的成员通过密切协作实现组织目标的最大化，而不是追求个人工作成果的最大化。

任务 2　了解销售团队的构成要素

一个球队的教练要充分了解每一个队员的特长和短处，并根据各自特点予以其责任，然后协调每一位队员的努力，使每个队员人尽其才而又达到组织目标最优。销售团队领导的工作和球队教练的工作毫无二致。他同样必须懂得如何将合适的人放在合适的岗位上，通过合适的管理方式激励其为实现团队目标而努力。

简而言之，一个团队的领导须深刻理解团队的构成要素，并懂得如何充分调动这些要素去激励每一个团队成员。

一般来讲，团队应该包含目标（Purpose）、定位（Place）、职权（Power）、计划（Plan）和人员（People）五个要素，即所谓的 5PS，销售团队也不例外。

1. 目标

目标是销售团队建设的第一要素。没有目标，就好像一艘船没有航向一样，永远不可能达到胜利的彼岸。具体来讲，对于团队目标的界定，必须很好地回答以下这些问题：

- What（什么）——销售团队将完成什么任务？
- Why（为什么）——为什么要完成这些任务？
- How（如何）——如何才能完成这些任务？
- When（何时）——完成这些任务的时间限制如何？
- Who（谁）——完成这些任务需要配备什么样的人才？
- Where（在哪里）——将在哪里完成这些任务？
- Which（哪一个）——哪一个成员将完成哪项任务？
- How much（多少、多久）——完成这些任务需要花费多少时间、金钱等，要取得多少回报？

这就是所谓的 6W2H 原则。

2. 定位

在确定目标之后，销售团队需要给自己一个明确的定位。定位是市场营销学里一个非常重要的概念，即一个企业或一个品牌区别于其他企业或品牌的特点。销售团队的定位是指本团队与其他团队相比有什么特点和独特的价值。

一个团队存在的价值，就在于它是独一无二的，是完成某项任务的最佳组合。团队的定位主要由其共同价值观、核心能力等来体现。

3. 职权

所谓职权，是指主体依法享有的，对于某一领域或某个方面事务实施管理活动的资格及其权能。销售团队要完成既定的目标和任务，需要被授予一定的管理权限。

4. 计划

销售团队存在的价值就是以最高的效率和最好的效果完成目标，因此，计划对销售团队而言就显得非常重要。

5. 人员

团队的核心要素是人，是具有不同特长、技能的人的互补性组合。为完成团队目标，销售团队必须集合推销型销售人才、销售型销售人才、市场型销售人才和管理型销售人才等各类人才。

任务3　了解高效团队的特点

销售团队本身并不能自动带来高效率，那么，管理者如何才能创建有效的销售团队？以下将揭示高效团队的特点。

1. 清晰的目标

高效团队非常明确他们要达到什么目标。成员为团队目标奉献自己的力量，他们清楚地知道团队希望自己干什么，以及成员之间怎样相互协作以最终实现目标。

2. 相关的技能

高效团队由一群能力很强的个体组成。他们具备实现目标所必需的技术能力，以及相互之间能够良好合作的个性品质。其中后者尤其重要，但却常常被人们忽视。不是所有技术精湛的个体成为团队成员时都能与他人良好相处。

3. 相互的信任

成员之间相互信任是高效团队的显著特征，也就是说，每个成员对其他人的品行和能力都深信不疑。但我们从日常的人际关系中都能体会到，信任这种东西是相当脆弱的，维持群体内的相互信任需要引起管理层足够的重视。

4. 统一的承诺

统一的承诺意味着对团队目标的奉献精神，愿意为实现这一目标付出自己更多的精力。高效团队中的成员对团队表现出高度的忠诚感和奉献精神。只要能帮助团队获得成功，他们愿意做任何工作。

5. 良好的沟通

毋庸置疑，高效团队以良好的沟通为特点。群体成员之间以他们可以清晰理解的方式传递信息，包括各种言语和非言语信息。此外，良好的沟通还表现在管理者与团队成员之间健康的信息反馈上，这种反馈有助于管理者对团队成员的指导，以及消除彼此之间的误解。如同一对共同生活多年的夫妻，高效团队中的成员也能迅速并有效地分享彼此的想法和情感。

6. 谈判的技能

对高效团队来说，谁做什么事通常十分灵活，总在不断地进行调整。这种灵活性就需要团队成员具备谈判技能。工作团队中的问题和关系随时发生变化，成员必须能够应

对和处理这种情况。

7. 恰当的领导

恰当的领导者能够激励团队跟随自己共渡难关。他们帮助团队指明前进的目标，他们向成员解释通过克服惰性可以实施变革，他们帮助每个成员建立自信，他们帮助成员了解自己的潜力所在。越来越多的高效团队的领导者扮演着教练和后盾的角色，他们为团队提供指导和支持，但并不控制团队。

8. 内部和外部的支持

高效团队的最后一个必要条件是它的支持环境。从内部条件来看，团队应拥有一个合理的基础结构，这包括适当的培训，一套清晰而合理的测量系统用以评估总体绩效水平，一个报酬分配方案以认可和奖励团队的活动，一个具有支持作用的人力资源系统。恰当的基础结构应能支持团队成员，并强化那些取得高绩效水平的行为。从外部条件来看，管理层应该给团队提供完成工作所必需的各种资源。

项目2　理解销售团队建设的内容

销售团队建设几乎包括了销售管理的所有内容，但销售团队建设系统比传统的销售管理系统更加强调内部和谐一致的团队文化的塑造。具体来讲，销售团队建设的内容涉及以下八大模块。

1. 第一个模块是管理者的自我管理与定位体系

这里说的管理者的自我管理，其实就是强调管理者的自我修炼和自我素质的提升。可以说，在一个销售团队里，团队领导的高度决定了企业的高度和未来。一个团队是否具备执行力，关键看领导者能否以身作则，能否靠人格魅力去影响团队成员。自我管理强调的是如何提升领导力，因为团队必须有高效的领导者才会真正有高效的执行力，所以管理团队从领导者的自我管理开始。

定位体系主要是指如何确定团队管理者在团队中的角色。"角色即人格"，一个人有没有人格魅力，关键是看其是否能够扮演好自己在不同环境中的角色。对管理者而言更是如此。管理者是事必躬亲，大事小事全都自己出面，还是隐身幕后，通过充分的授权发挥团队成员的积极性，就是管理者在角色选择上的定位。当然，管理者定位还包括其他方面，如是"以人为中心"的平易近人型，还是"以工作为中心"的铁面无私型等。

2. 第二个模块是目标设定与达成体系

如前所述，对销售团队来说，目标是其管理活动中的起点和终点，它决定了企业整体战略目标能否实现。管理大师彼得·德鲁克说过："不是有了工作才有目标，而是有了目标才有工作。"如何才能制定出科学而合理的销售目标？怎样才能让大家真正从心里认同接受这个目标？在确定了目标之后又应该怎样确保达成？如何实时追踪检查？对于这些问题的回答，构成销售团队目标设定与达成体系的基本内容。

3. 第三个模块是绩效提升体系

销售团队是以团队业绩为考核对象的。因此，在业绩考核体系的制定上，应该摒弃传统的以个人工作绩效考核为主的导向，而应该鼓励个人对团队的贡献。

4. 第四个模块是薪酬分配体系

我们都知道薪酬对外没有竞争力，招不来人；薪酬对内不公平，留不住人。"太公平"又难以激励优秀者。销售团队以团队绩效为考核对象，并以此制定薪酬政策，会不会因此而造成吃"大锅饭"的局面，这是销售团队建设中的一个非常敏感的问题。

5. 第五个模块是人才甄选体系

"与其辛辛苦苦去改造一个人，不如明明白白去找对一个人！"之所以成为团队，除了要关注成员间在技能和专长方面的互补外，更重要的还是要注意其价值观的相容性。所谓"道不同，难与久谋"，说的就是这个问题。因此，对团队领导者而言，塑造一种大家都认可的团队文化是至关重要的。

6. 第六个模块是销售进程管理

毫无疑问，所有销售团队都非常关心销售业绩能否有实质性的提升，所有的公司资源能否有效应用，并带来最大的效益。进程管理就是帮助企业建立最有效的，并且能够在企业中广泛复制的销售方法和步骤，从而极大地提升企业的销售业绩。

7. 第七个模块是销售团队的有效训练

团队成员由于入职时间长短不一，其工作技能熟练程度和工作经验丰富程度各异，需要为其提供系统和针对性的训练，以使其能满足团队发展的需要。一般来讲，对于刚入职的员工，应重点进行团队文化、团队制度、进取心与凝聚力以及职业化的意识与基本行为的培训。对于加入时间稍长的成员，应进行销售专项训练、随岗辅导和集训轮训，使其保持良好的工作技能和行为态度。

8. 第八个模块是高效激励体系

团队成员由于其年龄不同、入职时间长短不一以及个性各异，会产生不同的期望和需求。因此，在对销售团队成员进行激励时，应根据其工作状态的变化规律和需求重点展开，以防出现许多销售组织中出现的"重赏之下没有勇夫"的尴尬局面。

项目3　了解销售团队领导的选择

任务1　了解领导的含义

1. 领导的含义

领导的含义有两种：一种是指一种职能，即影响他人实现一定目标的能力；另一种是指一个人，即一个成功的团队领导者，除了专业能力要服人，更要懂得创造共同愿景，鼓舞成员士气，并且让部属有成长的机会。

这里讨论的"领导"，是指一个人，是名词的概念。

【案例点击 4-1】华特的领导观

有一天，一个小男孩问华特（迪士尼创办人）："你是画米老鼠吗？"

"不，不是我。"华特说。

"那么你负责想所有的笑话和点子吗？"

"没有，我不做这些。"

最后，男孩追问："迪士尼先生，你到底都做些什么啊？"

华特笑了笑回答："有时我把自己当作一只小蜜蜂，从片厂一角飞到另一角，搜集花粉，给每个人打打气，我猜，这就是我的工作。"

在童言童语之间，团队领导者的角色不言而喻。不过，团队领导者不只是会替人打气的小蜜蜂，还是团队中的灵魂人物。

【管理故事4-1】萧朴的领导观

辽圣宗是辽国的一代明君。登基后，曾巡视天下。在一个地方，他发现一个叫萧朴的臣子把自己的领地治理得非常好，便询问其施政经验。萧朴非常谦恭地说："我哪里有什么经验啊！臣下到这里之后，只不过学会了炒毛栗子。臣下刚来的时候，发现这里盛产毛栗子，就在同一个锅里炒。却发现了一个问题：小的炒熟了，大的还生着；而当大的炒熟了的时候，小的又炒糊了。后来臣下就把大的和小的分开炒，只要火候掌握得好，大小毛栗子都能炒得一样香甜可口。因此，臣下办任何事情，就像炒毛栗子一样，既注意层次，又注意火候。除此之外，臣下再无其他能耐了。"

2. 销售团队领导的含义

销售团队领导是指在销售团队中居于核心地位、懂得创造共同愿景、鼓舞成员士气、并且让部属跟着团队一起成长的人。

吉姆·柯林斯在其畅销商业书《从优秀到卓越》中，将经理人划分为5个等级，即所谓的"五级经理人体系"。在这个体系中，处于最顶端的就是第5级经理人。吉姆·柯林斯将第5级经理人的特点描述为："第5级经理人抛开自我的需要，投身到建立卓越公司的宏伟目标中。第5级经理人不是没有自我或自身利益，实际上他们个个都胸怀大志，但是他们的雄心壮志都是将公司的利益放在第一位，而不是首先考虑自己的利益。"

由此看来，新一代销售团队的领导者，应该是胸怀大志、追求卓越的人。

【小知识4-1】吉姆·柯林斯的"五级经理人体系"

第1级——能力突出的个人。

特征描述：用自己的智慧、知识、技能和良好的工作作风做出巨大的贡献。

第2级——乐于奉献的团队成员。

特征描述：为实现集体目标贡献个人才智，与团队成员通力合作。

第3级——富有实力的经理人。

特征描述：组织人力和资源，高效地朝既定目标前进。

第4级——坚强有力的领导者。

特征描述：全身心投入，执着追求清晰可见、催人奋发的远景，向更高业绩标准努力。

第5级——第5级经理人。

特征描述：将个人的谦逊品质和职业化的坚定意志相结合，建立持续的卓越业绩。

资料来源：吉姆·柯林斯. 从优秀到卓越[M]. 俞利军，译. 北京：中信出版社，2019.

任务2　了解成功销售团队领导的必备条件

销售团队是有别于企业其他部门的团队，他们每天面对的环境和条件具有一定的不确定性。工作特点是完成任务时间性强，工作活动空间跨度广，人员单兵作战的情况比较多。人员特点是来源多样化，流动性高，思想活跃，常常是企业内外关注的焦点，容易受各方面因素的影响与冲击。因而，销售团队领导必须对内外环境的变化具有很强的适应能力，能在充满压力的条件下，带出一个充满朝气又有创造力的团队，顺利完成销售目标。一言以蔽之，销售团队领导必须是出色的将才。

具体来讲，一个成功的销售团队领导应具备以下条件。

1. 良好的领导素质

孙子曰："将者，智、信、仁、勇、严也。"（《孙子兵法·计篇》）。简单来讲，这句话的意思是为将者要具备五方面的素质。

（1）富有智谋、才能，有丰富的专业知识和经验。

【案例点击4-2】新主管的无为而治

大多数的同仁都很兴奋，因为单位里调来了一位新主管，据说是个能人，专门被派来整顿业务。可是，日子一天天过去，新主管却毫无作为，每天彬彬有礼进办公室，便躲在里面难得出门。那些紧张得要死的坏分子，现在反而更猖獗了。他哪里是个能人，根本就是个老好人，比以前的主管更容易唬。

四个月过去了，新主管却发威了，坏分子一律开除，能者则获得提升。下手之快，断事之准，与四个月中表现保守的他，简直像换了一个人。年终聚餐时，新主管在酒后致辞："相信大家对我新上任后的表现和后来的大刀阔斧，一定感到不解。现在听我说个故事，各位就明白了。"

"我有位朋友，买了栋带着大院的房子。他一搬进去，就对院子全面整顿，杂草杂树一律清除，改种自己新买的花卉。某日，原先的房主回访，进门大吃一惊地问，那些名贵的牡丹哪里去了。我这位朋友才发现，他居然把牡丹当草给割了。后来他又买了一栋房子，虽然院子更是杂乱，他却是按兵不动，果然冬天以为是杂树的植物，春天里开了繁花；春天以为是野草的，夏天却是锦簇；半年都没有动静的小树，秋天居然红了叶。直到暮秋，他才认清哪些是无用的植物而大力铲除，并使所有珍贵的草木得以保存。"

说到这儿，主管举起杯来："让我敬在座的每一位！如果这个办公室是个花园，你们就是其中的珍木，珍木不可能一年到头开花结果，只有经过长期的观察才认得出啊。"

资料来源：詹承豫. 从这里出发——娱乐管理的99个故事[M]. 北京：中国建材工业出版社，北京赛迪电子出版社，2004.

(2) 赏罚有信，言出法随，客观公正，赏不避仇，罚不避亲。

【管理故事4-2】诸葛亮挥泪斩马谡

三国时代的诸葛亮与司马懿在街亭对战。马谡自告奋勇要出兵守街亭。诸葛亮心中虽有担心，但马谡表示愿立军令状，若失败就处死全家。诸葛亮才勉强同意他出兵，并指派王平将军随行，并交代在安置完营寨后须立刻回报，有事要与王平商量。马谡一一答应。可是军队到了街亭，马谡执意扎兵在山上，完全不听王平的建议，而且没有遵守约定将安营的阵图送回本部。等到司马懿派兵进攻街亭，围兵在山下切断粮食及水的供应，使得马谡兵败如山倒，重要据点街亭失守。事后诸葛亮为维护军纪而挥泪斩马谡，并自请处分降职三等。

资料来源：詹承豫．从这里出发——娱乐管理的99个故事[M]．北京：中国建材工业出版社，北京赛迪电子出版社，2004．

(3) 爱护部属，心存仁善。

【管理故事4-3】宋太宗的雅量

要治理好天下，必须要有雅量。比如宋太宗，在这方面表现得就很突出。《宋史》记载，有一天，宋太宗在北陪园与两个重臣一起喝酒，边喝边聊。两臣喝醉了，竟在皇帝面前相互比起功劳来。他们越比越来劲，干脆斗起嘴来，完全忘了在皇帝面前应有的君臣礼节。侍卫在旁看着实在不像话，便奏请宋太宗，要将这两人抓起来送吏部治罪。宋太宗没有同意，只是草草撤了酒宴，派人分别把他俩送回了家。第二天上午他俩都从沉醉中醒来，想起昨天的事，惶恐万分，连忙进宫请罪。宋太宗看着他们战战兢兢的样子，便轻描淡写地说："昨天我也喝醉了，记不起这件事了。"

资料来源：詹承豫．从这里出发——娱乐管理的99个故事[M]．北京：中国建材工业出版社，北京赛迪电子出版社，2004．

(4) 勇敢果断，勇于承担责任，是静若处子、动如脱兔的行动者。
(5) 纪律严明，团队步调一致，像一个人。

【案例点击4-3】摩托罗拉"5E"领导力模型

1．眼力（Envision）

2．魅力（Energize）

所谓有魅力，就是要热情，要能够激励员工、顾客和合作者对组织目标的热情，创造一个人人满怀激情工作、有机会做出贡献的环境。

3．魄力（Edge）

魄力，就是果断力。所谓魄力就是一针见血地切中问题的要害，做出大胆和及时的决定，坚持用更高的标准要求本组织，以实事求是的方式表示善意的不满，当业务或个人表现不佳时，给予警告。

4．能力（Execute）

所谓有能力，就是要有执行能力，必须将目标转变成现实的行动和成果。

5．约束力（Ethics）

约束力即自律能力（自我管理能力）。个人的自律意识与职业道德是领导者首要的素质之一。领导者的约束力表现在以下几个方面。

（1）作为一个高层领导者，要首先将公司的利益放在个人志向之前，确保个人的目标和利益服从组织的目标和利益。对于高层管理者，尤其是领导班子成员，要以德为先，以能为基。

（2）公平对待，尊重所有的人和文化。领导者要有公平意识，尊重人性，尊重大多数人在合法条件下对利益的追求。

（3）要克制、控制自己的情绪反应。注意培养和开发高层管理者的情商和逆境商，培养在关键时刻、在艰难困苦的过程中的自控能力。

（4）要表现出敬业的精诚。工作有三种境界：用力工作、用心工作、用命工作。对于高层管理者，要用命工作，即保持自己的激情和敬业精神，真正把工作作为自己生命、生活的重要组成部分。

（5）要建立个人信誉，获得他人的信任。

（6）当个人目标或团队目标发生冲突时，要选择对顾客和企业最为有利的行动。

（7）与人打交道时有礼貌、周到、有涵养。

（8）做决策时考虑到员工的个人条件，发挥员工的优势，调动每个人内在的潜能。

（9）要表现出言行的一贯性。如果领导者言行不合一，就建立不起信誉。

（10）要以道德的方式开展业务，同时保证直接下属也能做到这一点。高层管理者对员工既要远又要近——所谓远，就是要保持领导者道德的约束力；所谓近，就是要贴近一线，尊重人，尊重人的个性。

【案例点击4-4】IBM的CEO所必须具备的条件

1．精力
- 超凡的个人精力。
- 耐力。
- 强烈的行动意识。

2．组织领导能力
- 战略意识。
- 带领和鼓舞其他人的能力。
- 最大限度发掘公司潜力的激情。
- 组建强有力的团队。
- 最佳地发挥别人的潜能。

3．市场领导能力
- 杰出的语言表达能力。

- 出席和参加业内以及与客户之间CEO级别的活动。

4．个人素质
- 聪明。
- 自信，且知道自己的不足。
- 善于倾听。
- 决策果断——无论在业务活动中，还是在人事制度中。
- 激情洋溢。
- 坚决以客户为中心。
- 天性做事迅速且有影响力。

2. 良好的心理素质

由于销售团队领导要同公司领导、其他部门领导、客户、员工、媒体等各方面人士打交道，在工作中经常会遇到挫折和挑战，只有处理好各种内外关系才能顺利开展工作。因此除了智、信、仁、勇、严这五项领导素质外，销售团队领导还必须具备以下心理素质。

（1）超强的自信心。自信心是销售团队领导必备的第一项心理素质。销售团队领导所从事的工作就是去影响他人，因此其必须具备超强的自信心才能增强他人与之合作的信心。

【案例点击4-5】从自信心看拿破仑的影响力

拿破仑第一次退位后，被安置在地中海的赫尔巴岛上。但复辟后的国王总觉他是一个定时炸弹，一柄悬在他头上的达摩克利斯之剑，随时可能危及他的统治，甚至威胁他的生命，因而一直睡不安稳。于是，国王就派出了一支队伍，想去捉住他并将其囚禁起来。这支被派去捉拿拿破仑的部队到达岛上后，拿破仑非常高兴地接待了他们，像当年做元帅的样子去迎接他们，慰问他们。士兵们全都愣住了，在他的威慑下，居然忘了，或者说是不敢对他下手了。随后拿破仑跟他们讲了当前的形势，指出现在的国王所做的一些事情，正在给法兰西民族带来灾难。这损害了国家的利益，更损害了法兰西士兵的荣誉。结果这些被派去捉住拿破仑的士兵，不仅没有抓拿破仑，反而跟着他一起返回巴黎，赶走了国王。

在这个故事中，拿破仑之所以能够成功，首先在于他的自信。他相信自己是正确的，相信自己在士兵心目中，还是元帅。这是他能够反败为胜的前提。

资料来源：汪中求. 营销人的自我营销[M]. 北京：新华出版社，2003．

（2）强烈的成功欲。成功欲是完成困难任务不可或缺的素质。销售团队领导需要有强烈的成功欲，这样才能激励自己和部属一起完成任务。此外，面对工作中的诸多困难，销售团队领导还必须具有百折不挠的毅力，甚至是对事业近乎偏执的狂热，这样才能战胜困难，开拓局面。

（3）超强的亲和力。亲和力指的是使人亲近、愿意接触的力量。亲和力最早是属于化学领域的一个概念，是特指一种原子与另外一种原子之间的关联特性，但现在越来越多地被用于人际关系领域，某人对另外一人具有的友好表示，通常就形容这个人具有亲和力。有句话叫：力在则聚，力亡则散！有亲和力的双方就是有共同力量表示的双方，这种友好表示，使得双方合作在一起，有一种合作的意识和趋向意识，和共同作用的力量。有亲和力是促成合作的起因，只有具有了合作意向，才会使双方结合在一起共同合作。

销售团队领导为带领团队完成任务，每天都需要与各色人等打交道，以赢得对方的合作，因此，必须具备超强的亲和力。

【小知识 4-2】如何建立超强的亲和力

微笑是建立亲和力的第一步。如果你还没有出色的口才，还不具备迷人的魅力，但只要你会微笑，就可以面对天下人了。英国作家萨克雷说过："最高级的社交外衣是精神奕奕，满面笑容。"

超强的亲和力是人的积极心态的外在表现，一个心态消极的人是不可能有亲和力的。那么，我们从事销售工作的人应该怎样才能培养自己超强的亲和力呢？除了上面提到的学会微笑外，我们下面将简单介绍一种培养亲和力的方法——亲和力建立之"五步法"。

第一步，情绪同步。俗话说，"出门看天气，进门看脸色"。推销人想不招致顾客的拒绝，第一步就是要学会察言观色，在情绪起伏上与客人保持一致。必要的时候，要做到"悲客人所悲，喜客人所喜"，力求引起客人情感上的共鸣。

第二步，语调和语速同步。在推销过程中，我们会发现，人按其语调和语速，大致可分为三类：第一类人讲话速度非常快，音调很高，肢体语言很丰富，说话时胸腔起伏很剧烈；第二类人讲话速度适中，音调时高时低，变化丰富；第三类人讲话速度很慢，音调低沉，说话时视线朝下做思考状。推销人员在推销过程中，应该根据不同客人语调和语速的变化来调整自己说话的音调和速度。试想一下，如果你遇到的是一位讲话速度很快、音调很高的客人，而你用你一贯缓慢的讲话速度且音调低沉，客人会有耐心听你将话讲完吗？

第三步，生理状态同步。在推销过程中，由于受生理变化的影响，有时我们会不经意地做一些动作来调整我们的生理状态。有些动作可能无伤大雅，但是以下这些动作是应该尽量避免的，因为这样会影响到顾客的情绪。

动作之一：双手抱胸而坐或站。这样的动作给客人一种傲慢、抗拒和不开放的印象，会大大降低客人的合作意愿。

动作之二：把头仰靠椅背而坐。这样的动作给人一种散慢、心不在焉的感觉，会大大影响客人的情绪。

动作之三：当着客人的面打哈欠。这样的动作给人一种厌倦、疲惫的感觉，同样会大大影响客人的情绪。

动作之四：坐着时不停地晃动双腿。这样的动作给人一种吊儿郎当、玩世不恭的印象，会引起客人对你诚信度的怀疑。

第四步，语言文字同步。语言文字同步说的是在推销过程中，我们应该针对不同客

人的文化程度、表达习惯和理解能力等来调整自己说话的内容和方式。为什么在推销实践中经常会出现本科生干不过高中生和中专生的情况，主要就在于在国内各地市场活跃着的经销商或客人绝大部分文化素质不高，书生气太浓的本科生无法与其很好地沟通。

第五步，合一架构法。在推销过程中，绝大部分推销人员都有一种思维惯性和思维定势，当客人反驳我们的产品或服务，总是想方设法竭力辩解。我们听完客人的抱怨后，经常喜欢用"但是""可是""就是"这样的字眼。要知道，这样的字眼有时会令客人感觉受到了排拒。最好的化解方法是多用"同时"这样的词，以减缓客人的对立情绪。

资料来源：尚致胜. NLP 高效沟通论 [M]. 北京：中国纺织出版社，2020.

（4）良好的沟通能力。沟通能力与其说是一种能力，不如说它是一种心理素质。具备良好沟通能力的人，必须是对人际关系有着深刻体察和较高敏感度的人。销售团队领导必须是一个对人性弱点把握得比较准的人，不但要能快速地判断对方的个性特点，还要能根据其个性施以不同的沟通方法和技巧。

【小知识4-3】什么是沟通的"人鬼法则""黄金法则"与"白金定律"

沟通的"人鬼法则"，就是我们平常所说的"见人说人话，见鬼说鬼话"。"人鬼法则"是属于较低层次的沟通技巧，在运用时，我们有时还必须注意"见鬼也要说人话"。那"见鬼也要说人话"是什么意思呢？意即当别人贬损你的公司形象、贬低你公司的产品或人员时，要勇敢、坚决地予以回击。

沟通的"黄金法则"，是指要设法说别人喜欢听的话。每个人都喜欢被赞美，这既是一种心理需求，也是一种人性的弱点。

沟通的"白金定律"，是指设法说别人希望你说的话。很多时候，对方不方便将其意思表达得很明白，这时就需要我们去猜测对方此时的心理，然后根据其心理状态，适时说出其希望你说的话。"白金定律"是沟通的最高境界，需要长期的磨练才能熟练掌握。

资料来源：陈子秋. 客户经理培训方案精选 [M]. 广州：广东经济出版社，2005.

（5）乐观和热情。乐观和热情是坦诚、豁达、自信等心态的一种自然流露。销售团队领导的乐观和热情对营造良好的工作氛围具有重要意义，能让自己和下属、同级、客户一起轻松地工作。

项目4 了解销售经理

任务1 了解销售经理的权力构成

销售经理的权力是指其在与下属交往过程中，影响和改变下属行为的能力。销售经理的权力包括两个方面：一是职位本身赋予的，如决策指挥权、人事调配权、奖惩权等；二是个人能力、知识、品德和作风等个人因素带来的。

具体来说，销售经理的权力包括以下几个方面。

1. 合法性权力

合法性权力是指组织赋予销售经理在其职责范围内的各种权力，包括决策指挥权、人事调配权、奖惩权等。谁当上销售经理，谁就拥有这些权力，即这些权力与个人是没有什么关系的。

2. 补偿性权力

补偿性权力是指销售经理依照法律、法规和公司政策规定，对部属的工作付出加以回报的权力。销售经理既可以采取加薪和职务晋升等正规的方式对下属进行回报，也可以采取表扬和认可等非物质形式的方式进行回报。

3. 强制性权力

强制性权力是补偿性权力的对立面。它是指销售经理对下属的不力工作行为进行惩罚和提出惩罚建议的权力，包括解雇、降职、降薪、批评和取消加薪等方式。

4. 专长性权力

专长性权力来自销售经理在具体工作方面所具有的专业知识和技能。如果销售经理在某方面是一位真正的专家，那么销售员就有可能因为佩服他的专业知识而接受他的建议。

5. 示范性权力

示范性权力来自销售经理的个人品德、领导风格等方面，如一个销售经理为人正直、品德高尚、作风民主，比起那些善于钻营、作风专断的经理，势必能赢得更多下属的拥戴。

在销售经理拥有的五种权力中，前三种属于权力性影响力，即职位赋予的，与个人没有太多关系；后两种权力属于非权力性影响力，与具体个人是密不可分的。有的销售经理重视权力性影响力而忽视非权力性影响力，其实如果销售经理非权力性影响力较大，则其权力性影响力也随之提高。反之，如果非权力性影响力较小，权力性影响力也会随之降低。因此，提高销售经理的影响力的关键在于努力提高非权力性影响力。

要充分发挥非权力性影响力的作用，首先，要求销售经理的才干、能力、知识、经验等都体现在他的工作实绩上。其次，要求销售经理公正廉洁，以身作则。这种做法就会产生一种榜样的力量，而这种力量是一种无形却影响深远的影响力。再次，要求销售经理要事事处处信任下属，关心下属，平易近人，发扬民主作风，这样非权力性影响力才能不断提高。最后，要求销售经理努力提高自身素质，保持其个人影响力。

任务 2　了解销售经理的领导行为与活动

一般来讲，销售经理的领导行为与活动包括以下几个方面。

1. 制定销售战略

销售战略涉及销售策略、销售目标、销售计划和销售政策等，具体包括：

（1）进行市场分析与销售预测。

（2）确定销售目标。

（3）制订销售计划。

（4）制定销售配额与销售预算。

(5)确定销售策略。

2. 领导销售人员

领导销售人员是销售经理的重要职责,其具体内容包括:

(1)设计销售组织模式。

(2)招募与选聘销售人员。

(3)培训与使用销售人员。

(4)设计销售人员薪金方案和激励方案。

(5)陪同销售及协助营销。

3. 控制销售活动

(1)划分销售区域。

(2)销售人员业绩的考查评估。

(3)销售渠道及客户的管理。

(4)回收货款,防止呆账。

(5)销售效益的分析与评估。

(6)制定各种规章制度。

任务3 了解销售经理的领导方式

理论研究和管理实践都已证明,目前没有哪一种领导方式是在所有条件下都普遍适用的。所谓最有效的领导方式,都是因不同的环境、对象、任务而异的。作为销售经理,必须清楚地了解在哪种管理情境下适合采用何种领导方式。

1. 了解五类主要的领导类型

(1)专断式领导。专断式领导或独裁式领导方式是指领导通过发号施令来指挥部属,用命令强制要求他人依从,在进行决策时不征求部属的意见,采用自上而下的沟通方式。

(2)民主式领导。民主式的领导习惯就拟议的行动和决策同下属磋商,鼓励下属的参与,对下属有充分的信心和信任,经常采纳下属的想法和意见,乐于上下双向沟通,以奖励为主,惩罚为辅。对部分决策采用投票方式确定。

(3)放任式领导。放任式领导者极少运用其权利,给下属以高度的独立性,依靠下属来确定他们的目标以及实现目标的方法,为下属提供信息,充当团队与外部的联系人,帮助下属进行工作。

(4)官僚式领导。官僚式领导在做决策时主要依据上级的指示和文件,管理依据公司的相关规定;对于没有规章可循的工作,多采取"先看别人怎么做"的方法,或请示上级;奖惩同样依据公司统一规定,很少根据具体情况进行细化或变通。他是上传下达的枢纽,公司规章和指示的忠实传声筒和执行人。他经常强调的是"要照章办事"。

(5)教练式领导。教练式领导指导下属自己设定工作目标和绩效标准及达成方法,及时反馈对下属行为的肯定与否定意见,主要以精神激励为主,引导下属自己解决问题,不断提高工作能力。

2. 了解各种领导方式的适用范围

前面总结了五种主要领导方式的行为特点,下面将其最有利和最不利的使用环境做一归纳，具体见表 4-2。

表 4-2　各种领导方式适宜采用和不适宜采用的情况一览

领导方式	适宜采用的情况	不适宜采用的情况
专断式领导	• 遇到新员工不明白工作任务或程序时； • 只有通过发布详细的命令或指示才能有效地完成任务时； • 员工对其他领导方式无动于衷时； • 每天要处理大量的日常事务，或者决策时间有限时； • 权力受到某些人的挑战时； • 在企业管理局面比较混乱时； • 下属自主愿望和能力很差时	• 部属期望上级听取他们的意见时； • 部属对此种方式感到紧张、恐惧和憎恨时； • 部属开始事事等你给他们拿主意时； • 有迹象表明部属的士气低下、缺勤率上升、人员流动频繁时； • 缺乏可以数量化描述并客观衡量的工作标准时
民主式领导	• 希望员工随时了解涉及他们利益的事情时； • 希望员工分担决策和解决问题的责任时； • 希望提供机会，让员工培养高度的自我发展和职业满足感时； • 希望考虑职工的看法、意见和不满时； • 手下拥有技术高超、经验丰富的员工时； • 希望鼓励团队精神和集体参与时	• 时间紧迫时； • 由领导者做决定更迅速、更节约时间和费用时； • 事关重大、不容许犯错误时； • 感到民主环境的威胁时； • 员工的安全是关键问题时
放任式领导	• 部属技术高超、经验丰富并受过良好教育时； • 部属对他们的工作具有自豪感，有强烈的独立完成工作的欲望时； • 使用外来的专家，如人事问题专家、顾问或临时的来自其他部门的员工时； • 部属忠诚可靠且富有经验、可以依赖时	• 员工感到无依靠和不安时； • 不能经常地向部属反馈情况，让他们了解他们自己的工作优劣时； • 不能对员工的出色工作表示感谢时
官僚式领导	• 员工的工作必须遵照一定程序操作，否则易出问题时； • 员工重复地进行简单工作时； • 欲使员工认识到他们必须保持一定的标准和程序时； • 员工的安全是关键问题时； • 并不想实质解决这个问题时	• 这种方式不再适用，却难以打破以往的工作习惯时； • 员工对本职工作和同事失去兴趣时； • 主管不像领导，反似警察时； • 员工只顾份内之事，不愿多出力时
教练式领导	• 管理的团队已经达到良好工作状态时； • 部属的学习热情很高，且时间和其他条件允许时； • 员工面对的工作大部分为例行性，只有少部分是偶发性时； • 员工的素质高，主要是缺乏经验时； • 针对资质好的实习员工时	• 当下属技术娴熟、工作经验丰富时； • 当下属独立工作能力很强时； • 当下属比较习惯独立的工作空间和喜欢独立思考时

资料来源：李俊杰，蔡涛涛. 销售管理知识、方法、工具与案例大全 [M]. 北京：企业管理出版社，2011.

3. 销售经理如何选择最适合的领导方式

通过前面的总结，我们已经清楚没有哪一种领导方式是适用于所有场合的。即使在同样的环境下，针对不同的部属，也没有一种普遍适用的领导方式。同时，在领导者与领导方式的匹配问题上，在理论界和实践领域也存在分歧：领导者是应该去改变环境以适应自己的领导风格，还是改变自己的领导风格去主动适应环境呢？其实，对于这个问题的回答，不管选择哪个答案，实施起来都是非常困难的。因为，很多时候，我们尝试着去改变环境或改变我们自己都不那么容易。

因此，明智之举是两者的融合，一方面，当领导者面临的是一种强势而先进的文化时，应该努力去调整自己的领导风格以适应环境；当面临的是一种弱势而落后的文化时，应该努力去重塑团队文化。另一方面，领导者应该视个人能力和工作经验去选择改变团队文化，还是去主动适用环境文化。

总之，销售经理在选择适合自己的领导方式之前，应该审慎地考虑以下三个方面的因素。

（1）领导者个人情况。包括领导者个人的性格、价值观、道德观念、知识水平和工作经验都颇为重要。或者说是领导者多大程度上能对环境施加影响。

（2）部属的情况。部属往往是由具有不同性格和背景的个人构成的，因此在选择领导方式时仔细考虑部属的情况是至关重要的。

（3）企业和团队的情况。所在企业和团队的发展历史、传统、文化（以价值观念和经营哲学为核心）对何种领导方式接纳程度高，也是领导者考虑的重要因素。

任务 4　了解销售经理如何领导销售团队

1. 塑造富有执行力的团队文化

《基业长青》的作者詹姆斯·柯林斯和杰里·波勒斯通过长期的调查研究得出一个结论：那些做成"百年老店"的企业普遍都非常重视企业文化的塑造。这种文化对员工的影响，甚至超过了教派的力量。从以下案例中我们可以体会到企业文化或团队文化对员工的影响力。

【案例点击 4-6】教派般的文化

"现在，我希望你们举起右手——并且记住我们在沃尔玛所发的誓言，记住'君子一言，驷马难追'——跟着我念：我庄严地承诺和声明，从今以后，每当有顾客走近我身边3米时，我就会微笑，看着他的眼睛，并且招呼他。我敢向萨姆发誓。"

以上是 20 世纪 80 年代中期沃尔玛创始人萨姆·沃尔顿通过卫星电视对十万多名沃尔玛同仁的讲话。

"IBM 确实善于激励员工，我在妻子安妮身上看到了这一点。她可能被某些人的标准洗脑了，不过这是好的洗脑。他们的确在员工心里灌输了忠贞不二和努力工作的精神。"

以上是 IBM 员工配偶在 1985 年讲的一段话。

资料来源：吉姆·柯林斯，杰里·波勒斯. 基业长青 [M]. 真如，译. 北京：中信出版社，2019.

【小知识 4-4】什么是企业文化

所谓企业文化，就是企业信奉并付诸于实践的价值理念。

企业文化包括四个层次的内容。

第一层次是物质文化，指企业有形资产和无形资产的总和。

第二层次是制度文化，指企业内部管理制度体系。

第三层次是行为文化，指企业各级员工（包括基层员工、中层管理者和高层管理者）的工作行为和工作规范。

第四层次是精神文化，指企业的价值观念、经营理念等，是企业文化的最高也是最核心的层次。

有什么样的领导者，就会培养出什么样的团队文化。用什么样的人，如何用人，赞许什么行为，反对什么行为，如何管理，用制度管理还是人情管理以及团队领导者的好恶在很大程度上决定了团队的价值取向。

（1）领导者爱才惜才用才，则团队成员都会唯恐自己"不成才"；领导者爱受吹捧，则团队成员的拍马技术会日益成熟。

（2）领导者严格要求、规范管理，则团队成员会小心自律、遵章守纪；领导者放任自由、人情管理，团队成员就会乐于营造"办公室俱乐部"，轻松自在。

（3）领导者目标明确、任务清晰合理，团队成员会各司其职、有序工作；领导者盲目乱撞、朝令夕改，团队成员就会变成无头苍蝇，无所适从。

（4）领导者尊重团队成员，强调他们的重要性，成员们则会倍受鼓舞、更加努力；领导者家长做派、动辄批评，成员则会逆反对抗、消极怠工。

（5）领导者乐于沟通，团队成员就会积极协作；领导者疏于交流，团队成员就会各行其是，拒绝配合。

（6）领导者积极创新，团队成员便会爱动脑筋；领导者因循守旧，团队成员便会固步自封。

（7）领导者对团队成员满怀期望，用心赏识、及时激励，成员则会以回报之心拿出更加出色的表现；领导者漠不关心、从无赞美，成员则会满心失落、敷衍了事。

（8）领导者如果愿意分享知识、分享经验、分享理念，团队成员就会积极求进、心胸宽广；领导者如果总保守着那块"自留地"，团队成员也会封闭保守，"肥水不外流"。

【小知识 4-5】塑造先进团队文化的秘诀

最重要的八个字是：你的心情我能体会

最重要的七个字是：我相信你没问题

最重要的六个字是：我们一起努力

最重要的五个字是：你是最棒的

最重要的四个字是：学会思考

最重要的三个字是：你真棒

最重要的两个字是：加油

最重要的一个字是：家

2. 培养良好的领导能力和掌握适当的领导方法

（1）作为一个团队的领导者，销售经理人首先要有基本的管理能力，主要是执行计划、管理团队，控制资源和风险。除此之外，还要具备提升团队凝聚力的领导能力。一个团队是不是优秀、能不能接受挑战、能不能创新，做一些同行业其他公司团队做不到的东西，这和经理人是否具有非常强的领导力密切相关。

（2）销售经理另一个重要的能力就是沟通技能。一个企业有远景、有目标，这点不难，难的是怎样有效地将这些信息传递出来，让你的员工知道并认同它。这点是非常不容易的。这些直接影响到你怎样使你的团队分工，怎样认可你的员工。沟通是双向的，所以领导者要会聆听，你的聆听表现出你是否会真正欢迎不同的想法，欢迎公开的讨论，欢迎不同的见解。

（3）销售经理还要学会授权。员工都受过良好教育，有一定的经验，他们自学的能力也是非常强的。你一味地告诉他们该去做这个，该去做那个，那就变成只有你在思考，部门有你一个也就可以了，还需要十个人做什么。所以，对员工要有一定的授权，授权的原则是权责对等。根据员工的成熟度来授权，当然授权完，员工也要承担责任，这样员工有归属感也有责任感。经理也有责任去指引团队成员去完成任务，这体现了你的价值。

（4）销售经理要及时给员工的表现进行反馈。对员工的优缺点进行分析，帮助他们迅速成长，这是经理的一种素质。当员工犯错误的时候，经理要像教练一样，给员工指出来。经理在做教练的过程中也要讲究方法，员工在成长中不希望总是被告诉我该怎么做，而需要有一个明确的目标。员工自己有很多的想法，做得不好的时候，经理要指出来，提高自我的意识度，知道这个方法不是最好的，还有别的方法。因为最初的方法是自己想出来的，就会有种责任感。而不是经理告诉我怎么做，做得好不是我的，不好也与我没关系。这样不利于团队的合作，不利于员工去承担责任、积极地思考及成长。

（5）销售经理和员工之间也要建立积极的关系。员工不喜欢只谈工作，因为亚洲文化还是希望有一些人情味。如果你和员工有很好的关系，员工也不会一有风吹草动就辞职；但如果员工觉得很难和经理沟通，那么他可能就希望尽早走人。

（6）经理人需要经常进行跨部门的沟通。如果大家都以公司的目标为共同的目标，就会发现大家的利益是一致的。只要双方达到了这样的共识，淡化个人的色彩，跨部门团队合作中的问题就能迎刃而解。

（7）作为经理人有责任自己去学习。首先要学习掌握公司的业务使命、愿景和业务目标，为团队合作打下坚实的基础。如果你的个人目标偏离公司的目标，那么这是很危险的事情。因为你的目标是你所领导团队的目标，你需要在团队成员间一层层地分解。如果你的目标是错的，这个任务就根本无法完成。

单元小结

工作团队是这样的群体，其成员通过他们正面的协同效应、个体和相互责任以及互补的技能为实现一个具体的、共同的目标而认真工作。

销售团队就是以完成销售目标，并最终实现企业目标为归宿，通过销售组织成员正面协同效应组成的责任共担、权力共享、知识和技能互补的工作团队。

一般来讲，团队应该包含目标（Purpose）、定位（Place）、职权（Power）、计划（Plan）和人员（People）五个要素，即所谓的5PS，销售团队也不例外。

高效团队应该具有以下特点：清晰的目标、相关的技能、相互信任、统一的承诺、良好的沟通、谈判的技能、恰当的领导、内部和外部的支持。

销售团队建设的内容涉及以下八大模块：第一个模块是管理者的自我管理与定位体系；第二个模块是目标设定与达成体系；第三个模块是绩效提升体系；第四个模块是薪酬分配体系；第五个模块是人才甄选体系；第六个模块是销售进程管理；第七个模块是销售团队的有效训练；第八个模块是高效激励体系。

销售团队领导是指在销售团队中居于核心地位，懂得创造共同愿景、鼓舞成员士气，并且让部属跟着团队一起成长的人。

成功销售团队领导的必备条件包括良好的领导素质和心理素质两大方面。

领导素质包括：①富有智谋、才能，有丰富的专业知识和经验；②赏罚有信，言出法随，客观公正，赏不避仇，罚不避亲；③爱护部属，心存仁善；④勇敢果断，勇于承担责任，是静若处子、动如脱兔的行动者；⑤纪律严明，团队步调一致，像一个人。

心理素质包括：①超强的自信心；②强烈的成功欲；③超强的亲和力；④良好的沟通能力；⑤乐观和热情。

销售经理的权力包括以下几个方面：合法性权力、补偿性权力、强制性权力、专长性权力和示范性权力。在销售经理拥有的五种权力中，前三种属于权力性影响力，即职位赋予的，与个人没有太多关系；后两种权力属于非权力性影响力，与具体个人是密不可分的。

销售经理根据自身情况、部属的情况、企业和团队的情况，可以从专断式领导、民主式领导、放任式领导、官僚式领导和教练式领导五种领导方式中选择最适合自己的领导方式。

销售经理成功领导销售团队包括：塑造富有执行力的团队文化、培养良好的领导能力和掌握适当的领导方法两个方面。

核心概念

团队　群体　销售团队　领导　销售团队领导　领导素质　权力　领导方式

实训设计

项目：认识你的领导能力。

目的：理论与实践相结合，通过了解销售管理实践加深对理论知识的理解。

内容：以"做一个成功的领导最重要和最不重要的因素"为题，组织一次无领导小组讨论。

步骤：

（1）确定题目。做一个成功的领导者，可能取决于很多因素，比如善于鼓舞人、能充分发挥下属长处、处事公正、能坚持原则又不失灵活性、办事能力强、幽默、独立有主见、言谈举止有度、有亲和力、有威严感、善于沟通、熟悉业务知识、善于化解人际冲突、有明确的目标、能通观全局、有决断力等。

（2）按学号顺序以等距抽样方式抽出 8～10 名同学组成一个小组。

（3）每人从上面所列因素中各选出一个你认为最重要和最不重要的因素。

（4）以小组为单位展开讨论，每组讨论时间为 15 分钟左右。

（5）在讨论结束时，每组拿出一个一致性意见，即得出一个你们共同认为的最重要和最不重要的因素。

（6）每组派一个代表汇报你们得出的结论，并阐述你们做出这种选择的理由。

说明：组织者可根据教学目标和本班学生情况从组织协调能力、口头表达能力、辩论说服能力和情绪控制能力等方面对每个组员进行评价。

训练题

1. 简述工作团队和工作群体的区别。
2. 简述销售团队的构成要素。
3. 简述高效团队的特点。
4. 试述销售团队建设的主要内容。
5. 试述成功销售团队领导的必备条件。
6. 试述销售团队领导如何培养自信心。
7. 简述销售经理的权力构成。
8. 简述销售经理的领导行为与活动。
9. 试述销售经理的领导方式及每种方式的适用范围。
10. 销售经理如何选择最适合的领导方式？
11. 你认为销售经理应如何领导销售团队？
12. 试述文化建设在销售团队建设中的重要性。

综合案例分析

领导者的七项基本行为

拉里·博西迪和拉姆·查兰在其畅销书《执行——如何完成任务的学问》中将以下七项领导者的基本行为视为提高企业执行力的第一要素。

第一，了解你的企业和你的员工。

领导者必须学会深入了解自己的企业。在那些没有建立执行文化的企业里，领导者们通常都不了解自己的企业每天在干些什么。他们只是通过下属汇报来获得一些间接性的信息，但是这些信息都是经过过滤的——在很大程度上受到信息收集人员的个人因素，以及领导者自身的日程安排、个人喜好等因素的影响。领导者并没有参与到战略计划的实施当中，所以他们也无法从整体上对自己的企业产生全面综合的了解，而企业的员工们对这些领导者也并不真正了解。

第二，坚持以事实为基础。

实事求是是执行文化的核心，但对于大多数组织来说，里面的员工都是在尽量避免或掩盖现实。为什么呢？因为实事求是的态度有时会使得生活变得非常残酷。没有人喜欢打开潘多拉的盒子，他们总是希望能够掩盖错误，或者拖延时间来寻找新的解决方案（而不愿意承认自己此刻并没有找到任何答案）。他们希望能够避免对抗，大家都希望汇报好消息，没有人愿意成为制造麻烦、对抗上级的倒霉蛋。

第三，确立明确的目标和实现目标的先后顺序。

执行型的领导者们通常更为关注一些每个人都能把握清晰的目标。为什么只有"一些"呢？首先，所有懂得商业逻辑的人都明白这样一个道理：把精力集中在三到四个目标上面是最有效的资源利用方式。其次，当代组织中的人们也需要一些明确的目标，因为这正是一个组织得以正常运行的关键。在传统等级分明的公司里，这并不是一个问题——这些公司的人们一般都知道自己的任务，因为各种命令会通过一条清晰的链条直接传达到每个人身上。而当决策过程被分散的时候，比如说在矩阵型组织当中，各级相关人员就要进行一定的取舍和选择。因为在这种情况下，部门之间将存在着对资源的竞争，同时决策权和工作关系不清晰的问题也在很大程度上增加了人们进行选择的难度。在这种组织当中，如果没有事先设定清晰的目标顺序，各级部门之间在进行决策时很可能就会陷入无休止的争论之中。

第四，跟进。

如果没有得到严肃对待的话，清晰而简洁的目标并没有太大意义。很多公司都是由于没有及时跟进而白白浪费了很多很好的机会，同时这也是执行不力的一个主要原因。想一下，你每年要参加多少没有结果的会议——人们花了很多时间进行讨论，但在会议结束的时候却根本没有做出任何决策，更没有得出任何确定的结果。每个人都对你的提议表示同意，但由于没有人愿意承担执行的任务，你的提议最终还是没有产生任何实际的结果。出现这种情况的原因有很多：可能公司遇到了其他更重要的事情，也可能大家认为你的提议并不好（也可能甚至是他们在会议当时就这么认为，只是没有说出来罢了）。

第五，对执行者进行奖励。

如果你希望自己的员工能够完成具体的任务，你就要对他们进行相应的奖励。这似乎是毫无疑问的，但许多公司却没有意识到这一点——在这些组织当中，员工们得到的奖励似乎和他们的表现并没有任何关系。无论是从奖金数额还是从股票期权的角度来说，他们都没有在那些完成任务和没有完成任务的员工之间做出明确的区分。

第六，提高员工的能力和素质。

作为一名领导者，你的成长过程实际上就是一个不断汲取知识和经验，乃至智慧的过程，所以你工作的一个重要组成部分就应当是把这些知识和经验传递给下一代领导者，而且你也正是通过这种方式来不断提高组织当中个人和集体的能力。不断学习并把自己

的知识和经验传给下一代领导者,这正是你取得今天成就的秘诀,也是你在未来能够引以为荣的资本。

第七,了解你自己。

每个人都至少在口头上认为一个组织的领导者必须具有强韧的性格。作为一名执行型领导者尤其如此。如果没有我们所谓的情感强度的话,你根本就不可能诚实地面对自己,也无法诚实地面对自己的业务和组织现实,或者对人们做出正确的评价。你将无法容忍与自己相左的观点,而这一点对于一个组织的健康发展其实是非常必要的。如果不能做到这一点,你就不可能建立起一种执行型文化。

要想获得真实的信息,你必须具有一定的情感强度,也就是说,无论喜欢与否,你都要面对现实。情感强度将使你有勇气来接受与你相左的观点,有勇气去鼓励和接受小组讨论中出现的分歧。它将使你能够接受和改正自己的不足,适当处理那些不能完成自己任务的下属,并果断地处理一个快速发展的组织中许多不可避免的问题。

资料来源:拉里·博西迪,拉姆·查兰. 执行——如何完成任务的学问 [M]. 刘祥亚,译. 北京:机械工业出版社,2016.

问题:

1. 你觉得拉里·博西迪和拉姆·查兰总结的领导者的七项基本行为能提升企业的执行力吗?

2. 对销售经理而言,建设具有执行力的团队,这七项基本行为哪个是最关键的?

3. 谈谈你对销售团队执行力建立的理解。

单元 5　销售人员的招聘与培训

本章导读

通过本单元学习，读者应能够理解合格销售人员的必备条件与技能、不同行业和企业对销售人员的要求，熟悉销售人员招聘与录用的程序、候选人来源和甄选方法，理解销售人员培训与辅导的重要性，熟悉销售人员培训管理流程以及如何对销售人员进行系统培训。

知识点

★ 合格销售人员的必备条件与技能、不同行业和企业对销售人员的要求。
★ 销售人员招聘与录用的程序、候选人来源和甄选方法。
★ 销售人员培训管理流程。
★ 针对销售人员系统培训的"四冲程培训法"。

技能点

★ 能根据合格销售人员的必备条件与技能、不同行业和企业对销售人员的要求等，设计自己的职业发展方向。
★ 能运用本单元所学知识，为某企业制订一个销售人员招聘计划。
★ 能运用本单元所学知识，为某企业设计一个简单的销售人员培训管理方案。
★ 能列举某企业在销售人员培训方面的成功做法，并总结其经验。

素养点

★ 坚持全面学习观，把自己培养成知识、技能和品德兼备的合格销售人才。
★ 立德修身，塑造良好的职业素养和职业形象，为将来从事销售工作做准备。
★ 培养职业荣誉感，在中华民族伟大复兴的事业中实现自己的价值。
★ 在选拔销售人员时，摒弃个人喜好，遵从德才兼备、唯才是举的用人原则。

情境引入

对销售人员的管理是一个连续的过程，需要花费企业和销售经理很多的心力，但如果挑错了人，就会发现，自己是越管越费心，因为凡事都是"慎其始者，善其终"。在销售人员管理过程中，可以说招聘和录用环节决定了整个事情的成败。

项目 1　理解合格销售人员的条件

合格销售人员的条件

任务 1　理解合格销售人员的必备条件与技能

1. 良好的品行

何谓品行？简而言之，就是指人品德性。"小用看业绩，大用看品行"。一般而言，销售人员都是常年在外的"漂泊"一族，在外埠的工作环境都具有一些共同的特征：远离家人和朋友——孤独感，远离公司总部——无助感，每天都进行着利益交换——虚伪感，面对产品、市场的各种要求——压力感，每天重复着相同的工作——厌倦感。在这些消极因素的影响下，销售人员的工作情绪和状态容易出现起伏，如果其品质不过硬、行为缺乏自律，常常会因此而引起工作状态的起伏和变化，并最终导致工作绩效的不稳定。

【小知识 5-1】品行管理

小用看业绩，大用看品行。

品行是重要的；

无德无才者要禁用；

有才无德者要慎用；

有德无才者要选用；

德才兼备者要重用。

品行好，人人帮，万事皆顺；

品行差，没人理，万事皆难。

品行是可塑的；

品行是道德，需要引导；

品行是素质，需要修炼；

品行是习惯，需要培养。

资料来源：艾跃进. 品行管理[CD]. 北京：中国科学文化音像出版社，2021.

一个合格的销售人员应该具备怎样的品行？下面我们将予以归纳。

（1）坚强的意志。如前所述，销售人员特殊的工作环境使其非常容易遭受挫败和承受压力。一个销售人员如果不具备坚强的意志品质，就会很容易中途放弃而无法享受到胜利的喜悦。

【案例点击 5-1】乔·吉拉德的"7+3 原则"

乔·吉拉德是世界上最伟大的销售员，连续 12 年荣登世界吉尼斯记录大全世界销售第一的宝座。他所保持的世界汽车销售纪录：连续 12 年平均每天销售 6 辆车，至今无人能破。他也是全球最受欢迎的演讲大师，曾为众多世界 500 强企业精英传授他的宝贵经验，来自世界各地数以百万的人们被他的演讲所感动,被他的事迹所激励。

乔·吉拉德成功的原因有很多,其中最重要的一条就是其坚强的意志品质。这一点集中体现在其"7+3原则"的运用上。所谓"7+3原则",乔·吉拉德这样解释说:"只有当被客户拒绝7次时,我才有一点点相信这个客户可能真的不需要,但我还会坚持试3次,直至完全失败为止。"

资料来源:百度百科.乔·吉拉德[EB/OL].[2022-02-24].http://baike.baidu.com/view/536212.htm.

(2)灵活的思维。作为销售人员,每天都要与上司、同事、客户以及其他各方打交道,每天都需要处理各式问题,每个人的个性不同,每件事情发生的前因后果不一,因而需要以灵活的思维,区别对待。

(3)诚实守信。诚信,不仅是做人的一项基本准则,也是人的一种美德。在人际交往中,人们有一种强烈的倾向,即喜欢诚实守信的人,认为"言必行,行必果"的人是可靠的,让人觉得安全;而那些油嘴滑舌、朝三暮四或者表里不一、出尔反尔的人则很难让人产生安全感。同样,一个不被他人信赖的人,是很难得到心理上的安全感的。

诚实守信,是销售人员赢得客户信任的基本前提,而与客户建立互信关系是销售和客户管理过程中最关键的一环。

【案例点击 5-2】罗斯福戒烟

前美国总统罗斯福本来是一个烟瘾很大的人,然而,他第一次戒烟就成功了,而不像大多数烟民那样反反复复,最终也没能戒掉。有人向罗斯福请教秘诀,他说:"这很简单,我把要戒烟的决定告诉给我身边所有的人听,家人、下属和朋友等。这样,我就真的不好意思再吸烟了。"

(4)交际得体。销售乃至营销工作,都需要借助他人力量来完成。因此,销售人员少不了跟人打交道。如何成为受人欢迎的人,对销售人员来说至关重要。友善的言谈、得体的举止、优雅的风度,这些都是走进他人心灵的"通行证"。

【小知识 5-2】交际中怎样把握说话的分寸

交际中要注意说话的分寸,那怎样说话才不失"分寸"呢?除了提高自己的文化素养和思想修养外,还必须注意以下几点。

第一,说话时要认清自己的身份。任何人,在任何场合说话,都有自己的特定身份。这种身份,也就是自己当时的"角色"。比如,在自己家庭里,对子女来说你是父亲或母亲,对父母来说你又成了儿子或女儿。如用对小孩子说话的语气对老人或长辈说话就不合适了,因为这是不礼貌的,是有失"分寸"的。

第二,在工作中说话要尽量客观。这里说的客观,就是尊重事实。事实是怎样就怎样,应该实事求是地反映客观实际。有些人喜欢主观臆测、信口开河,这样往往会把事情办糟。

当然，客观地反映实际，也应注意场合、对象及表达方式。

第三，说话要有善意。所谓善意，也就是与人为善。说话的目的，就是要让对方了解自己的思想和感情。俗话说："良言一句三冬暖，恶语伤人六月寒。"在人际交往中，如果把握好了这个"分寸"，那么也就掌握了礼貌说话的真谛。

资料来源：百度百科．交际[EB/OL]．（2013-12-22）[2022-02-24]．http://baike.baidu.com/view/54321.htm．

（5）忍耐宽容。忍耐宽容，一直以来都是中国传统文化极力提倡的一种人性修为。孔子说过"小不忍则乱大谋"。朱熹在《论语集注》中解释"小不忍"为"匹夫之勇"，他在《朱子语类》中进一步阐释："匹夫之勇，不能忍于忿，皆能乱大谋。"《圣经》里也讲到："照他荣耀的权能，得以在各样的力上加力，好叫你们凡事欢欢喜喜地忍耐宽容。"

销售人员在工作过程中，经常会受到客人的冷遇甚至挖苦，如果不能忍耐与宽容，则可能因逞一时口舌之快而丢了客户，这是销售的大忌。

（6）尊重别人。美国心理学家亚伯拉罕·马斯洛于1943年在《人类激励理论》论文中提出，人的需求从低到高可分成生理需求、安全需求、社交需求、尊重需求和自我实现需求五类。

可见，被人尊重，是人的一个基本心理需求，也是人性的一个弱点。因此，销售人员在人际交往中应该注意将他人，特别是客人摆在很重要的位置上，让他人有一种被尊重的感觉。

（7）理智稳重。理智稳重是销售人员的一种基本素质，相信一个说话冒冒失失、做事丢三落四的人是很难赢得他人信任和好感的。

2．扎实的专业知识

一般来讲，销售人员首先应该是个"通才"，即知识面要广阔，因为这是与各种知识背景的客户打交道的基础。同时，销售人员应该也是一个"专才"，因为"专业"是赢得客户信任的重要力量。为做好销售工作，销售人员应该具有以下方面的专业知识。

（1）产品知识。包括产品性能、结构、用途用法、维修保养、规格、型号式样、行业水平和发展趋势、用户反应、同竞争对手差别等方面的知识。

（2）企业知识。包括企业的历史背景、行业地位、经营方式、规模、能力、技术、管理、服务、人员、企业战略、策略、制度规定、政策、动态等。

（3）市场知识。包括市场结构和分布、特点、购买力、潜在水平、目标市场环境与变化、行业特点与趋势、购买方式和动机、影响因素、需求特点、客户特点、竞争状况与特点等。

（4）营销知识。包括营销意识、基本观念、原理和方法、主要内容、运作办法和步骤，特别是常见的基本策略，本企业营销规划的内容、策略和政策要点、营销特色，主要竞争对手的营销手法等。

（5）社会知识。包括经济知识、地理知识、交通知识、社会风土知识、民族知识、宗教知识、心理知识、礼教知识、礼仪知识等。

(6) 其他知识。包括语言知识（掌握必要语种和语法修辞、技巧等）、美学知识（工业美学、通用美学）、人际公关方面的知识等。

【案例点击5-3】当销售不再仅仅是"艺术"

今年春节期间，我回了一趟我以前工作过的地方，并顺便拜访了以前做销售时的一些老上级老同事。十来年不见，大家变化很大，有些人生意蒸蒸日上，有些人生意一落千丈。原来他们都是20世纪八九十年代的顶尖"老销售"，说尽千言万语，跑遍千山万水，客户网络遍布全国，和客户的感情非常深厚，而现在很大一部分人却感慨自己好像不会做生意了。我知道他们不是谦虚，而是发自内心的感慨。我亲耳听到一个客户跟我的一个老领导说："虽然我们是患难之交，但我们公司也要吃饭。"一句很通俗很朴实的"要吃饭"道出了现在的现实状况。在20世纪八九十年代，各行业的渠道开拓大多采用粗放式的模式，销售人员只要善于公关、善于联络客户感情，找到各区域有实力的批发商做自己的总经销或总代理，然后将货物交到他们手中就万事大吉了。而到20世纪90年代末期和21世纪初后，随着市场环境的变化，企业和总经销或总代理都发现钱越来越难挣，"要吃饭"也就成了主旋律，这时候销售人员专业与否就成了市场拓展的关键。如果对于市场你说不出个一二三四，对市场没有深刻的认识，不能有效地指导并协助客户开拓市场，你与客户关系再好，感情再深，最终还是不行。

3. 良好的技能

前面我们讨论过"专业"对于销售人员个人发展的重要性。专业知识对销售人员之所以重要，是因为它是其能力的源泉。正所谓"厚积薄发"，一个销售人员如果没有很深厚的专业知识积淀，其销售动作必然是"变形走样"的，也就会表现为能力缺乏。

良好的技能是销售人员取信于客户、服务好客户的关键。销售人员应具备以下几个方面的技能。

(1) 预测能力。在市场环境急剧变化的时代，企业要摆脱被市场牵着鼻子走的被动局面，必须对市场未来的走势有一个大致的预判。销售人员作为与市场接触最为密切的群体，其对市场信息的搜集、整理、加工能力以及对市场未来走势的预测能力，将是企业决策准确与否的一个关键要素。

(2) 市场能力。包括对市场结构和分布、市场特点的把握，对购买力、潜在购买力、目标市场环境与变化、行业特点与趋势的理解，对消费者购买方式和动机、影响因素、需求特点、客户特点、竞争状况与特点的洞察等。

(3) 谈判能力。谈判能力是指在根据各方利益关系、期望获得的要求、底线等条件的基础上，进行交流，获取对自己这方更多的利益且双方意见统一的结果的本领。

为实现企业和客户双方的合作共赢，销售人员经常需要与企业内部各部门、客户、辅助服务提供商乃至政府部门谈判，以求得最佳的执行效果。

(4) 组织能力。组织能力是指组织人们去完成组织目标的能力。我们说营销是一个需要广泛"借力"的事业，销售人员最大限度地整合到完成任务所需的资源，然后通过协调使之发挥最大效应，将是其工作顺利开展的重要保障。

（5）学习能力。市场环境的急剧变化和科学技术日新月异的发展，都要求销售人员具备良好的学习能力，尤其是快速学习的能力。学习能力的培养首先需要有学习的兴趣，然后将学习兴趣慢慢培养成一种习惯。可以说，一个不热爱学习的销售人员是不可能有较强的学习能力的，一个没有学习能力的销售人员是没有发展潜力的。

【小知识5-3】优秀销售人员之"ASK模型"

关于优秀销售人员的基本特征有很多种描述，我们通过长期的实践跟踪和研究，将其归纳为以下三个方面：态度（Attitude）、技能（Skill）和知识（Knowledge）。由于这三个单词的首字母组合在一起就构成新的英文单词ASK，因此我们称之为"ASK模型"。

A——态度（Attitude），一个优秀的销售人员应该乐观、勤奋、耐心、宽容和坚强。

S——技能（Skill），一个优秀的销售人员应该具有良好的应变能力、表达能力和观察能力等。

K——知识（Knowledge），一个优秀的销售人员应该具有宽阔的知识面，具备扎实的产品知识、企业知识、市场知识、营销知识和社会知识等。

资料来源：百度．销售人员的ASK模型与分类[EB/OL]．（2021-09-27）[2022-02-27]．https://baijiahao.baidu.com/s?id=1712040872291995932&wfr=spider&for=pc.

任务2　理解不同行业对销售人员的要求

按照销售模式的特点，我们可以将销售分为工业品销售和日用消费品销售两大类。这两大类产品由于产品特性、渠道模式等方面存在较大差别，因而对销售人员的要求也有所不同。

1. 工业品销售对销售人员的要求

工业用产品由于产品结构复杂、技术含量高、目标客户集中、渠道短、购买过程复杂等特点，其对销售人员的要求是比较高的。一般来讲，工业品销售要求销售人员具有下列特质。

（1）聪明。这里所说的"聪明"，不仅仅是指销售人员的智商有多高，而主要是指其情绪智力，即觉察他人情绪和管理自己情绪的能力。情绪智力包括以下几个方面的内容：

- 自我意识，即体会自我情感的能力。
- 自我管理，即管理和调适自己情绪的能力。
- 自我激励，即面对挫折和失败依然坚持不懈的坚强意志。
- 感同身受，即体会他人情感的能力。
- 人际关系处理，即处理和调适他人情绪的能力。

（2）社会化程度高。社会化程度高是指个人对社会的洞察和理解比较深刻，不但知道在社会上行事有"明规则"，同时也可能存在"潜规则"。

（3）有现成的客户关系或相关社会背景。一般来讲，从事工业品销售的销售人员可以通过三种途径攻克客户"防线"：一是凭借自身与客户既往的良好关系或自己拥有的社会关系；二是依靠公司的品牌影响力和产品性价比吸引客户；三是凭借自己的社会活动能力,通过持续不断的努力获得客户的认可。相比之下,毫无疑问第一种途径是最直接,也是最有效的。

(4) 人际关系能力强。优秀的工业品销售人员应该是一个公关高手,因此,其人际关系能力对达成销售是至关重要的。看一个人的人际关系能力强不强,主要从以下三个方面来判断:

一是看这个人是不是细心。一个人际关系能力强的人,一定能记住关于客户的很多点点滴滴的细节,如客户的名字、生日、兴趣、爱好和性格特点,甚至客户家人的名字、生日、兴趣、爱好和性格特点等。

二是看他会不会说话。前面我们讲到沟通的"人鬼法则""黄金法则""白金法则"和"交际中怎样把握说话的分寸"等,都是验证一个人会不会说话的重要标准。

三是看他做小事是否到位。人际关系能力强的人,不但能记住有关别人的一些细节性东西,同时对一些小事的处理也是非常到位的。哪怕是对他人做过的一个很小的承诺,他都会认真去履行。

(5) 专业基础要求高。工业品往往由于产品结构复杂或技术含量高,销售人员非一朝一夕就能熟练掌握其核心卖点。因此,在招聘销售人员时,最好挑选那些有良好技术背景的。

【案例点击 5-4】不同行业,不同要求

某家公司是做大型 IT 系统设备销售的公司,在 1998 年以前,他们还从非计算机专业招收毕业生进入到销售队伍,因为那时他们觉得毕业生是可塑的。但从 1998 年开始,销售本部给人力资源部提出明确建议,希望不再考虑非 IT 专业的毕业生。原因是根据三年来的观察,非 IT 专业的毕业生,由于对专业的基础知识掌握不好,导致对产品的理解很浅,对产品的卖点把握不准。同时,对新产品熟悉起来也很慢,公司培养他们的成本太高了。

资料来源:秦毅.金牌销售经理[M].北京:北京大学出版社,2011.

(6) 有较长时间的销售经历。由于工业品往往产品结构复杂或技术含量高,销售人员要了解产品的特点、优势、利益点都需要相当长的时间。同时,由于工业品采购过程复杂,从与客户初步接触到成交往往需要很长时间。因此,对销售人员而言,没有较长的行业销售经历是很难达到应付自如的地步的。

2. 日用消费品销售对销售人员的要求

相比工业品,日用消费品销售具有产品结构简单、技术含量不高、目标客户分散、渠道模式多元、终端控制重要和购买过程简单等特点。与此相适应,日用消费品对销售人员的要求主要体现在以下几个方面。

(1) 吃苦耐劳,团结自律。有人做过调查,首先请来团队中 20 个比较成功的销售人员(主要从事日用消费品销售),然后让他们填写一份调查表。表上有一条是"你对军队式的管理方式感觉如何?",选项有三个,分别是"讨厌""一般""崇拜",结果超过 80% 的人选择了第三项。

在随后的闲谈中，调查人员发现这些人大多有一种很强的尚武精神，并且很赞同部队那种整齐划一、步调一致的行为方式。

从这个调查结果我们可以发现，这些成功的销售人员普遍认同部队那种行事风格，普遍认同服从指挥、吃苦耐劳、团结自律的作风。

（2）服从管理，团队归属感强。日用消费品销售队伍要求销售人员必须做到一点，就是在平时的工作中可以有想法，但是当个人想法与团队要求不一致时，个人必须服从集体。个人与团队保持方向一致，才能形成最大合力，顺利完成团队目标。

（3）爱学习，可塑性强。日用消费品更新换代快，渠道模式复杂多样且一直处于发展和变化之中，因此要求销售人员热爱学习并具备较强的学习能力。否则，将很难跟上市场的发展。

（4）不用要求太高太专的技术背景。一般而言，日用消费品销售模式，其销售的产品或服务，都是大众化的东西，技术含量不是很高，产品结构相对来说也比较简单，因此对专业的要求不是特别高。

（5）销售经历不宜过长。对于日用消费品销售，销售人员脑子里固有的东西越少越好。"一张白纸"的状态是最好管理的，同时"上道"也比较快，也容易出业绩。相反，固有框框越多，所受的束缚就越大，自己的精神压力也就越大，反而不利于在这种销售模式下取得成功。

任务3　理解不同企业对销售人员的要求

各企业由于经营的产品或服务不同，历史发展长短不一，企业文化氛围存在差异，会对销售人员的适应性提出要求。换句话说，不同的企业应该根据其不同情况，选择合适的销售人员，以使人尽其才。具体来说，企业在招聘销售人员时，应从以下四个方面考察求职者与企业的切合度。

1. 经历切合

所谓经历切合，就是说应聘者的工作经历和招聘岗位的任职要求是相吻合的。尤其是工业品销售，更应严格审查求职者的工作经历与企业产品的相关度。

2. 发展阶段切合

一般来讲，企业的生命周期可以划分为婴儿期、成长期和成熟期三个阶段，不同阶段对销售人员的要求都是不一样的。

婴儿期。这一时期企业还处在求生存的阶段，销售人员的任务就是以最快的速度将产品推向市场，并获得下一步发展的资金。因此，处于婴儿期的企业不要求销售人员有多系统的产品知识和销售知识，但必须有足够的冲劲和热情。正所谓"七分冲劲，三分经验"。

成长期。成长期是企业成长最快的时期，这个阶段要求销售人员有较强的上进心，并不断学习和吸收新的知识，同时愿意和企业一同成长。这一时期对销售人员的要求是"四分经验，六分冲劲"。

成熟期。这一时期企业已解决了生存和成长问题，开始步入稳步发展阶段。但随着市场的成熟，市场竞争和管理问题日益突出，要求销售人员有比较丰富的从业经验和较强的沟通协调能力，以应付日益复杂的市场环境。成熟期对销售人员的要求是"七分经验，三分原则"。

3. 期望切合

一方面，期望是个人价值取向的集中体现，期望不同，个体的行为动机和强度也会不同。另一方面，期望也是企业人才观的体现，只有企业和人才在期望上能彼此达成一致，才有可能实现合作共赢。

【案例点击 5-5】道不同，难与久谋

A 君是某公司的销售经理，有一次他参加一个招聘会，遇到一个很有经验的销售人员前来应聘，他对这个销售人员的情况很满意，想招过来。

面试时，这个销售人员清楚地表露了对近期收入的渴望，而这个公司的市场目前不是很好，处在新产品打市场的阶段，这很难满足这位应聘者对"钱"的渴望。但是，A 君为了把他招揽过来，就一个劲地强调：公司有着光明的前途、产品很适合市场，我们肯定亏待不了优秀员工等。

在 A 君富于煽动力的长篇大论后，那个销售人员觉得在这个公司很不错——似乎"钱"与"前途"可以兼得，于是同意了加盟。

但是进入公司以后，他慢慢发现公司的"前途"还是个未知数，而"钱"是肯定没有的。在努力了半年而仍然没有得到他想要的"钱"之后，这个销售人员终于还是有些怨怨然地离开了，临走时还散布了不少的负面言辞。

分析点评：从上面的例子我们可以看出，销售经理在招聘业务人员的过程中，一定要慎重考虑双方的期望所在。如果应聘者和公司两者期望原本相距甚远，纵使应聘者最后在公司的蛊惑下加盟了，但最后也不可能留得下来。

资料来源：秦毅. 金牌销售经理 [M]. 北京：北京大学出版社，2011.

4. 个性切合

前面关于工业品销售和日用消费品销售对销售人员的要求，很多内容都是与个性相关的。很显然，如果销售人员的个性不适合其所从事的工作，结果一定是事倍功半的。

任务 4 理解影响销售人员胜任度的因素

销售人员的工作业绩与很多因素相关，除了前面提到的销售人员个人的品行、知识结构、专业技能、行业特点和企业状况外，还包括以下几个方面（表 5-1）。企业在招聘销售人员前，须仔细检查和对照每一方面，然后量身制订可行的招聘计划。

表 5-1 销售人员招聘之前的工作检查清单

检查项目	具体检查标准
明确界定你的行业状况	（1）竞争少并且有稳定的产品和服务 （2）一般性的行业竞争 （3）存在新的竞争和快速变化的产品与市场

续表

检查项目	具体检查标准
销售的产品类别属于	(1) 固定设备 (2) 生活消费品 (3) 一种服务
产品的营销支持体系	(1) 强大的 (2) 一般的 (3) 主要靠销售人员个人
未来的业务发展方向	(1) 在目前的客户中发展更多的业务 (2) 维持已有客户的现存业务 (3) 向新客户促销新产品
技术类产品的支持体系如何	(1) 很强 (2) 一般 (3) 很弱
在看到销售人员的投资回报前,你要用多长的时间甄选和来培训销售人员	(1) 6个月 (2) 3个月 (3) 1~3个月
在工作环境中,目前采用什么类型的监督方式	(1) 有固定的监督 (2) 偶尔的监督 (3) 几乎没有什么监督
你投入多少时间来对新销售人员进行专门的培训	(1) 半个月 (2) 一周 (3) 少于一周
你对销售人员如何进行绩效评估	(1) 自己可以进行绩效评估 (2) 得到来自公司的帮助 (3) 完全依赖别人进行绩效的评估工作
1个月内你对销售人员的现场指导和咨询时间	(1) 3天以上 (2) 1~3天 (3) 不到1天

项目2 熟悉销售人员的招聘与录用

销售人员的招聘与录用

任务1 熟悉销售人员的招聘与录用的程序

销售人员招聘与录用工作是一个复杂、完整而又连续的程序化过程。销售人员招聘与录用程序有广义和狭义之分。

1. 广义的销售人员招聘与录用程序

广义的销售人员招聘与录用程序如图5-1所示。

2. 狭义的销售人员招聘程序

狭义的销售人员招聘程序仅指广义的招聘程序的第二个阶段。一般说来,这个阶段又可分为以下几个步骤。

（1）编制招聘计划。招聘计划要以企业的实际情况和人员增补计划为依据。其主要包括以下几个方面的内容：

1）招聘人数、范围和招聘的职位。

2）应聘者的条件，如文化程度、专业方向、工作经验、年龄、性别、英语和计算机水平等。

3）招聘工作小组人选以及负责人。

4）招聘考核方案和择优选聘的条件。

5）招聘工作的经费预算和资金来源。

6）招聘工作的时间地点和进度。

7）招聘方式。

（2）拟定招聘简章和发布招聘信息。招聘简章的基本内容有：

1）标题，如"招聘""诚聘"和"××单位诚聘"等。

2）公司简介，指招聘公司或企业的性质和经营范围等基本情况。

3）招聘职位、人数和招聘对象的条件。

4）应聘时间、地点、邮编、联系电话和联系人。

5）落款，如"×× 有限责任公司"等。

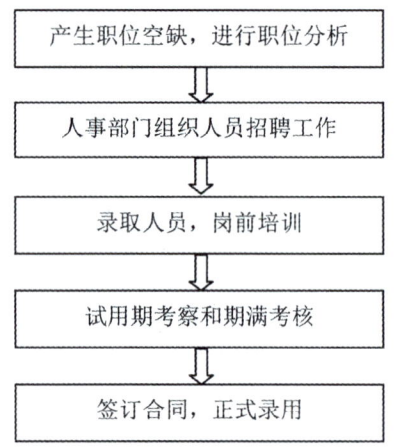

图 5-1　广义的销售人员招聘与录用程序

【案例点击 5-6】时代啤酒公司招聘启事

STELLA ARTOIS
招聘

STELLA ARTOIS 时代啤酒是世界著名的啤酒酿造商——英特布鲁公司的国际品牌，根据中国市场的发展需要，现招聘如下人员：

● 推广主任（女），一年以上领班及相关经验，具有工作安排以及组织能力。

● 销售业务代表（男女不限），具有独立开拓广州市场的能力，有一年相关经验。熟

悉经销商和酒店、饭店、夜场渠道。
- 推广促销小姐，身高1.6米以上，年龄18～24岁，品貌端正，仪表大方，工作勤奋，有推广经验者优先。待遇高，底薪2,000元。
- 市场销售经理，大专以上学历，两年以上相关销售和管理经验，熟悉啤酒营销和客户管理，组织能力强，待遇面议（寄有关个人资料，合则约见，勿访）。

除市场销售经理外，其他应聘人员见报后于每日下午3:00—晚上6:00，每周逢星期六上午9:30—下午4:00约见。

地址：××路×号××楼××号，联系人：××
邮编：×××××× 电话：×××××××××××

时代啤酒公司

（3）报名登记和初次面谈。这个阶段，由于企业招聘方式不同，具体做法也不同。如果是在人才市场招聘，可以按照初步面谈、审核有关证件和报名登记三个步骤进行。

（4）人员甄选。人员甄选是整个招聘工作中最为关键的一步。只有把这项工作做好了，才能保证录用人员的质量。对人员进行甄选，要根据任职条件认真全面地进行考核。

关于人员甄选方法，我们将在后面详细阐述，在此不再赘述。

（5）确定录用名单。此阶段的任务是把多种考核和测验结果组合起来进行综合评价，从中择优选取录用。

（6）发布录用信息。在确定录用名单之后，接下来的工作就是要通知应聘者是否被录用。通知的方式根据情况可以是张榜公布、电话通知和寄发录用通知书等。

【案例点击5-7】录用通知书范例

试用通知书

××先生/女士：

对于您应征本公司××职位一事，经商议，决定录用。请于××年××月××日下午携带下列物品文件到本公司人事部报到。

（1）居民身份证；
（2）体检表；
（3）保证书和服务志愿书。

按本公司的规定，新进的员工必须先行试用三个月，试用期间公司暂支付月薪××元。

报到后，本公司会在愉快的气氛中，为您做职前介绍，包括让您知道本公司一切人事制度、福利、服务守则及其他注意事项，使您在本公司工作期间满意愉快。如果您有什么疑惑或困难，请与人事部门联系。

此致
敬礼

××公司人事部
××年××月××日

任务 2　熟悉销售人员候选人的来源

在企业明确了销售人员招聘需求后，接下来就必须考虑销售人员候选人来源的问题了。一般来讲，销售人员候选人来源有招聘广告（包括互联网、地方性报纸、专业杂志、广播电视等媒体广告）、就业服务机构、校园招聘、公司内部人员推荐、公司内部人员补充等。各个来源各有其优缺点（具体见表5-2），企业应根据实际情况选取候选人的不同渠道来源。

表 5-2　销售人员候选人来源比较

候选人来源		优点	缺点
招聘广告	互联网	可接触到大量的候选人，并立即得到反馈	产生许多不合格的应聘者，筛选难度大
	地方性报纸	分类明确，便于求职者查找和保留	发行对象针对性不强，容易被求职者忽视；受区域限制
	专业杂志	针对性强，且便于求职者保存	时效性差。覆盖区域太广，不便于区域聚焦
	广播电视	覆盖面广，灵活性高	只能传递简单信息，针对性不强
就业服务机构		专业性强，可节省企业大量人力物力	对企业了解不深，对求职者的甄选可能出现偏差
校园招聘		有许多合适的候选人，求职者易于培训、工作热情高、工作潜力大、适应性强	求职者缺乏工作经验，培训成本高
公司内部人员推荐		节省招聘成本，候选人对企业认同度高，可以产生高素质的候选人	如果候选人被企业拒绝，可能会影响到推荐人的工作积极性
公司内部人员补充		候选人了解企业，适应工作快；可激发候选人积极性，对企业产生归属感	可能会由于竞争影响到内部员工之间的关系；有可能被人为操纵而有失公平

任务 3　熟悉销售人员甄选的方法

1. 理解甄选方法的效度和信度

甄选是一种预测行为，它设法预见哪些申请者被录用后会产生更高的工作绩效。企业为销售职位配备人员，其甄选过程应当能够预见到其中一位或几位申请者会产生更大的销售额。

甄选过程将会产生的四种可能结果：一是成功地录用了一名合格候选人；二是错误地拒绝了一名合格候选人；三是错误地录用了一名不合格候选人；四是成功地拒绝了一名不合格候选人。在第二、三种情况下，甄选过程就是失败的。为提高甄选过程的有效性，首先应该选择正确的甄选方法，其次应该考虑到甄选方法的效度和信度。

所谓效度（Validity），是指甄选手段和有关工作标准之间存在能被证明的相关关系。换句话说，就是甄选过程中被给予最高评分的人，一定是在将来的工作中表现出色的人。

所谓信度（Reliability），是指一种手段能否对同一事物做出连续一致的测量。如果用同一甄选手段对同一候选人多次测试的结果是大致相同的，我们就说这种甄选手段是可信的。

2. 理解各种甄选方法的优缺点

在销售人员招聘过程中，常用的甄选手段或方法包括应聘者申请表分析、笔试、绩效模拟测试、面谈、履历调查、人格测试和体格检查等。每种甄选方法各有优缺点，为提高招聘工作的有效性，我们常常需要将不同的方法综合起来使用。各类甄选方法的优缺点见表5-3。

表5-3　各类甄选方法的优缺点对比

甄选方法	优点	缺点
申请表分析	申请表中的工作经历往往可以作为工作能力的衡量标尺	可能因为资料的真实性问题而做出错误的判断
笔试	对智力、专业知识的测试具有较高的有效性	测试的结果与实际工作能力可能会有偏差，从而使之效度降低
绩效模拟测试	真实性高，测试项目与工作有较高的相关性	设计和使用费用高，测试过程复杂
面谈	可以了解到应试者的职业形象、自信度、成熟度、理解能力等	在问题未经良好设计和标准化的情况下，效度可能会降低
履历调查	能了解到候选人过去工作实际情况，可信度高	如果证明人与候选人串谋，效果可能适得其反
人格测试	能了解到候选人的隐性信息，如气质、性格、兴趣和能力等	费时，可能会给候选人带来不适感
体格检查	对某些有体力要求的职位具有较好的效度	只能作为一个辅助指标参考，不能对候选人工作能力做出全面评价

以上方法对于管理者做出人员选聘决策只有相对有限的价值。为保证招聘工作的效果，必须将以上方法综合起来使用。另外，一种新的人员甄选方法——真实工作预览（Realistic Job Preview）逐渐受到管理者的欢迎。这种方法因为在甄选过程中已将企业的有利方面和不利因素都清楚地展示给了候选人，因而候选人一经录用，往往会有比较高的工作满意度。

任务4　理解销售人员招聘与录用过程中应注意的问题

1. 警惕面试中常出现的问题

在面试过程中，面试官（常常由销售经理担任）一些行为习惯可能会导致招聘的有效性大大降低。这些行为和习惯包括：

（1）自我陶醉。在面试过程中，面试官由于处于绝对的优势地位，很容易自觉或不自觉地显示出一些优越感。在这种情绪的主导下，作为面试官的销售经理常常会将招聘现场演变成自我表现的场所。销售经理陷入"自我陶醉"误区的典型表现是：在一场为时半小时的面试中，销售经理自己讲了20分钟，而留给应聘者的时间不足10分钟。在这种情形下，销售经理了解的信息肯定不多，最后只能凭印象来下结论了。谁经常点头、身体前倾、总是面带微笑，谁就成了此次招聘的胜利者了。

（2）强势扭转。就像前面的例子所说的，强势扭转指的是应聘者本来期望的是马上见效的"钱",但是销售经理总是强调未来的"前途"。在强势扭转的指导思想下,即便是销售经理说服了对方让他加盟,但当他发现自己的选择无法实现当初的愿望时,还是会一走了之。

(3) 依赖培训。这个误区主要出现在销售模式与销售人员的匹配方面。比如说,销售经理明明知道自己公司销售的产品是工业品,对专业的要求很高,而应聘者并不具备这个条件。但是他发现应聘者的冲劲特别足,学习的欲望也非常强烈,因此希望先把他招过来,然后通过培训让他慢慢成长。但实际情况绝非如此,因为有些东西如性格、价值观等靠培训是很难改变的。

(4) 以貌取人。以貌取人也是销售经理进行招聘时的一大误区。外在形象对销售人员而言是重要的,但绝不是全部。实践证明,决定销售人员业绩最主要的因素还是前面提到的品行、知识和技能。

(5) 光环效应。所谓光环效应,是指销售经理在面试时被应聘者的某个闪光点所打动,从而忽略了对方的其他缺点,那么这时候做出的判断自然也是非理性的。

2. 应当警惕录用的四类人

实践经验告诉我们,以下这四类人由于性格缺陷,将会很难管理,在招聘时应慎重考虑。

(1) 对曾经的辉煌念念不忘。此类人最大的特点,就是老念叨其过去的成就,总拿自己和公司当前的状况与自己过去的辉煌比较。一旦应聘成功,这类人就会很自然地怀疑公司与他自己前期经验不相符的做法,也很容易陷入"留恋往事、怨天尤人、玩世不恭"的思维陷阱。

(2) 历经江湖闯荡,深味世态炎凉。这类人工作经历非常复杂,受过的挫折打击也很多,心态比较消极,对"社会险恶、人心不古"深信不疑。如果招其进来,未来的管理控制也很难。

(3) 内心压抑,行为反差。这类人是指那些平时受到环境压制,找不到机会释放的人。一旦得到机会,就会做出令人意想不到的事情,行为的反差非常大。譬如,有经理在场时,这种人像一只温顺的"绵羊",经理不在时,就像一只凶猛的"老虎"。

(4) 经验甚少,劲头甚高。这类人是指那种工作经验很少、工作热情非常高的人。他们在面试时会大谈对公司的向往、对经理的崇拜、对事业的执著等,如果应聘成功,在刚开始工作时确实热情很高,但是"热得快,冷得也快"。一旦遇到些许挫折或困难,就很容易被打回原形。

项目 3　熟悉销售人员的培训与辅导

任务 1　理解销售人员培训与辅导的重要性

销售人员培训与辅导的重要性,主要体现在以下几个方面。

1. 培训与人才

(1) 培训是企业人才的来源。企业人才的来源主要有两个:一是通过外部招聘,即

销售人员的培训
与辅导

从外部人才市场招聘素质高、专业能力强的人；二是通过培训，即通过培训提升现有员工的素质及能力。实际上，通过外部招聘来的人才，仍需要企业的进一步培训。因此，可以说，培训是企业人才的唯一来源。

（2）培训和每个员工有关。可以说，每个人进入企业，都要接受培训；每个受过企业培训的人都要培训别人。因此，培训和每个员工都是息息相关的。

2. 培训与管理

（1）培训是激励手段。现如今很多求职者在选择企业时，将是否有培训机会作为主要考虑因素之一。对在职员工，培训也是很好的激励手段。因为培训可以不断提升员工自身价值，与工资相比，工资不过是企业给你今天的"饭碗"，而培训是给你明天的"饭碗"。

（2）培训是控制手段。培训就是让员工掌握工作技能和工作标准，养成良好的工作习惯。一旦这种习惯养成，员工将会自觉遵从，从而加强了企业对员工的控制。

（3）培训是指挥手段。经过培训，下级能够更加准确地理解上级意图，更加明了任务的内容和要求，使执行的准确率大大提高，从而使指挥系统更加顺畅、高效。

（4）培训是沟通手段。一方面，在培训过程中，有时上级变成老师，领导变成教练，这样可以缩短上下级之间的距离，加深相互间的了解，从而使上下级之间的沟通更加顺畅。另一方面，通过培训，还可以加强平级之间和部门之间的沟通与交流。

3. 培训与经营

（1）培训是企业产品和工作质量的保证。通过培训，每个员工都理解、掌握企业产品和工作质量标准，从而保证了产品和工作质量。

（2）培训是销售手段。经过培训的员工，懂得如何及时掌握市场上的新信息、新技术、新产品等，从而使得企业在激烈的市场竞争中占得先机。

4. 培训与发展

（1）培训可以复制企业。通过培训，可以将企业管理模式、管理标准进行复制，这是企业实现规模扩张和连锁经营的重要途径。

（2）培训可以传宗接代。"百年老店"之所以成为"百年老店"，其秘诀就是通过培训将企业的一整套管理标准传承下去。

任务2　熟悉销售人员培训管理流程

销售人员培训管理，作为一项专业性很强的工作，其实必须遵循一定的规范和程序。

1. 收集、汇总培训需求

为提高培训的针对性和保证培训效果，各部门需根据工作需要，提出本部门培训需求计划，以便公司人力资源部将培训需求进一步落实为培训内容，并使之更贴近公司经营发展和员工能力提高的需要。

2. 培训需求分析与评估

培训工作的成功与否在很大程度上取决于培训需求分析的准确性和有效性，培训需求分析一般从组织、工作及员工个人三个层面进行。

3. 确定培训需求

通过对培训需求进行分析与评估，企业就将确定哪些人确实需要培训以及需要哪方面的培训。培训需求是企业开展员工培训的前期工作，培训需求的确定，一般需要经过需求调查、需求分析、需求确认及需求纠偏四个环节。

4. 确定培训目标

确定培训目标的重要意义在于明确了培训所要达到的目的和预期成果，管理培训项目可包括多层次的培训目标，针对每个层次的培训目标制定相应的评估指标和标准。

5. 制订培训计划

根据培训需求的结果和培训目标，接下来需要制订培训计划。培训计划的内容包括培训目标、培训内容、培训时间、培训方式、培训地点、培训机构、培训讲师的确定与参训人员的确定等事项。

6. 培训实施

培训实施部门应根据培训计划，认真组织实施培训工作，跟进培训过程，确保培训工作有序进行。

7. 培训效果评估

为保证培训成果的转化，培训组织单位需及时做好培训评估工作，培训效果评估的内容主要包括学员培训后的工作表现评估、培训费用评估等。

8. 整理、归档培训记录

各培训项目实施部门应及时对培训学员提交的评估资料、培训考核成绩及其他相关资料予以整理并进行归档，作为下一轮培训计划实施的依据。

任务3　了解销售人员训练中常见的问题

在总结销售人员训练中常见的问题之前，我们先看一个案例。

某集团的主营产品是供银行、电信、海关等机构使用的专用办公设备，公司在2020年夏天针对当年新聘销售队伍进行了销售技巧的培训，到了2021年春天，培训小组在针对该集团营销业务队伍进行素质状况调查时，看到了以下几个场景。

场景一：

小王2019年毕业，来长沙办事处也快有两年了，他负责海关客户，跑了几趟之后，他和这个海关负责硬件采购的科长也混得比较熟了。

下雨的一天，他匆匆忙忙赶往该科长的办公室。他觉得双方都很熟了，于是没敲门就进去了。可进了门一看，他愣住了，因为里面坐着的不是他想见的那个科长，而是另外一个陌生人。这时候他也知道自己太唐突了，变得有些不知所措，聊了几句之后才知道，原来对方是主管处长，这一下小王更紧张了，之后的谈话基本上是前言不搭后语……

一句话点评：小王心态浮躁，忽略了基本的礼仪，此点曾是去年培训的重点，看来当初培训的效果不佳。

场景二：

小刘的主推产品是高端大功率的UPS（不间断电源，给电信、银行等机构的电脑系统做配套设备，以保证电力的持续供应），半年前被调到石家庄地区做销售。

这半年来，小刘对这个区域市场进行了地毯式推销——一个一个企业去上门推销。半年下来，小刘自己非常疲劳，手头的信息很少，能有确切购买意向的就更少，销售业

绩为零,眼看半年考核期就要到了,小刘急得直上火。

一句话点评:明明是工业品,却用日用消费品的销售方式,效果很差是肯定的。这说明小刘严重缺乏岗前的专项训练,造成小刘当前的状况,他的经理应当负主要责任。

场景三:

小李大学毕业后,与几个同学一起加入这家公司,他的客户群主要是保险行业。

小李冲劲很足,希望能成为他们那一届毕业生中最好的一个。于是他总想拿到第一笔单子,好一鸣惊人。本来公司有技术支持部门和相应的产品部门可以为他的销售工作提供支持,但是为了一鸣惊人,他并没有申请支持,所有的工作环节都是自己一个人干。

起早贪黑的半年过去了,好几个同期来的同事都出单了,可他还在黑暗中苦苦摸索,直到有一天,小李花了近半年心血跟的一个太平洋保险的单子,最终也飞掉了,开标会结束后,小李垂头丧气地回到宿舍,精神彻底崩溃了……

一句话点评:表面上看,是小李没有有效地利用公司的资源,导致销售绩效不佳,但更深层次的原因,是公司没有对他进行系统的培训,没有对他强调公司支持对拿下订单的重要性,致使小李的单子最终"飞"掉了。

场景四:

业务员小赵是个新手,一次经理为了锻炼他,以他为主,去见一个客户。为了便于辅导,经理也跟着去了。

到了客户那儿,正好客户的采购处长在,但小赵说话吞吞吐吐,向客户解释公司的产品时词不达意,客户听得一头雾水,拜访效果很差。

回来后经理把小赵痛批了一顿,主要是两点:一个是批评他的产品知识掌握得太差,另一点是批评他口齿不清,还说:"你搞砸了一次,我得去好几次才能挽回影响……"

一句话点评:没有经过训练的士兵,就让他上战场,无异于送死。小赵还没有掌握产品知识和基本的销售技巧,还没有经过基本的培训,经理让他在这个时候出去"锻炼",本身就是个错误。

销售队伍需要训练,这是不争的事实,但是企业在针对销售队伍进行培训的时候,才发现原来培训并不那么简单,有的培训半途而废,有的培训场面热闹但没有实际效果,甚至致使有的销售经理一谈培训就头疼。为什么会出现上述这些现象?企业在实施针对销售队伍的培训的时候,到底都存在哪些问题?结合以上案例和企业对销售人员培训管理的实践,我们可以归纳出企业销售队伍训练中常见的六个问题。

1. 无培训体系做依托

销售队伍训练常见的第一个问题是没有培训体系作为依托。在很多企业,新进销售人员都是经过简单的产品知识培训后,就仓促上阵。在他们奔赴一线的时候,甚至连公司的产品型号都记不全。在这种"自生自灭"的环境下,销售人员完全靠自己的悟性和运气去碰撞。少数幸运者"存活"了下来,但大部分只能在黑暗中摸索,直至渐渐迷失在黑暗中。

2. 经理忙于事务,被动应付

销售队伍训练常见的第二个问题是经理忙于事务,对于队伍的培训只能被动应付。

3. 不讲求必要的方式方法

从培训的导向,可以将其分为以观念为导向的培训和以技能为导向的培训。从人的认知规律来说,以观念为导向的培训就不宜采取单向的灌输式的培训方式,而应该以"交流与研讨"或"情景演练"的方式进行。因此,企业应根据培训的目标选择最合适的培训方法。

4. 采用"师傅带徒弟"的单一模式

"师傅带徒弟"有两种情况:一是由销售经理亲自出马,手把手地指导新来的销售人员;二是在销售经理没有时间的情况下,将新来的销售人员交给某个老销售人员指导。

"师傅带徒弟"的方式,虽然有可取的地方,但是师傅本身的局限性和一些不良行为习惯很容易被新销售人员沾染到。

5. 忽视案例的文本化的积累

有经验的销售人员,在销售过程中经常会积累一些好的方法和相关的一些经典案例,他们也愿意把这些事情拿出来与他人一起分享。但是公司没有一个机制,使其变成可以让大家都能分享的"财富"。于是,从公司到个人都缺乏积累案例并使之文本化的习惯。随着人员的流动、时间的流逝,这些好的工作方法和经典的案例都渐渐流失了。

6. 无视理念与行为的差距

大多数销售经理认为其在课堂培训中已经强调过的事情,销售人员就应当能够做到。殊不知,"知道"和"做到"之间还是有距离的,这就是所谓的"知易而行难"。

任务 4　熟悉如何对销售人员进行系统培训

前面我们总结了企业在销售人员培训方面存在的主要问题,那么到底怎样的培训体系才能做到既系统又有效呢?国内著名实战派营销专家秦毅根据其在销售队伍管理方面多年的经验,总结出了一套针对销售队伍的"四冲程培训法"。

所谓"四冲程培训法",就是借用了发动机的工作原理,即进气、压缩、爆发、排气四个冲程,在各"冲程"连续工作的前提下,针对不同阶段销售人员的特点施以不同的训练内容。

1. 第一冲程:入职强化训练

入职强化训练主要针对新进销售人员进行,目的在于培养新业务员的团队意识,进行企业文化(包括产品知识、企业规章制度、工作行为规范和企业价值观等)教育,使其尽快融入公司和团队。

入职强化训练,一般由公司级的培训部门负责组织。对于每年招聘几十甚至上百个销售人员的大企业来讲,第一个冲程必不可少。对于不定期招聘销售人员的中小企业来说,也要进行相关的培训,只是在时间和内容上根据情况进行相应压缩和调整。

入职强化训练的内容主要包括以下几个方面:

(1)导入企业文化。

(2)介绍基本制度。

(3)激发进取心与凝聚力。

(4)职业化的意识与基本行为。

（5）初步介绍市场与产品。

【小知识 5-4】塑造"职业化销售人"的五个基本培训

（1）团队意识培训：认知团队、团队角色、团队配合、团队决策等。
（2）有效沟通培训：沟通原则、内部沟通技巧、陈述异议、人际关系等。
（3）目标计划培训：理解目标、制订计划、效率意识、时间管理等。
（4）问题解决技巧：问题的产生与界定、解决过程、配合解决技巧等。
（5）商务礼仪培训：着装、出行、拜访、谈话、用餐礼仪等。

资料来源：秦毅. 金牌销售经理[M]. 北京：北京大学出版社，2011.

2. 第二冲程：销售专项训练

销售专项训练一般在销售人员接受完入职强化训练，"放单飞"（即独立开展业务）之前进行。培训的内容主要包括产品"卖点"（包括产品特性、优势、利益点和证据等）、行业特点、市场状况、销售模式、公司销售管理政策等。

销售专项训练对于任何销售队伍来讲，都是必不可少和至关重要的。这个阶段培训的实际效果，将直接影响到该业务员的初期业绩，也将直接影响到该业务员能否坚持下来，平稳度过试用期。

销售专项训练主要包括以下八项关键训练内容：

（1）关键业务流程讲解。
（2）内部资源介绍。
（3）销售管理制度。
（4）客户类型与决策。
（5）准客户的寻找与接近。
（6）公司与产品知识问答。
（7）典型异议的处理。
（8）训练销售流程。

3. 第三冲程：随岗辅导

随岗辅导是指以销售过程为基础，根据市场对销售人员岗位技能的要求和客户购买特点的变化，提炼出的培训专题。

随岗辅导的内容包括以下几个方面：

（1）了解客户类技能，如访前准备、有效约见、拜访步骤和提问聆听的技巧。
（2）产品展示类技能，如客户需求倾向判断、产品独特"卖点"的提炼等技能。
（3）建立信任类技能，如有效沟通、外围印证、人际交往和异议处理等方面的技能。
（4）超越对手类技能，如竞争对手分析、竞争策略、商务谈判和促成签约的技能。
（5）服务跟进类技能，如客户管理、服务关怀和跟进推动等技能。

4. 第四冲程：集训轮训

所谓集训轮训，就是周期性的、封闭的、专项的培训过程，它是从整个销售团队的工作状态出发，设计培训主题、规划培训内容的，实际是给整个销售队伍提供一个相对定期的"充电"和调整过程。

集训轮训对于销售队伍的推动作用主要体现在：第一，通过聘请外部讲师，利用"交叉推动"达到更新观念的作用，所谓"外来的和尚好念经"；第二，将不同部门或分公司的销售人员集中在一起学习，有助于相互学习，取长补短；第三，集训轮训作为一种让销售人员"充电"和调整的手段，对调整团队状态、提升凝聚力与进取心非常有好处；第四，有利于推动关键或共性问题的解决；第五，为推行新的市场策略或管理变革做铺垫。

实施集训轮训的好处很多，但在实施过程中应注意以下问题：
（1）时间不宜过长。
（2）内容不必设置太多。
（3）不宜在公司会议室进行。
（4）听众不能太杂。
（5）教学形式不能单一。
（6）参训人数不宜太多。
（7）每两年至少举行一次。

单元小结

合格销售人员的必备条件与技能包括良好的品行、扎实的专业知识和良好的技能三个方面。

按照销售模式的特点，我们可以将销售分为日用消费品销售和工业品销售两大类。这两大类产品由于产品特性、渠道模式等方面存在较大差别，因而对销售人员的要求也有所不同。

一般来讲，工业品销售要求销售人员具有下列特质：聪明、社会化程度高、有现成的客户关系或相关社会背景、人际关系能力强、专业基础要求高、有较长时间的销售经历。

日用消费品对销售人员的要求主要体现在以下几个方面：吃苦耐劳，团结自律；服从管理，团队归属感强；爱学习，可塑性强；不用要求太高太专的技术背景；销售经历不宜过长。

企业在招聘销售人员时，应从以下四个方面考察求职者与企业的切合度：经历切合、发展阶段切合、期望切合、个性切合。

在销售人员招聘过程中，常用的甄选手段或方法包括应聘者申请表分析、笔试、绩效模拟测试、面谈、履历调查、人格测试和体格检查等。每种甄选方法各有优缺点，为提高招聘工作的有效性，我们常常需要将不同的方法综合起来使用。

在面试过程中，面试官（常常由销售经理担任）的一些行为习惯可能会导致招聘的有效性大大降低。这些行为和习惯包括自我陶醉、强势扭转、依赖培训、以貌取人、光环效应。

实践经验告诉我们，以下这四类人由于性格缺陷，将会很难管理，在招聘时应慎重考虑：对曾经的辉煌念念不忘；历经江湖闯荡，深味世态炎凉；内心压抑，行为反差；经验甚少，劲头甚高。

企业销售队伍训练中常见的六个问题：无培训体系做依托；经理忙于事务，被动应付；

不讲求必要的方式方法；采用"师傅带徒弟"的单一模式；忽视案例的文本化的积累；无视理念与行为的差距。

国内著名实战派营销专家秦毅根据其在销售队伍管理方面多年的经验，总结出了一套针对销售队伍的"四冲程培训法"。

所谓"四冲程培训法"，就是借用了发动机的工作原理，即进气、压缩、爆发、排气四个冲程，在各"冲程"连续工作的前提下，针对不同阶段销售人员的特点施以不同的训练内容。

核心概念

品行　情绪智力　效度　信度　绩效模拟测试　申请表分析　人格测试
真实工作预览　四冲程培训法

实训设计

项目：学习制订销售人员培训实施方案。
目的：理论与实践相结合，通过了解销售管理实践加深对理论知识的理解。
内容：以某一企业为个案，为其制订一个可行的销售人员培训实施方案。
步骤：
（1）以某行业（如家电、汽车、房地产、服装、酒类等）某一具体企业为背景。
（2）通过文献调查、深度访谈、企业实习等方式，了解其销售人员的培训现状。
（3）分析该企业在销售人员培训流程中存在的问题。
（4）针对企业在销售人员培训流程中存在的问题，制订一个有针对性的销售人员培训实施方案。

训练题

1. 试述合格销售人员的必备条件与技能。
2. 试述日用消费品销售和工业品销售对销售人员的要求。
3. 试述企业在不同发展阶段对销售人员的要求。
4. 试述影响销售人员胜任度的因素。
5. 简述销售人员的招聘与录用的程序。
6. 简述销售人员候选人的主要来源。
7. 试述销售人员甄选的主要方法及各自优缺点。
8. 在销售人员招聘与录用过程中应注意哪些问题？
9. 试述销售人员培训与辅导的重要性。
10. 一个系统的销售人员培训管理流程是怎样的？
11. 试述销售人员训练中常见的问题。
12. 请简要介绍针对销售队伍的"四冲程培训法"的主要内容。

综合案例分析

如此培训

"朗通"是一家经营视频播出设备的公司，公司的客户是各省市级电视台。刘经理是销售部经理，目前管着十几个人，是全公司知名的大忙人。

快下午两点了，带着中午与客户吃饭时的酒气，刘经理匆匆忙忙回到办公室，拉开抽屉，取出一些制度说明、产品介绍、市场状况之类的资料，一起塞进了一个文件夹，然后急匆匆地赶往会议室。

会议室里早有五个人在毕恭毕敬地等待，他们都是在过去半年里陆续来销售部的新员工。今天下午的培训，早在一个多月以前就说要做了，但因为刘经理太忙，而不得不一推再推，直到今天。

门开了，大家盼望已久的刘经理终于来了。刘经理见到大家忙进行解释："哎呀，实在对不起，中午河南台的客户到了，一起吃了顿饭，我这还是借机跑出来的，小尹他们还在那儿'煮酒论英雄呢'！好，闲话不说了，我们开始培训，都拖了两个月了，不能再拖了。"

刘经理摊开资料夹，开始如数家珍般地介绍公司、产品、销售部、市场……

大家开始还全神贯注地倾听，但随着时间的推移，有的脑子跟不上了，有的记不过来了，有的思想开小差了，有的已经开始眼光迷离就差打哈欠了……

刘经理也开始烦躁起来，心想："这些东西我还是每人复印一份让他们自己看吧！我听听大家有什么问题，据说互动式的培训效果最好了。"想到这儿，刘经理把资料夹一合，开始说道："这样吧，我今天要讲的东西，我给大家复印一份，大家回去以后仔细地看一下，我们还是来个互动式的，你们在座的长的来了半年，短的也有两个月了，谈谈感想，谈谈问题吧！"

此言一出，大家都放松了许多，也纷纷合上笔记本，身体向后靠了……

"我有一个问题"，新来的小赵发言了："我们公司的产品，有的电视台说跟他们原有的产品不匹配，这该怎么办？"

"到底是哪一款产品？我们有三大系列的编辑机，实现匹配肯定没问题……"刘经理接过话茬，开始大谈产品的优势。

"刘经理，到底是我们给对方设备处出配置介绍方案，还是销售工程部给他们出方案呢？我上次去找售前支持的部门，他们怎么说不归他们管啊？"小李又问了一个问题，殷切的眼神望着刘经理。

"噢，你不说我还差点忘了，我正要谈这个问题，上周我已经跟张总协调好了，以后凡是有关出建议书的事情，一律由我们出基本需求调查表，由销售工程部出标准的配置建议，大家都记住了啊。"刘经理充满成就感地回答着。

"刘经理，我总是见不到他们的处长，更别提台长了，他们总说没空，底下的人好像又不愿意引见，这可怎么办？"来了三个月的小黄，怯生生地问。

"我教你三招：第一，从我们已经很熟悉的电视台入手，通过介绍跟对方见面；第

二,对底下的科长说,我们公司对这一单特重视,刘总监要亲自来,能否请您约一下处长,一块儿来坐坐,实在不行你就直接敲门上……"刘经理越说越兴奋,小黄越听越迷糊……

"刘经理,我们在报价上有没有让步的余地,三大系列的产品能打包报价吗?"小徐也问了一个问题。

"这个问题我早就说了,噢,对了,上次你不在,那好,我再说一遍。我们报价的原则是这样的,价格上是可以有让步的,但是要注意技巧,并且产品型号不同……"刘经理明显有些不耐烦了。

大家你一句我一句,不知不觉四个小时过去了……

刘经理接完一个电话之后,表情马上变得严肃起来,他匆忙看了看表,说道:"今天就到这儿吧,我还得去一趟苏州桥那儿,晚上还有一个重要客户挺难办,我必须亲自去。还有一些基础的东西,我就不讲了,其他的大家一定要自己看。今天你们问了许多问题了,今天我也讲了很多,我讲的你们都明白了吗?"

大家互相望了望,沉默了一秒,最后陆陆续续地说:"明白,明白……"

资料来源:秦毅. 金牌销售经理 [M]. 北京:北京大学出版社,2011.

问题:

1. 你觉得案例中刘经理的培训成功吗?如果不成功,问题出在哪里?
2. 在销售人员培训中,为保证培训效果,应该注意哪些问题?
3. 该案例给你什么样的启示?

单元 6　销售人员的薪酬与激励

 本章导读

销售人员的薪酬与激励

通过本单元学习，读者应能够熟悉销售人员薪酬的主要内容，了解销售人员薪酬管理的原则，了解销售人员薪酬设计的影响因素和设计流程，熟悉销售人员薪酬方案的类型，了解激励的含义、作用、类型，了解激励的过程、机制和有关激励的经典理论，理解销售人员工作状态变化的规律和影响销售人员工作状态的"八只拦路虎"，掌握有效激励销售人员的方法。

 知识点

★ 薪酬的含义和销售人员薪酬的主要内容。
★ 销售人员薪酬方案的类型及选择。
★ 激励的含义和有关激励的经典理论。
★ 销售人员工作状态变化的规律。
★ 影响销售人员工作状态的"八只拦路虎"。
★ 有效激励销售人员的方法。

 技能点

★ 能列举某一企业在销售人员薪酬设计方面的经典案例。
★ 能运用本单元所学知识，为某企业设计一个可行的销售人员薪酬方案。
★ 能列举一个在销售人员激励方面做得比较好的企业，并总结其成功经验。
★ 能根据你所在的班级、社团和其他组织，设想如果你是组织的领导者，你将如何激励你的成员。

 **素养点**

★ 增强法律意识，了解《中华人民共和国劳动法》有关劳动者合法权益保护的规定，维护自身和他人合法权益。
★ 树立远大的职业目标，不为短期经济利益而牺牲个人的长远发展。
★ 树立正确的就业观，在就业和择业时，不片面追求经济薪酬而忽视非经济薪酬（如成就感等），应重视个人的精神追求。
★ 树立正确的劳动观念，自觉摒弃不劳而获的错误思想。

▶ 情境引入

企业能够吸引、激励并留住销售人员的关键在于企业是否有一套合理的、能激发销售人员积极性的薪酬体系与激励机制。

企业应根据其所处的内、外环境状况,设计和制定一套公平合理的、有激励作用的、与成果密切相关的并易于操作的薪酬体系。

销售人员的薪酬主要包括工资、奖金、福利、津贴等;销售人员的激励分为物质激励和精神激励两种。

项目1 熟悉销售人员的薪酬管理

任务1 熟悉销售人员薪酬的主要内容

1. 薪酬的含义

薪酬是员工因向所在的组织提供劳务而获得的各种形式的酬劳。狭义的薪酬指货币和可以转化为货币的报酬,包括工资、奖金、福利与津贴等。广义的薪酬除了包括狭义的薪酬以外,还包括获得的各种非货币形式的满足,如从工作中获得的成就欲、尊重欲、自我发展欲和创造欲的满足。

2. 薪酬的分类

薪酬分为经济薪酬和非经济薪酬,经济薪酬又分为直接经济薪酬和间接经济薪酬。

根据货币支付的形式,可以将经济薪酬分为两大部分。

一部分是直接以货币报酬的形式支付的薪酬,包括基本工资、奖金、绩效工资、激励工资、津贴、加班费、佣金、利润分红等。

一部分则体现为间接货币报酬的形式,间接地通过福利(如养老金、医疗保险、失业保险和住房公积金等)以及服务(带薪休假等)支付的薪酬。

3. 薪酬支付的依据

薪酬支付的依据有三个:职位(Position)、能力(Power)和业绩(Performance),这就是所谓的"3P"理论。

基于职位的薪酬设计所暗含的逻辑是薪酬的支付应该根据职位的相对价值来确定。深入下去思考,其实这种方式就是要对某一职位所应该履行的义务、承担的责任进行支付,而与谁在这个职位上工作无关,可以简单概括为"对事不对人"。这种方法的优点是职位价值的衡量相对简单,具有较强的客观性,比较适用于传统产业和管理职位等。

基于能力的薪酬设计则与基于职位正好相反,叫作"对人不对事",即不论员工在哪个职位工作,不论他实际做了哪些工作,只要他自身具备了一定的知识、技能和经验,企业就要支付给他相应的薪酬。这是一种能够有效促进员工学习、成长的方法。通常来说,研发人员、高层管理人员比较适合这种方式。

基于业绩的薪酬设计比较容易理解,那就是完全依照员工的工作结果来支付薪酬。

无论他处于什么职位，拥有什么样的能力，在工作中如何努力，只要最终的业绩结果不好，那么他都无法获得相应的报酬。比如传统的计件工资制就是典型的基于业绩的薪酬方案。基于业绩的薪酬具有更强的公平性、灵活性、激励性。通常来说，销售人员比较适合这种方式。

4. 销售人员薪酬的主要内容

关于销售人员薪酬内容构成，由于企业规模不同、行业盈利水平不同、市场地位各异，不同企业之间会有较大差别。就我国来看，中小规模企业薪酬制度普遍不完善，员工的薪酬构成相对简单。但一般来讲，销售人员的薪酬（专指经济薪酬）应包括以下几个部分的内容：

（1）基础工资。基础工资主要由职务、岗位、学历和资历等决定，与销售业绩没有太大关系。

（2）津贴。津贴是指补偿员工在特殊条件下的劳动消耗及生活费额外支出的工资补充形式。常见的包括高温津贴、保健津贴、医疗卫生津贴等。此外，生活费补贴、价格补贴也属于津贴。

（3）销售提成。根据销售人员销售业绩的一定比例提取的业绩奖金。

（4）福利。体现为间接货币报酬的形式，间接地通过福利（如养老保险、医疗保险、失业保险和住房公积金等）以及服务（带薪休假等）支付的薪酬。

（5）奖金。由销售人员个人表现和企业经济效益决定。

任务 2　了解销售人员薪酬管理的原则

1. 公平性原则

这是薪酬管理的首要原则，是指销售人员的薪酬必须与其本人的能力与工作业绩相匹配，同时还应考虑到企业内部员工薪酬公平性，即在相同岗位上做出同样的业绩，就应获得同样的薪酬。

内部公平是薪酬管理的一个重要目标。企业在薪酬管理中能否做到公平地对待所有员工，极大地影响着员工的满意度和忠诚度，进而影响着员工工作的积极性、进取心甚至员工的去留。从企业服务价值链的角度看，如果薪酬没有体现内部公平，员工满意度会降低，必然影响由员工向客户提供的、决定客户满意度的服务价值，进而影响客户的忠诚度。因此，在薪酬管理中，内部公平是管理者必须高度关注的问题。

2. 适度性原则

该原则是指销售人员的薪酬水平应建立在一个比较客观的基础上。既要能够激发销售人员的积极性，又能使企业的人工成本控制在一个合理水平。

3. 灵活性原则

薪酬管理制度应建立在一定的客观基础（如职位、能力和业绩等）上，但也应根据外部环境的变化及时加以调整。如某个职位在人才市场上处于供不应求的状态时，企业为招聘到这样的紧缺人才，可能就需打破其现有的薪酬结构和体系。

4. 激励性原则

薪酬制度的设计必须能够最大限度地激发销售人员的工作积极性,以促使其潜力在最大程度上得到发挥;同时也能够对销售人员进行正确的引导,对公司各项活动的开展起积极作用。

【课堂互动6-1】 试分析"军无财,士不来;军无赏,士不往"这句话的含义。

资料来源:《晋书•鲁褒传》.

---

5. 平衡性原则

该原则是指薪酬管理系统的各个方面应平衡,不能只注意直接薪酬,而忽视间接薪酬;不能只注意经济薪酬,而忽视非经济薪酬;不能只注意短期激励,而忽视长期激励。

6. 吸引性原则

该原则指企业的薪酬结构和水平应富有竞争性,使本企业销售人员的薪酬水平与竞争对手相比较具有一定的竞争力,以吸引到优秀的销售人员。

7. 交换性原则

这是指企业的薪酬体系的构成内容和水平与外部市场具有可比性,不能自行搞一套薪酬体系。

8. 稳定性原则

稳定性是指企业的薪酬体系一旦制定下来后,就要保持相对稳定,以保证销售人员基本生活的稳定。

【管理故事6-1】 猎人的"狗"力资源管理

一条猎狗满山遍野地追逐兔子,追了很久,一只也没有捉到。

牧羊犬看到这种情景,嘲笑猎狗说:"你真没用,兔子比你小,反而跑得快得多。"

猎狗回答说:"你不知道我们两个的跑是完全不同的!我仅仅为了一顿饭而跑,他却是为了性命而跑呀!"

猎人听到了猎狗与牧羊犬的对话,他想:"猎狗说得对啊。如果我要想得到更多的猎物,就得想个好法子。"灵感像闪电一样从猎人脑海里划过,管理学的火苗被点着了。

于是,猎人从狗市场又带回来几条猎狗。然后,他为猎狗们拟定了新的制度,凡是能够在打猎中捉到兔子的,就可以得到以几根骨头为内容的"工资",捉不到的则没有饭吃。

这一招果然有效,猎狗们个个奋勇争先,抓获了许多兔子,因为谁都不愿意看着别的狗有骨头吃,自己饿着肚子干瞪眼。

就这样过了一段时间,问题又出现了。猎狗们发现,大兔子往往比小兔子更难捉到,可是,无论捉到大兔子还是捉到小兔子,得到的奖赏却差不多。善于观察的猎狗发现了这个窍门,专门去捉小兔子。慢慢地,大家都发现了这个窍门。

猎人问:"最近你们捉的兔子越来越小了,为什么?"

猎狗们回答:"反正没有什么区别,谁愿意费那么大的劲去捉大的呢。"

猎人经过思考后，决定不再将猎获兔子的数量与奖励猎狗的骨头挂钩，而是采用绩效考评的方法进行奖励，即每过一段时间，就统计每只猎狗捉到兔子的总重量，按照重量来评价猎狗的绩效，决定一段时间内的待遇。

绩效管理很快就取得了成效，猎狗们捉到兔子的数量和重量都增加了，猎人非常得意。可是，好景不长。猎人发现猎狗们捕捉的兔子数量又明显减少了，而且越有经验的猎狗，捕捉兔子的数量下降得就越厉害。

猎人又去问猎狗。猎狗说："我们把最好的时间都奉献给了您呀，主人。但是，随着时间的推移我们会逐渐老去。当我们捉不到兔子的时候，您还会给我们骨头吃吗？"

于是猎人对所有猎狗捉到的兔子数量与重量进行汇总、分析，做出了论功行赏的规定：如果捉到的兔子超过了一定的数量，年老时每顿饭都可以享受到相应数量的骨头。

猎狗们很高兴，大家都各自奋勇向前，努力去完成猎人规定的任务。一段时间过后，有一些猎狗终于按猎人规定的数量达成了目标。

这时，其中有一只猎狗说："我们这么努力，只得到几根骨头，而我们捕捉的猎物远远超过了这几根骨头，我们为什么不能捉兔子给自己呢？"

于是，有些猎狗离开了猎人，自己另立门户捉兔子去了……

问题研讨：

（1）该故事说明企业进行薪酬管理时应该注意哪些问题？

（2）如果你是猎人，你将如何阻止猎狗的进一步"流失"呢？

资料来源：成君忆. 水煮三国 [M]. 北京：中信出版社，2013.

任务 3 了解销售人员薪酬设计的影响因素

影响销售人员薪酬设计的因素有很多，具体来说，可分为内部因素、外部因素和公平因素三大类。

1. 企业的内部因素

影响销售人员薪酬设计的内部因素包括：

（1）企业所处的发展阶段。一般说来，企业在初创阶段，往往采取低工资、高奖金、低福利的薪酬政策；企业在稳步发展阶段，一般采取高工资、低奖金、高福利的薪酬政策。

（2）企业文化。一般说来，企业推崇个人英雄主义，则员工个人之间薪酬的差别较大；企业提倡集体主义，则员工个人之间的薪酬差别较小。企业提倡冒险与创新，则工资较高，而福利较低；企业提倡稳定与安全，则工资较低，但福利较高。

（3）销售人员的学历水平。一般说来，销售人员的学历越高，则其工资应较高，按照人力资本投资理论中的"谁投资，谁受益"原则，高学历的销售人员理应获得高水平的工资。

（4）销售人员的资历。一般说来，销售人员的资历越老，则其报酬也越高，这主要考虑到销售人员对企业的贡献与忠诚。

（5）工作性质。一般说来，推销型和销售型销售人员的工资较低，奖金较高；而市场型和管理型销售人员工资较高，奖金较低。

（6）工会力量的强弱。一般说来，工会力量强的企业比工会力量弱的企业工资水平普遍高。

2. 企业的外部因素

影响销售人员薪酬设计的内部因素包括：

（1）政府的法律、法规与政策。这部分内容主要有：员工最低工资的规定，员工的所得税比例，企业安全卫生规定，女职工的特殊保护；员工的失业、养老、医疗保险和住房保障等。

（2）企业所在地的经济发展状况。一般说来，企业所在地的经济发展水平较高时，企业员工的薪酬水平也会相应较高。相反，企业所在地经济发展水平较低时，员工的薪酬水平也会相应较低。

（3）劳动力市场的供求状况。当劳动力市场供大于求时，企业销售人员的薪酬水平会较低；而当劳动力市场供小于求时，销售人员的薪酬水平一般会较高。

（4）企业所在行业的薪酬水平。由于历史原因及各种客观情况，各行业员工的薪酬水平是不同的。例如金融行业、IT行业等员工的薪酬水平一般偏高，而劳动密集型日用消费品行业员工的薪酬水平一般偏低。

（5）企业的所有制形式。一般说来，三资企业及民营企业的员工工资水平会相对较高，而福利会相对较低；国有企业的员工工资会相对较低，而福利会相对较高。

（6）企业所在地的生活水平。一般说来，当地生活水平较高时，企业员工的薪酬水平会较高，而当地的生活水平较低时，企业员工的薪酬水平也会较低。

3. 公平因素

企业在设计销售人员薪酬体系时，除考虑内外环境因素的影响外，还需考虑到公平性的问题。

公平包括外部公平与内部公平。外部公平要求企业的薪酬标准与其他公司相比要有竞争力，否则就很难吸引或留住人才。

薪酬的内部公平，是指员工对自身工作在企业内部的相对价值认可。根据亚当斯的公平理论，员工将自己的付出、所得与企业内其他员工的付出、所得进行比较，进而判断自己所获薪酬是否具有内部公平性。当员工发现自己的"收入－付出"比与其他员工的"收入－付出"比相同时，他就会获得薪酬的内部公平感；反之，则产生内部不公平的感受。

正如销售人员薪酬管理的公平性原则所述，内部公平是影响员工满意度的关键因素，管理者必须高度关注。

任务4　了解销售人员薪酬设计流程

一般来讲，销售人员薪酬设计应遵从图6-1所示的流程。

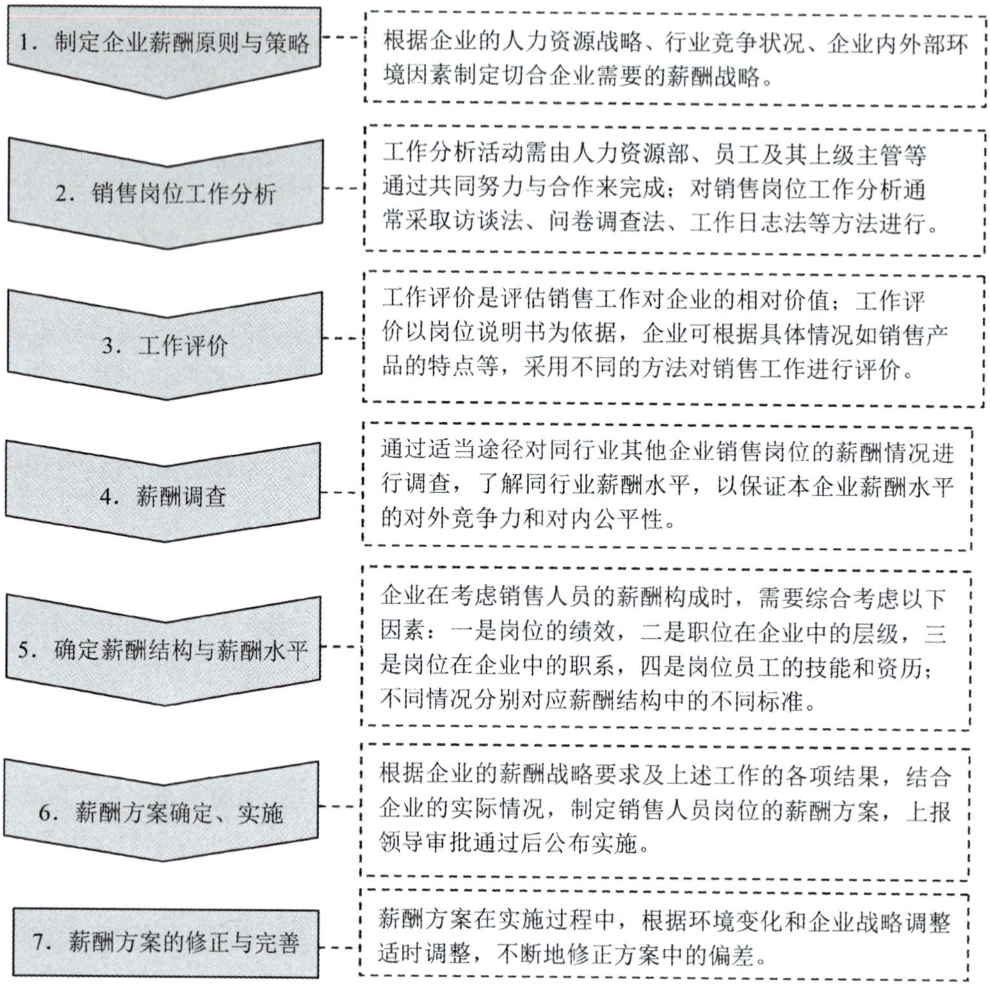

流程	说明
1. 制定企业薪酬原则与策略	根据企业的人力资源战略、行业竞争状况、企业内外部环境因素制定切合企业需要的薪酬战略。
2. 销售岗位工作分析	工作分析活动需由人力资源部、员工及其上级主管等通过共同努力与合作来完成；对销售岗位工作分析通常采取访谈法、问卷调查法、工作日志法等方法进行。
3. 工作评价	工作评价是评估销售工作对企业的相对价值；工作评价以岗位说明书为依据，企业可根据具体情况如销售产品的特点等，采用不同的方法对销售工作进行评价。
4. 薪酬调查	通过适当途径对同行业其他企业销售岗位的薪酬情况进行调查，了解同行业薪酬水平，以保证本企业薪酬水平的对外竞争力和对内公平性。
5. 确定薪酬结构与薪酬水平	企业在考虑销售人员的薪酬构成时，需要综合考虑以下因素：一是岗位的绩效，二是职位在企业中的层级，三是岗位在企业中的职系，四是岗位员工的技能和资历；不同情况分别对应薪酬结构中的不同标准。
6. 薪酬方案确定、实施	根据企业的薪酬战略要求及上述工作的各项结果，结合企业的实际情况，制定销售人员岗位的薪酬方案，上报领导审批通过后公布实施。
7. 薪酬方案的修正与完善	薪酬方案在实施过程中，根据环境变化和企业战略调整适时调整，不断地修正方案中的偏差。

图 6-1　销售人员薪酬设计流程

资料来源：程淑丽，王宏. 市场营销精细化管理全案 [M]. 北京：人民邮电出版社，2021.

项目 2　熟悉销售人员薪酬方案的类型与选择

任务 1　熟悉销售人员薪酬方案的类型

销售人员薪酬按其构成，可以分为以下几种。

1. 纯粹薪水制度，又称"固定薪酬制度"或"计时制"

固定薪酬制度是指只要销售人员在一定的工作时期内履行完成岗位职责，无论其销售额为多少，均可以按企业薪酬制度获得固定的薪酬。一般说来，在销售业绩波动幅度较大的公司以及公司的销售额呈现明显的阶段性或季节性特点时，这种方案比较适用。具体来讲，固定薪酬制度适用于以下几种情况。

（1）当销售人员需要较长时间的学习或适应期才能获得高效率时。因为固定薪酬可保证销售人员在学习或适应期内维持正常的生活水平，这对于新的销售人员极为重要。

（2）当公司处于特定的发展阶段，需要销售人员与公司的目标保持一致时。

（3）当公司的产品适合团队销售时。这主要是指技术性比较强的销售活动，完成它常常需要销售人员、市场支持者、技术人员和高层经理人员同心协力。因为这项活动凝聚了所有人员的心血，每个人的贡献很难具体区别，采用固定薪酬制度既能给参与人员安全感，又不失公平性。

（4）当广告、促销、直邮等销售工具对最终销售有重大影响，同时这些销售工具对销售人员工作业绩的具体影响很难评价时。

（5）销售人员需要为客户提供建议，或者需要负担更多的销售推广工作和市场维护工作时。

固定薪酬制度的优点：①易于操作，计算简单；②使销售人员有安全感；③人员调整时矛盾比较少；④适用于需要集体努力的销售工作。

固定薪酬制度的缺点：①缺乏激励作用，不利于销售业绩增加；②不能鼓励先进，有失公正，容易导致员工流失；③企业固定成本支出大。

2. 纯粹提成制度

纯粹提成制度是指把销售人员的薪酬水平与其在一定期间的工作业绩（如销售额等）直接挂钩，即按完成销售额的一定比例来支付薪酬。

企业在采用纯粹提成制度时，必须注意：

（1）必须确立科学、合理的计量基础或计量单位，这是销售人员薪酬提成支付的基础。计量基础一般采用销售量、销售额、毛利、利润等指标，或者是几种指标相结合。

（2）必须确定公平合理的提成比例，既保证对销售人员的激励作用，又将企业的销售成本控制在合理范围内。

（3）必须确定合理的提成初始点，即最低的业绩完成量。

（4）必须确定合理的提成及支付周期。

纯粹提成制度适用范围：销售工作的重点在于获得订单，而其他工作不重要时，如直销、广告、保险、证券投资、房地产中介和积压产品等。

纯粹提成制度的优点：①激励作用明显；②有利于控制销售费用。

纯粹提成制度的缺点：①销售人员收入不稳定，缺乏安全感；②销售人员流失率高；③销售人员管理难度大；④销售人员把注意力放在获取订单上，对辅助工作（如售后服务等）可能不太关心。

3. 固定工资加提成制度

固定工资加提成制度是一种混合报酬制度，即按销售人员的岗位价值和出勤率按期支付一部分固定工资，同时按其在指定时期内完成销售业绩的一定比例提成。

固定工资加提成制度克服了纯粹薪水制度和纯粹提成制度的不足，既能增强销售人员的安全感，又能激发其工作积极性。

4. 固定工资加奖金制度

固定工资加奖金制度按销售人员的岗位价值和出勤率按期支付一部分固定工资，同时按其在指定时期内的工作表现和企业经济效益给予一定数额的奖金，奖金多少以销售人员对企业做出的贡献为依据，以个人或团队为单位发放。

固定工资加奖金制度鼓励销售人员参与辅助工作，但是不利于销售人员努力争取订单。

5. 提成加奖金制度

该方案主要使用在团队销售中。当需要以团队的力量去面对某一组织机构的采购招标活动时，该方案是一种比较容易管理的方式，并且能对整个销售过程中的每个销售人员进行公平的奖励。

6. 固定工资加提成加奖金制度

这种方案包括了前述方案的所有要素，因而具有更强的适应性，既能刺激销售，又能提供安全保证，同时还有助于管理者集中销售力量去完成特定目标，如新产品的推广或特殊产品、客户的定制销售等。

该方案的主要优点在于：①兼顾了薪水、佣金和奖金的优点；②使销售员有安全感；③扩展了销售人员的收入增加空间，能够留住较有能力的销售人员；④奖励范围加大，使目标容易依照计划达成。

该方案的主要缺点在于：①计算方法过于复杂；②提高了管理费用，因为需要搜集较多有关工作成果和过程的数据资料。

7. 特别奖励制度

特别奖励是指规定薪酬以外的奖励，即额外给予的奖励，包括物质奖励与精神奖励。物质奖励指直接增加工资、提成或间接的福利（如带薪假期、各种补充保险、退休金等）；精神奖励主要有记功、颁发奖状及纪念品等。

特别奖励制度的特点：特别奖励是指规定报酬以外的奖励，可以与前面的薪酬制度结合起来使用。

特别奖励制度的形式：①全面特别奖金，特殊时间全员发放，与业绩无关；②业绩特别奖励，包括个人业绩特别奖、集体业绩特别奖；③销售竞赛奖，围绕特别销售计划展开，对完成计划的销售人员提供奖励，促使实现短期目标。

该制度的优点在于：激励作用广泛而有力，并且可以促进滞销产品的销售。其缺点在于：奖励标准难以把握，可能引起销售人员之间的矛盾和管理方面的混乱。

【案例点击 6-1】都是薪酬制度"惹的祸"

某公司是一家从事 IT 产品代理和系统集成的硬件供应商，成立 8 年来销售业绩节节攀升，人员规模也迅速扩大到了数百人。然而公司的销售队伍在去年出现了动荡，一股不满的情绪开始蔓延，销售人员消极怠工，优秀销售员的业绩开始下滑，这迫使公司高层下决心聘请外部顾问，为公司做一次不大不小的外科手术，而这把手术刀就是制订销售人员的薪酬激励方案。

经过调查，我们发现，这家公司的销售部门按销售区域划分，同一个区域的业务员既可以卖大型设备，也可以卖小型设备。后来，公司对销售部进行组织结构调整，将一个销售团队按两类不同的产品线一分为二，建立了大型设备和小型设备两个销售团队，他们有各自的主攻方向和潜在客户群。组织结构虽然调整了，但是两部门的工资奖金方案没有跟着调整，仍然沿用以前的销售返点模式，即将销售额按一定百分比作为提成返还给业务员。这种做法，看似是不偏不倚，非常透明，但没能起到应有的激励作用，反而造成两部门之间的矛盾，于是出现了上面讲到的现象。为什么会出现这种现象呢？又如何解决呢？

任务 2　了解销售人员薪酬制度的选择

1. 销售人员薪酬制度选择的原则

企业在选择销售人员薪酬制度时，须明确以下原则。

（1）业绩优先还是表现优先。业绩优先是指企业主要根据销售人员的业绩来支付薪酬，而表现优先则主要根据销售人员的努力程度来支付报酬。

（2）资格优先还是能力优先。资格优先是指企业根据销售人员的资格来支付报酬，而能力优先是指按销售人员的能力来支付报酬。

（3）物质奖励优先还是精神奖励优先。物质奖励优先是指企业主要强调物质奖励，而精神奖励优先是指企业比较重视非金钱奖励。

（4）效率优先还是效益优先。效率优先是指企业在设计销售人员的薪酬时，主要考虑工作效率如销售额、市场占有率等，而较少考虑成本的控制；而效益优先是指企业在销售人员的薪酬设计中，主要考虑企业效益，而不仅仅考虑效率。

当然，企业在具体进行销售人员薪酬制度选择时，应综合考虑以上原则，只考虑某一项或某几项原则都是不全面的。

2. 销售人员薪酬制度的选择

在进行销售人员薪酬方案选择时，可以借用经济学中的边际分析的方法：一是要分析销售人员每增加一元薪酬，应该增加多少销售；二是要分析每增加一元工资与增加一元提成或奖金，其边际效用各是多少；三是要分析各类薪酬制度在不同收入水平下，可能使企业获得的边际收入是多少。一般来说，每种方法所支付一元产生的边际收入，必须与每一元边际薪酬成本相等。

此部分内容理论性较强，在此不展开叙述，建议有兴趣的读者参阅相关经济学书籍。

项目 3　了解激励

任务 1　了解激励的含义及意义

1. 激励的含义

激励（Motivation）是激发、强化和引导人们为实现一定时期内的具体工作目标而付诸行动，并为实现最终目标做出坚持不懈的努力。

激励是管理过程中不可或缺的环节和活动。有效的激励可以成为组织发展的动力保证，实现组织目标。它有自己的特性，它以组织成员的需要为基点，以需求理论为指导。

激励有物质激励和精神激励、外在激励和内在激励等不同类型。

2. 激励的作用

对一个企业来说，科学的激励制度具有以下几个方面的作用。

（1）吸引优秀的人才到企业来。在发达国家的许多企业中，特别是那些竞争力强、实力雄厚的企业，通过各种优惠政策、丰厚的福利待遇、快捷的晋升途径来吸引企业需要的人才。

（2）开发员工的潜在能力，促进在职员工充分地发挥其才能和智慧。美国哈佛大学的威廉·詹姆斯教授在对员工激励的研究中发现，按时计酬的分配制度仅能让员工发挥20%～30%的能力，如果受到充分激励的话，员工的能力可以发挥出80%～90%，两种情况之间60%的差距就是有效激励的结果。管理学家的研究表明，员工的工作绩效是员工能力和受激励程度的函数，即绩效 $=F($ 能力 $\times$ 激励$)$。如果把激励制度对员工创造性、革新精神和主动提高自身素质的意愿的影响考虑进去的话，激励对工作绩效的影响就更大了。

（3）帮助企业留住优秀人才。彼得·德鲁克认为，每一个组织都需要三个方面的绩效：直接的成果、价值的实现和未来的人力发展。缺少任何一方面的绩效，组织非垮不可。因此，每一位管理者都必须在这三个方面均有贡献。在这三方面的贡献中，对"未来的人力发展"的贡献就来自激励工作。

（4）营造良性的竞争环境。科学的激励制度包含一种竞争精神，它的运行能够创造出一种良性的竞争环境，进而形成良性的竞争机制。在具有竞争性的环境中，组织成员就会受到环境的压力，这种压力将转变为员工努力工作的动力。正如道格拉斯·麦格雷戈所说："个人与个人之间的竞争，才是激励的主要来源之一。"在这里，员工工作的动力和积极性成了激励工作的间接结果。

【课堂互动 6-2】试分析"小功不赏，则大功不立；小怨不赦，则大怨必生"这句话的含义。

资料来源：黄石公．素书 [M]．上海：上海三联书店，2015．

任务 2 了解激励的类型

不同的激励类型对行为过程会产生不同程度的影响，所以激励类型的选择是做好激励工作的一项先决条件。一般来讲，激励可分为以下几类。

1. 物质激励与精神激励

虽然二者的目标是一致的，但是它们的作用对象却是不同的。前者作用于人的生理方面，是对人物质需要的满足；后者作用于人的心理方面，是对人精神需要的满足。随着人们物质生活水平的不断提高，人们对精神与情感的需求越来越迫切。比如期望得到爱、得到尊重、得到认可、得到赞美、得到理解等。

【管理故事 6-2】一句话的力量

韩国某大型公司的一个清洁工，本来是一个最被人忽视、最被人看不起的角色，但就是这样一个人，却在一天晚上公司保险箱被窃时，与小偷进行了殊死搏斗。

事后，有人为他请功并问他的动机时，答案却出人意料。他说："当公司的总经理从我身旁经过时，总会不时地赞美我'你扫的地真干净'。"

你看，就这么一句简简单单的话，就使这个员工受到了感动，并"以身相许"。

这也正合了中国的一句老话"士为知己者死"。

美国著名女企业家玛丽凯经理曾说过："世界上有两种东西比金钱和性命更为人们所需——认可与赞美。"

试问：案例中韩国总经理用的是什么激励方法？

资料来源：詹承豫. 从这里出发——娱乐管理的99个故事[M]. 北京：中国建材工业出版社，北京赛迪电子出版社，2004．

2. 正激励与负激励

所谓正激励就是当一个人的行为符合组织的需要时，通过奖赏的方式来鼓励这种行为，以达到持续和发扬这种行为的目的。所谓负激励就是当一个人的行为不符合组织的需要时，通过制裁的方式来抑制这种行为，以达到减少或消除这种行为的目的。

正激励与负激励作为激励的两种不同类型，目的都是要对人的行为进行强化，不同之处在于二者的取向相反。正激励起正强化的作用，是对行为的肯定；负激励起负强化的作用，是对行为的否定。

【管理故事 6-3】拿破仑智救落水者

拿破仑在一次打猎的时候，看到一个落水男孩，一边拼命挣扎，一边高呼救命。这河面并不宽，拿破仑不但没有跳水救人，反而端起猎枪，对准落水者，大声喊道："你若不自己爬上来，我就把你打死在水中。"那男孩见求救无用，反而增添了一层危险，便更加拼命地奋力自救，终于游上岸。

试问：拿破仑在智救落水者过程中用的是什么激励方法？

资料来源：詹承豫. 从这里出发——娱乐管理的99个故事[M]. 北京：中国建材工业出版社，北京赛迪电子出版社，2004．

3. 内激励与外激励

所谓内激励是指由内酬引发的、源自于员工内心的激励；所谓外激励是指由外酬引发的、与工作任务本身无直接关系的激励。

内酬是指工作任务本身的刺激，即在工作进行过程中所获得的满足感，它与工作任务是同步的。追求成长、锻炼自己、获得认可、自我实现、乐在其中等内酬所引发的内激励，会产生一种持久性的作用。

外酬是指工作任务完成之后或在工作场所以外所获得的满足感，它与工作任务不是同步的。如果一项又脏又累、谁都不愿干的工作有一个人干了，那可能是因为完成这项任务，将会得到一定的外酬——奖金及其他额外补贴。一旦外酬消失，他的积极性可能就不存在了。因此，由外酬引发的外激励是难以持久的。

任务 3　了解激励的过程与机制

1. 激励的过程

激励的目标是使组织中的成员充分发挥出其潜在的能力。激励是"个人需要—工作动机—工作行为—工作绩效—组织奖励—新的需要"的一个连续过程。比如当下属在个人需要（包括物质需要和精神需要）的驱动下产生工作动机，当他把这种动机转化为行为后，他希望其工作绩效得到上司或组织的赞赏、认可和肯定。这时，如果上司或组织及时而合理地奖励（即激励）了他，那么他在今后的工作中一定会更卖力。在此基础上，他会产生新的需要（如获得更多的收入、尊重的需要、成就的需要和自我实现的需要等），并进而产生努力工作的新的动机。

2. 激励的机制

激励机制就是在激励中起关键性作用的一些因素相互作用的过程，这些因素包括时机、频率、程度、方向等。它的功能集中表现在对激励的效果有直接和显著的影响，因此认识和了解激励的机制，对激励工作是大有益处的。

（1）激励时机。激励时机是激励机制的一个重要因素。激励在不同时间进行，其作用与效果是有很大差别的。这就好比厨师炒菜时，不同的时间放入调味料，菜的味道和质量是不一样的。超前激励可能会使下属感到无所适从，迟到的激励可能会让下属觉得索然寡味，失去了激励应有的意义。激励如同发酵剂，何时该用、何时不该用，都要根据具体情况进行具体分析。

（2）激励频率。所谓激励频率是指在一定时间里进行激励的次数，它一般是以一个工作周期为单位时间的。激励频率的高低是由一个工作周期里激励次数的多少所决定的，激励频率与激励效果之间并不完全是简单的正相关关系。

激励频率的选择受多种客观因素的制约，这些客观因素包括工作的内容和性质、任务目标的明确程度、激励对象的素质情况、劳动条件和人事环境等。一般来说有下列几种情形。

1）对于比较复杂的工作和比较难以完成的任务，激励频率应该高；对于工作比较简单、容易完成的任务，激励频率就应该低。

2）对于任务目标不明确、较长时期才可见成果的工作，激励频率应该低；对于任务目标明确、短期可见成果的工作，激励频率应该高。

3）对于各方面素质较差的工作人员，激励频率应该高；对于各方面素质较好的工作人员，激励频率应该低。

4）在工作条件和环境较差的部门，激励频率应该高；在工作条件和环境较好的部门，激励频率应该低。

当然，上述几种情况，并不是绝对的划分，通常情况下应该有机地联系起来，因人、因事、因地制宜地确定恰当的激励频率。

（3）激励程度。所谓激励程度是指激励量的大小，即奖赏或惩罚标准的高低。它是激励机制的重要因素之一，与激励效果有着极为密切的联系。能否恰当地掌握激励程度，直接影响激励作用的发挥。超量激励和欠量激励不但起不到激励的真正作用，有时甚至还会起反作用。比如，过分优厚的奖赏，会使人感到得来全不费功夫，丧失了发挥潜力的积极性；过分苛刻的惩罚，可能会导致人的"摔破罐"心理，挫伤下属改进工作的信心；过于吝啬的奖赏，会使人感到得不偿失，多干不如少干；过于轻微的惩罚，可能导致人的无所谓心理，不但改不掉毛病，反而会变本加厉。

因此，从量上把握激励，一定要做到恰如其分，激励程度不能过高也不能过低。激励程度并不是越高越好，超出了这一限度，就无激励作用可言了，正所谓"过犹不及"。

（4）激励方向。所谓激励方向是指激励的针对性，即针对什么样的内容来实施激励，它对激励效果也有显著影响。马斯洛的需要层次理论有力地表明，激励方向的选择与激励作用的发挥有着非常密切的关系。当某一层次的优势需要基本上得到满足时，应该调整激励方向，将其转移到满足更高层次的优先需要，这样才能更有效地达到激励的目的。比如对一个具有强烈自我表现欲望的员工来说，如果要对他所取得的成绩予以奖励，奖励给他奖金和实物不如为他创造一次能充分表现自己才能的机会，使他从中得到更大的鼓励。还有一点需要指出的是，激励方向的选择是以优先需要的发现为其前提条件的，所以及时发现下属的优先需要是经理人实施正确激励的关键。

【管理故事6-4】兔子与胡萝卜的故事

1．兔王遇到的难题

南山坡住着一群兔子。在蓝眼睛兔王的精心管理下，兔子们过得丰衣足食，其乐融融。可是最近一段时间，外出寻找食物的兔子带回来的食物越来越少。为什么呢？兔王发现，原来是一部分兔子在偷懒。

2．奖励的必要性

兔王发现，那些偷懒的兔子不仅自己怠工，对其他的兔子也造成了消极的影响。那些不偷懒的兔子也认为，既然干多干少一个样，那还干个什么劲呢？也一个一个跟着偷起懒来。于是，兔王决心要改变这种状况，宣布谁表现好谁就可以得到他特别奖励的胡萝卜。

3．随意奖励，激起不满

一只小灰兔得到了兔王奖励的第一根胡萝卜，这件事在整个兔群中引起了轩然大波。兔王没想到反响如此强烈，而且居然是适得其反的效果。

有几只老兔子前来找他谈话，数落小灰兔的种种不是，质问兔王凭什么奖励小灰兔？兔王说："我认为小灰兔的工作表现不错。如果你们也能积极表现，自然也会得到奖励。"

4．兔子们学会了变脸

于是，兔子们发现了获取奖励的秘诀。几乎所有的兔子都认为，只要善于在兔王面前表现自己,就能得到奖励的胡萝卜。那些老实的兔子因为不善于表现,总是吃闷亏。于是,日久天长,在兔群中竟然盛行起一种变脸式(当面一套背后一套)的工作作风。许多兔子都在想方设法地讨兔王的欢心,甚至不惜弄虚作假。兔子们勤劳朴实的优良传统遭到了严重打击。

5．有规矩才能成方圆

为了改变兔子们弄虚作假的行为,兔王在老兔子们的帮助下,制定了一套有据可依的奖励办法。这个办法规定,兔子们采集回来的食物必须经过验收,然后可以按照完成的数量得到奖励。

一时之间,兔子们的工作效率为之一变,食物的库存量大有提高。

6．注意奖励制度的改革

兔王没有得意多久,兔子们的工作效率在盛极一时之后,很快就陷入了每况愈下的困境。兔王感到奇怪,仔细一调查,原来在兔群附近的食物源早已被过度开采,却没有谁愿意主动去寻找新的食物源。

有一只长耳朵的大白兔指责他唯数量论,助长了一种短期行为的功利主义思想,不利于培养那些真正有益于兔群长期发展的行为动机。

7．当规矩被破坏之后

兔王觉得长耳兔说得很有道理,他开始若有所思。有一天,小灰兔素素没能完成当天的任务,他的好朋友都都主动把自己采集的蘑菇送给他。兔王听说了这件事,对都都助人为乐的品德非常赞赏。

过了两天,兔王在仓库门口刚好碰到了都都,一高兴就给了都都双倍的奖励。此例一开,变脸游戏又重新盛行起来。大家都变着法子讨好兔王,不会讨好的就找兔王吵闹,弄得兔王坐卧不宁、烦躁不安。有的说:"凭什么我干得多,得到的奖励却比都都少?"有的说:"我这一次干得多,得到的却比上一次少,这也太不公平了吧?"

8．胡萝卜也会失去激励作用

时间一长,情况愈演愈烈,如果没有高额的奖励,谁也不愿意去劳动。可是,如果没有人工作,大家的食物从哪里来呢?兔王万般无奈,宣布凡是愿意为兔群做贡献的志愿者,可以立即领到一大筐胡萝卜。布告一出,报名应征者好不踊跃。兔王心想,重赏之下,果然有勇夫。

谁也没有料到,那些报名的兔子之中居然没有一个如期完成任务。兔王气急败坏,跑去责备他们。他们异口同声地说:"这不能怨我呀,兔王。既然胡萝卜已经到手,谁还有心思去干活呢?"

问题研讨:

(1) 请问案例中兔王的激励方法有哪些问题?

(2) 如果你是兔王,你将如何建立行之有效的激励机制,使兔群回到以前理想的状态呢?

资料来源:成君忆.水煮三国[M].北京:中信出版社,2013.

任务 4　了解有关激励的经典理论

1. 马斯洛的需求层次理论

著名心理学家马斯洛把人需要由低到高分为五个层次，即生理需要、安全需要、社交需要、尊重需要和自我实现需要。马斯洛认为，这五种需要不会同时出现，只有在较低层次的需要得到满足以后，才能产生更高一级的需要。

2. 双因素理论

双因素理论是美国心理学家赫兹伯格于 1959 年提出来的，全名叫"激励——保健因素理论"。

通过在匹兹堡地区 11 个工商业机构对 200 多位工程师、会计师调查征询，赫兹伯格发现，受访人员举出的不满项目，大都同他们的工作环境有关，而感到满意的因素，则一般都与工作本身有关。据此，他提出了双因素理论，对后来人员管理的体系，产生了深刻的影响。

传统理论认为，满意的对立面是不满意，而根据双因素理论，满意的对立面是没有满意，不满意的对立面是没有不满意。因此，影响员工工作积极性的因素可分为两类：保健因素和激励因素，这两种因素是彼此独立的，并且以不同的方式影响员工在工作中的状态。

所谓保健因素，就是那些造成员工不满的因素，它们的改善能够消除员工的不满，但不能使员工感到满意并激发起员工的积极性。一般来讲，保健因素主要有企业的政策、行政管理、工资发放、劳动保护、工作监督以及各种人事关系处理等。由于它们只带有预防性，只起维持工作现状的作用，因此也被称为"维持因素"。

所谓激励因素，就是那些使员工感到满意的因素，只有它们的改善才能让员工感到满意，给员工以较高的激励，调动积极性，提高劳动生产效率。它们主要有工作表现机会、工作本身的乐趣、工作上的成就感、对未来发展的期望、职务上的责任感等。

3. 期望理论

期望理论，又称作"效价—手段—期望理论"，是由美国著名心理学家和行为科学家维克托·弗鲁姆于 1964 年在《工作与激励》中提出来的。期望理论认为，当人们预期某种行为能够带给个体某种特定的结果，而且这种结果对个体具有吸引力时，个体就倾向于采取这种行为。期望理论包括以下三项变量或三种联系，如图 6-2 所示。

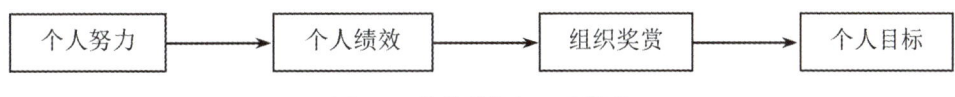

图 6-2　简化的期望理论模型

（1）期望或努力——绩效联系：个人感到通过一定程度的努力可以达到某种工作绩效的可能性。

（2）手段或绩效——奖赏联系：个人相信达到一定绩效水平后即可获得理想结果的程度。

（3）效价或奖赏的吸引力：从工作中可以获得的结果或奖赏对个体的重要性程度。效价主要关心的是个人的目标与需要。

项目4　理解销售人员的激励管理

任务1　理解销售人员工作状态变化的规律

要对销售人员实施有效激励，首先就应当了解销售人员各阶段工作状态的变化规律，然后根据影响其工作状态变化的动力性因素施以激励。

一个销售人员在其成长的道路上，其工作状态的变化，一般要经过兴奋期、黑暗期、成长期和徘徊期四个阶段，各阶段工作状态会呈现不同的特点。

1. 兴奋期

当销售人员新进入一家公司时，开始一段时间往往冲劲十足。因为他们非常渴望尽快适应新的工作环境，通过尽快出单来向别人证明自己的能力，并求得在公司的生存和发展。销售人员的动力变化曲线很自然地出现第一次高峰，这个阶段也称作销售人员的"兴奋期"。

2. 黑暗期

一般来讲，销售人员刚开始的那种兴奋状态不会维持很长的时间。当他们进入市场，发现客户不像他想象的那么容易对付，市场中竞争对手的一些不规范行为层出不穷，公司的产品问题多多和公司内部各部门的配合非常困难时，销售人员的工作热情会急速下降，工作积极性迅速跌到谷底，有的甚至开始怀疑自己当初的选择。这个阶段，通常叫作销售人员工作状态的"黑暗期"。

3. 成长期

当发现销售人员工作情绪持续低迷后，有经验的销售经理会马上采取措施，设法辅导，特别是激励下属，让他们重新鼓起勇气，继续拼搏。

经过销售经理的辅导和激励，销售人员逐渐适应了新环境，开始接受和面对现实。此时他们学会解决工作中遇到的一些问题，也能够辩证地看待各种各样的状况和困难，与客户打交道的技巧也逐渐提高，直到签订了里程碑般的"第一单"。

进入新公司的第一单，往往是一个新销售人员或是新到某公司老销售人员状态的转折点。这时销售人员重新看到了希望，重新找回了自信，工作热情又跟着持续高涨起来，动力变化曲线出现快速上升，直至达到第二次高峰。这一阶段是销售人员的"成长期"。

4. 徘徊期

签了第一单后开始的成长期，一般最少能够维持半年以上，但此后销售人员就会进入一个相对长的"徘徊期"。在这个阶段，如果销售经理或企业的激励方式得当，就会出现工作热情的持续高峰；但如果激励不够，则会令销售人员的工作热情重新陷入低迷，并有可能由此产生人员流失。与前三个阶段相比较，此阶段的特点是：销售人员的工作热情起伏较为平缓，不会出现前期那样的急剧震荡。但此时销售人员也进入一个心理"疲劳期"，对一些无关痛痒的激励措施往往无动于衷，这是徘徊期区别于前面三个阶段的最大特点。

销售人员工作状态变化规律可以用图6-3来表示。

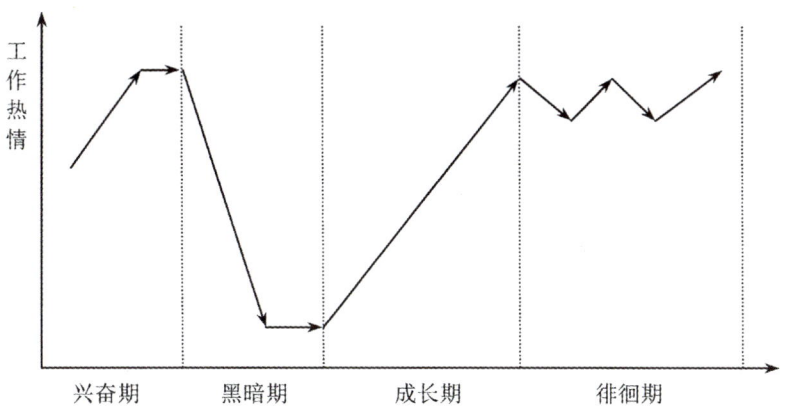

图 6-3　销售人员工作状态变化曲线

【案例点击 6-2】不同的阶段，不同的心情

小梁是个个子不高、作风果敢的女孩，刚进入公司参加岗前训练时，大家就看出她冲劲十足。

在专项培训的三周里，小梁总是第一个来到公司。早上八点半开早会，八点左右，她就来到了会议室，如果会议室的门还没有开，她就在那儿坐着，把昨天所讲的东西再看一遍，自己今天的工作计划也安排得满满的。

很快，三周的专项训练结束了，该放大家"单飞"了，大家都高兴地看着小梁每天兴冲冲地走出大门，盼着小梁能不负众望，成为本期的"状元"。

但事与愿违，不到一个月，小梁的工作热情直线下降，因为真正的市场环境状况超出了她的一些预期：竞争对手的某些产品在性能价格上确实要超过公司的产品，她遇到了客户具有实质性的反对意见，大部分客户在她看来都是粗暴无理的，公司内部部门之间存在着的一些配合上的问题也给她的客户推广带来了额外的麻烦……诸多的因素使她时而急躁时而沮丧，甚至发起牢骚，传播负面的言论……

通过工作谈话、随访、表格指导、谈心聊天等方式，销售经理和随访顾问一同做小梁的工作，小梁逐渐开始重新认识市场上的困难和公司内部现有的问题。她的心态也开始改变，对市场的考虑也更加现实。

她以这种平缓的心态工作三个月后，迎来了她的第一次丰收，她签了第一个单子，一下子卖了80多套产品。像很多销售人员一样，她抑制不住内心的喜悦，在舞厅内狂欢了一晚……第二天上班时，她仍然神采奕奕，毫无倦意。接下来的一段时间，她的工作热情又迅速恢复到了刚入职时的状态……

这种较高昂的工作热情维持了比较长的时间，在她找到了市场的感觉后，后面的订单就如芝麻开花一样，同时客户也越来越稳定，经理分给她的区域也越来越大了，她也渐渐习惯了"领头羊"的感觉。

大约又过了一年，小梁的状态又开始反复。经理了解到了小梁的想法，原来小梁觉得自己已经来公司快两年了，每天都是同样的拜访过程，每天都是那几个相对稳定的客户，每天都是签单、发货、回款、催款、协调各部门的关系等，日复一日，她感到疲惫厌倦了……

不仅是小梁，同批来的三个人都有类似的情况，在顾问的建议下，公司组织了一次集训轮训。在培训课堂上，小梁积极发言忘我投入，仿佛又回到了两年前……三天集训后，王经理反映，他觉得上班时小梁的眼睛又亮了，刚到公司时的状态又回来了……

请问：阅读此案例后，你对销售人员的激励问题有何新的认识呢？

资料来源：秦毅．金牌销售经理[M]．北京：北京大学出版社，2011．

任务 2　理解影响销售人员工作状态的"八只拦路虎"

前面我们根据工作热情的变化规律对销售人员的工作阶段进行了划分。但是，在每一个阶段，又有哪些因素在影响销售人员的工作状态呢？实战派营销专家秦毅将不同阶段影响销售人员工作状态的因素概括为八个方面，即所谓的影响销售人员工作状态的"八只拦路虎"。为方便读者了解，我们结合前述销售人员工作状态的四个阶段进行概括，见表6-1。

表 6-1　影响销售人员工作状态的"八只拦路虎"

工作状态阶段划分	影响工作状态的因素	行为表现
黑暗期	1. 恐惧感	害怕被客户拒绝，缺乏行动力，见了客户也不敢深入沟通而草草收场
	2. 挫折感	挫折感主要来源于对困难估计不足或期望过高，在面对现实后开始变得消沉
	3. 不自信	频繁的挫折使其陷入一种"习惯性无助"的境地，开始怀疑自己的能力、公司的产品等
成长期	4. 急躁、不耐烦	希望快速成长，不愿做基础工作，总想着抓大单
徘徊期	5. 得过且过	销售人员失去往日冲劲变得懒散疲惫，具体表现为：晚出早归、办事拖拉、工作消极
	6. 不满、抱怨	爱说怪话，爱传播负面言论，喜欢当反对派领袖，工作上挑三拣四
	7. 疲惫、茫然	工作失去方向感，缺乏工作热情，工作起来毫无创造力，应付了事
	8. 飘飘然	工作中只对那些能体现自我成就的环节感兴趣，喜欢当众发表自己意见，喜欢标榜自己并抨击公司或上司

资料来源：秦毅．金牌销售经理[M]．北京：北京大学出版社，2011．

任务 3　掌握有效激励销售人员的方法

根据赫兹伯格的双因素理论，在对销售人员进行激励时，必须同时关注"激励"和"保健"两大因素，并据此设计系统的激励方法和措施。

1. 针对销售人员的激励方法

从赫兹伯格"激励"和"保健"两大因素出发,我们将销售人员的激励方法做如下归纳,见表6-2。

表6-2 针对销售人员的激励方法

保健因素	要点说明	激励因素	要点说明
1. 薪酬收入	具有外部竞争力和内部公平性的薪酬体系	1. 沟通与关怀	社交需要得到满足
2. 对比公平感	被一视同仁地对待	2. 团队合作氛围	"大家庭"般的工作氛围
3. 福利保障	保险、补贴津贴和带薪假期	3. 领导者个人价值观	领导者正直、宽容、友善、人性
4. 办公条件	舒适、有尊严的办公环境	4. 个人及团队荣誉感	组织销售竞赛,定期评选销售状元等
5. 工作有序	关键业务流程稳定、有序	5. 工作成就感	授权,让下属有发挥自己创造力的空间
6. 职业安全	人身安全和健康有保障	6. 成长和晋升空间	公司有良好的职业生涯管理体系
7. 工作岗位和区域稳定	工作环境的稳定性和安定感	7. 集训轮训	给予"充电"和提高的机会
8. 工作支持	必要的公司资源支持	8. 压力督促	关心员工成长
		9. 区域轮换	丰富工作内容和经验
		10. 休息调整	强制性的休假
其他方法	读者可根据自己的实践经验和理解予以补充		

资料来源:秦毅. 金牌销售经理[M]. 北京:北京大学出版社,2011.

2. 应对"八只拦路虎"的激励方法

针对影响销售人员工作状态的"八只拦路虎",可以采取以下激励方法,见表6-3。

表6-3 应对"八只拦路虎"的激励方法

影响因素	典型表现	激励方法	相关说明
1. 恐惧感	● 只准备,不行动 ● 也拜访或打电话给客户,但内心深处盼着客户不在	● 对位沟通 ● 压力督促	针对刚入公司的销售人员较为有效
2. 挫折感	● 郁郁寡欢 ● 总回味过去	● 对位沟通 ● 个人及团队荣誉	通过沟通来了解,通过激发荣誉感来鼓励
3. 不自信	● 垂头丧气、无精打采 ● 神不守舍、心存他想	● 对位沟通 ● 集训轮训 ● 压力督促 ● 合作氛围	通过组合多种激励手段,将销售人员从"死亡线"上拉回来

续表

影响因素	典型表现	激励方法	相关说明
4. 急躁、不耐烦	• 忙忙碌碌 • 搓手跺脚 • 时而抱怨	• 对位沟通	帮助其针对性地分析眼前的困境，使心态趋于平缓
5. 得过且过	• 晚出早归 • 办事拖拉 • 工作消极	• 对位沟通 • 压力督促 • 个人荣誉 • 团队合作	想办法使其从原来慢半拍的状态中走出来
6. 不满、抱怨	• 满腹牢骚 • 散布负面言论 • 工作停滞	• 对位沟通 • 合作氛围 • 领导价值观	不可针锋相对，要挖渠而不是筑坝，要对方走出"拿别人错误惩罚自己"的误区
7. 疲惫、茫然	• 工作节奏迟缓 • 整日若有所思 • 话语渐少	• 对位沟通 • 集训轮训 • 区域轮换 • 休息调整 • 成长空间	需要组合多种激励方式，并需轮番使用
8. 飘飘然	• 趾高气扬 • 爱当众点评他人或公司	• 集训轮训 • 合作氛围 • 领导价值观	首先要理解员工，不可与之针锋相对，其次通过集训轮训和旁敲侧击令其感悟

资料来源：秦毅．金牌销售经理[M]．北京：北京大学出版社，2011．

【小知识 6-1】销售人员激励的关键——与销售人员的期望相符

根据维克托·弗鲁姆的期望理论，激励的关键在于激励的方式与个人的目标相吻合。随着销售人员从业时间的增长，其心态和期望也随之发生变化，激励工作的重点也应随之进行调整。因此，有人从销售人员的需求和期望变化规律出发，提供了销售人员激励管理的另一个思路。不同的是，其对销售人员工作热情变化规律的分析与我们前面讨论的略有差异，请读者在参考时加以注意。

3. 销售人员不同阶段的期望分析和激励重点（见表 6-4）

表 6-4　销售人员不同阶段的期望和激励工作的重点

阶段	从业时间	工作状态描述	通常的期望	激励的重点和配合工作
I	一年之内	销售人员刚开始从事销售工作，热情迅速高涨。但没有任何工作经验，缺乏物质基础	迅速掌握销售技能，在工作上迅速取得成绩和得到认可	他们这时是公司的潜力，公司应当给予他们有效的帮助，使他们较快地具有独立工作的能力
II	一至三年	工作热情仍在上升，但速度相对变缓。逐步积累了一定的工作经验，开始获得物质回报	进一步扩大销售业绩，拥有稳定的工作和收入	他们这时是公司的希望力量，在提供有效帮助的同时，不断激励，使其尽快成为业务骨干

续表

阶段	从业时间	工作状态描述	通常的期望	激励的重点和配合工作
Ⅲ	三至五年	工作热情达到顶峰,并能相对保持,有时也会有所下降。已有大量的工作经验,并取得了相当的物质回报	保持销售的持续性,得到升级或升职	他们这时是公司的中坚力量,激励的同时,要适当减压
Ⅳ	五年以上	工作热情逐渐下降,并保持在一定的程度上。拥有丰富的工作经验,物质回报也达到了较好的程度	得到升职和认同感及成就感	他们这时是公司的元老,还要继续激励。同时让他们帮带新的销售人员,发挥其更大的作用

4. 销售人员的工作热情曲线（图6-4）

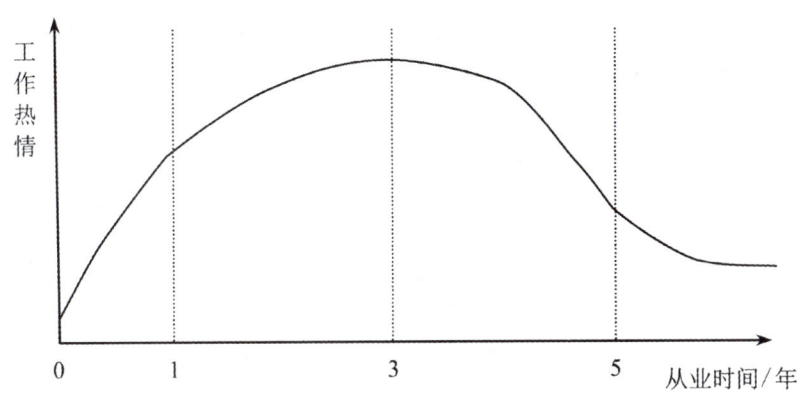

图6-4　销售人员的工作热情曲线

单元小结

薪酬是员工因向所在的组织提供劳务而获得的各种形式的酬劳。狭义的薪酬指货币和可以转化为货币的报酬,包括工资、奖金、福利与津贴等。广义的薪酬除了包括狭义的薪酬以外,还包括获得的各种非货币形式的满足,如从工作中获得的成就欲、尊重欲、自我发展欲和创造欲的满足。

销售人员的薪酬包括基础工资、津贴、销售提成、福利、奖金等内容。

影响销售人员薪酬设计的因素有很多,具体来说,可分为内部因素、外部因素和公平因素三大类。

销售人员薪酬按其构成,可以分为以下几种:固定薪酬制度、纯粹提成制度、固定工资加提成制度、固定工资加奖金制度、提成加奖金制度、固定工资加提成加奖金制度和特别奖励制度。

激励（Motivation）是激发、强化和引导人们为实现一定时期内的具体工作目标而付诸行动,并为实现最终目标做出坚持不懈的努力。

一个销售人员在其成长的道路上,其工作状态的变化,一般要经过兴奋期、黑暗期、成长期和徘徊期四个阶段,各阶段工作状态会呈现不同的特点。

不同阶段影响销售人员工作状态的因素概括为八个方面：恐惧感、挫折感、不自信、急躁不耐烦、得过且过、不满抱怨、疲惫茫然、飘飘然。

根据赫兹伯格的双因素理论，在对销售人员进行激励时，必须同时关注"激励"和"保健"两大因素，并据此设计系统的激励方法和措施。

▶ 核心概念

薪酬　固定薪酬制度　纯粹提成制　激励　需求层次理论　双因素理论
期望理论

▶ 实训设计

项目：学习设计销售人员薪酬方案。
目的：理论与实践相结合，通过了解销售管理实践加深对理论知识的理解。
内容：以自己熟悉的某一企业为个案，为其设计一个可行的销售人员薪酬方案。
步骤：
（1）选取自己熟悉的某一企业。
（2）通过文献调查、深度访谈、企业实习等方式，了解其销售人员薪酬方案。
（3）分析该企业现有销售人员薪酬方案存在的问题。
（4）根据该企业的实际情况，为其设计一个可行的销售人员薪酬方案。

▶ 训练题

1. 简述销售人员薪酬的主要内容。
2. 简述销售人员薪酬管理的原则。
3. 简述销售人员薪酬设计的影响因素。
4. 简述销售人员的招聘与录用的程序。
5. 试述销售人员薪酬方案类型及各自优缺点和适用范围。
6. 简述激励的过程与机制。
7. 简述有关激励的经典理论及其主要内容。
8. 试述销售人员工作状态变化的规律。
9. 影响销售人员工作状态的"八只拦路虎"是指哪些因素？
10. 如何对销售人员进行有效的激励？

▶ 综合案例分析

王亮的艰难时世

时间：2010年7月

作为名牌大学计算机专业的高才生，王亮多少有些优越感，加盟拓晨集团销售公司并没有使他感到特别兴奋，因为这一切，他觉得理所当然……

时间：2010年8月

王亮独自坐在朝北的窗户前，百无聊赖，回想着来江城市已经两周了，自己除了曾帮内勤搬动了一下办公桌之外，好像没做什么事情，看着老同事们忙来忙去，他心里不是个滋味……"也不知道他们在忙什么，怎么也没有人主动找我好好聊一聊？"王亮心里总是这么想："还是趁中午给同学打打电话吧，那可是我一天中最快乐的时光……"

时间：2010年9月

王亮的每一根头发似乎都要竖起来了，他发现自己在学校里学的东西能用上的，竟然是凤毛麟角，面对着型号、功能、报价、特性错综复杂的各类终端、打印机、卡具等自己未来要销售的产品，王亮的头都大了……

"经理您周三才把资料交给我，下周一就要考我，还要带我去见客户，这不是难为人吗？"王亮心里有点忿忿不平。

时间：2010年10月

天气明显冷了，近两天江城市又起了大风……

在电子一条街上，王亮右手提着打印机样品，左手拎着一袋子宣传资料，正在挨门挨户做扫街式的推销。"请问你们老板是哪位？"王亮怯生生地对着柜台的伙计说："我是拓晨公司的，想让你们帮着卖打印机……""我们老板不在，你是拓晨公司的？没听说过你们也做打印机呀？要不你先把资料放这儿，等我们老板回来了，有兴趣再找你？"伙计的话还没有说完，王亮已经熟练地掏出资料放到柜台上，如释重负般地溜出了门……

时间：2010年11月底

已经过了半夜了，王亮仍然在辗转反侧："这可是分给我的第一个客户，明天就要去见面，我该说什么呢？"本来想好了要养足精神的王亮，已经翻腾了快两个小时，脑子里仍没个头绪。"唉！见一个客户真的好难！"王亮一边感叹，一边又翻了一个身……

时间：2010年12月

王亮步履沉重地走在街上，夹着包，半低着头……虎年到了年底了，王亮的心情也跌到了谷底，现在真是内外交困……

上个月月底，经理一下子分配给他二十多家客户，开头还着实兴奋了一阵子，可一上路才知道，这些客户有的早就时过境迁；有的原本就没有购买意向；有的正跟竞争对手打得火热，爱搭不理已经是家常便饭；有的甚至还冷嘲热讽；有的根本就不愿意见面……

现在王亮也不想给同学打电话了，甚至害怕看到手机上显示的同学的号码。"是啊，如果同学问现在混得怎么样，自己怎么说呀？"想一想自己在学校里是学生会干部，又是班里的风云人物。"唉，今非昔比呀！"

此时的王亮，经常一个人坐在路边的小酒馆里，望着窗外发呆……

时间：2011年1月

一定是因为熬夜加兴奋，王亮的眼角多了几道血丝。"这可是我的第一个单子，虽然不大，但是我已经盼了好久了……"每次传来同批加入销售公司的同学下单的消息，王亮都发自内心地着急："这次押的'宝'肯定没错，这个农信社肯定买我的，这次我要给大伙看看，我要全力以赴，一定要拿下这一单！可惜经理为什么不在价格上再扶我一把，那样我的胜算不就更大了吗?"

王亮在自己的座位前转来转去,还不时地搓手跺脚……同事们看着这位最近脾气渐长、说话渐多的王亮,面面相觑……

时间:春节

带着一路风尘,终于回家了,在院子门口见到爸爸的那一刻,王亮的眼泪都快掉下来了,这种感觉好像上大一的时候才有,确实,这半年自己过得太辛苦了。

伴随着鞭炮声,王亮一个人走出屋,和屋里热闹的欢笑声相比,王亮的内心却格外平静。他望着晴朗的夜空,爸爸的话仿佛又响了起来:"人啊!只要夹着尾巴做人,撅着屁股干活,就肯定有出息!"想到这儿,王亮的脸上露出了久违的笑容……

资料来源:秦毅. 金牌销售经理[M]. 北京:北京大学出版社,2011.

问题:

1. 案例中王亮的经历反映了销售人员工作状态变化的哪些规律?
2. 针对王亮工作状态的变化,你认为他的销售经理尽到了激励的职责吗?
3. 如果你是王亮的销售经理,你将如何帮助王亮,让他走出目前的困境?

单元 7　销售人员绩效考评

本章导读

通过本单元学习，读者应能理解绩效考评的含义、销售人员绩效考评的作用，了解销售人员绩效考评的流程，熟悉销售绩效考评的内容和指标体系，掌握常用的销售人员绩效考评方法。

销售人员的绩效考评

知识点

★ 绩效考评的含义、作用。
★ 销售人员绩效考评的流程。
★ 销售绩效考评的内容和指标体系。
★ 常用的销售人员绩效考评方法。

技能点

★ 能列举销售人员绩效考评对员工发展、企业管理和发展的意义。
★ 能结合本单元所学知识，说说企业应如何开展销售人员绩效考评工作。
★ 就你熟悉的企业，总结其在销售人员绩效考评方面的经验和问题，并给出你的改进建议。
★ 能运用本单元所学知识，为某企业设计一个简单的销售人员绩效考评方案。

素养点

★ 树立正确的绩效观，为自己制订科学合理的业绩目标，促进自身发展。
★ 树立集体主义观念，将个人绩效目标和团队、组织目标结合起来。
★ 自觉遵守社会主义分配原则，以更多、更好的劳动投入换取个人经济利益。
★ 理解科学、公平、有效的销售人员绩效考核方案对一个销售团队、一个企业、一个地区，乃至一个国家发展的重要意义。

▶ 情境引入

在一般人的印象中，绩效管理好像就是表示领导者要对下属有所作为，使下属听从其命令。由于此种印象，绩效管理在很多企业因员工的抵制要么流于形式，要么根本就执行不下去。其实，从现代人力资源管理的角度看，绩效管理是一项于员工、于企业、于社会都非常有意义的工作。

现代人力资源管理中的绩效管理，强调的是"三力合一"，即压力、动力和引力三力合一，并且动力应该占到70%，压力和引力各占15%。

项目1　理解销售人员绩效考评

任务1　理解销售人员绩效考评的含义与形式

1. 绩效考评的含义

绩效考评也称成绩或成果测评，绩效考评是企业为了实现生产经营目标，运用特定的标准和指标，采取科学的方法，对承担生产经营过程及结果的各级工作人员完成指定任务的工作实绩和由此带来的诸多效果做出价值判断的过程。

绩效考评的应用重点在薪酬和绩效的结合上。薪酬与绩效在人力资源管理中，是两个密不可分的环节。在设定薪酬时，一般已将薪酬分解为固定工资和绩效工资，绩效工资正是通过绩效予以体现，而对员工进行绩效考评也必须要表现在薪酬上，否则绩效和薪酬都失去了激励的作用。

【小知识7-1】人力资源管理的3PS

一般来讲，企业人力资源管理按职能可分为人力资源规划、招聘与配置、培训与开发、薪酬与福利、绩效管理、员工和劳动关系六大模块，但其中三个最重要的模块是：职位分析（Position Analysis）、绩效管理（Performance Evaluation）、薪酬管理（Payment Design），即通常所说的人力资源管理3PS。

2. 绩效考评的形式

绩效考评根据考核的目标，可以采取不同的形式。

（1）按考评时间，可分为日常考评与定期考评。

（2）按考评主体可分为主管考评、自我考评、同事考评、下属考评和客户考评，即所谓的"360度考评方法"。

（3）按考评结果的表现形式，可分为定性考评与定量考评。

3. 销售人员绩效考评的前提条件

销售人员绩效考评是对销售人员在一个既定时期内对组织的贡献做出评价的过程。

从广义上说，销售人员绩效考评贯穿于销售管理过程的始终，要想有效地开展绩效考评，必须具备以下三个基本前提条件。

（1）必须要有明确的绩效考评标准。明确的绩效考评标准是实施有效评价的首要前提，考评标准是评价销售业绩的基本依据。它主要包括销售人员的个人应该完成销售目标的数量、质量和时限要求，以及进行考评时选取的评价尺度等。

制定考评标准时，应该注意以下几个问题。

第一，考评的项目名称、计量单位、成绩计算方法应与销售目标体系相一致，以避免混乱。

第二，评级尺度要明确。一般来讲，企业对销售人员的绩效考评主要从"德、能、绩、勤"等几个方面进行。在对这些方面进行考核时，能量化的应该尽量量化，不能量化的也要采取合适的方式进行界定。

第三，制定各种考评标准时，要充分利用集体智慧，尽量让被考评者也参与进来，这样才能做到客观公正，并得到被考评者的支持。

第四，选择绝对考评标准。一是同一职务的被考核群体的考评人应该是相同的，以保证在评价尺度把握上的一致性及考核的信度；二是对与不同职务的被考核群体，其考核的方法和指标体系应该有所不同，以保证考核的效度。

【管理故事7-1】撞钟也要有标准

有一个小和尚担任撞钟一职，半年下来，觉得无聊之极，"做一天和尚撞一天钟"而已。有一天，主持宣布调他到后院劈柴挑水，原因是他不能胜任撞钟一职。小和尚很不服气地问："我撞的钟难道不准时、不响亮？"老主持耐心地告诉他："你撞的钟虽然很准时，也很响亮，但钟声空泛、疲软、没有感召力。钟声是要唤醒沉迷的众生，因此，撞出的钟声不仅要洪亮，而且要圆润、浑厚、深沉、悠远。"

资料来源：詹承豫．从这里出发——娱乐管理的99个故事[M]．北京：中国建材工业出版社，北京赛迪电子出版社，2004．

（2）必须要有完整、准确的信息。要对销售人员进行有效考评，就必须充分掌握相关信息，这些信息必须能够全面、准确地反映实际状况与预定标准之间的差异程度。

保证完整而必要的信息供给要求销售人员做好日常工作纪录。销售信息主要来源于销售报表、销售发票、销售访问纪录、销售费用账单等。公司一方面要依据考评的目的和标准，将各种记录分门别类地整理好，并督促有关人员及时、如实地填制各类记录报告。另一方面则要建立起完善的信息系统，科学地处理各类数据，以得出正确的考评结论。

（3）必须要有科学权威的考评组织。考评组织包括考评人员和考评方式。不管考评制度如何完善，如果考评人员缺乏必要的培训，也绝不可能有客观公正的考核结果。有效的考评组织应该兼具权威性与科学性。

考评组织的权威性要求考评人员应该是作风严谨、坚持原则、精通业务并且值得信赖的人。考评人员依据管理层次的不同可分为决策层、协调层和执行层三个层次。决策层一般指企业决策者，协调层一般指区域销售经理等人员，执行层一般指销售人员的直属上级。

任务2　理解销售人员绩效考评的作用

1. 绩效管理的目标

绩效管理是一项于员工、于企业、于社会都非常有意义的工作。因此，绩效管理的目标可分为三个层次。

（1）员工发展目标。从企业的角度来说，绩效管理的直接目标就是通过科学的绩效测评了解不同员工的优势和弱势，然后对其进行针对性的培训和辅导，以帮助员工改善工作绩效。在这过程中，一方面实现了员工个人的发展目标，另一个方面为企业乃至整个社会培养了合格的人才。

（2）管理目标。在进行绩效管理时，首先，企业通过制定明确的绩效考评标准，使各项工作都有一个明确的数量、质量和时间标准，实际上是将企业目标进行了科学的分解，从而有利于企业各项目标的实现。其次，为保证绩效管理公平、公正的进行，企业须对各项信息进行完整、准确的搜集、整理和管理，这毫无疑问促进了企业管理的信息化和科学化发展。最后，通过绩效管理的组织工作，提高了企业各层级员工的管理水平和管理意识。

（3）企业发展目标。现代企业的竞争是人才的竞争，科学有效的绩效管理对于提高企业人才竞争力具有不可替代的作用。

2. 销售人员绩效考评的作用

销售绩效考评是对销售计划执行情况进行评价，以便管理者及时采取行动，以保证企业销售目标的实现。销售绩效考评的作用，具体来说有以下几个方面：

（1）销售绩效考评是完成销售目标的有力保障。销售目标是销售管理过程的起点和终点。通过销售绩效考评，可以帮助管理者随时掌握销售工作实际情况与销售目标之间的差距，从而及时采取措施加以修正，以确保销售目标的实现。

（2）销售绩效考评是给予公平报酬的依据。在销售人员薪酬与激励管理单元中，我们深入了解了公平薪酬对于员工激励的重要意义。但如何保证销售人员在薪酬待遇方面受到公平的对待，其标准之一就是薪酬是否和员工的工作绩效挂钩。公平理论告诉我们，个人不仅关心自己现在的付出与回报同自己过去的付出与回报的关系，也关心自己的付出与回报同他人的付出与回报的关系，只有当其感到两者都公平时，他才能获得公平感。

（3）销售绩效考评是发掘销售人才的有效手段。通过销售绩效考评，企业和管理者可以清楚地了解每一个销售人员的工作态度、工作能力、工作绩效和合作意识等，从而为企业选拔人才提供依据。此外，如前所述，通过销售绩效考评还可以帮助管理者发现员工在知识、能力、心态方面存在的问题，从而及时采取措施帮助员工加以改进，以最大限度地发掘每一个员工的潜力。

（4）销售绩效考评有利于加强对销售活动的管理。在销售管理过程中，销售经理通过对销售人员进行日常考评和定期考评，可以及时了解其工作中存在的问题，从而加强对销售活动的管理。

任务3　了解销售人员绩效考评的流程

绩效考评作为人力资源管理的三个核心模块之一，其实施必须遵循科学的流程。一般来讲，销售人员绩效考评应遵循以下流程。

1. 制定考核制度与指标体系

销售部门根据部门目标，会同人力资源管理部门制定销售绩效考核制度和考核指标体系，上报营销总监或营销副总审核，经总经理审批后实施。

2. 销售信息数据收集

根据管理要求，销售人员须按规定定期呈报各类销售报表，然后由销售内勤定期收集、统计、汇总各类销售数据，如出勤率、出货量、回款额、客户建设、终端建设和执行效率等指标。

3. 销售数据汇总呈报

根据管理要求，由销售内勤按部门按人员定期统计、汇总各类销售数据，并制成报表呈报销售经理，作为考核依据。

4. 实施考核

根据绩效管理制度，在人力资源管理部门的组织下，销售经理定期组织对本部门人员的考核。考核的内容应该从"德、能、勤、绩"四个方面全面进行，考核的方法力求科学合理。

5. 考核结果审定

销售部门将考核结果上报相关领导及部门，对考核结果进行审定。

6. 考核结果反馈

对经审定的考核结果，销售经理须通过绩效面谈的方式将考核结果反馈给每一个被考核者。若被考核者对考核结果存在异议，则报上一级领导或考核领导小组对考核结果重新审定。

7. 考核结果处理

若被考核者对考核结果没有异议，则对考核结果进行处理，如对被考核者实施奖惩、调职、晋升和培训等。

8. 考核相关文件建档管理

销售部门、人力资源管理部门、档案室等部门将考核的相关文件建档管理。

任务4　了解如何保证销售人员绩效考评的公平性

企业绩效管理工作能否达到员工发展目标、管理目标和企业发展目标，其中最关键的因素是考核的公平性。这里的公平性不仅指考核结果的公平，也强调考核过程的公平。

1. 公平性定义

（1）明确对个人的要求。不明确要求也就难以界定结果的好坏与优劣。

【管理故事7-2】偏将修城墙

唐朝时藩镇混战，济州城的城墙在一次战斗中受到严重的损坏。这时有探马来报，青州节度使正在集结兵马准备乘虚来攻，济州城的守将十分着急，就想尽快修复城墙，以加强守备能力。

可是半个月过去了，工地的进展却十分缓慢，将军急得破口大骂。

"一帮蠢材，十五天过去了，三尺墙都没建起来，等到你们把墙修起来时，济州城早就沦入敌手了！"

这时一个偏将站出来说："将军，把这件事交给我好了，我可以保证在三天之内把城墙修复！"

将军虽然对偏将的话将信将疑，但鉴于军情紧急，还是把这件事交给偏将来做。

偏将先到现场巡视了一遍，发现总共有十丈城墙严重损坏，他首先把这十丈城墙分为五十段，每段二尺长，每个工匠负责一段。

为了让每个工匠都能专心做自己的工作，他又分别为每个工匠配备了杂役助手十名，以此成一个班。

每一丈的范围内有五个班，偏将再配一名监工加以指挥。监工除了指挥和协调自己这一丈工地工匠的工作外，还要注意各班是否有偷懒或是人手不足的情况。这位监工的工作做好的话，可以获得比其他人高出好几倍的奖金。

第二天清早，偏将最早来到工地，时间一到，他就敲起"开工大鼓"，让工匠一齐开始工作，到一定时间，他又敲"收工梆子"，让大家一起休息。

三天之后，破损的城墙果真如期修好了。

请问：偏将如期将城墙修复的秘诀在哪里？

资料来源：詹承豫．从这里出发——娱乐管理的99个故事[M]．北京：中国建材工业出版社，北京赛迪电子出版社，2004．

(2) 采用统一的标准。标准不统一也无法衡量个人之间的差别。

【小知识 7-2】秦始皇的治国方略——车同轨，书同文，行同伦

《礼记·中庸》记载，"今天下，车同轨，书同文，行同伦"。

所谓"车同轨"指的是要求全国所有车子的轮间距保持一致；"书同文"是要求全国使用统一文字；"行同伦"是要求全国人民遵从统一的行为规范和伦理道德标准。

资料来源：百度．车同轨，书同文，行同伦：大一统的基础[EB/OL]．（2020-11-24）[2022-02-27]．https://baijiahao.baidu.com/s?id=1684161225463651242&wfr=spider&for=pc．（略有修改）

(3) 任务分配与条件配备的和谐。分配的任务与给予的条件相比无论过大还是过小都难以体现个人的成就与努力程度。

【管理故事 7-3】"智猪博弈"游戏的另类设计

在经济学中，"智猪博弈"是一个著名博弈论例子。

这个例子讲的是：猪圈里有两头猪，一头大猪，一头小猪。猪圈的一边有个踏板，每踩一下踏板，在远离踏板的猪圈的另一边的投食口就会落下少量的食物。如果有一只猪去踩踏板，另一只猪就有机会抢先吃到另一边落下的食物。当小猪踩动踏板时，大猪会在小猪跑到食槽之前刚好吃光所有的食物；若是大猪踩动了踏板，则还有机会在小猪

吃完落下的食物之前跑到食槽，争着吃到另一半残羹。

那么，两只猪各会采取什么策略？答案是：小猪将选择"搭便车"策略，也就是舒舒服服地等在食槽边；而大猪则为一点残羹不知疲倦地奔忙于踏板和食槽之间。

原因何在？因为，小猪踩踏板将一无所获，不踩踏板反而能吃上食物。对小猪而言，无论大猪是否踩动踏板，不踩踏板总是好的选择。反观大猪，明知小猪是不会去踩动踏板的，自己亲自去踩踏板总比不踩强吧，所以只好亲力亲为了。

"小猪躺着大猪跑"的现象是由于故事中的游戏规则所导致的。规则的核心指标是每次落下的食物数量和踏板与投食口之间的距离。

如果改变一下核心指标，猪圈里还会出现同样的"小猪躺着大猪跑"的景象吗？试试看。

改变方案一：减量方案。投食仅为原来的一半分量。结果是小猪、大猪都不去踩踏板了。小猪去踩，大猪将会把食物吃完；大猪去踩，小猪也将会把食物吃完。谁去踩踏板，就意味着为对方贡献食物，所以谁也不会有踩踏板的动力了。

如果目的是想让猪们多去踩踏板，这个游戏规则的设计显然是失败的。

改变方案二：增量方案。投食为原来的两倍分量。结果是小猪、大猪都会去踩踏板。谁想吃，谁就会去踩踏板。反正对方不会一次把食物吃完。小猪和大猪相当于生活在物质相对丰富的"共产主义"社会，所以竞争意识不会很强。

对于游戏规则的设计者来说，这个规则的成本相当高（每次提供双份的食物）；而且因为没有竞争，想让猪们去多踩踏板的效果并不好。

改变方案三：减量加移位方案。投食仅原来的一半分量，但同时将投食口移到踏板附近。结果呢，小猪和大猪都在拼命地抢着踩踏板。等待者不得食，而多劳者多得。每次的收获刚好消费完。

对于游戏设计者，这是一个最好的方案。成本不高，但收获最大。

资料来源：詹承豫. 从这里出发——娱乐管理的99个故事[M]. 北京：中国建材工业出版社，北京赛迪电子出版社，2004．

（4）完成了任务就要给予相应的允诺和待遇。如果做不到这一点，绩效考核也就没有了任何意义。

2. 如何实现销售人员绩效考评的公平性

（1）正直、公正的领导与奖罚分明的企业文化。销售经理在管理上一定要公正、公平，这是销售人员绩效考核公平的基础，没有这一点，任何好的制度和标准都无济于事。对于这一点，一个经典的例子就是我们大家都熟悉的包公，虽然自己的侄子犯了国家法纪，他同样用铡刀把侄子处以死刑。还有就是曹操，在英雄比武大会上，他手下的大将曹洪和许储争执不下，大打出手，曹操没有因为曹洪是自己的亲属而偏袒，最后还是把奖励给了略胜一筹的许储。

（2）清晰的市场战略与政策。一个企业没有清晰的市场战略和政策，是很难保证销售人员绩效考核的公正性的，因为市场战略直接决定了销售人员在企业市场开发中的职能和工作方向。

一些企业在考核销售人员时往往只关注销售额、利润、回款等指标，却没有对应的市场战略与政策相支持。这些销售指标经常定得很高，而产品竞争力又不强，提供的广告支持又很少，最后销售任务没有完成就把原因归结为销售人员绩效不良。这样实际上对销售人员是不公平的。

（3）销售人员明确的职能定位。有了清晰的市场战略和政策之后，就很容易确定销售人员的职能定位了，对销售人员的考核方向也就明确了。

【案例点击 7-1】顶益集团的市场战略与销售人员职能定位

在 1998 年之前，整个市场处于卖方市场，顶益集团的市场策略是靠经销商把"康师傅"产品塞满终端渠道，消费者自然就买了。此时销售人员的职能就是和经销商处理好关系，让经销商尽可能多地进货，直至把所有的货都塞入了经销商的仓库，销售人员任务就算完成了，而企业的市场目标也就达成了。

但是 1998 年之后，由于竞争者绕过第一级经销商而直接和第二级经销商打交道，这样就堵塞了顶益集团一向倚重的一级经销商的商品流通渠道，大批的货品堆积在仓库里而无法到达二级经销商，更无法到达终端。在此情况下，顶益集团及时将市场策略转向对终端渠道抢夺。在这种策略下，销售人员的职能不再是去和经销商打交道，而是要去和终端渠道（包括便利店、士多店和小卖店等）打交道，要保证每个终端店里都有"康师傅"的产品卖。如果在所负责的辖区内终端店里没有摆上"康师傅"产品，那就是这个销售人员的失职。因此销售人员的目标就是保证"康师傅"产品占领终端，再配以公司的广告、产品定价等措施最后达成销量。

如果没有以上明确的市场策略和销售人员的职能定位，顶益集团对销售人员的考核不仅谈不上公平性，而且是无论如何也是难以达成市场目标的。

（4）合理的业绩指标与标准化的考核标准。在有了明确的市场策略和清晰的销售人员职能定位之后，还需要有针对性地设定与之匹配的绩效考核指标。如果企业希望销售人员以自己的能力、技巧、方法和手段来达成销售额，考核指标就可以简单地设定为销售额、回款额等。而如果希望与客户维持长久的合作关系，那么客户满意度、投诉率等指标就要列入考核范围。

由于企业在各个区域市场上采取的营销策略不尽相同，如对于成熟市场可能会以达成销售额为主，而对于新开发的市场则会以渠道建设为主，这就需要制定标准化的业绩衡量标准，以便有效地平衡销售人员工作业绩和个人努力程度之间的关系。

（5）制定与绩效考评体系相匹配的薪酬政策。保证销售人员绩效考评公平性的最后一个方面就是制定与绩效考评体系相匹配的薪酬政策。

【管理故事 7-4】黑熊与棕熊比赛采蜜

黑熊和棕熊喜食蜂蜜，都以养蜂为生。它们各有一个蜂箱，养着同样多的蜜蜂。有一天，它们决定比赛看谁的蜜蜂产的蜜多。

黑熊想，蜜的产量取决于蜜蜂每天对花的"访问量"。于是它买来了一套昂贵的测量蜜蜂访问量的绩效管理系统。在它看来，蜜蜂所接触的花的数量就是其工作量。每过完一个季度，黑熊就公布每只蜜蜂的工作量；同时，黑熊还设立了奖项，奖励访问量最高的蜜蜂。但它从不告诉蜜蜂们它是在与棕熊比赛，它只是让它的蜜蜂比赛访问量。

棕熊与黑熊想的不一样。它认为蜜蜂能产多少蜜，关键在于它们每天采回多少花蜜，花蜜越多，酿的蜂蜜也越多。于是它直截了当地告诉众蜜蜂它在和黑熊比赛，看谁产的蜜多。它花了不多的钱买了一套绩效管理系统，测量每只蜜蜂每天采回花蜜的数量和整个蜂箱每天酿出蜂蜜的数量，并把测量结果张榜公布。它也设立了一套奖励制度，重奖当月采花蜜最多的蜜蜂。如果一个月的蜂蜜总产量高于上个月，那么所有蜜蜂都受到不同程度的奖励。

一年过去了，两只熊查看比赛结果，黑熊的蜂蜜不及棕熊的一半。

黑熊的评估体系很精确，但它评估的绩效与最终的绩效并不直接相关。黑熊的蜜蜂为尽可能提高访问量，都不采太多的花蜜，因为采的花蜜越多，飞起来就越慢，每天的访问量就越少。另外，黑熊本来是为了让蜜蜂搜集更多的信息才让它们竞争，由于奖励范围太小，为搜集更多信息的竞争变成了相互封锁信息。蜜蜂之间竞争的压力太大，一只蜜蜂即使获得了很有价值的信息，比如某个地方有一片巨大的槐树林，它也不愿将此信息与其他蜜蜂分享。

而棕熊的蜜蜂则不一样，因为它不限于奖励一只蜜蜂，为了采集到更多的花蜜，蜜蜂相互合作，嗅觉灵敏、飞得快的蜜蜂负责打探哪儿的花最多最好，然后回来告诉力气大的蜜蜂一齐到那儿去采集花蜜，剩下的蜜蜂负责贮存采集回的花蜜，将其酿成蜂蜜。虽然采集花蜜多的能得到最多的奖励，但其他蜜蜂也能得到部分好处，因此蜜蜂之间远没有到人人自危相互拆台的地步。

请问：为什么拥有同样数量的蜜蜂，棕熊收获的蜜却比黑熊多得多呢？

资料来源：詹承豫. 从这里出发——娱乐管理的99个故事[M]. 北京：中国建材工业出版社，北京赛迪电子出版社，2004.

项目2　熟悉销售人员绩效考评的内容

任务1　熟悉销售绩效考评的内容

1. 销售绩效考评的内容

销售绩效考评涉及两个方面的内容：一是对销售队伍整体绩效的考评；二是对销售人员个人业绩的考评。一般来说，对销售队伍整体绩效的考评包括三个方面：销售分析、成本分析及资产回报分析。对销售人员个人业绩考评包括客观考评和主观考评两个方面。

销售分析、销售成本分析以及资产回报分析是用以衡量整体销售努力的重要指标体系。通过对这些指标的考核，可以衡量销售部门的销售努力是否达成了该部门的营销目标，以及实际绩效与目标绩效的差距。

2. 销售人员个人绩效考评的内容

虽然对销售队伍整体绩效的考评有助于了解销售人员个人业绩情况，但是仅靠这些信息是远远不够的。因为这些指标反映的是销售团队整体绩效水平，不能真实客观地反映每一个销售人员为整体绩效付出的努力。因此，为保证销售人员个人薪酬支付的公平性，有必要对销售人员个人绩效予以考评。

对销售人员个人绩效考评可以从投入和产出两个方面进行，前者主要考核销售人员个人工作努力程度，后者主要考核其工作业绩。这两部分考核内容见表7-1。

表 7-1　销售人员个人绩效考评内容

产出指标	投入指标
（1）订单完成情况 ● 完成订单数量 ● 订单平均规模 ● 取消的订单数量 （2）客户建设情况 ● 现有客户数 ● 新增客户数 ● 流失的客户数 ● 逾期不付货款的客户数 ● 预期潜在客户数	（1）销售访问 ● 访问次数 ● 计划内访问次数 ● 计划外访问次数 （2）工作时间及时间管理 ● 工作天数 ● 每天销售访问次数 ● 销售时间与非销售时间比 （3）费用 ● 总费用 ● 明细费用 ● 费用占实际销售额的百分比 ● 费用占销售预算的百分比 （4）非销售活动 ● 寄出推销信的数量 ● 拨打推销电话的数量 ● 提出正式销售建议的数目 ● 举办广告展示会的次数 ● 与分销商/经销商会晤次数 ● 访问分销商/经销商的次数 ● 为分销商/经销商开办培训班次数 ● 服务访问次数 ● 收到客户意见的数量 ● 收到逾期欠款的数额

资料来源：熊银解，查尔斯·M. 富特雷尔，张广玲. 销售管理 [M]. 3 版. 北京：高等教育出版社，2010.

📍 任务 2　熟悉销售人员业绩之外的考评要素

前面我们熟悉了销售人员绩效考评的业绩考核的内容，但在实际工作当中，仅凭销售人员的业绩就给其一个"优、良、中、合格或差"的评价是不科学的。在对销售人员的个人考评当中，我们不能忽视其他一些因素对销售业绩的影响。为客观、公正和全面地评价一个销售人员，下面介绍一种针对一线销售人员的"三维度评价法"，以配合销售人员的业绩评价。

所谓三维度评价法，就是从三个方面对销售人员进行评价的方法。在实际针对企业销售队伍的运作当中，这种评价方法的思路很清晰，运用效率也很高。

三维度评价法主要是从以下三个方面来对销售人员进行评价的：第一，销售人员的个性因素，就是看个性是否适合所从事的销售工作；第二，销售人员的动力性因素，是看工作是否积极、主动；第三，销售人员的能力性因素，是看业务技能是否能够达到销售岗位所应达到的要求。

1. 个性因素

在三维度的评价中，个性因素是最重要的，也是最难以培养的。销售人员应具备以下个性特点。

（1）自信。自信是销售人员应该具备的非常重要的一个特点。自信的销售人员相信自己可以做好销售，可以取得好收入，可以成为销售冠军，即使做得不好，他们也不会怀疑自己的能力，而会认真地寻找失败的原因。

（2）平等意识。一个好的销售人员，他发自内心地认为，自己与客户是平等的，这种平等意识是与生俱来的。有了这种平等意识，客户购买了公司的产品后，销售人员就会觉得心安理得。销售人员会认为，客户买我的产品是因为我的产品具有优点，我的产品具有很好的售后服务，客户的货币与产品是等价的交换。而有些销售代表，他会在潜意识里觉得比客户低一等，客户购买他的产品，是看得起他。这样的销售人员，签到单子会认为自己是天底下最幸运的人，而面对挫折与失败，就会很快陷入自暴自弃的泥潭。

【案例点击7-2】平等意识

有一个朋友从事的是针对政府部门电脑系统安全监控产品的销售，他的客户群体是政府部门，他经常与局长、厅长、市长甚至从中央派下来的一些领导打交道。有一次我问他，与这些人打交道心里有没有压力？他很干脆地说："一点也没有！他们做他们的官，我做我的销售，不管什么头衔，我们是公平交易，我都一视同仁。"我觉得这个销售人员能够成功的因素之一，就是他具有与客户平等的意识。

（3）漠视挫折。挫折失败，对于销售人员来说，简直是家常便饭，一帆风顺的订单很少有。因此，对于一个销售人员来说，漠视挫折的个性是非常重要的。

（4）好争胜负。成功的销售人员还要具有好争胜负的个性。具有好争胜负个性的销售人员永不言败，在遇到挫折时，他不甘心失败，会想尽各种办法把业务做好。这种人也喜欢与自己的同事在业绩、待遇、荣誉等方面进行比较，总想在各方面超过别人。好争胜负，对于销售人员来说，是一种积极的心理状态。

【小知识 7-3】个性不适合"做销售"的四类人

- 艺术家般的伤感。这类人往往表现为郁郁寡欢，多愁善感，终日不露笑容，常为一些小事的得失或自己的小过失而耿耿于怀、烦恼不已。敏感忧郁的销售人员，遇到挫折很容易自卑自责，做内部归因，责备自己。对外部事物不感兴趣，对自己、对事物的估计多是悲观低调的。不好交往，精神萎靡，倦怠无力。主动的市场动作很少，总是到万不得已时才会与客户主动沟通。
- 精灵般的敏感。过分敏感的人，在与人交往中，往往会拿出全部热情，但受挫折时又容易消沉、失望。这种人对环境过分敏感，客户的一个小动作，对他的伤害都会很大。
- 嬉皮士般的不负责任。这种人可能是家境较为优越，没有生活的压力。此类性格的人做任何事情都是凭兴趣，有兴趣的时候，活干得非常不错，可当情绪低落或兴趣转移的时候，工作就糟得一塌糊涂。另外，此类员工平时总是喜欢丢三落四，出去拜访客户时不是忘记带名片就是带错方案。
- 没落贵族般的心理落差。此种性格的人，自认为高出他人一等，从潜意识上瞧不起别人，也瞧不起客户。平时工作体现出的特点就是"不耐烦"，表现为烦恼、焦躁、易怒、经常抱怨，严重的还会失控而向别人挑衅。对客户缺乏耐心和理解，因而很难赢得客户的信赖。

资料来源：秦毅. 金牌销售经理 [M]. 北京：北京大学出版社，2011.

2. 动力性因素

动力性因素其实就是指销售人员对待工作的态度，这种态度通常分成四个等级：积极、随机、懒散和抵触。

积极的销售人员工作态度积极主动，工作热情很高，不需要销售经理的督促。

随机是仅次于积极的工作状态，销售人员的工作动力随着业绩的好坏而时好时坏。这个月单子很顺、业绩突出时，销售人员的工作情绪就会高涨；相反，业绩做差了，销售人员就像霜打的茄子，无精打采，需要经理的调整才能比较好地进入工作状态。

懒散的销售人员的工作表现是：即便经理督促劝导，他还是整天无精打采，好像没有什么东西可以刺激他，只有不得已时才工作，即使打电话也是懒洋洋的，恨不得赶紧谈完挂断。懒散的状态并非不可调整，销售人员周期性的懒散可能是由于工作之外的事情影响。

抵触是指员工发自内心地讨厌销售工作，他之所以当初选择这个岗位，可能是因为不了解或是无奈之举。产生抵触的原因，最多的是来自个性不符，除此之外，还可能是销售人员对公司文化不认同，或者对管理者的管理方式比较抗拒。

3. 能力性因素

评价销售人员的能力可以从三个方面进行：知识、技能和习惯。

知识包括产品知识、客户知识、市场知识和工作流程知识等。

技能包括沟通技能、产品推介技能、判断能力和促单能力。

习惯是指销售人员在平时的业务活动中养成的，与客户打交道的方式或常规攻单的行为模式。如销售人员是习惯于从客户的下层开始攻单，还是习惯于高层拜访；与客户打交道的时候，是习惯于一上来就卖产品，还是先了解客户的需求，然后再推销其产品。

任务3 了解销售人员绩效考评的误区

1. 误区一：只看业绩，一票否决

【案例点击7-3】王经理的悔恨

王先生是某公司的销售部经理，这家公司是摩托罗拉工业监控系统设备在大中华地区的独家代理。王先生和他的销售团队所要面对的客户群非常复杂。他们首先要从政府或银行方面获得项目的信息，然后还要做相关工程设计院的工作，最后再花非常多的时间与直接的客户单位打交道，这样才能实现一个项目的完美销售。

王先生近些日子经常为自己三个月前解聘一个员工的事而后悔，因为直到最近他才发现这名员工的潜质和对公司的价值。

那名员工姓李，去年来到公司，在公司正好工作了半年。第一个月基本上是熟悉公司的业务和产品，从第二个月开始，小李开始跟着老业务员跑业务，并且也开始独立承接一些项目。小李人比较聪明，他从不贸然地去拜访客户，而是在前期尽量从外围多了解客户的有关信息，然后再出手。又过了两个月，小李基本上已经能独立开展业务了，他所负责的城市供水系统的客户也有了些起色。

但是，或许是小李的运气太差了，他一直在做的某城市民用自来水改造系统因为世界银行贷款方向可能要调整，项目被无限期地搁置了。一下子，小李近五个月的工作面临无果而终的局面……

老实说，王经理对小李的工作方式一直有些看法，因为他比较喜欢行动力、服从意识都比较强的人。面对当前的局面——小李的半年业绩为零，主要在做的一个项目现在也变得遥遥无期了。王经理思前想后，觉得做销售就是做业绩，没有业绩并且也说不清楚什么时候才会有业绩，就证明小李在公司存在的价值不大了。

但是到了现在，也就是小李被辞退后的三个月，世行的贷款经重新审批终于下来了，王经理亲自做了这个项目。经过深入接触了客户以后王经理才知道，原来小李无论是在客户关系还是公司产品推荐方面，都做了很多卓有成效的工作，得到了客户非常高的评价，使后期的工作很快就顺利展开了。王经理此时才意识到，因为他"业绩一票否决的判断方式"，使他错过了一个非常有潜质的销售精英。

带着一丝侥幸的心理，有一天，王经理拨通了小李的电话，可是结果令王经理不仅失望而且后怕，因为小李在一阵寒暄后告诉王经理，他已经加盟了另外一家公司，这家公司所面对的是同一个客户群，经营的是德国西门子公司类似的产品……

资料来源：秦毅. 金牌销售经理[M]. 北京：北京大学出版社，2011.

2. 误区二：评价时忘了组织的目标

与刚才的"业绩一票否决"相反，有的销售经理判断下属时，只看对方是否卖力而

忽视了对方的综合能力基础。这种经理很容易被对方所谓的"工作积极性"和"团队归属感"所"迷惑",全然忘记了销售部的目标是实现公司近期与长远的业绩。

3. 误区三:对人的判断情绪化

有些销售经理判断业务代表的标准是这些业务代表的行为方式或习惯是否与自己的一致。如果一致,就觉得这个人合适,有发展,能干长久;如果不一致,甚至是相反,就对自己说:"这个人不行,太傲,不好控制,肯定干不长久,晚走不如早走!"从而匆匆下结论。

4. 误区四:因不自信而导致评价扭曲

【案例点击 7-4】忙碌的背后

作为销售二部的经理,老庄从早忙到晚。

从客户接洽到出建议书、跟进到最后落单,几乎所有的 5 万元以上的单子,都是庄经理亲自操作的。

庄经理没有下属吗?不是!庄经理的销售部有四个业务员,但是每个人目前能起到的作用,就是做庄经理的助理。这些销售代表有的从业经历也不短了,但是能力始终不行,有的都来了快一年了,连产品的实际功效都说不清楚。

既然这些人的能力不行,为什么不招聘有潜质的销售人员呢?"我们也招过好几次,可是都不行,工作不卖力,我根本就管不了他们,最后都走了!"庄经理如是说。

事实果真如此吗?人力资源部的张经理是这样描述的:"老庄人不错,工作也挺卖力,可就是有点'武大郎开店'。生怕新人过来以后,未来会超过自己,威胁到自己经理的位子。我看老庄判断下属就一个标准,那就是这个人是否未来会对自己产生威胁。如果是,就想办法让他走;如果听话,就让他在自己做项目的时候打杂儿,所以有潜质的人在销售二部根本就留不住。老庄现在整天从早忙到晚确实挺辛苦,但他倒是'乐此不疲',我看他这种状况也长久不了,因为公司对二部的业绩期望越来越高,我看他的精力已经接近极限。"

资料来源:秦毅. 金牌销售经理[M]. 北京:北京大学出版社,2011.

5. 误区五:考核是为了传递压力,并利用压力实现企业目标

这种思路弱化了文化、动力及引力在考核与激励中的作用。现代人力资源管理中的绩效考评,强调"三力合一":一个是压力,另一个是动力,最后一个是引力。在绩效考核的过程当中,应该实现这三力的结合,尽量把压力减少,扩大动力和引力。所谓"引力",就是提高企业的文化和企业的愿景对员工的感召力;所谓"动力",就是引导员工将个人职业生涯发展与企业未来结合起来。在销售人员绩效考评当中,动力应该占到 70%,压力和引力各占 15%。

【小知识 7-4】绩效考核不是什么

- 定期填填表。
- 在企业业绩滑坡时使用的手段。

- 作为奖励或惩罚的借口。
- 促使员工努力干活的棍子。
- 表现经理对员工有所作为。

项目3 掌握销售人员绩效考评的方法

任务1 掌握常用的销售人员绩效考评方法

销售人员绩效考评方法的选择直接影响评价结果的准确性与客观公正性,因此,必须根据考核的内容和考核目标选择合适的绩效考评方法。销售人员绩效考评方法必须具有信度、效度与普遍性。常用的销售人员绩效考评方法有以下几种。

1. 图尺度考核法(Graphic Rating Scale,GRS)

图尺度考核法是最简单和运用最普遍的绩效考核技术方法之一,一般采用图尺度表填写打分的形式进行。图7-1是一个简单的图尺度考核法示意图。

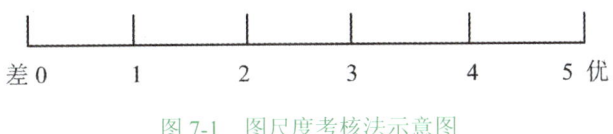

图7-1 图尺度考核法示意图

2. 交替排序法(Alternative Ranking Method,ARM)

交替排序法是一种较为常用的排序考核法。其原理是:在群体中挑选出绩效表现最好的或者最差的,然后挑选出"第二好的"与"第二差的",这样依次进行排序,直到将所有的被考核人员排列完为止,从而得到最后的绩效优劣排序结果。

3. 配对比较法(Paired Comparison Method,PCM)

配对比较法是一种更为细致的、通过排序来考核绩效水平的方法,它的特点是每一个考核要素都要进行人员间的两两比较和排序,两者中优胜一方得1分,另一方得0分;在每一个考核要素下,每一个人都和其他所有人进行两两比较,得出该项分数;最后对每人各考核要素的得分加总,得出每个员工的业绩考评分。

4. 强制分布法(Forced Distribution Method,FDM)

强制分布法是在考核进行之前就设定好绩效水平的分布比例,如获得优、良、中、合格和不及格考核等级的人数比例分别为10%、20%、30%、30%和10%,然后根据各员工的工作表现将其评定为不同等级。

5. 关键事件法(Critical Incident Method,CIM)

关键事件是使工作成功或失败的行为特征或事件(如成功与失败、盈利与亏损、高效与低产等),关键事件法是一种通过员工的关键行为和行为结果来对其绩效水平进行评定的方法。

关键事件法是客观评价体系中最简单的一种形式,由美国学者弗拉赖根和贝勒斯在

1954 年提出的,通用汽车公司在 1955 年运用这种方法获得成功。它是通过对工作中最好或最差的事件进行分析,对造成这一事件的工作行为进行认定从而做出工作绩效评估的一种方法。这种方法的优点是针对性比较强,对评估优秀和劣等表现十分有效;缺点是对关键事件的把握和分析可能存在某些偏差。

6. 行为锚定等级考核法(Behaviorally Anchored Rating Scale,BARS)

行为锚定等级考核法是一种以工作行为典型情况为依据进行考评的方法。其基本思路是:描述职务工作可能发生的各种典型行为,对行为的不同情况进行度量评分,在此基础上建立锚定评分表,作为员工绩效考评的依据,对员工的实际工作行为进行测评给分。

7. 目标管理法(Management By Objectives,MBO)

目标管理法是指由下级与上司共同决定具体的绩效目标,并且定期考核目标完成情况,并以此作为确定员工绩效评价等级和对其进行奖励或处罚的一种绩效考评方法。

8. 叙述法

在进行考核时,以文字叙述的方式说明事实,包括员工以往工作取得了哪些明显的成果,工作中存在哪些不足和评价结论等。

9. 360°考核法

在对某员工进行考核时,通过同事评价、上级评价、下级评价、客户评价以及个人评价来综合评定其绩效水平的一种绩效考评方法。

【案例点击 7-5】某通信公司销售人员的绩效考评指标体系及考评办法

1. 月度考评指标体系及考评办法

(1)业绩指标。第一个月根据业务分管区域市场特点,暂定一个目标销量,根据当月完成比例乘以基准分 100,为当月业绩得分,其计算公式为:当月业绩得分=当月个人销量/本月目标销量×100,即考评基本得分。下月考核目标=(本月计划+实际完成)/2,每月据此计算出下月考核目标。若遇到管辖区域变化和产品种类变化,同时调整所发生月的考核目标。本项指标上不封顶下不封底。如果对独立经营的分公司负责人进行考核,所有业绩类指标适合采用利润来代替销量。

(2)客户建设指标。考虑到易操作性,本指标主要考核易量化的原有客户和新增客户数目的增减变化,所有当月与公司直接发生贸易往来(有利于鼓励企业渠道的扁平化和提高渠道的掌控性)的客户方视作本月有效客户,对于当月与上月相比有效客户每减少一个负激励 1 分,每增加一个客户正激励 1 分。本项指标考评分值范围为 ±5。

(3)终端建设指标。硬环境,按照 ABC 分类法将考核区域目标客户分类,按照二八原则(每 20% 店实现了 80% 的销量,80% 的店实现了 20% 的销量)重点考核 A 类和 B 类店的形象建设,包括 POP 海报位置是否醒目、是否生动化等。软环境,重点 A 类和 B 类店的店员主推性,同类产品店员是否向顾客第一推荐。每店每项指标达标正激励 1 分,否则负激励 1 分。本项指标考评分值范围为 ±10。

(4)执行效率指标。对于当月上级临时统一要求贯彻执行的任务是否及时按量完成,每滞后一次负激励 1 分,封底 –10 分;当月无滞后正激励 1 分,连续三个月无滞后则从第4个月起正激励2分。

（5）工作纪律指标。对于公司统一要求的规章制度（如考勤、销售报表报送等），每发生一次滞后负激励1分，封底–10分；当月无发生正激励1分，连续3个月无违反则第4个月起正激励2分。

（6）超期款指标（主要针对那些负责的客户有款期的考核对象）。对于这些客户的款期一定要有明确的回款期限，否则就易形成呆账，本项指标也就无法执行。对于超期款按天累计金额，月底汇总，每一万元给予1分（具体分值可根据企业历史数据进行测定）的负激励，封顶20分，严重的还可增加滞纳金考核。

（7）团队建设指标（本项指标主要针对业务主管以上人员）。主要由团队凝聚力、团队业绩提升、团队培养三个方面组成。如果所管辖的下级人员在5人以上可采用不计名的民主评议的方式来实现；否则采用团队人员数量是否减小、团队业绩是否增长、团队是否涌现销售状元来评定。本项指标考评分值范围为 ±5。

（8）贡献系数调整。考虑每个区域市场考核目标起点不一样，对整体贡献程度也不一样，特设置本指标予以调整。方法一（适合对人数众多的基层销售人员考评使用）：本指标考评分值范围为 ±5分，按照个人当月实际销量与同一层次考核对象的平均销量的比值，大于1则为正激励，比值乘以5；小于1则为负激励，比值乘以-5。方法二（适合对区域经理或分公司的考评使用）：以上各项考评综合得分加上考评对象当月实际销量（或利润）占整体当月销量（或利润）的百分比乘以调整系数（整体考核对象数量N/(N+1)）即为贡献调整后的考评最后综合得分。

（9）月度考核。每月考评按业绩完成比例得到基本分，然后在此基础上进行其他各项评分加减，并进行贡献系数调整，最后得分为本月度销售人员考评最后综合得分，乘以薪资标准。

2．月度奖项

状元奖励：设立销售状元奖和最佳销售团队奖，邀请获奖人在月度总结会上做经验介绍，并当场颁发奖励，建议对个人的奖励是现金，对团队是集体活动，如×××一日游等。

费用控制奖：根据不同产品的毛利情况设置不同的单台费用标准乘以销量减去电话费和差旅费用等个人费用，所得节约额的70%奖予个人，对于超额的30%由个人承担。所有费用必须是合理的支出。

3．季度考评

高增长奖：对于连续三个月个人业绩平均增长率达到50%以上，可申请晋升工资级别一级或可参加竞聘上一级岗位。

晋升奖：对于个人贡献达到人均贡献率的2倍以上者，或对于个人业绩连续三个月平均增长率达到50%以上，并且个人贡献率不低于人均贡献率者，可申请增加助手一名；若在将来几个月仍能保持连续三个月平均10%以上的业绩增长，则可申请岗位晋升一级；若业绩出现下降则立即撤回助手，否则可考虑保持现状。

淘汰制：对于连续三个月考评分低于80分者可考虑降级、换岗或待岗；对于连续三个月考评分低于60分者可考虑淘汰。

任务 2　了解销售人员绩效考评的信度与效度问题

在销售人员绩效考评方法的应用中，考核方法的信度和效度是确保考核结果客观公正的关键问题。在此，有必要对其进行简单介绍。

1. 信度

信度是指考核结果的一致性和稳定性程度，即用同一考核方法和程序对员工在相近的时间内所进行的两次测评结果应当是一致的。

影响考绩信度的因素有考核者和被考评者的情绪、疲劳程度、健康状况等。也有与考核标准有关的因素，如考核项目的数量和程序忽略了某些重要的考核维度，不同的考核者对所考核维度的意义及权重有不同的认识等。为了提高考绩的信度，在进行考核前应首先对考核者进行培训，并使考核的时间、方法与程序等尽量标准化。

2. 效度

效度是指考核结果与真正的工作绩效的相关程度，即用某一考核标准所测到的是否是真正想测评的东西。

为了提高考绩的效度，应根据工作职责设置考核的维度和每一维度的具体考核项目；在充分调查研究的基础上确定每一项目等级设定的级差数以及不同维度的权重数。

单元小结

绩效考评也称成绩或成果测评，绩效考评是企业为了实现生产经营目标，运用特定的标准和指标，采取科学的方法，对承担生产经营过程及结果的各级工作人员完成指定任务的工作实绩和由此带来的诸多效果做出价值判断的过程。

从现代人力资源管理的角度看，绩效管理是一项于员工、于企业、于社会都非常有意义的工作。

销售绩效考评涉及两个方面的内容：一是对销售队伍整体绩效的考评；二是对销售人员个人业绩的考评。一般来说，对销售队伍整体绩效的考评包括三个方面：销售分析、成本分析及资产回报分析。对销售人员个人业绩考评包括客观考评和主观考评两个方面。

对销售人员个人绩效考评可以从投入和产出两个方面进行，前者主要考核销售人员个人工作努力程度，后者主要考核其工作业绩。

在对销售人员个人考评当中，我们不能忽视其他一些因素对销售业绩的影响。为客观、公正和全面地评价一个销售人员，我们介绍一种针对一线销售人员的"三维度评价法"，以配合销售人员的业绩评价。

三维度评价法主要是从以下三个方面来对销售人员进行评价的：第一，销售人员的个性因素，就是看个性是否适合所从事的销售工作；第二，销售人员的动力性因素，是看工作是否积极、主动；第三，销售人员的能力性因素，是看业务技能是否能够达到销售岗位所应达到的要求。

常用的销售人员绩效考评方法有以下几种：图尺度考核法、交替排序法、配对比较法、强制分布法、关键事件法、行为锚定等级考核法、目标管理法、叙述法和360°考核法。

在销售人员绩效考评方法的应用中，考核方法的信度和效度是确保考核结果客观公正的关键问题。

核心概念

绩效考评 产出指标 投入指标 三维度评价法 图尺度考核法 强制分布法
关键事件法 行为锚定等级考核法 目标管理法 360°考核法

实训设计

项目：学习设计销售人员绩效考评方案。

目的：理论与实践相结合，通过了解销售管理实践加深对理论知识的理解。

内容：以自己熟悉的某一企业为个案，为其设计一个可行的销售人员绩效考评方案。

步骤：

（1）选取自己熟悉的某一企业。

（2）通过文献调查、深度访谈、企业实习等方式，了解其销售人员绩效考评现状。

（3）分析该企业现有销售人员绩效考评方案存在的问题。

（4）根据该企业的实际情况，为其设计一个可行的销售人员绩效考评方案。

训练题

1．简述销售人员绩效考评的前提条件。
2．绩效管理的目标有哪些？
3．简述销售人员绩效考评的流程。
4．如何保证销售人员绩效考评的公平性？
5．试述销售绩效考评的内容。
6．试述销售人员业绩之外的考评要素。
7．举例说明销售人员绩效考评中常见的误区。
8．常用的销售人员绩效考评方法有哪些？其原理各是什么？
9．如何理解销售人员绩效考评中的信度与效度问题？

综合案例分析

××公司销售人员绩效考核方案

方案名称	销售人员绩效考核方案		受控状态	
			编　号	
执行部门		监督部门	考证部门	
一、考核原则 1．业绩考核（定量）+行为考核（定性）。 2．定量做到严格以公司收入业绩为标准，定性做到公平客观。 3．考核结果与员工收入挂钩。 二、考核标准 1．销售人员业绩考核标准为公司当月的营业收入指标和目标，公司将会每季度调整一次。					

2. 销售人员行为考核标准。
（1）执行遵守公司各项工作制度、考勤制度、保密制度和其他公司规定的行为表现。
（2）履行本部门工作的行为表现。
（3）完成工作任务的行为表现。
（4）遵守国家法律法规、社会公德的行为表现。
（5）其他。
其中：当月行为表现合格者为 0.6 分以上，行为表现良好者为 0.8 分以上，行为表现优秀者为满分 1 分。如当月能有少数突出表现者，突出表现者可以最高加到 1.2 分。
如当月有触犯国家法律法规、严重违反公司规定、发生工作事故、发生工作严重失误者，行为考核分数一律为 0 分。

三、考核内容与指标

销售人员绩效考核表见下表。

销售人员绩效考核表

考核项目		考核指标	权重	评价标准	评分
工作业绩	定量指标	销售完成率	35%	实际完成销售额 ÷ 计划完成销售额 ×100% 考核标准为 100%，每低于 5%，扣除该项 1 分	
		销售增长率	10%	与上一月度或年度的销售业绩相比，每增加 1%，加 1 分，出现负增长不扣分	
		销售回款率	20%	超过规定标准以上，以 5% 为一档，每超过一档，加 1 分，低于规定标准的，为 0 分	
		新客户开发	15%	每新增一个客户，加 2 分	
	定性指标	市场信息收集	5%	1. 在规定的时间内完成市场信息的收集，否则为 0 分 2. 每月收集的有效信息不得低于 × 条，每少一条扣 1 分	
		报告提交	5%	1. 在规定的时间之内将相关报告交到指定处，未按规定时间交者，为 0 分 2. 报告的质量评分为 4 分，未达到此标准者，为 0 分	
		销售制度执行	5%	每违规一次，该项扣 1 分	
		团队协作	5%	因个人原因而影响整个团队工作的情况出现一次，扣除该项 5 分	
工作能力		专业知识	5%	1 分：了解公司产品基本知识 2 分：熟悉本行业及本公司的产品 3 分：熟练地掌握本岗位所具备的专业知识，但对其他相关知识了解不多 4 分：掌握熟练的业务知识及其他相关知识	
		分析判断能力	5%	1 分：较弱，不能及时地做出正确的分析与判断 2 分：一般，能对问题进行简单的分析和判断 3 分：较强，能对复杂的问题进行分析和判断，但不能灵活地运用到实际工作中 4 分：强，能迅速地对客观环境做出较为正确的判断，并能灵活运用到实际工作中取得较好的销售业绩	

续表

考核项目	考核指标	权重	评价标准	评分
工作能力	沟通能力	5%	1分：能较清晰地表达自己的思想和想法 2分：有一定的说服能力 3分：能有效地化解矛盾 4分：能灵活运用多种谈话技巧和他人进行沟通	
	灵活应变能力	5%	应对客观环境的变化，能灵活地采取相应的措施	

四、考核方法

1．员工考核时间：下一月的第一个工作日。

2．员工考核结果公布时间：下一月的第三个工作日。

3．员工考核挂钩收入的额度：月工资的20%；业绩考核额度占15%，行为考核额度占5%。

4．员工考核挂钩收入的计算公式为：$Z = A \times \dfrac{X}{C} + B \times Y$，公式中具体指标含义见下表。

公式中具体指标含义

指标	含义
A	不同部门的业绩考核额度
B	行为考核额度
C	当月业绩考核指标
X	当月公司营业收入
Y	当月员工行为考核的分数
Z	当月员工考核挂钩收入的实际所得

5．员工考核挂钩收入的浮动限度：为当月工资的80%～140%。

6．员工挂钩收入的发放：每月员工考核挂钩收入的额度暂不发放，每季度发放三个月的员工考核挂钩收入的实际所得。

五、考核程序

1．业绩考核：按考核标准由财务部根据当月公司营业收入情况统一执行。

2．行为考核：由销售部经理进行。

六、考核结果

1．业绩考核结果每月公布一次，部门行为考核结果（部门平均分）每月公布一次。

2．员工行为考核结果每月通知到被考核员工个人，员工之间不应互相打听。

3．每月考核结果除了与员工当月收入有挂钩以外，其综合结果也是公司决定员工调整工资级别、职位升迁和人事调动的重要依据。

4．如对当月考核结果有异议，请在考核结果公布之日起一周内向本部门经理或行政人事部提出。

编制日期		审核日期		批准日期	
修改标记		修改处数		修改日期	

问题：

1．你觉得案例中××公司销售人员绩效考评方案科学吗？为什么？

2．××公司销售人员绩效考评方案对销售人员工作能力考核用的是什么考核方法？

3．××公司销售人员绩效考评方案没有说明考核结果的处理问题，据你所知，销售人员绩效考核结果的处理途径有哪些？

单元 8　销售过程管理

 **本章导读**

通过本单元学习，读者应能理解销售过程管理、销售过程管理的重要意义和销售经理在销售过程管理中的角色，了解企业在销售过程管理与控制中的常见问题，理解销售过程管理与控制的方向与要点，熟悉销售过程管理与控制的主要内容，掌握销售过程管理的基本工具和工具组合。

销售过程管理

知识点

★ 销售过程管理及销售过程管理的重要意义。
★ 销售过程管理与控制的方向与要点。
★ 销售过程管理与控制的主要内容。
★ 销售过程管理的基本工具和工具组合。

技能点

★ 能举例说明一般企业的销售管理过程。
★ 能结合本单元所学知识，将过程管理的工具和方法应用到自己的工作和生活中。
★ 能列举某企业因销售过程管理与控制出色而成功的案例。
★ 能结合自己熟悉的企业，为其设计一个销售过程管理体系。

素养点

★ 坚持唯物辩证法，在从事销售管理工作时正确看待过程和结果的辩证关系。
★ 目光长远，在从事销售管理工作时既要注重结果，也要注重过程。
★ 坚持辩证唯物主义因果律，"无因不能生果，有果必有其因"。只有脚踏实地，才能获得理想的结果。
★ 培养细致的工作态度，不放过工作中的每一个环节、每一个细节，以期获得最好的结果。

情境引入

兵者，国之大事，死生之地，存亡之道，不可不察也。

销售，其实就是一场没有硝烟的战争。一些以结果为导向的经理的口头禅就是："我不问过程，只看结果！"在这种思想的主导下，结果就可想而知了。

很多销售经理都知道，对于销售管理而言，只有通过过程控制，才能控制最终的结果。如果我们不管理过程只看结果，这可能只是一场赌博，注定输多赢少！

项目 1　理解销售过程管理

任务 1　理解销售过程管理的含义

1. 销售过程管理的含义

销售过程管理，也称作销售活动管理，或销售业务流程管理，是分解销售链的一连串的活动，并针对这些活动的作业流程进行管理，以确保企业中各种销售活动的执行成果能达到一定的水准和精确度，从而保持在市场上的竞争力。

2. 一般企业的销售过程管理解析

对于一般企业而言，销售目标是销售过程管理的起点和终点，因此销售过程管理就是对销售目标的管理，其过程应该包括销售目标的制定、销售目标的分解、销售目标的实施、销售目标的跟踪和销售目标的评估与考核等几个阶段，具体如图 8-1 所示。

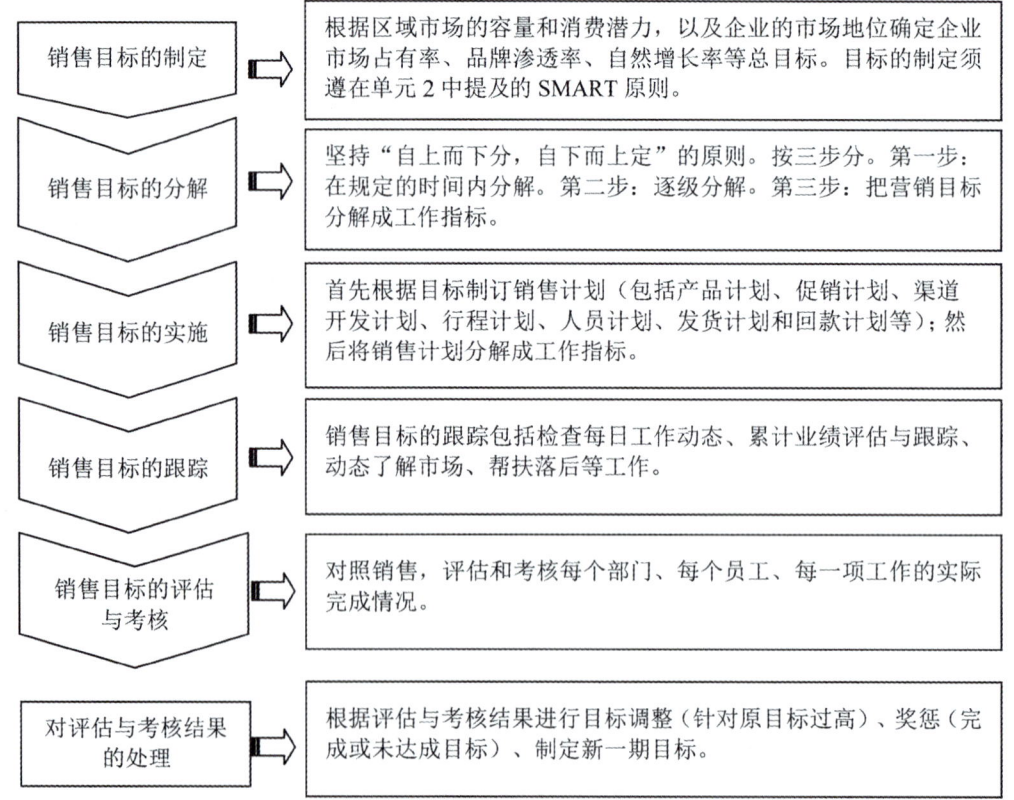

图 8-1　一般企业的销售过程管理解析

任务 2　理解销售过程管理的重要意义

在讨论销售过程管理的意义之前,我们先看一个小故事。

【管理故事 8-1】麻花姑娘的故事

有一对夫妇,以卖麻花为营生,由于他们的麻花炸得又香又脆,生意一直很不错。随着年龄的增大,老夫妻俩感到身体越来越吃不消,他们不得不开始考虑衣钵传承的问题。老夫妻俩膝下无子,独有一女。按照家族"传内不传外"的传统,这炸麻花的手艺也只能传给独生女儿了。

这女儿倒也孝顺,考虑到父母的苦衷和家族的遗训,很欣然地将家族的手艺继承下来了。这姑娘年纪不大,但做起生意来却是一把好手。不但活干得利索,为人也热情,因此人们都亲切地称她为"麻花姑娘"。

麻花姑娘继承了父母的手艺后,每天都在琢磨如何改进祖上的传统工艺,将麻花炸得更好吃。经过长时间的实验,有一天她终于炸出了让自己满意的麻花,当天的生意也是异常火爆。正当麻花姑娘信心十足,准备将家族基业发扬光大,顾客们津津乐道于这香脆可口的麻花时,麻花姑娘却沮丧地发现,她再也炸不出那日的好麻花了。

你知道这是为什么吗?

从以上故事我们可以得出一个结论,没有过程控制和管理,再好的结果都只能是随机出现和无法复制的。具体来讲,销售过程管理具有以下作用。

1. **销售过程管理是确保销售目标得以实现的重要保证**

辩证法的因果理论告诉我们,有什么样的"因",就会结什么样的"果",正所谓"种豆得豆,种瓜得瓜",如果一个销售经理疏于过程管理,你是无法相信他能率领团队如期完成目标的。

2. **销售过程管理是销售组织有序运转的机制保障**

一个销售组织的有序运转,是内部各部门、各员工、各流程按计划发生相互联系和相互作用的结果,保证这些要素能够有效发挥作用的重要机制必须靠销售过程管理驱动和调节。

3. **销售过程管理是提升销售人员素质的重要途径**

很难想象,一个管理混乱的销售组织能培养出高素质的销售人员。同样难以想象的是,一个人员素质低劣的销售团队能拥有高质量的客户群体。

4. **销售过程管理是对销售人员进行客观公正绩效考评的依据**

在单元 7 "销售人员绩效考评"中,我们提到保证考核公平性的基础是完整、准确的信息和数据。毫无疑问,高质量的信息数据只可能来源于严谨的销售过程管理。而销售人员绩效考评的公平性将直接影响到其报酬、晋升、奖惩等的公平性。

5. **销售过程管理是对销售过程进行有效控制的手段**

控制作为管理的四大职能之一,其核心思想就是对过程的管理。没有过程管理就谈不上控制，没有控制则人和组织都将是一盘散沙。换句话说，销售过程管理实际上就是通过对销售活动进行有效控制，使其朝预定的方向发展。

【管理故事 8-2】袋鼠从笼子里跑出来的秘密

有一天动物园管理员们发现袋鼠从笼子里跑出来了，于是开会讨论，一致认为是笼子的高度过低。所以他们决定将笼子的高度由原来的 3 米加高到 5 米。结果第二天他们发现袋鼠还是跑到外面来，所以他们又决定再将高度加高到 8 米。

没想到隔天居然又看到袋鼠全跑到外面，于是管理员们大为紧张，决定一不做二不休，将笼子的高度加高到 16 米。

一天长颈鹿和几只袋鼠们在闲聊，"你们看，这些人会不会再继续加高你们的笼子？"长颈鹿问。

"难说。"袋鼠说，"如果他们再继续忘记关门的话！"

资料来源：詹承豫. 从这里出发——娱乐管理的 99 个故事 [M]. 北京：中国建材工业出版社，北京赛迪电子出版社，2004.

任务 3　理解销售经理在销售过程管理中的角色

可以说，销售经理是销售过程管理的发起者、组织者和执行者，其承担着销售过程管理的主要责任。销售经理在销售过程管理中的职能如图 8-2 所示。

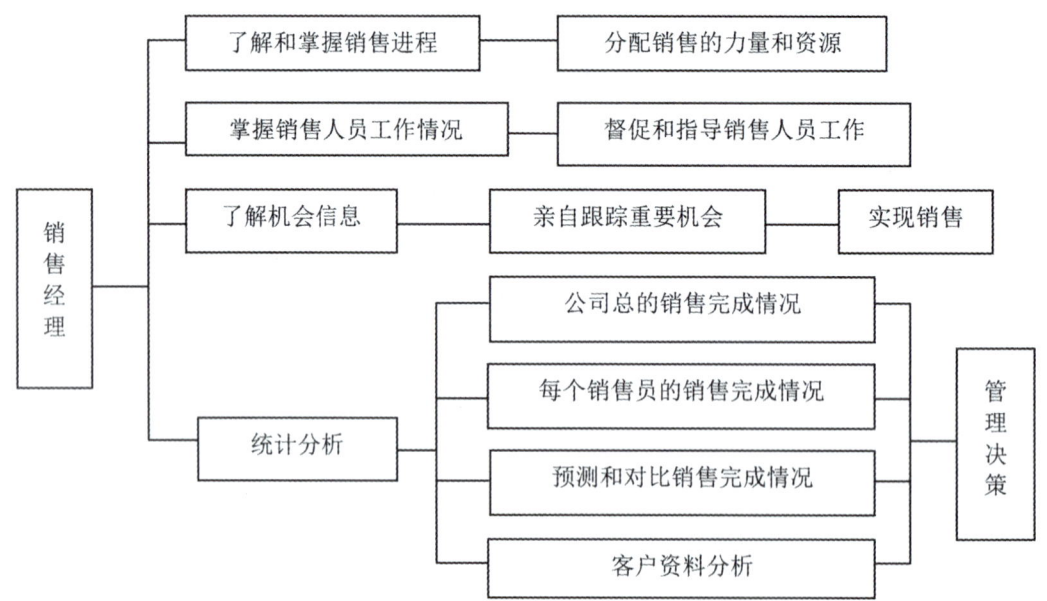

图 8-2　销售经理在销售过程管理中的职能

项目2 熟悉销售过程管理与控制

任务1 了解企业在销售过程管理与控制中的常见问题

具体来讲，企业在销售过程管理与控制中的常见问题可以归纳为以下几个方面。

1. 管理思路和目标不明确

许多销售经理都知道，对销售过程的管理与控制非常重要，那么为什么重要？这个问题听起来简单，但其实并非如此。

针对"为什么要控制"这个简单问题，很多销售经理都容易犯以下两类低级错误。

（1）为控制而控制。很多销售经理认为："我给你们开着薪水，我就应当掌握你们每天都在干什么，干到了什么程度……"于是对下属的日常活动进行严格控制：每天早会必须汇报当天的工作计划，夕会时还要对工作情况进行回顾，看看今天的任务都完成了没有，空余的时间干什么去了，如果认为某个业务员今天的日程安排得不够满，还要发火。

因为销售经理带着一种莫名其妙的情绪去控制销售队伍，所以不仅自己非常累，下属也极其反感。

（2）仅仅为业绩而控制。还有一部分销售经理认为，控制的目的是完成业绩，凡是与业绩没有直接关系的事情，全部甩掉。管理表格全部废止，让大家汇报销售信息。哪有了订单的信息，就一头扎进去，恨不得控制到下属的一言一行。结果发现，对有的项目的过分干预严重束缚了下属的手脚，而有的项目又因为下属没有报告而被忽略。如此这般，管理和控制的效果就可想而知。

2. 管理与控制的方法不够系统和全面

有的销售经理非常重视对早会和夕会的控制，每天都要开很长时间的例会。可逐渐显露出的问题是，大家对市场上的很多情况、心里的很多实质的想法，并不愿意在大庭广众的会议上谈，而在会议上说出来的，大部分都是走形式的简单汇报。

因为很多实质的一线情况通过例会的办法并没有收集上来，所以在遗漏了很多重要信息的情况下，销售经理的很多市场决策都存在着巨大缺陷，很多关键客户和信息，也没有掌握住。还有一些销售经理很重视表单，他们把表单设计得非常详尽，恨不得让业务代表把每天的"行动流水账"都体现到表单上，可到后来他们都发现，表单里面居然有一半内容是充数，甚至是编造的，结果也同样令这些销售经理大失所望。

以上这两种情况，管理与控制的方法不够系统和全面，从而导致信息收集不全或信息失真。

3. 管理与控制的方向和尺度把握不当

在销售过程的管理与控制中，管控的重点在哪里，管控的力度到底是紧一点还是松一点，对很多销售经理而言都是最难把握的。

销售模式不同，管控的方向和尺度应该有所区别。对日用消费品的销售来说，通常要求对销售活动的管控程度要高些，即强调业务员的拜访量，要求业务员拜访客户的数量足够多，尽量使一天的拜访日程安排得满一些。对工业用品销售来讲，对订单机会的管控程度要高一些，即强调发现销售机会、跟进销售机会和把握住销售机会。在工业用品销售模式下，管控销售队伍都以销售机会的管控为基础，销售经理绝大部分时间要和销售人员共同探讨如何发掘某个订单、如何跟进某个订单以及如何拿下某个订单。

但现实情况是，很多销售经理在管控日用消费品的销售过程时，将重点放在了如何帮销售人员获取某个订单上，而忽视了对全盘的掌控。而在管控工业用品的销售过程时，却强调销售人员拜访客户的数量和次数。这样做的结果，就将目的和手段完全颠倒了，对销售过程的管控效果不佳也就在情理之中了。

任务 2　理解销售过程管理与控制的方向与要点

1. 工业用品销售对销售过程管理与控制的方向与要点

提升销售业绩是销售过程管理与控制的核心目标，对于工业用品销售来讲，提升获得订单的机会数、争取每个订单机会的获胜概率是提升销售业绩的两个关键环节。因此，销售经理对销售过程管控的重点在于：督促销售人员去开拓更多的目标客户，以争取更多的订单机会；然后合理分配销售的力量和资源，以提升赢取订单的概率。

2. 日用消费品销售对销售过程管理与控制的方向与要点

同样的，对于日用消费品销售而言，提升销售业绩仍然是其销售过程管理与控制的核心目标，但其管控的重点应该是通过增加拜访客户数和提高每次拜访过程的效率来达成销售目标。因此，督促团队中的每一个成员每天尽量多地去拜访客户、问候客户，同时以尽量标准合理的动作完成每一次拜访，就成了销售经理日常工作的重点。

任务 3　熟悉销售过程管理与控制的主要内容

一般而言，销售过程管理与控制的主要内容包括销售目标管理、时间管理和销售人员行动管理三个方面。

1. 销售目标管理

企业在制定了销售目标（包括销售额目标、毛利目标、增加销售网点目标、货款完全回收目标等）后，那么实现这一目标的关键在两方面。

一是销售经理要具体细致地将上述各项目标分解给每个销售人员、经销商，再配合各项销售与推广计划，来协助销售人员、经销商完成月别、季别、年度别或产品别、地区别的销售目标。

二是要对销售过程进行追踪与控制，了解日常销售工作的动态、进度，及早发现销售活动中所出现的异常现象及问题，立即解决。也就是说，销售过程管理的主要目的，就是要重视目标与实绩之间的关系，通过对销售过程的追踪与监控，确保销售目标的实现。

2. 时间管理

销售过程管理的第二大关键，就是要把过程管理当中的时间管理，从过去的年度追踪细化到每月、每周甚至每日追踪。

时间管理的原则为：对于销售人员与办事处主任而言，其行动管理应该细化到每一天；对中层主管，其行动管理应该细化到每周；对高层主管，其行动管理则须控制细化到每月。

3. 销售人员行动管理

销售人员行动管理主要包括以下几个方面：

（1）每日拜访计划。销售人员在了解公司分配的销售目标及销售政策后，应每天制订拜访计划，包括计划拜访的客户及区域、拜访的时间安排、计划拜访的项目或目的（如开发新客户、市场调研、收款、服务、客诉处理、订货或其他），这些都应在"每日拜访计划表"上仔细填写。这张表须由直接主管核签。

（2）每日销售报告表。销售人员在工作结束后，要将每日的出勤状况、拜访客户洽谈结果、客诉处理、货款回收或订货目标达成的实绩与比率、竞争者的市场信息、客户反映的意见、客户的最新动态、今日拜访心得等资料，都填写在"每日拜访报告表"上，并经主管核签、批示意见。销售经理可以通过"客户拜访计划表"，知道业务员每天要做什么；通过"每日销售报告表"，知道业务员今天做得怎么样。

（3）评价推销的效率。在了解销售人员每日销售报告后，销售主管应就各种目标值累计达成的进度加以追踪，同时对每天拜访的实绩进行成果评估，并了解今日在拜访客户时花费的费用，以评价推销的效率。

如有必要，应召集销售人员进行个别或集体面谈，以便掌握深度的、广度的市场信息。这是销售过程管理中最重要的内容之一。

（4）市场状况反馈。销售人员在拜访客户的过程中，会掌握许多有用的信息，如消费者对产品提出的意见、竞争对手进行的新的促销活动或推出的新品、经销商是否有严重抱怨、客户公司的人事变动等，除了应立即填在每日拜访表上之外，若情况严重并足以影响公司产品的销售，则应立即另外填写"市场状况反馈表"或"客户投诉处理报告表"，迅速向上级报告。

（5）周工作进度控制。各区域市场的销售主管为了让公司掌握销售动态，应于每周一提出"销售管理报告书"，报告本周的市场状况。"销售管理报告书"内容应包括销售目标达成情况、新开发客户数、货款回收、有效拜访率、交易率、平均每人每周销售额、竞争者动态、异常客户处理、本周各式报表呈交及汇报或处理、下周目标与计划等。

销售人员各种报表填写质量与报表上交的效率，应列为对其的考核项目，这样才能使销售主管在过程管理与追踪进度时做到全面具体。

（6）销售会议管理。销售过程管理的一个重要手段，就是销售会议，包括早会、夕会及周会等。由于销售主管需随时掌握最新市场信息，所以早会或夕会是每天不可忽视的重点。有些公司的销售人员分布于全国各地，无法每日召开早会或夕会，应将其拜访报告表以传真或电子邮件等方式，随时上交公司。

在了解到各个销售人员的工作情况后，销售主管要对那些业绩差的销售人员、新销售人员的工作态度及效率，随时给予指导、纠正和帮助。

总之，销售经理若能随时随地掌握人（销售人员）、事（行动和活动）、物（产品和货款等）、时间（具体到月、周、日）、地点（活动发生地）、信息等的情况，销售过程管理也就做好了。

项目 3　掌握销售过程管理的基本工具

管理与控制销售过程的工具有很多种，如管理表格、销售例会、平时沟通、走动管理等，不一而足。知名营销实战专家秦毅及其团队经过与近 400 位来自不同行业、企业的销售经理的深度访谈，得出以下这四种管理工具——管理表单、销售例会、随访观察和述职谈话应用最广泛。管理与控制销售过程四大组合工具的应用如图 8-3 所示。

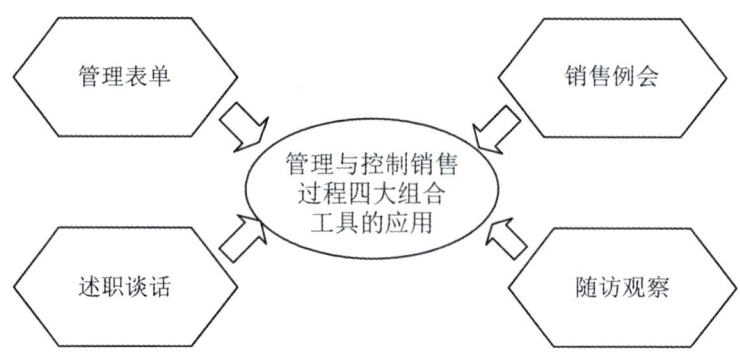

图 8-3　管理与控制销售过程四大组合工具的应用

任务 1　掌握销售过程管理与控制的工具之一——管理表单

管理表单，是指通过设计一系列相互关联的管理表格和单据，如周期工作计划表（包括年度工作计划表、月工作计划表、周工作计划表等）、工作日志和客户档案等表格，然后督促销售人员按要求认真填写，并及时回收、整理和分析，达到对销售过程进行管理与控制的目的。

1. 管理表单的设计要点

针对销售过程的日常管理与控制，管理表格是不可缺少的。但是在管理表格的运用过程中经常会出现各种各样的问题，如有的企业表格设计得过于复杂；有的表格设计出来了但销售员却不愿意填写；有的企业表格成堆，但填完却没有人利用。凡此问题种种，原因是多方面的，要想尽量减少这些问题的发生，就要注意管理表格的设计和应用原则，那就是删繁就简，控制关键。具体来讲，管理表格的设计应掌握以下要点。

（1）简洁。管理表格的设计一定要简洁，不能设计得太复杂。一般来说，销售人员填写管理表格的时间，平均每天不应超过半小时，因为如果超过了半小时，就会太多地占用销售代表有效拜访客户的时间，从而对销售代表的整体效率产生负面影响。

【小知识 8-1】销售人员工作时间构成

销售人员的时间大致可以分为三部分：客户拜访类时间、商务支持类时间和零散调整类时间。

客户拜访类时间，是指销售人员为客户帮忙、直接往返路途、与客户谈话、推荐产品和提供服务等为工作目的而接触客户的时间。

商务支持类时间，是指销售人员为了促进销售而进行计划制订、学习、内部沟通联系和调配资源等花费的时间。

零散调整类时间，是指销售人员在办公室里做准备工作、休息、上厕所等耗费的时间。

一般说来，销售人员这三部分时间比较合理的分配比例应当是"五三二"。销售人员至少将 50% 的时间放在直接与客户打交道上；30% 的时间用在支持客户，或者做支持客户的相关工作上，也包括参加例会、培训等工作；20% 左右的时间进行放松和调整。

销售人员填写管理表格的时间，应当算到商务支持类时间里面。于是我们可以推算一下，上班时间是八小时，商务支持时间大约是两个半小时，在这两个半小时的时间里面，有诸如内部会议、领导谈话、给客户做方案和内部协调等那么多的工作，因此如果设计的表格过于复杂，填写表格的时间过长，超过了半个小时，就会压缩客户拜访的时间，从而对绩效产生负面影响。

资料来源：秦毅. 金牌销售经理 [M]. 北京：北京大学出版社，2011.

（2）清晰。管理表格的栏目设计一定要清晰，不能模糊笼统。

什么栏目是笼统的？如果在设计的表单栏目里，出现了"接洽过程"这样的栏目，那销售代表提笔就不知道该写什么了，只能填写诸如"与客户套近乎、探讨问题、闲聊"之类的话了，这样填，无论是对经理的跟进管理，还是对销售代表未来自己的回顾分析，都意义不大。

什么栏目是清晰的？例如，"时间、客户名称、标准、结果"等栏目的提法就比较清晰，填写要求也相对明确。

（3）具有承上启下的延续性。管理表格的设计要尽量具有承上启下的延续性，即管理表格应当一环套一环。

如工作计划表，应当是季度工作计划表、月工作计划表、周工作计划表和工作日志表，这样由远及近，滚动细化，每个表格之间都具有承上启下的连续性。

（4）具有真实可查性。真实可查，即管理表格填完后，销售人员填写的内容是否属实应当可以查证。

例如，在工作日志表中设计的诸如"企业名称、客户姓名、联系人、联系电话"等内容，配合客户档案表，就比较容易查证，必要时经理可以通过电话或拜访，对销售人员的填写情况进行核实。

（5）可发现问题并进行指导和修正。管理表格的设计应该可以帮助销售经理发现问题并进行指导和修正。销售经理通过看管理表格的填写内容可以指导销售人员的具体工作。

比如在拜访过程类管理表格上，一定要体现出三个要点。

一是针对在某客户身上所花费的时间，判断这个销售人员所用力的客户群是否准确。

二是针对客户的职务等，可以看出这个销售人员接触的客户是哪个层次的，是执行层、管理层还是决策层，未来可以帮助他进行分析。

三是通过检查与客户交流的话题，对这个销售代表的推单方式就有了一个初步的了解，未来就能够比较好地帮助他提高这个销售机会的成功率。

相反，如果在管理表单里面，不设计这些对未来管理控制有益的栏目，就不能通过表单收集到这些关键的信息，管理表单的应用效果就会大打折扣。

2. 管理与控制销售过程的基础管理表单

销售管理表单的种类很多，但有两类表格是比较基础的，也是为一般企业经常使用的。这两类表格分别是工作过程类表格和市场信息类表格。

（1）工作过程类表格。在工作过程类表格里，有四个常规表格是最基础的。

1）周期工作计划表，主要记录未来一个季度或是半年内应当完成的业绩指标和相应的分解情况。

2）月工作计划表，较详细地描述下个月该销售代表的业绩计划和商务支持计划等。

3）周工作计划表，明确描述下一周这个业务代表的工作安排。

4）工作日志，主要是记录销售代表一天的工作活动，包括拜访客户和必要的商务支持工作等。

【小知识 8-2】月工作计划表、周工作计划表和工作日志表之间的内在联系

月工作计划表、周工作计划表和工作日志表这三张工作表之间有非常紧密的内在联系。

月工作计划是宏观把握，周工作计划是控制要点，工作日志是作为个人工作绩效分析的依据。在工业品销售模式下，周工作计划表一般是销售经理控制的要点；在日用消费品销售模式下，周工作计划表是龙头，工作日志表是控制的要点。

月工作计划表中强调的目标应当在周工作计划表里有充分的体现。例如，月工作计划表里提到要拜访老客户，这项任务就一定要在周工作计划表中体现出来。

周工作计划表中的大事应当与工作日志表相对应。例如，计划本周要整理客户档案，在工作日志表中就应该有所体现。

工作日志表当中的跟进动作应当与相应的周或月度工作计划相对应。比如周三的日志中谈到，下周二要再次去给那个客户送资料，那么在周五填写的下周计划中，就应当体现出来，即下周二去给客户送资料。

工作日志表中的变化要与客户资料要相对应。如果在周三的工作日志中谈到见到了客户公司的总工程师，那么，在相应的客户档案中，就应当有这个总工程师的基础情况，包括姓名、联系方式、初步采购角色，甚至包括对我们产品的看法、其生活习惯等。

资料来源：秦毅. 金牌销售经理[M]. 北京：北京大学出版社，2011.

（2）市场信息类表格。在市场信息类表格中，有三个是最常用的。

1）竞争对手信息表，主要记录竞争对手的基本情况，为销售人员提供搜集竞争对手的基础信息的工具。

2）客户档案表，用来记录客户的基本信息、合作过程和特别事件等重要信息。

3）客户漏斗表，主要记录和分析针对各客户的销售机会、发展阶段和进展情况等。如哪些客户是目标客户、哪些客户是准客户、哪些客户是成交客户等。

3. 管理表单的推行与督导

尽管我们对管理表单的作用已经有了较深的认识，但是对销售经理来讲，推行这一工具并不容易。因为在管理表格的推行过程中，常常会遇到以下三个问题：一是销售人员有抵触情绪，不愿填写；二是销售人员填写时不认真，敷衍了事；三是填写完后不利用。作为销售经理，该如何应对这三种阻力呢？

（1）销售经理如何应对"抵触"？销售人员对于管理表单的抵触主要表现为：提出反对意见，如以"计划不如变化快""没时间""没必要"等为借口，不愿填写；甚至四处游说，散布抵触情绪；或是消极抵抗，嘴上虽然不说，但就是不填不交，一拖再拖。

抵触情况并不罕见，尤其是销售团队以前缺乏规范的管理，突然加入管理表格，大家都会不适应。

面对少部分销售人员的抵触情绪，销售经理可以采取以下几种方式予以化解。

1）当众表明立场和决心。首先，由销售经理或是更高级经理，在正式的工作会议上向整个销售队伍强调推行管理表格的重要性和必要性；其次，在正式场合表明公司领导层推广规范化管理的决心；最后，要制定针对管理表格推行的奖惩措施。

2）个别谈话陈明利害。在正式推行过程中，若还有个别销售人员仍有抵触情绪，销售经理应当找他们进行个别谈话。谈话不应以指责和教训为手段，而应当先听他们的真实想法。如果发现对方是因为由于自己的懒散、做兼职等不可公开的原因而不愿填写表格的话，就要明确提出警告，表明这是公司的立场，使其不能存侥幸心理。

3）配合考核鞭策。在管理表格推行的过程中，可以用两周到四周的时间来过渡，一旦过渡期结束，就一定要按公司规定，落实奖惩。销售队伍在管理表格的管理上，一定要做到执法必严、违法必究。

4）奖励"老黄牛"。对于那些积极配合管理改善、认真填写表格的销售人员，要不断鼓励，把他们树立为榜样，这样做既可以表明公司的立场，经理也可以借此向大家表明自己的态度，此点对于日用消费品销售尤其重要。

（2）销售经理如何应对"敷衍"？销售人员对于管理表单的敷衍主要表现为：平时不填写，交表时临时突击，就像学生赶作业一样；所填的表格，千篇一律，非常笼统；写的和实际执行的相距甚远，根本没有连续性，也没有指导和备忘的意义。

在管理表格的推行中，敷衍比抵触出现的概率更高，处理起来也更棘手。面对销售人员的敷衍，销售经理可以采取以下几种方式予以化解。

1）明确填写规则和填写要求。销售人员之所以采取敷衍的态度，可能是表单本身设计不合理，导致有些销售代表不知道怎么填，但上面又要求交，那就只有敷衍了事了。因此，作为销售经理，应该明确填写规则和填写要求，必要的时候做一个范本供大家参考。

2）销售经理本身要认真对待。对待敷衍，最好的办法就是较真儿。如果一次填写不合格就填写两次，两次不行填三次，而且要详细核查。这样敷衍者就会明白经理这一关不是好敷衍的，以后的表格还是认真填写为妙。

3）销售经理诉求正确。很多销售人员之所以对填写管理表单采取敷衍态度，是因为填得太认真怕销售经理挑毛病，到头来给自己找麻烦。因此，销售经理在审查销售表单时一定要诉求正确，不要以此来挑毛病。

（3）销售经理如何应对"不利用"？销售人员对于管理表单"不利用"主要表现为：销售人员把填表当作一项例行公事，没有深入地去思考，表格填了一大堆，可填完就完了，没有起到总结和提高的作用。

面对销售人员的"不利用"，销售经理可以采取以下几种方式予以化解。

1）销售经理正确引导。经理在与销售人员探讨表格的时候，要着力引导其去认真地使用这些表格。

譬如，在辅导下属订立月度计划的时候，第一次可能要帮助他将计划分解到每周，然后还要帮助他进一步分析当前正在接触的客户，看一看根据客户成交率的情况，下一个月哪几个客户可以签约等。

2）样板分析。对表格应用充分，且保存完好的销售人员，经理可以让他在销售例会上介绍经验，这样会大大激发大家挖掘表格的潜力和应用表格指导销售活动的意愿。

【案例点击 8-1】回忆："工作日志，伴我成长！"

在从事直销的日子里，每天所面对的每一扇门，对那时的我来讲，都是巨大的挑战，因为我永远不知道门后面是什么，有什么，敲开门以后，会发生什么……

翻开那时的日志，密密麻麻记录着几点到几点的行程，记录着每一个我能抓到的客户的细节，"这个客户说话很冲""那个客户好像对我们的印刷品感兴趣""敲开外企的办公室，总有一个屏风挡着，看不到办公室里到底有多少人"……

开始，在日志里记录问题多多，诸如"如何面对恐惧""如何绕过保安""如何敲开大门""怎么说开场白"等。逐渐地，问题变了，"如何让对方相信我所说的""价格先报高一点还是低一点""客户用竞争产品来压我时，我该怎么办？"……到后来，问题又变成了"泛泰公司的产品样本都由我们来承做，如何跟印刷部协调，保证质量和供货""和亚公司明年的礼品台历肯定要做，如何在整体方案上脱颖而出呢？"……

问题变了，我的心情也变了，我的状态也变了，我的销售能力也变了……这一切，表单一直都默默地伴随着我，他是我成长的最好见证者！

资料来源：秦毅. 金牌销售经理 [M]. 北京：北京大学出版社，2011.

任务2　掌握销售过程管理与控制的工具之二——销售例会

在针对销售过程的日常管理与控制中，例会起到了非常重要的作用，这种作用绝不是管理表单、工作谈话等能够替代的。因为在人的感知当中，会议是正式的、公开的，因此，如果一名销售经理能够把销售例会这种管理工具运用得很好，不仅可以通过这种正式公开的形式与销售团队进行信息沟通，同时还能够对业务队伍的整体氛围，起到有效的引导、调控和推动作用。

1. 销售队伍常见的六种例会

（1）早例会。又称"早会"，是进行群体激励、布置一天工作任务的会议。对日用消费品销售模式，宜强力推行。

（2）晚例会。又称"夕会"，是汇报、总结一天工作的会议。

（3）周例会。一般在周五召开，主要讨论和总结一周的工作情况，并对未来一周的销售活动做出计划。

（4）月、季例会。每月或每季度召开一次，会议的时间更长，讨论问题更加深入，并且涉及培训、公司政策宣贯等重大问题。

（5）半年、年度例会。半年或年度召开，讨论、制定、宣布大周期的销售政策，包括销售指标、销售队伍建设、年中或年度考核、产品战略和市场趋势等。

（6）专项例会。此种会议不一定定期召开，其特点是会议的主题明确专一，但是讨论分析更为深入，主题包括应对竞争对手策略、产品卖点、目标计划和专题培训等。

2. 销售会议的常规目标

一般来讲，销售会议的常规目标可分为六大类。

（1）表彰先进。在公开的会议上，对表现良好的员工，给予表彰，是对该员工的最大鼓舞。同时，为整个销售队伍树立一种榜样，使大家在榜样力量的引导下，按照队伍的规则和要求去做。

（2）群体激励。通过会议现场的一些团队活动，如"爱的鼓励""我不错""沃尔玛的拍手"等游戏活动，调动大家的情绪，使大家能够积极地投身到一天的工作中去。群体激励的模式在早会中的运用最为普遍。

（3）收集信息。收集信息也是例会的重要目标。私下单独的交流，可以收集到不少信息；但是在会议的状态下，因为大家的思维可以相互碰撞，在这种类似"头脑风暴"的环境下收集信息，信息量更大，更有效率。

（4）警示强调。警示强调，从纯粹控制的角度来讲，作用最为直接，因为在公开会议状态下，正式地表达自己对某些不良现象的不满，或者对某些关键环节的关注，比平日里旁敲侧击地说事儿，效果要好得多。

（5）解决问题。在管理活动和销售活动中，肯定会发生很多问题，诸如产品质量、团队配合、客户抱怨、市场环境和群体氛围等，把这些问题拿到会上进行讨论，使大家对问题的认知相对统一，并且得出结论性的看法或者解决方法，这也是例会的重要目标之一。

（6）培训研讨。通过例会的形式，见缝插针地实施专题研讨和培训，能起到非常好的效果。

针对销售队伍常见的六种例会，每一种例会都有各自的重点目标，具体见表8-1。

表8-1 销售例会与重点目标

例会种类	重点目标
早会	收集信息、群体激励
夕会	收集信息、解决问题

续表

例会种类	重点目标
周例会	解决问题、警示强调、培训研讨
月、季例会	解决问题、警示强调
半年、年度例会	解决问题、警示强调、培训研讨
专项例会	解决问题、培训研讨

资料来源：秦毅．金牌销售经理[M]．北京：北京大学出版社，2011．

3. 销售经理主持销售会议时应注意的问题

在讨论销售经理主持销售会议时应注意的问题之前，我们先看一个案例。

【案例点击8-2】如此会议

案例背景：某公司是国际知名网络设备公司在北方区的最大代理商，其代理的产品线比较丰富，既有卖给终端客户的小产品，也有卖给大用户的高端产品。以下是元旦过后不久的一次周例会的情况。

庄经理："大家坐好了啊，该拿本的拿本记一下，春节马上就要到了，咱们的业绩得冲一下，大家结合自己的情况，谈一谈这一周的进展，说一说下一周的计划……"

（大家面面相觑，半分钟无人应答……）

庄经理："怎么都不说话了，平时我看大家闲聊起来挺热闹的，嘴没闲着呀，怎么到了谈正事的时候就不说了呢？小李，你的情况最糟，要不你先谈谈怎么回事儿？"

小李："经理，我这两周的业绩不好，这是事实，我承认，但这是有原因的啊！我上周就跟您说了，我负责那个区的窜货问题，您得跟上边说一说，您看您窜货的事不管，价格上又不放，人家下级代理商也是要利润的，您让我只管往下压货，那样行不通的！"小李满脸不高兴地抱怨着。

庄经理："你就是老抱怨，窜货的事我早就向钱总反映了，可那是厂家的事，解决需要时间！我看你除了抱怨，一无是处，这个月指标必须完成，一定要把落下的业绩抢回来！小赵，你做得不错，跟大家谈谈经验。"

小赵："这都是大家帮忙，领导支持，这周我签了一个C589的单子，也没什么经验，就是'点儿正'，去的时候正赶上对方要。"

庄经理："小赵谦虚了啊！我告诉大家，小赵为这个单子花了不少的心血，据说跑了很多次，还动用了各方面的关系，大家要向小赵好好学习。都像小赵那样，咱们不就搞好了吗？哦，对了，小王，那个银行的客户摆平了没有，他不要求退款了？"

小王："经理呀，那个单子根本就谈不上退款，因为人家根本就没付款，上周这个客户抱怨，是因为合同初定的二十台机器咱们只有一半能按期供货，弄得人家没法向行里交代所以抱怨，最后我就先把库房里的十台给送过去了，我怕这个单子飞了。"

庄经理："送过去，没付钱你就送过去了？你不知道收账有多麻烦吗？我记得上个月就强调了，宁可做一块钱的现金生意，也不做一百块的欠账生意，你的记性都上哪去了？

发货是谁签的字？"老庄越说越生气。

小王："是管产品的黄经理。那天您不在，我跟他说了情况，他就签字了，他说2010是目前公司的主推产品，出货量最重要。"

庄经理："什么出货量？到我这儿应收账款的考核，可是个大麻烦！对了，说到这儿我强调一下，以后像'特价申请、特批出货'等非典型情况，都得从我这儿过。嘿，你们都得记下来呀，要不忘了又出错！"

小陈："经理，我来公司一个月了，我发现了一些问题，能在这儿说说吗？"

庄经理："好哇！说吧，把问题都摆出来，咱们大家一块解决嘛！"

小陈："首先，我发现咱们公司代理的产品线有问题，好的产品咱们只是总代理之一，不大好卖的咱们倒是'包销户'，我看咱们销售部能不能跟钱总提议，向厂家申请好产品的'包销户'；第二，我觉得咱们公司的内部流程也有问题，你像刚才王哥说的就很典型，这是出货流程有问题；再有，我看公司的考核奖励制度也有问题，大家很辛苦，但收入比其他部门高不了多少，这不合理呀！"小陈越说越带劲……

庄经理："太好了！大学生就是有眼光，刚来一个月就发现了这么多问题。这样吧，今天是周五，我想大家也没什么事儿，咱把所有的问题都摆出来，然后一个一个地解决……"

会议室里七嘴八舌，烟雾缭绕，从五点钟开始，原计划一个小时的会议，已经开到了快九点。

庄经理两眼放光，一会儿争执、一会儿批驳、一会儿又情绪激昂地在白板上写写画画……

"这样吧，现在快九点了，我们先去吃饭，我做东，回来接着聊，今晚一定要把问题都解决掉，下周以全新的风貌开展业务！"

庄经理此言一出，有两个业务员一下子就瘫倒在椅子上了……

<u>资料来源</u>：秦毅. 金牌销售经理[M]. 北京：北京大学出版社，2011.

分析以上案例，我们可以总结出销售经理主持销售会议时应注意的问题。

（1）开会前要充分准备。销售经理在开会前一定要做好准备，不管是早会、夕会还是每周例会或每月例会，应该将主要内容列成提纲。不要触景生情、有感而发，这样不仅不利于与会人员领会，而且还容易节外生枝，造成负面影响。

（2）不可喧宾夺主。销售例会的目的是管理队伍和提升业绩，会议的主体永远是与会的销售人员，而不是销售经理个人。因此销售经理不应该把例会当作发威或者展示自己经验、学识的场所。

（3）注意控制时间。有话则长，无话则短。每个销售人员都有自己保持最佳注意力的时间，销售经理在主持例会的时候，一定要注意控制时间。对于表达能力很好、表现欲也很强的经理，这一点尤其要注意。

（4）避免批评个体。坚持这个原则非常有必要，尤其是对销售队伍，应该努力营造积极向上的氛围。在公开场所应该以表扬为主，否则会破坏整个团队的工作氛围。批评则应该在私下进行，这样可以最大限度地保全被批评者的面子，反而有利于其改进。

（5）不要展开提意见式的大讨论。作为会议主持，销售经理应该控制会议的议题，不要展开提意见式的大讨论，否则容易跑题而导致会议效果不佳。

（6）要形成会议纪要。特别是对于以解决问题为主的专项例会、月例会、半年例会等，在会议开完之后，应该形成会议纪要，让与会的人都了解这次会议都发现、解决了哪些问题；还有哪些问题没有解决；对于没有解决的问题，后期都有哪些跟进动作；这些跟进动作都由谁负责跟踪落实等。形成会议纪要，也便于下一次例会的准备和检查落实。

【小知识 8-3】会议的成本

假定：①某场会议的与会者共有 10 位；②公司对每一位与会者的投入为 10,000 元/月（并没有多算哟！）；③每一位与会者每个月工作时间为 10,000 分钟。

在以上的假设下，每一位与会者在上班时间内每开一分钟的会议所需支付的代价是 1 元，而对十位与会者每开一个钟头的会议所需支付的直接代价就为 600 元。

倘若将会议主持人规划会议的时间、每个人参加会议的准备时间、前往会议和离开会议的过渡时间、等待时间、开会期间工作的延误以及会议的直接成本（资料印制、纸张、办公等费用）包括在内，则十个人开一个钟头的会议，所需支付的代价保守估计接近 1,500 元！也就是说，这十个人所开的一个钟头的会议如果无法实现目标，那么至少 1,500 元就会"泡汤"，而将这个"泡汤"的 1,500 元使用于其他途径，则可能产生相当大的效益！

因此，销售经理要重视每一次例会，不仅要"物有所值"，更要"物超所值"。

资料来源：秦毅. 金牌销售经理 [M]. 北京：北京大学出版社，2011.

任务3　掌握销售过程管理与控制的工具之三——随访观察

前面学习的管理表单、销售例会，无疑都是销售经理了解市场状况和销售人员的工作状态的非常实用的工具。但通过这两种方式收集上来的信息都是经过销售人员加工的二手信息，销售经理如何随时掌握市场一线的真实信息，随访观察就是一个非常好的途径和方法。

1. 为什么要进行随访观察

在了解随访观察的必要性和意义之前，我们先来看一个案例。

【案例点击 8-3】徐经理的疏忽

徐经理任职于一个省级电视台的广告业务部，主要的工作就是带领华东区销售部，向地处上海、安徽、浙江和江苏等地的企业，推销电视台的广告时段。

按常规来讲，这位徐经理应该定时随业务代表到上海等地来拜访跟他们密切合作的几个大客户。可是有半年多的时间徐经理都没有到过华东，而这几个大客户也没来拜访过她。

一方面徐经理对自己颇为自信，因为地处这几个地方的客户都是她一年多以前亲自开拓的，徐经理对这些客户非常放心；此外，她下面的四个业务员都很勤奋，不仅团队的业绩出色，并且无论是每月的例会还是管理报表，大家都非常认真。就在春节前，徐经理领导的华东业务部还获得了台里颁发的"业绩标兵"和"管理模范"的双奖呢！并且，每次当徐经理一提起要去华东看看老客户，业务代表马上就会向她表白："徐经理，您不用过来了，几个客户您都很熟了，而且整个业务都非常顺畅，您就在家里多休息休息吧！"

但是到了八月份，情况变了，随着负责上海地区的两个业务员在一月之内前后跳槽而去，不但下半年的新增广告客户根本没影儿，就连原来已经确定的客户，也开始莫名其妙地向后推迟播出时间了。

徐经理终于坐不住了，九个月以后终于又来到了上海。但客户的情况令她大吃一惊，几个大客户主管广告的企划部经理早换了大半，客户对电视台的意见也一大堆，原来走掉的两个业务员的承诺很多都没有兑现，业务员的离职原来另有原因。

徐经理没有办法，每见到一个客户，一边给客户陪笑脸，力求挽回影响；一边暗暗地责怪自己："为什么没有早到客户这儿来看看？"

从这以后，徐经理不只是坐在办公室里看报表、开例会了，她给自己制订了一个计划，每半年，一定要拿出至少两个月的时间，在五省一市的大客户那里转一圈，并且很多核心大客户的"关键动作"也由徐经理亲自掌控……

资料来源：秦毅．金牌销售经理 [M]．北京：北京大学出版社，2011．

从以上案例得知，如果销售经理疏于随访观察，将会出现以下问题。

（1）客户失控。如果长期不与重要客户面对面接触，即使下面的业务员再努力，接触客户的界面也是单一的，而单一的界面非常容易被竞争对手突破。而且，如果再加上下属的努力程度不够的话，客户就更容易流失了。

（2）被部分销售人员的表面表现所迷惑。这种状况是最常见的，很多人都犯过此类错误，过分相信下属在表格和例会上的表白，最后，不仅影响了业绩，还会因对人"判断失误"而导致整个团队的氛围都受到影响。

（3）失去对客户和市场的判断力。市场状况是瞬息万变的，如果长期接触不到客户，就只能凭借以前的经历对客户、对市场进行判断，这种判断一旦失误，就会以错误的思想指导团队，使销售团队的销售动作走偏。

（4）被下属牵着鼻子走。如果销售经理不了解客户，就只能下属怎么说就怎么听，在管理控制方面本末倒置，下属说"客户要求降价"，就跟着降价；下属说"应当加大销售费用"，就只能申请加费用；下属说"客户不满意我们的产品质量和服务"，就去找生产和服务部门协调……殊不知，某些销售人员是在为自己的业绩不佳找客观原因，有些则是客户方在漫天要价。如果销售经理长时间没有跟踪，没有客户第一手资料的话，也就只能听其摆布了。

2. 销售经理进行随访观察时要注意的问题

销售经理在进行随访观察时，必须注意以下几点。

（1）要有一定的单独出访量。为了解到第一手资料，销售经理在必要的时候需要单独出访，以免受他人的影响。

（2）有销售人员陪同出访时要"居其侧"。销售经理跟销售人员一块儿出去拜访的时候，要注意把握一个分寸，即"居其侧"。古语有言，"智者居其侧"，就是说，跟着下属出访客户时，销售经理应该在旁边观察和指点。只要代表能应付的事情，就尽量让他们自己来做。

当然，客户会有这种心态：既然经理一块儿来了，有些事情直接跟经理说可能更直接、更省事。这时候，建议销售经理把话题接过来，但是不要马上就表态，而应该让直接负责的销售人员来答复客户。如果销售经理大包大揽，不"居其侧"，那最终销售人员就会退到后边，这样就很难观察到这个业务代表的潜力，很难判断这个业务代表前期工作的情况了。

（3）不要急于指点。在随访观察过程中不要急于指点。有些销售经理脾气很急，刚从客户的大门口出来，抬手就指着这个业务员的鼻子大骂。这样做，会给这个业务员造成很大的压力。急于指点，并不一定能起到很好的指点和带动作用，当然也达不到管理控制的目的。因此，如果有问题，最好先记录下来，普遍性的问题例会时强调，个别的问题等到在回来的途中，或是在单独述职时再谈。

（4）多看、多问、多听、多记。销售经理在整个随访观察的过程中，都要注意多看、多问、多听和多记。要注意观察客户的每一个细节，把你觉得能反映客户一些"苗头"的细节记下来。当客户跟销售代表对话的时候，应该仔细听着，并把疑点记下来，然后针对这些疑点提出问题。

任务4　掌握销售过程管理与控制的工具之四——述职谈话

管理学对述职的定义是，下级与上级按照特定的规程所进行的面对面的沟通过程，双方在充分准备的基础上，通过沟通确认工作职责或总结职责履行情况的一种正式的工作谈话。

1. 述职谈话的作用

述职谈话作为销售过程管理与控制的第四个工具，有着其他三个工具不可替代的作用。

（1）挖掘销售活动中的细节。作为销售经理，很多人都有这种经历：当你发现某个下属最近拜访效率不佳，很想了解他实质的拜访进程和所辖客户目前的跟进状态时，对方肯定会有很大的顾虑，因为他担心你对他的工作或他所管辖的区域有什么看法。

但如果事先将述职谈话作为一项制度定下来，当你在述职谈话时再问他这个问题，他就会坦然得多。因为他非常清楚这只不过是一项例行的工作而已，没有什么好紧张的。

（2）了解下属的实际想法，发现更深层次的问题。虽然在组织中，在正式的例会上，我们要不断鼓励开诚布公的沟通方式，但是很多问题，在大庭广众之下，业务员碍于自己或他人的面子，很难说出来。在没有了解到下属实际想法的时候，对其苦口婆心的"劝谏"，自然也就是隔靴搔痒。

其实，很多销售人员对某些问题看得很清楚，甚至自己就有解决问题的思路，但苦于没有一个正式的渠道直接跟经理或是更高管理层沟通。如果有了正式的述职谈话，因为是"一对一"或"一对多"的沟通，并且是工作性质的谈话，其对问题畅所欲言的程度就会高很多。

（3）便于正式地向下属传递信息，以引起其重视。作为销售经理，我们会经常给下属安排任务、强调要求及对下属某一段时间的表现做出评价，述职谈话无论是在对下属的下一段工作提要求方面，还是在对下属的前一阶段工作做评价等方面，其针对性和正式性都是最强的。

2. 述职谈话的过程及要点

与一般的工作谈话不同，述职谈话是一个连续的过程，它包括平时积累、述职准备、面谈进程和跟进督促四个阶段。各阶段的要点见表 8-2。

表 8-2 述职谈话的过程及要点

述职谈话阶段	各阶段要点	要点说明
平时积累	工作日志和周工作计划的分析	销售经理要注意检查销售人员的工作日志和周工作计划，把发现的问题记录下来，为工作述职做准备
	工作观察	销售经理要把平时观察到的销售人员的工作情况记录下来，为每月的工作述职做准备
述职准备	各种报表和资料	销售经理要事先准备好各种报表，对每个销售人员一个月来的工作表现了然于胸
	要重点谈论的问题	在述职前，销售经理需准备一下与每个销售人员的谈话重点
	下属可能的异议	销售经理应事前对少数销售人员可能出现的推诿、抱怨、异议等反应有所准备
	相关背景通报	销售经理要把销售人员的相关资料向其他参与述职的中高层经理通报，使他们事先有所准备
面谈进程	寒暄开场	寒暄是为了缩短双方的距离，创造一种轻松的谈话氛围
	邀请描述	寒暄开场后，即可请销售人员陈述自己的工作情况，包括近期回顾、优点与不足、绩效分析、困惑与建议、未来计划等内容
	交流探讨	销售人员描述完自己的工作情况后，双方开始交流看法
	总结评价	销售经理对销售人员的工作述职进行总结评价，重申重点问题
	填写述职记录表	述职记录表由表头、参与述职人、述职过程、述职要点和述职评价意见等组成，须认真填写
	结束述职	销售经理宣布述职结束，感谢销售人员的积极参与，鼓励其继续努力工作
跟进督促		针对在述职过程中给销售人员提出的改进意见，督促其贯彻落实

资料来源：秦毅. 金牌销售经理 [M]. 北京：北京大学出版社，2011.

【案例点击 8-4】述职谈话实录

经理：你好！

业务员：经理好！

经理：你这个月的业绩还不错嘛，工作辛苦啦！

业务员：这个月的业绩一般，有点业绩也是经理您领导有方啊！

经理：好好干，公司很重视你的！

业务员：感谢公司的栽培！

……

经理：我个人觉得你当时的报价有点唐突。

业务员：哦……

经理：你明确对方到底需要什么型号的产品吗？

业务员：他好像都挺感兴趣。

经理：那你知道这家公司的核心业务是什么，他们最终是靠什么赚钱吗？

业务员：他们不就是靠承包项目赚的钱吗？

经理：承包项目自然可以赚钱，但眼下对方最关心的是资金的周转问题，只要资金周转得快，他靠倒资金留下的现金，再去投资别的地方，赚钱更快呀！

业务员：是吗？噢！对了，上次这个话题赵老板提到过，手里有的是项目，可就是苦于资金的周转，吃不过来。

经理：那你当时急于把所有的产品价格都报出去，你是怎么想的呢？

业务员：我当时觉得见这个客户已经是第二次了，我是个性急的人，看他有意愿要买，所以就把几种型号的车的价格全都报给他，让他挑选。嗨，我是有点急了，应当向他重点推荐我们有银行按揭的那款车型，这样对他来讲，不仅初期投入少，而且早买车还能加快施工进度！嗨，我真傻！

经理：算了，别自责啦，你对产品还是挺熟的，下次这个客户肯定还会有机会，不过要注意把握点火候，想好了对方可能想要的车型，然后做重点推荐，这样效果会更好！

业务员：经理，您说得对，您看我还有别的什么毛病？

……

经理：好了，咱们刚才聊了一个多小时，现在咱们一起回顾一下。

你本月的工作有两点确实做得很好：第一，你的销售业绩完成了；第二，工作费用也控制得很好。

但也有三点做得还不够好：第一，报价有点唐突；第二，客户档案做得还不够详细，正如你自己刚才说的，你忽略了客户所关注的问题；第三，计划做得不太理想，第一周和第四周的计划制订得不太合理，导致你的产出还是有点前松后紧。

总的来说，你这个月的工作还是不错的，要继续发扬。下个月在完成销售任务的基础上，要进一步努力，因为你现在手头的几个准客户基本已经落单了，下个月新客户的挖掘就是你工作的重点。千万不能以为现在没事儿了，可以放松一下了，还要继续努力，因为下半年的业绩压力还是不轻哟！

资料来源：秦毅. 金牌销售经理[M]. 北京：北京大学出版社，2011.

3. 述职谈话过程中销售经理应注意的问题

（1）在述职过程中，销售经理不能轻易放过的地方有4个。

1）工作计划的完成情况和原因。在述职时，销售经理应要求销售人员讲清楚自己工作计划完成的情况，并且一定要说清楚其原因。

2）现有客户群和订单机会的推进状况。在述职时，销售经理要仔细倾听，并帮助销售人员重点分析现有客户群的整体状况。如可以利用销售赢率分析法，帮助销售代表分析清楚，现在手里的订单机会，处在了解阶段的有多少个，处在展示引导阶段的有多少个，处在建立信任阶段的有多少个等。通过此项分析，不仅能够帮助该销售代表掌握自己的客户漏斗现状，还能针对性地指导他下一步的客户活动重点。

3）下一步的工作安排和改进计划。在述职时，销售人员一定要重点讲清楚下个月的详细工作计划，要把工作改进计划的目标、关键动作、工作细节、预期结果以及它们之间的因果关系都讲清楚。

4）困扰销售人员的问题。对于在述职过程中销售人员提出的困惑或工作建议，千万不能掉以轻心，销售代表能在述职的时候提出来，足以证明其重视程度，如果销售经理忽视了销售人员正式提出的问题，就会给这个销售人员的积极性造成极大的伤害。如果确实遇到自己无法解决，甚至公司也无法解决的问题，应及时地向该业务员反馈，使他能够辩证地看待这些问题。

（2）有效述职谈话的特点。一次有效果的述职谈话，往往具有以下几个特征。

1）准备充分。销售人员和销售经理都要充分准备，尤其是销售经理更应该积极准备，因为在述职谈话过程中，销售人员是被动的，而销售经理是主动的。不夸张地说，述职谈话效果的好坏，70%来自前期的准备，只有30%来自现场发挥。准备充分的经理，在述职前就应该对述职以后销售人员的行动心中有数了。

2）事先安排。哪天安排哪些销售人员述职，销售经理应该有一个详细的计划。还应该提前通知述职人，让他有充足的准备时间。最好的做法是让常规的述职时间固定下来，销售人员就会主动地为下一次的述职做准备。

3）创造平等的谈话氛围。在述职谈话过程中，销售经理应该注意创造平等的谈话氛围。工作述职是工作谈话，是平等的工作交流，不是发号施令。即使述职的销售人员确实有很大问题，销售经理也不宜过分指责。保持平等的态势有利于销售人员自由表达自己的思想。

4）不能演变成"轮流汇报"。成功的述职应该是"一对一"或"一对多（即一个述职人对多个听取人）"的独立述职，千万不能搞"批处理"，否则，述职就很容易流于形式。

单元小结

销售过程管理，也称作销售活动管理，或销售业务流程管理，是分解销售链的一连串的活动，并针对这些活动的作业流程进行管理，以确保企业中各种销售活动的执行成果能达到一定的水准和精确度，从而保持在市场上的竞争力。

销售过程管理应该包括销售目标的制定、销售目标的分解、销售目标的实施、销售目标的跟踪和销售目标的评估与考核等几个阶段。

销售经理是销售过程管理的发起者、组织者和执行者,其承担着销售过程管理的主要责任。

对于工业用品销售来讲,销售经理对销售过程管控的重点在于:督促销售人员去开拓更多的目标客户,以争取更多的订单机会;然后合理分配销售的力量和资源,以提升赢取订单的概率。

对于日用消费品销售而言,销售经理对销售过程管控的重点在于:通过增加拜访客户数和提高每次拜访过程的效率来达成销售目标。

著名营销实战专家秦毅及其团队经过与近400位来自不同行业、企业的销售经理的深度访谈,得出以下这四种管理工具——管理表单、销售例会、随访观察和述职谈话应用最广泛。

核心概念

销售过程管理　销售目标管理　时间管理　销售人员行动管理　管理表单
销售例会　随访观察　述职谈话

实训设计

项目:学会运用销售过程管理的基本工具和方法。

目的:理论与实践相结合,通过了解销售管理实践加深对理论知识的理解。

内容:以自己熟悉的某一企业为背景,为其设计一个销售过程管理体系。

步骤:

(1)选取自己熟悉的某一企业。

(2)通过文献调查、深度访谈、企业实习等方式,了解其销售过程管理现状。

(3)分析该企业现有销售过程管理体系存在的问题。

(4)根据该企业的实际情况,为其设计一个可行的销售过程管理体系。

训练题

1. 简述一般企业的销售管理过程。
2. 简述销售过程管理的重要意义。
3. 简述销售经理在销售管理过程中的角色。
4. 试述企业在销售过程管理与控制中的常见问题。
5. 试述不同销售模式下销售过程管理与控制的方向与要点。
6. 试述销售过程管理与控制的主要内容。
7. 如何推行与督导销售过程管理与控制的工具之管理表单?
8. 销售经理主持销售会议时应注意的问题有哪些?
9. 销售经理在进行随访观察时应注意哪些问题?
10. 销售经理应如何进行有效的述职谈话?

综合案例分析

徐经理的痛苦

徐先生是某公司极具推销经验的推销员,因为业绩优异,自然被提升为公司天津市场部的销售经理。

上任伊始的他坐在宽敞的办公室里,体味着内心的喜悦,"手下的人都是自己的哥们儿,并且都经过专业技能培训,只要给他们一定的时间,天津市场部一定会在公司中一举成名,到那时,我……",徐先生不由地畅游在遐想中……

半年以后,同样宽大的办公室中,身心疲惫的徐先生正在给公司总部写一份辞职报告。以下是辞职报告的全部内容。

尊敬的刘总,您好!我在这里的工作已经开展近半年了,半年以来,我这里从人员管理到业绩都非常糟,甚至让我寒心,我没想到的问题简直是太多太多了。

刚到任的时候,下面的销售人员表现都还可以,精力旺盛,冲劲十足。我也在时间上尽可能地让他们自由支配,一个月下来,大家只是碰碰头,开了一次例会。可是情况并未随我所愿,在一段时间过后,大家的兴奋和冲劲消失了,取而代之的是慵懒。并且我原来很要好的朋友竟然也跟我不齐心,甚至对我不服气,散布负面思想。

我开始下决心对队伍进行全面控制,可我自己不爱管人,于是委派了两名主管分别掌控,可是他们对于我委派的人员又有了异议和不满,不良的气氛一天天加剧了,甚至又出现了哄抢客户的事件。

一季度结束的时候,我去市场上看了看,结果令我出了一身冷汗,公司原有的市场份额正在流失,并且更糟糕的是,客户对公司的印象很差,怨声载道,甚至有的客户直接对我说:"买了你们公司的东西,简直就是上了贼船!"

没有别的选择,我只有加强对队伍的控制力度,那时候我几乎每天都要找人来谈话,可是往往是压住这个又起来那个,我想在他们当中安插内线的想法最终也落空了,队伍的混乱状况已经达到了有很多人想离开的程度。

正在无奈当中,听朋友介绍对销售队伍的控制要靠管理表格,我就像在汪洋大海当中找到了救命稻草一样,狂找资料狂借点子,我终于设计出了一整套的表格,把我所能想到的条目都列了进去,并且强行推行,谁不认真填写,谁就拿不到基本工资。在我的强力控制下,大家还真填了,写的东西还挺多。

回想那时候,我真欣慰了几天,以为自己终于抓住了控制销售队伍的"命脉",可是直到一个月前,我再去走访客户的时候,面临的现实让我彻底崩溃了。表格中记录的对我们公司产品钟爱有加的客户,其实根本就没有见过我的业务代表,更没有见过我们的产品。

对这种明目张胆的欺骗行为,我也愤怒过,直到我了解到"敷衍"其实是一种普遍现象,大家早就这么干了。

在公司里,我的话已经没有任何力量了,我甚至觉得自己是办公室里最尴尬的一个人,名义上是经理,可实际整个队伍已经完全失控,队伍中有混日子的,有自己干私活的,想挣钱发展的小黄已经给我打招呼下个月要走了。

半年的奔忙中，我自己根本没时间和心情去处理更多事情、去设计未来的状况，自己离客户也远了。

我的确绝望了,最近我总怀念做业务的时候，只需去考虑自己的客户。那时候,业绩好、收入好、大家关系也好。

资料来源：秦毅. 金牌销售经理[M]. 北京：北京大学出版社，2011.

问题：

1．请问徐经理管理销售团队失败的根源在哪里？

2．如果你是徐经理的上司刘总，你将如何处理其辞职问题？

3．你觉得徐经理还有挽回局面的可能吗？若有，他应该从哪些方面进行改善，以扭转目前的局势？

单元 9　销售网络管理

本章导读

通过本单元学习，读者应能理解销售网络与销售渠道的区别，了解销售网络的作用和构成，了解销售网络设计的影响因素和目标，了解销售渠道类型的选择和销售网络模式，熟悉日用消费品、生产资料、服务产品和高新技术产品销售网络的构建，掌握销售网络管理的内容。

销售网络管理

知识点

★ 销售网络及其与销售渠道的区别。
★ 销售网络的作用、构成。
★ 销售网络设计的影响因素、目标。
★ 销售渠道类型的选择、销售网络模式。
★ 日用消费品、生产资料、服务产品和高新技术产品销售网络构建。
★ 销售网络管理的内容。

技能点

★ 能学会为某一具体日用消费品（如食品、服装和家用电器等）设计销售网络。
★ 能结合某一生产资料产品，为其设计一个可行的销售网络。
★ 能结合某一服务产品，为其设计一个可行的销售网络。
★ 能举例说明高新技术产品销售网络构建的特点。

素养点

★ 坚持唯物辩证法普遍联系的观点，在构建销售网络时尽可能与各方增进了解，加深信任，推动合作。
★ 在处理与销售网络各成员之间关系时，坚持求同存异，合作共赢。
★ 树立长远和全面的合作观，在管理销售网络时注重各利益主体的长远、全面发展与合作，不为短期利益和局部利益牺牲长远利益和全局利益。
★ 树立社会生态文明观念，在管理销售网络时注意节约资源和生态环境保护。

▶ 情境引入

宝洁公司有一句有名的销售培训格言："世界上最好的产品，即使有世界上最好的广告支持，除非消费者能够在销售点买到它们，否则，简直就销售不出去。"

这句话充分道出了销售网络的作用，同时也告诉我们一个道理：一流的企业往往具有一流的销售网络及销售网络管理能力。

项目 1　了解销售网络

任务 1　理解销售网络与销售渠道的区别

1. 理解销售网络的含义

销售网络不同于销售渠道。销售渠道是商品从生产者流向消费者的途径，它是构成销售网络的基础。而销售网络是指商品从生产者向消费者转移的过程中所涉及的一系列相互联系相互依赖的组织和个人组成的网络化销售渠道。

销售网络不仅包括传统销售渠道中的消费者、中间商，还包括媒体、第三方物流公司、咨询公司、会计师事务所、律师事务所、银行及其他金融机构、政府相关部门（如工商、税务）等。

【案例点击 9-1】海尔的销售结算网络

海尔集团与中国建设银行合作共建销售结算网络为海尔的销售网络运行提供保障。这一由建设银行总行牵头、建设银行青岛分行主办的海尔销售结算网络涉及 35 个一级协办行，42 个二级协办行。网络开通后，建设银行将凭借其遍布全国的机构和网络资源为海尔集团及工贸公司提供结算、信贷等服务。

资料来源：熊银解，查尔斯·M. 富特雷尔，张广玲. 销售管理 [M]. 3 版. 北京：高等教育出版社，2010.

2. 销售网络与销售渠道的区别

从销售网络的含义可以看出，销售网络与销售渠道之间存在很大的差别，具体见表 9-1。

表 9-1　销售网络与销售渠道的区别

比较项目	销售网络	销售渠道
市场目标	经过细分的市场	无细分的市场
利益目标	网络成员与网络整体利益一致，网络整体的利益最大化	渠道成员各自利益最大化，因此渠道成员之间有冲突
构成	生产商、中间商、辅助商与消费者	销售中间商
市场渗透程度	全部细分市场	局部市场
相互关系	网络成员之间相互联结	不同渠道成员之间不联结

任务 2　了解销售网络的作用

销售网络的作用主要表现在以下几个方面。

1. 创造时空便利，方便顾客购买

完善的销售网络给消费者提供了时间、空间、数量、服务上的各种便利，使消费者能够获得最方便、及时的服务，同时顾客满意度也会提高。

【案例点击 9-2】"可口可乐"的销售网络

可口可乐公司有一句口号是"让可口可乐唾手可得"，意即为消费者提供最便利的销售服务。可口可乐公司这样说了，也这样做了。无论你是身处城市的百货商店、超级市场、便利店、街角的士多店、报摊及至公共厕所的临时售卖点，还是伫立在尘土飞扬的乡村公路旁的杂货店前，都可以经意或不经意地发现"可口可乐"的身影。

---

2. 扩大市场覆盖，占领更多市场

企业通过构建合理的销售网络，同时进行网络的宣传和促销，扩大企业的市场覆盖面、提高市场覆盖率和企业产品市场占有率，抢占市场份额，保证产品能够迅速进入更多的市场，达到占有市场和扩充市场的目的。

【课堂互动 9-1】如何理解"最好的广告是你的产品"这句话的含义？

分析提示：如果一个企业的产品在终端曝光率很高，则无需做很多广告就能让消费者记得住，这样无疑有利于企业扩大市场覆盖，占领更多市场。

---

3. 提高交易效率，降低销售成本

对一般制造企业而言，由于受人力、物力的限制，无法接触到相当分散、需求千差万别的消费者，也无法独自将产品快速地运送到销售网点。利用销售网络可以充分发挥网络成员间的协同作用，共享网络资源，改善交易秩序，大大降低销售成本。同时也可以加快产品流转速度，提高交易效率。

4. 分担市场风险，加快资金流动

在销售网络的运行过程中，不同类型销售网络成员通过相互间资金融通、信息沟通、物流调配、分工协作、优势互补，形成一个合作共赢的利益共同体，这样既能增强整体抗御风险的能力，又降低了各自所承担的风险，达到风险共担、利益共享的目的。

5. 广泛收集信息，正确进行反馈

销售网络通过网络成员间相互合作、联系及信息交流，承担着生产与消费之间的信息沟通作用。通过销售网络对信息的收集、加工与传递，一方面可以使生产者及时地获取市场及消费信息，从而适时、适地推出价格适宜、适销对路的产品；另一方面也可使消费者获得全面的产品生产、供应信息，对产品的价格、性能及相关服务有及时的了解，便于消费者做出购买决策。

6. 建立竞争优势，形成无形资产

通过销售网络，企业可以扩大市场覆盖占有率、降低成本、提高效益、实现规模经济、防御风险、提高服务水平和沟通信息等，形成综合竞争优势。

企业销售网络同时又是一笔巨大的无形资产，成为企业在市场竞争中的制胜法宝，其对企业的贡献率并不亚于有形资产。销售网络的建立与维系是企业长期运营的结果，网络一旦建成，可以给企业丰厚的回报。一方面可以作为企业持久竞争力的来源，另一方面一个运作良好的销售网络不仅可以自用，而且可以对外出租，收取费用。

有实力和远见的企业都致力于建立健全自己的销售网络，如海尔在国内有2万多个销售网点，它不仅很好地进行产品分销，还将自己的销售网络和物流渠道出租给可口可乐等公司。国际跨国公司无不具有遍布世界的销售网络，它们通过兼并、合资的方式，享用别国国内一些名牌企业已有的分销网络，很轻松地就将自己的产品打入了别国市场，这在日用化工行业尤为多见。

任务3　了解销售网络的构成

一个完整的销售网络由众多的销售网络成员组成，包括生产企业、生产企业设立的销售机构、批发商和代理商、零售商、消费者或用户、广告商、咨询商和服务商等，这些成员之间相互联系、相互制约、相互合作，共同组成一个风险共担、利益共享的网状结构。根据各成员在销售网络中所处的地位和所承担的职责等，可以将其分为四类。

1. 生产企业

生产企业是商品的制造者，同时参与商品的销售与流通。根据参与商品流通的程度，生产企业可分为单纯型生产企业、复合型生产企业。复合型生产企业通常拥有自己的销售机构、售后服务系统、零部件供应系统等，能更好地为消费者服务。

2. 中间商网络成员

中间商网络成员包括代理商、批发商、零售商和生产制造商自设的销售机构等。

（1）代理商。代理商是指接受制造商委托，以被代理企业的名义从事商品批发、购销、经营活动的企业和个人。代理商靠为制造商寻找客户和代表制造商进行购销活动而赚取佣金或手续费，能帮助企业迅速打开市场。

代理商按不同分类标准可分为独家代理与多家代理、总代理与分代理、佣金代理与买断代理。

（2）批发商。批发商向生产企业批量购进商品，进一步加工或利用自己的销售网络将商品转售给其他批发商、零售商、产业用户或各种非营利性组织，不直接服务于最终消费者。

批发商与制造商之间是买卖关系，合作条件由经销合同确定。制造商要保证批发商的货源和有关权利，批发商则要保证按照经销合同约束的条件出售商品并承担相应的义务。商品经营的利润和风险，由批发商承担。

（3）零售商。零售商是将商品以零售价格卖给最终消费者或用户的中间商。其经营特点是：①服务的对象是最终消费者；②所售商品包括有形商品和各种服务等；③其服

务对象是零星、分散、重复的消费者;④在经营方面呈现多种业态,如百货商店、专业店、超级市场、便利店,以及电视购物、网上商店、邮购等。

零售商面对的是个人消费者,在分销渠道日益缩短、终端销售越来越受到关注的今天,零售商在销售网络中的地位越来越重要。

(4)生产企业自建网络成员。生产企业自建网络成员是指制造商自己建立的销售分支机构及销售办事处,包括各级分公司和子公司。

自建网络成员在整个销售网络中占有重要的地位,企业通过自建网络成员可以加强渠道控制,改进销售和促销工作,降低成本,提高效率,有着其他网络成员不可替代的特殊作用。

自建网络成员主要是负责本企业销售网络的建立和管理,其任务主要是:①负责本企业销售网络的设计策划和选择决策工作;②寻找和选择分销商,并与之建立良好的营销关系;③激励和管理分销商,促使分销商积极销售本企业的产品,以保证本企业的产品快速有效地送到消费者的手中。

3. 辅助商网络成员

辅助商网络成员包括广告公司、物流公司、营销咨询公司、市场研究机构、营销策划机构、会计事务所、律师事务所、银行、金融机构、电信部门、政府机关等,它们在整个销售网络中起着重要的作用。

4. 最终消费者

最终消费者包括一般消费者、组织购买者和政府采购者。

一般消费者是对商品或劳务进行最终消费的自然人。一般消费者在年龄、性别、职业、收入、教育水平、家庭、流动方式和爱好等方面,存在着许多差异,影响着企业的营销决策。企业可以通过会员制、俱乐部等形式将其纳入销售网络之中,使其成为销售网络成员。

组织购买者是指购买产品和劳务用于生产或直接消费的组织,如生产企业、医院、学校等非营利机构和社会团体,其购买量大,需求弹性小,供需双方关系密切,由专业人员直接购买。

政府采购者是指为执行政府职能而采购或租用商品和劳务的各级政府部门,是销售网络中最大的客户。对组织购买者和政府采购者可以通过合同和关系管理将其纳入销售网络成员之中。

项目 2　熟悉销售网络的设计与开发

任务 1　了解销售网络设计的影响因素

一般来讲,影响销售网络设计的因素可以归纳为以下五个方面:产品因素、市场因素、企业自身因素、分销商因素和环境因素,具体见表 9-2。

表 9-2　影响销售网络设计的因素

一级因素	二级因素	具体描述
产品因素	产品的自然属性	对易毁损、易变质、易腐烂、储存条件要求高、有效期短的产品（如鲜活品、危险品等）应采用环节少的销售网络；分量过重或体积过大的产品，采用环节少的分销途径，甚至直接销售
	产品的技术性与售后服务	对具有较高技术含量、需要经常进行售后服务与保养并且对服务水平要求高的产品，宜采用短分销渠道销售
	产品的标准性与专用性	越是非通用化的特制品，渠道越短；如果产品具有一定的品质、规格、式样等的标准，则分销渠道可长可短
	产品种类和规格	产品越是非规格化，分销渠道越短，规格化的产品需要长分销渠道。如日用百货品要通过批发商销售，而蔬菜类产品直接由零售商经销
	产品的时尚性	款式、颜色、时代感很强且变化较快的流行性商品（如各种新奇玩具、时装等）应尽量采用短分销渠道，组建宽而短的销售网络
	产品价值	单位价值较高的产品，企业通常倾向于直接销售，减少流通环节，否则会造成售价的提高，这对生产企业和消费者都不利
	产品的生命周期	生命周期越短，采用的分销渠道应越短
	产品的耐用性	对于能较长时间使用的产品（如住房、汽车、家具和一些家用电器）可以采用短而窄的分销渠道，非耐用的日常生活用品可采用长而宽的分销渠道
市场因素	市场规模（需求量及每次购买量）	市场范围大，批量也大，则宜采取宽而长的销售网络；市场需求大，每次购买量小则组建宽而长的销售网络；市场需求小而每次购买量大，可采用窄而短的销售网络；市场需求小且每次购买量小，可组建较宽的销售网络
	市场集中程度	若顾客集中于某一区域（比如大城市），则可考虑设点直接销售，降低销售费用；而市场范围大且顾客居住分散的商品宜采用长而宽的分销渠道，利用代理商、批发商、零售商来分销产品
	顾客购买习惯	对于一些价格较低、购买频繁、顾客不需仔细选择的日用产品宜多采用扩大销售网点的方式以增大销量；冲动性购买的产品，宜广泛布点，最大限度地接近消费者，方便购买；而一些耐用消费品，由于顾客购买少，则可少设网点
	市场潜力	如果产品当前市场规模小但有较大的发展前途，组建的销售网络应有扩展延伸的余地；相反，如果潜力不大则应有缩小转移的准备
	市场竞争性	对同类产品企业可采用与竞争者相同的销售网络与竞争者抗衡，也可选择开辟新分销渠道推销产品
	市场景气状况	市场繁荣时，企业可采用长而宽的分销渠道以扩大市场；反之，则要缩小分销渠道，以最经济的方式销售产品
企业自身因素	企业规模、实力与声誉	规模大、实力雄厚、信誉好的企业，可以加强对销售网络的控制，将部分销售职能集中在企业手中，建立自营体系，而不依赖分销商
	企业对销售网络的控制能力和愿望	如果企业根据自己的战略目标，设想对分销商和销售网络采取强有力的控制，一般采取短分销渠道，在营销全过程中不受制于分销商。反之，可采用长分销渠道的销售网络

续表

一级因素	二级因素	具体描述
企业自身因素	企业销售能力	如果企业自身拥有足够的销售力量，有丰富的销售管理、存储运输、零售运作、广告推销经验和专门的顾客知识，并且拥有素质良好的销售团队，则可以少用甚至不用分销商；反之，不如采用经验丰富的分销商
	企业提供的服务层次	如果企业愿意且具有丰富的服务经验为消费者提供更多服务，可采用直接销售的方式；如果愿意为零售商提供更多服务，则可选用一阶渠道的销售网络
	企业市场信息收集能力	如果企业市场调查和信息收集能力弱，缺乏对用户的了解，信息分析能力弱，就需要借助于分销商销售产品；反之，就可用较少的分销商
	企业的产品组合状况	如果企业产品种类多、品种齐全，可以采用短而宽的分销渠道，产品组合越深，采用独家经销或少量有选择的分销商就越受益。反之，则可通过批发商和零售商大量分销产品，采用长而宽的分销渠道
分销商因素	分销商的可得性	可得性是指在选定的市场区域内能否选到有效的分销商。在许多情况下，分销商可能由于先前与企业竞争对手的关系和合同而不能经销企业产品，这时企业只能建立自己的分销机构
	渠道成本	销售网络的分销成本有时会很高（主要是经纪人或代理商所收取的佣金和批发商要求的折扣），此时企业会将产品的直销成本与网络的分销成本在网络的各个层次中分别进行比较和评估，以决定是否选择分销商和选择分销商的层次
	分销商的服务能力	企业需要评估分销商向顾客提供服务的能力，如果分销商的专业化程度较高，则可选择间接分销渠道，并根据其服务水平确定分销渠道的长短与宽窄。反之，企业就要考虑建立自己的直接分销渠道，以保证服务质量
	与企业的合作程度与信誉	如果分销商与企业的合作程度较高，可采用间接销售的方式。如果分销商与企业的合作程度较低，则可采用直接分销渠道
	可能的订货量	一般说来，如果分销商的订货量小，企业就要采用大量的分销商
环境因素	社会文化环境	社会文化环境包括一个国家或地区的思想意识形态、民族特性、道德规范、社会风气、社会习俗、生活方式等因素
	经济环境	经济环境指企业营销活动所面临的全部外部社会经济条件，其运行状况和发展趋势会影响到销售网络设计及未来变动
	竞争环境	竞争会影响分销渠道行为，任何一个成员在面临竞争时都有不同选择
	政府环境	政府环境是指政府的法律、法规、政策、法令等，如地方性的标准、规定，或带有地方保护主义的产业政策等

任务2　了解销售网络设计的目标

销售网络的设计目标体现着设计者的战略意图，是设计者对网络功能的预期的具体化。销售网络设计的具体目标主要包括以下几方面。

（1）销量最大。追求铺货率，广泛布局，多路并进。

（2）成本最低。要考虑销售网络的建设成本、维系成本、替代成本及收益，使成本最低、利润最大。

（3）信誉最佳。扩大品牌知名度，争取和维系客户对品牌的信任与忠诚。

（4）便利性最强。最大限度地贴近消费者，使顾客能顺利方便地买到所需的产品。

（5）市场开拓远景最好。一般较多地倚重分销商、代理商，待站稳脚跟之后，再组建自己的销售网络，留有开发和延伸的余地。

（6）控制最强。企业应扎扎实实地培育自身能力，以管理、资金、经验、品牌或所有权来掌握销售网络的主动控制权。

（7）覆盖率最高。销售网络要能最大限度地覆盖目标市场。

（8）冲突最少。销售网络的基本功能是分销产品，因而其设计应能保证各成员间的冲突最少，使分销顺畅。

（9）分销合作支持程度最好。销售网络的设计应能尽量达到信息共享、物流畅通、风险共担、利益共享的目的。

（10）最大限度地挤占对手。销售网络能在分销本企业产品的同时，最大限度地限制竞争对手的产品分销。

销售网络设计的目标必须符合实际情况，企业在制定目标时，应注意到目标的灵活性、层次性、差异性等特点，注意对整个企业分销环境的分析。企业对所制定的目标方案应进行全面科学的评估分析，择优选择，而后使目标具体化，并合理地组织实施。

任务3　了解销售渠道类型的选择

销售渠道类型的选择是销售网络建设必须考虑的重要问题。一般来讲，企业销售渠道决策涉及以下几个方面。

1. 直接渠道与间接渠道

企业在选择销售渠道时首先要考虑是使用直接渠道还是间接渠道。

直接渠道，指生产企业不通过中间商环节，直接将产品销售给消费者。直接渠道是工业品分销的主要类型。例如大型设备、专用工具及技术复杂需要提供专门服务的产品，都采用直接分销的方式，消费品中有部分也采用直接分销类型，诸如鲜活商品等。直接渠道的主要优点是环节少，流通成本低。

间接渠道是指生产企业通过中间商环节把产品传送到消费者手中。间接分销渠道是消费品分销的主要类型，如化妆品、饮料、家电产品等大多采用间接分销渠道，其主要优点是市场的扩张能力较强。

2. 长渠道与短渠道

销售渠道的长短一般是按流通环节的多少来划分，一般包括以下几种。

（1）零级渠道，即产品由制造商直接出售给消费者。

（2）一级渠道，即产品由制造商通过零售商再出售给消费者。

（3）二级渠道，即"制造商－批发商－零售商－消费者"或者是"制造商－代理商－零售商－消费者"的渠道类型，多见于消费品分销。

（4）三级渠道，即"制造商－代理商－批发商－零售商－消费者"的渠道模式。

可见，零级渠道最短，三级渠道最长。

3. 宽渠道与窄渠道

渠道宽窄取决于渠道的每个环节中使用同类型中间商数目的多少。企业使用的同类中间商多，产品在市场上的分销面广，称为宽渠道。如一般的日用消费品，由多家批发商经销，又转卖给更多的零售商，能大量接触消费者，大批量地销售产品。

企业使用的同类中间商少，分销渠道窄，称为窄渠道，它一般适用于专业性强的产品或贵重耐用消费品，由一家中间商统包，几家经销。它使生产企业容易控制分销，但市场分销面受到限制。

4. 单渠道和多渠道

当企业全部产品都由自己直接所设的门市部销售或全部交给批发商经销，称为单渠道。多渠道则可能是在本地区采用直接渠道，在外地则采用间接渠道；在有些地区独家经销，在另一些地区多家分销；对消费品市场用长渠道，对生产资料市场则采用短渠道。

任务4 了解销售网络模式

如前所述，由于受产品因素、市场因素、企业自身因素、分销商因素和环境因素的影响，每个企业的销售网络会呈现不同的特点，但是不同企业的销售网络也会表现出某种程度的相似性，对这些相似性的抽象归纳即构成了企业销售网络的组织模式。归纳起来，销售网络模式大致可分为松散型、公司型、管理型、契约型以及联盟型五种。

1. 松散型销售网络模式

松散型销售网络是一种传统的销售网络。在该销售网络模式下，网络成员由一个个独立的生产者、批发商和零售商组成，每个网络成员都作为一个独立的企业实体来追求自己利益的最大化，商品从生产企业向消费者传递的过程中，每一步都需要相关的网络成员根据自身的利益要求和商品的销售特点，进行协商谈判并达成协议，从而把商品一步步送到消费者手中。

松散型销售网络是建立在市场机制的基础上的。每个网络成员都根据各自的利益选择交易伙伴，并通过讨价还价达成交易，共同履行产品销售所要求的各种职能。网络成员最关心的是自身利益的实现和商品能否卖出去，而很少考虑网络的整体利益和其他成员的利益，因此成员间缺乏信任和相互忠诚，除了交易关系外，成员之间不受其他的约束。因此，这种网络模式只存在于市场经济的初期，后来逐渐被其他形式的销售网络模式所替代。

2. 公司型销售网络模式

公司型销售网络模式是指一家公司拥有和统一管理若干工厂、批发机构和零售机构，控制销售网络渠道的若干层次，甚至整个销售网络，综合经营生产、批发、零售业务。

公司型销售网络是销售网络模式中成员关系最为紧密的一种，生产者、销售者在所有权统一的基础上建立科学分工、密切合作的关系，网络成员之间按照公司统一的计划目标和管理要求，进行商品和信息的转移，以完成公司产品销售。公司型销售网络一般是有实力的大企业采用的模式，其又可以分为两种形式：工商一体化经营和商工一体化经营。工商一体化是指大工业公司拥有并统一管理若干生产单位、商业机构，如美国火石轮胎橡胶公司拥有橡胶种植园，拥有轮胎制造厂，还拥有轮胎系列的批发机构和零售机构，其销售网点遍布全国。商工一体化是指由大零售公司拥有和管理若干生产单位，如美国的西尔斯公司、日本的大荣公司均拥有或控制自己的生产厂商。

3. 管理型销售网络模式

管理型销售网络模式是指制造商和零售商共同协商销售管理业务，其业务涉及销售促进、库存管理、定价、商品陈列、购销活动等，如宝洁公司与其零售商共定商品陈列、货架位置、促销、定价等。

管理型销售网络通常是围绕一个规模大、实力强的核心企业而组成，核心企业通过其规模、实力、技术专长和管理能力来吸引众多分销机构的追随、参与和合作，从而形成销售网络。在管理型销售网络中，担任网络管理者的核心企业常常是名牌商品的制造厂商，如通用电气公司、宝洁公司、联合利华公司等。名牌商品生产厂家凭借其强大的实力、信誉和品牌知名度，赢得销售商的合作与支持，销售商愿意接受核心企业的领导与管理。如卡夫食品公司，在欧美市场上拥有完善的管理型销售网络，它通过自己的产品信誉、市场规模和营销经验，控制欧美市场上许多出售奶制品的零售商，并为其提供每日送货、货架安排指导、推销支持等周全的服务和管理。

4. 契约型销售网络模式

契约型销售网络模式指不同层次的制造商和经销商为了获得单独经营达不到的经济利益，而以契约为基础组建的产销联合体。在契约型销售网络模式中，各种独立的生产厂商、批发商、零售商，甚至最终用户，为了共同的利益而自愿结合起来，并通过不同形式的法律契约来承担不同的销售职能，形成统一的销售网络系统。契约型销售网络以共同约定的准则，将不同层次的网络成员联系在一起，进行一体化经营，在销售过程中统一决策、统一行动，从而实现单个企业单独销售无法到达的效果。一些经济实力较小的企业可以通过这种模式联合起来进而提高其市场竞争能力。

5. 联盟型销售网络模式

联盟型销售网络模式是指处于同一销售渠道的两方或多方成员（供应商与分销商）之间通过签订协议的方式，形成风险—利益联盟集团，按照商定的销售策略，共同开发市场，共同承担市场责任与风险，共同管理和规范销售行为，并共同分享销售利润的一种销售网络模式。

在市场竞争中，一些公司由于受资本、技术、生产或营销技能上的资源条件限制，无力进行单独的市场开发或不具备独自承担市场风险的能力。但是，企业之间也可以根据各自的优势，各展所长、优势互补，采取联合经营，组建销售网络等形式来开发市场。这种联盟型销售网络可以是临时性的，也可以是共同创立的一家专门公司，即永久性的。

项目 3　熟悉不同行业销售网络构建

任务 1　熟悉日用消费品销售网络构建

日用消费品通常指人们的日常生活消费的用品，主要包括塑料、五金、电料、服装、家电等百货类商品和粮食、副食品、饮料、烟草等副食类商品。日用消费品按选购程度可以分为便利品、选购品和特殊品三种。以下是三种日用消费品的销售网络构建的要点。

1. 便利品销售网络的构建

便利品是消费者的日常生活必需品，属于易耗品，一般单位价值较低，购买次数频繁，购买批量小。因此，消费者对这类商品的特性非常了解，对主要品牌比较熟悉，不用在购买前进行比较分析、反复挑选，购买决策过程简单，属于习惯性购买。购买商品时要求方便、快捷。

组建便利品的销售网络时，应该考虑便利品的特性和消费者的购买习惯。市场的覆盖面要宽，以方便消费者购买。一般来说，在便利品的销售渠道网络中，零售商占有非常重要的地位，分布在居民区，是销售网络中的主力军。同时由于零售商的规模较小，它在选择进货渠道的时候，也以向附近的批发商进货为主。在便利品的销售网络中，既要有长分销渠道，又要有分布宽广的分销渠道，同时企业也可以根据需要设立直接分销渠道。

便利品生产企业在构建销售网络时通常采用以下几种分销模式。

（1）分销网络销售。适用于大众产品，如洗衣粉、纯净水、方便面等，适用于农村和中小城市市场。由企业将产品卖给分销商，再由他们卖给二级批发商，批发商将产品卖给众多的零售商。

其优点是：可节省大量人力、物力，销售面广、渗透力强，各级权利和义务比较明确，借他人之力为自己服务。

其缺点是：易造成价格混乱和跨地区窜货，在市场竞争激烈时反应较慢，调整困难，需要高明的管理者。

（2）制造商直接销售。适用于城市运作，销售力度大，对价格和物流的控制力较强。生产制造商直接将产品送到各种销售终端，比如超市、商场、各类零售店等。

其优点是：分销渠道短，反应迅速，服务及时，价格稳定，促销到位，控制有效。

其缺点是：局限于交通便利、消费集中的城市，会出现一些销售盲区，建设时人力物力投入多，管理费用高，管理难度大。

（3）平台式销售。适用于密集型消费的大城市，服务细致，交通便利，观念新颖。可口可乐为其典型代表。

其优点是：划分明确而严格的责任区域，送货及时，服务周到，网络稳定，基础扎实，受窜货影响小，精耕细作。

其缺点是：受区域市场条件影响较大，必须由制造商直达送货，需要较多的人员参与管理配合。

（4）农贸批发市场辐射式。适用于交通不发达、经济较落后的农村地区。由批发市场供货给二级批发商或零售终端。

其优点是：政府支持，不受行政区域限制，无规则自由流通，经营形式灵活，薄利多销，品种繁多，辐射力强。

其缺点是：各成员之间关系松散，制造商很难形成固定的网络和客户，容易引起低价窜货。

随着经济和市场营销的发展，日用消费品的销售网络模式也在发生着变化，以上四种模式可以根据各自优势混合利用。如副食品的销售，企业在利用零售商销售的同时，还可以自己设立销售门市部。日用品的销售，除了在网络的建设方面采用长而宽的分销渠道策略外，还要考虑分销渠道的地域分布，即便利品的销售网络应主要建在居民区，同时还应在主要的商业区建立销售网络，以保证消费者在逛商场时，能够顺便捎带地购买这些便利品。

【小知识9-1】食品行业销售网络的构建

1．食品行业的顾客购买特征

民以食为天，人们每天都离不开食品，由此决定了顾客购买食品时不同于其他类商品的一些鲜明特征。

（1）每次购买量较小，购买频率较高。

（2）喜欢较近距离。

（3）喜欢选择品种较全的商店，能够对食品一次购足。

（4）不太重视售后服务，但售中服务非常重要，对食品购买产生很大影响。

2．食品的产品特性

（1）食品是生活必需品，人们反复购买多次消费。

（2）食品是入口的产品，顾客看重食品本身的新鲜度、卫生度和品质。

（3）食品是时间性产品，保质期短。

（4）食品是忠诚度较低的产品，人们很容易找到替代性产品。

3．食品分销渠道设计

（1）食品分销渠道设计目标。一般认为，食品分销渠道设计的目标有四个：购买的便利性、较高的利润率、成员的支持性和售后服务度。

（2）食品分销渠道的长度设计。食品种类复杂，各有特色，应根据具体情况进行分销渠道的长度设计。

1）长分销渠道——非生鲜食品。长分销渠道是指食品从制造商至批发商再至零售商，最终达至顾客手中的分销渠道。非生鲜食品是指袋装食品或副食品、酒、饮料等。这些食品具有实行长分销渠道的特征与条件。

● 食品重量较轻，价格便宜，相对标准化，技术程度低，消费时间短。
● 食品市场规模巨大，异常分散，必须借助批发商进行分销。
● 顾客购买食品批量小，季节性强，频度高，努力程度弱。

对食品制造商来说，寻找合适的代理商、分销商可以实现牵一发而动全身的效果。

2）短分销渠道——生鲜食品。短分销渠道是指食品从制造商至零售商再至顾客手中的分销渠道。生鲜食品是指果蔬、精肉、鲜鱼、鲜奶、熟食及速冻品。这些食品具有实行短渠道的特征与条件，最重要是生鲜食品易腐、非规格化，短渠道可以节省流通时间，减少损耗，使其有更多的店头展示时间。

（3）食品分销渠道的宽度设计。食品最适合采取密集分销的形式，努力使更多的零售商经销该种产品。

食品密集分销可选择的渠道终端有超级市场、仓储商店、便利商店、食品商店、快餐店、餐饮店、宾馆、咖啡厅、舞厅、图书馆、影剧院、学校、车站、体育馆及自动售货机等。

（4）食品分销渠道的广度设计。分销渠道的广度是指分销渠道的条数。对于食品来说，一般都是采取多条渠道进行分销。

1）同一产品采用不同分销渠道。提高铺货率既需要在宽度上采取密集分销的形式，也需要在广度上采取多分销渠道的策略。

2）不同包装采用不同分销渠道。一种品牌的食品，因目标顾客不同和市场环境不同而采取不同的包装，自然地要求有多条不同的分销渠道与其相适应。以饮料为例进行说明。

- 易拉罐：制造商—批发商—超市、流动摊点、餐饮娱乐、高档宾馆、街头—消费者。
- 利乐包：制造商—批发商—超市、流动摊点、餐饮娱乐、街头—消费者。
- PET瓶：制造商—批发商—超市、流动摊点、街头—消费者。
- 袋装：制造商—便利店、超市—消费者。
- 玻璃瓶：制造商—流动摊点、街头—消费者。
- 纸杯：制造商—街头、餐饮娱乐—消费者。

可见，易拉罐、利乐包、PET瓶包装的饮料较为适合长渠道，而袋装、玻璃瓶和纸杯饮料较为适合短渠道，二者并存发挥作用。

3）不同生命周期采用不同分销渠道。产品导入期，更多地采取定点销售和短分销渠道；成长期，更多地采取长分销渠道（经批发商转手）。淡季上市，一般采用长分销渠道；旺季上市，一般采用短分销渠道。

4）不同区域采用不同分销渠道。在不同区域，可以采用不同的分销渠道，具体方式有：
- 制造商—零售商（超市、各类零售店、餐饮娱乐场所、酒店）—消费者。
- 制造商—分销商—批发商—零售商—消费者。
- 制造商—分销商—零售商—消费者。

4．分销商的选择

食品制造商要选择分销大户，因为它们拥有广泛的终端关系，能高效率地把产品分散到终端市场。

（1）选择标准。理想的分销商应具备以下条件。
- 有较大的销售额和较强的财务能力。
- 有适当的推销队伍和推销能力。
- 业务区域应与食品制造商的市场范围相一致。
- 有知名度、信任度和美誉度。
- 有良好的促销制度。
- 有仓储、运输等大量流通的能力。
- 在同行中有较好的占有率和增长能力。
- 由具有高素质的经理来指挥。

（2）分销商类型。有食品批发商和连锁集团。适合经营食品的连锁集团，主要包括超级市场、便利商店、仓储商店、快餐店等。

5．分销商的管理

（1）提供最优质的食品。卫生、营养、口味是人们对食品的基本要求。要使食品畅销起来，品质必须优于竞争对手。因此，对分销商的最大帮助就是向他们提供优质畅销的食品。

（2）服务好分销商。全心全意地为分销商服务。第一是实现不断货、不积压，最有效的办法是制造商与分销商电脑联网，随时掌握自己产品的销售情况，自动进行补货作业。第二是制定陈列和促销守则，现场广告和陈列非常重要，担当起无声推销员的角色。

资料来源：麦肯思特营销顾问公司. 销售网络建设与管理 [M]. 北京：经济科学出版社，2005.

2. 选购品销售网络的构建

选购品是指消费者在购买时，要进行挑选、比较后才决定购买的商品。这类商品在品种、规格、数量和服务方面要比便利品复杂、选择性强、价格较高、购买频率低，主要有家电产品、服装、鞋帽、化妆品、家具等。由于单位价值较高，消费者虽然具有一定相关知识，但还是愿意花费较多的时间，对商品的牌号、款式、质地、花色、价格等进行比较和挑选，以购买到满意的商品。消费者购买选购品往往属于理智型的购买。

鉴于选购品的这些购买特点，企业在构建选购品销售网络时，在充分满足消费者物质商品需要的同时，还应满足消费者心理方面的需要。既要考虑消费者挑选、比较商品的要求，同时还要满足消费者购买便利性方面的要求。

选购品销售网络的构建应以商业区作为终极销售点，可以将百货店、专卖店、大型超级市场和购物中心、专业市场等作为主要销售地。同时，还要注意这些商品的市场覆盖面，要利用批发商、代理商作为网络成员，销售网络应该是长分销渠道、短分销渠道和宽分销渠道相结合的渠道网络。其地理位置应该在商业区、交通便利处、流动人口多的地方。此外，对某些服务要求比较高、选择性强、体积较大的商品，也可以采用直接分销渠道进行销售，如家具的销售。

【小知识9-2】服装行业销售网络构建

服装是衣物的统称，因其功能、款式、面料，特别是流行状况不同，有各种分销渠道可选择。

1．服装产品的需求特点

服装属于选购品，因此更重视选择性而非距离的便利性。

服装属于形象展现性商品，顾客重视品牌、款式及选择空间的大小。但由于服装又有日用服装和时装、礼服、内衣等分类，因此其服务需求会有较大差异，这会导致分销渠道选择的差异。

从一般的情况看，城市居民购买服装习惯去百货商店，其次是专业商店和专卖商店。

服装产品分销渠道设计应考虑到顾客购买的便利性，销售网点一般应设在目标顾客30～60分钟可到达的范围。

2．服装产品可选择的分销渠道方案

特色品牌服装一般选择短而窄的分销渠道，大众化服装一般选择长而宽的分销渠道。服装产品的分销渠道一般有以下三种选择。

（1）制造商—消费者。有实力的服装制造商大都采用了这种分销渠道，但大多不是传统意义上的直接销售，而是采取自建店铺的方式进行服装的分销活动。

（2）制造商—零售商—消费者。这是服装企业普遍采取的一种分销形式，呈现出多元化的态势，有百货商店、服装专业商店、服装专卖商店、杂货商店、折扣商店、减价商店、仓储商店、直接营销、设计师专卖店、购物中心、展销会、集市等多种形式。

（3）制造商—批发商或代理商—零售商—消费者。这种分销渠道已普遍应用于服装国际分销活动中，一国的服装制造商在另一国寻找一个代理商或服装批发商，由他们负责市场开拓和寻找零售商的工作。同时，在本土的服装分销活动中，也普遍存在着这种方式，一些中小型零售商到批发商那里进行采购，或是到服装批发市场上向批发商进货。

资料来源：麦肯思特营销顾问公司．销售网络建设与管理[M]．北京：经济科学出版社，2005．（略有修改）

【小知识9-3】家电行业销售网络构建

消费者在购买家电时一般要求低价格、多品种、高服务。家电行业销售网络的构建应注意以下几个方面。

1．零售终端的选择

（1）家电专业店。指专门经营若干种家用电器的商店，经营面积常常达数千或数万平方米，仓储式陈列，连锁化经营。我国家电专业店发展迅速，涌现出以国美、苏宁、大中为代表的新型家电经营企业。

（2）折扣商店。指以较低价格销售非食品商品并采取自选购物方式的商店。

（3）家电专卖店。指专门销售自有品牌家电产品的商店，一般由制造商投资开办，连锁化经营。

（4）办公用品店。指以仓库形式布置店堂、以自选购物形式销售办公用品的商店，价格较为低廉。办公用品商店是家用电器销售的重要渠道之一。我国办公用品店的规模不大，未形成连锁化的发展，因此还没有成为家电产品分销的重要渠道。

（5）百货商店。目前在我国，百货商店仍是家电分销的重要渠道，但从整体上看，百货商店经营家电已进入超微利，甚至无利可图的时代，因此，诸多百货商店已放弃了家电产品的经营。

（6）大型超市和仓储商店。为了使顾客进店后能一次购足，大型超级市场和仓储商店一般设有家电部，顾客在购买其他商品时，也会顺便选择或购买家电商品。

（7）网络分销。我国目前出现了各种销售家电的网上商店，如京东、天猫、苏宁电器网上商城、国美电器网上商城等都是以B2C形式进行电器的网络分销。

2．分销渠道的设计

家电分销渠道主要有两类。

（1）制造商—分公司—零售店—消费者。

（2）制造商—批发商或代理商—零售店—消费者。

为了生存和发展，家电批发商开始建立自己的零售网络，经营重点从批发向零售转移。目前仍有一些家电公司采取代理商或批发商的形式，负责某一区域的市场开发。

资料来源：麦肯思特营销顾问公司. 销售网络建设与管理[M]. 北京：经济科学出版社，2005.（略有修改）

3. 特殊品销售网络的构建

特殊品是指那些具有独特品质、特定品牌和生产制造商的商品，属于高档商品，消费者愿意花费较多的时间和精力去选购这类商品，如照相摄影器材、古玩字画、金银首饰、汽车、高档服装以及有特殊用途且价值不菲的商品等。这类商品的单位价值较高，具有能满足消费者某种特殊需求的功能，如有珍藏价值、可陶冶性情等。

对这类商品，企业在组建销售网络的时候，应充分满足消费者的特殊要求，在选择渠道网络的时候，应以那些企业美誉度、知名度较高的渠道为主，以保持商品的特殊价值。因此，特殊品的销售网络应以窄分销渠道和短分销渠道为主，以大中型商业企业和著名的专业店作为其销售网点，这样便于企业控制销售网络，随时了解市场需求的变化。同时，这种短和窄的分销渠道的选择，能够让目标消费者了解产品的特殊价值和分销渠道的特别之处。

任务2 熟悉生产资料销售网络构建

生产资料是指企业用于生产其他产品或劳务以供销售、租赁或转售者使用的产品。生产资料分为工业生产资料和农业生产资料。

1. 生产资料市场的特点

（1）购买人数较少，分布相对集中。生产企业及其他各类经济组织是主要购买者，它们数量少，地理位置比较集中。

（2）每次购买数量大，购买频率低。生产资料的使用者受生产规模和技术条件的限制，都是大批量地购买，其重复购买的次数少。

（3）购买技术性较强。由于其技术复杂、专用性强，在技术咨询、零配件供应、交货期等方面有较高的要求，因此生产企业对所购买产品的质量、规格、性能等都有严格的要求，要具有专业知识的采购人员进行采购。

（4）需求缺乏弹性。生产资料的需求数量是由生产规模、产品结构、工艺流程等决定的，需求受价格的影响较小，不会因为价格的下降而大幅增加。

2. 生产资料销售网络的构建

根据工业生产资料市场的购买特点，组建销售网络的时候可根据其销售特点，区别对待。

（1）主要以直接销售为主，可以在主要的销售地点设立销售网点，直接面对行业用户。

（2）可以利用行业代理商建立销售点，或利用批发商进行销售。

（3）可以利用一级批发商。

在组建销售网络的时候，还要综合考虑服务的因素，建立分销渠道短、具有服务功能的销售网络。

任务 3　熟悉服务产品销售网络构建

服务产品是指可被区分界定、主要为不可感知却可使欲望得到满足的活动，而这种活动并不需要与其他产品或服务的出售联系在一起。

1. 服务产品的类型

服务产品与有形产品相比，具有无形性、差异性、不可分离性、不可储存性和不可感知性等明显的特征。根据服务产品的这些特征，市场上的服务产品可分为以下几种。

（1）混合物。其中服务与有形产品各占一半，如餐饮服务。

（2）附带少量有形产品的服务。如航空服务，顾客购买的是运输服务，但在旅途中，航空公司会提供一些食品、饮料和杂志等。

（3）纯粹的服务。其中几乎不会附加任何有形产品，如家政服务、心理咨询等。

2. 服务产品销售网络的构建

组建服务产品的销售网络，最常见的方式是直接分销渠道。但是，由于服务产品具有多样性，因此其销售网络的构建也有多种分销渠道选择。

（1）直接分销渠道网络。这是服务生产者经常选用的销售形式。采用直接销售形式的企业，通过与顾客的直接接触、交流，能够了解消费者的要求及变化，了解竞争对手的动向，及时调整服务产品的质量和内容，同时较好地控制服务产品的质量，为消费者提供真正的个性化服务。适合采用直接方式提供服务的单位有医疗机构、会计师事务所等。

（2）由中介机构组建的分销渠道网络。这是服务业公司最常使用的分销渠道。利用中介机构提供服务的形态有多种，常见的有以下五种。

1）代理商。主要是在旅游、旅馆、运输、信用、工商服务业市场运用。
2）代销商。专门执行或提供某种服务，再以特许权的方式销售该服务。
3）经纪人。在某些服务领域，可以通过经纪人的形式销售服务，如保险经纪人。
4）批发商。是专门以大批量的方式提供服务的分销商。
5）零售商。如商业零售商、照相馆和干洗店等。

由于服务产品的特殊性，在构建销售网络时，除了要考虑销售渠道形式外，还要注意销售地点的选择，可根据顾客与服务提供者的相互作用的类型和程度来决定。销售地点应该选择在交通便利、居民生活集中的地方。这类服务提供者包括银行、医院、学校、民航、零售商等。如果是服务提供者需要寻找顾客，原则上应该既要满足顾客的需要，又要考虑成本。第三种情况即当服务提供者和顾客在随时可及的范围内交易时，位置是最无关紧要的，这时所关心的是需要有邮递和电子通信，这样就能保证服务产品能够有效地满足消费者的需要。

任务 4　熟悉高新技术产品销售网络构建

高新技术产品是指科技含量较高，在某种程度上与生物技术、新材料、计算机和新能源等相关的产品。

高新技术产品销售网络的组建要考虑高新技术产品的市场特性、企业规模、产品的特性、企业控制销售网络的能力。

1. 市场规模的大小

高新技术产品刚上市的时候，市场规模和企业规模都较小，认知程度较低，企业应组建自己的销售队伍，采用人员推销，以直接分销渠道作为主要的分销渠道。这样，企业一方面能够宣传、介绍自己的产品，有针对性地对消费者进行说服沟通，扩大企业产品的影响，树立和形成品牌形象，同时能使产品顺利地销售到消费者的手中；另一方面，采用直接分销渠道可以节省大量的促销费用。当市场占有率提高、销量上升、品牌认知度提高后，企业可以采用直接分销渠道和间接分销渠道并用的形式。选择间接分销渠道的时候，关键是要选择好分销商，一般来说，高新技术产品的终级销售点可以是信誉好的百货商店，或者是专卖店。

2. 产品的特性

非标准品、办公用品或为工业用户服务的产品，可以以直接分销渠道和窄分销渠道为主、辅之以间接分销渠道组建销售网络。而标准的、居家用的、为一般消费者服务的高科技产品，则应以间接分销渠道和宽分销渠道为主、辅之以直接分销渠道组建销售网络。当然，组建销售网络的时候还要考虑成本因素，尽可能选择成本低的分销渠道，综合考虑后就可设置其销售网络。

【小知识9-4】医药行业销售网络的构建

医药行业是一个科技含量、集约化、国际化程度很高的产业，也是一个高投入、高收益的产业。医药产品的销售具有独特性，其销售网络也必然不同于其他行业，而有自身独特的要求。一般来讲，医药行业销售网络构建可采用以下形式。

1. 独家代理制

包括一级代理分销渠道或多级代理分销渠道。独家代理商获得一个市场上的唯一授权，既可以承担生产商一种产品的市场拓展任务，也可以承担生产者多种产品的拓展任务。

采用这种渠道，必须严格审核代理商的能力与信誉。

（1）代理商要有良好的分销网络，有若干有实力的分销商或二级代理商。

（2）代理商要有技术咨询指导与系统设计能力，指导分销商运作并直接为客户服务。

（3）代理商可以在统一市场促销决策中发挥作用。

独家代理制的优点是统一管理、协调运作、分销环节简便、效率高；缺点是缺乏竞争意识，缺乏针对性和灵活性。若代理商选择不当，将直接影响到铺货范围和速度。

由于国家相关政策要求，进口药品在中国销售必须委托具有进口药品代理权的公司来做销售业务，故采用独家代理制的形式，一般多见于在中国医药市场开展销售业务的外资公司代表处。另外，少数缺乏营销实力的国内企业也采用这种方式进行销售。

2. 多家代理制

这是中国国内医药企业使用最多的一种代理分销渠道。在一个较大的市场区域内选择两家以上的代理商，由其分别去布点，形成销售网络。

多家代理制的优点是减少了销售中间环节，能迅速铺货，占领市场的速度较快；加快了营销的针对性；激励了代理商之间的竞争，提高了效率。缺点是在制造商与众多代理商直接联系中，很可能因货源与服务分配不平衡而产生矛盾。代理商之间也可能因区域市场划分不清而产生"过度竞争"，最终导致低效率。此外，分销渠道的管理也更为复杂。

3．制造商直接销售——连锁药店

近年来，一些大型医药生产制造商，纷纷在各大城市开设医药连锁专卖店。医药市场竞争加剧，销售终端也成为一些制造商的必争之地。这样可以减少销售中间环节，较快占领市场，提高分销效率，及时得到市场信息，加强对终端的控制。缺点是制造商的投入比较大，对终端的管理比较困难。

资料来源：麦肯思特营销顾问公司．销售网络建设与管理 [M]．北京：经济科学出版社，2005．

项目4 掌握销售网络管理

任务1 熟悉销售网络成员关系管理

销售网络成员关系的管理涉及的内容很多，但居于核心地位的主要有与中间商的沟通、渠道冲突管理和中间商激励等问题。

1. 加强与中间商的沟通，建立销售资料库

与中间商进行双向沟通，建立销售资料库，是强化销售关系管理的重要方面。这项工作包括以下几个方面。

（1）让中间商及时了解企业的生产经营情况，及企业对中间商的评价。

（2）企业要及时了解中间商的经营活动，如市场覆盖率、销量、价格、服务等。

（3）以各种形式加强双方的沟通，达到相互了解的目的。

（4）协助中间商进行促销、培训、市场调查、融通资金和业务管理等。

（5）了解渠道间的竞争状况，并对此进行分析，巩固和提高市场地位。

2. 销售网络中的渠道冲突管理

由于销售网络成员各自的利益不同，在渠道运作的过程中，网络中的个别成员就会因个体利益采取不合作行为，这就是渠道的冲突。加强渠道成员冲突管理，是销售网络成员关系管理的重要内容。

（1）销售渠道冲突的类型。

1）垂直冲突。这是指同一渠道上的前后环节之间的不协调与冲突。如生产商与批发商、批发商与零售商之间的矛盾。这种矛盾与冲突可能来自渠道成员之间的目标差异或企业的预期存在错误。

2）水平冲突。这是指同一销售渠道上的同一层次中间商之间的矛盾与冲突。如零售商之间为了在市场竞争中取得优势地位，互相降价，以期战胜对方。

3）交叉冲突。这是指在销售渠道中不同环节和层次之间的矛盾与冲突。

（2）解决销售渠道冲突的方法。

1）促进合作，树立共同的价值观。这是消除冲突的根本方法。要取得销售的成功，

渠道的管理者和其他成员必须认识到销售网络是一个体系，一个成员的行动，通常会影响其他成员目标的完成。如果成员之间互相支持，其营销效率就会很高，反之，则会阻碍其他成员完成目标。

2）渠道网络的管理者要随时注意渠道潜在矛盾的发生，及时加以解决，如关注渠道成员之间的抱怨等。

3）设计解决冲突的渠道策略。如让渠道成员分享管理权，提高渠道成员之间的满意度；可以通过讨价还价、说服及协商的办法；同时还可以利用奖惩的办法促使渠道成员服从整体利益。

4）渠道成员之间要相互沟通，这是合作的基础和前提。

3. 激励中间商

销售关系管理的另一个重要方面，是要激励中间商，使之尽忠尽职完成销售目标。制造商对中间商的激励，可以从以下方面考虑。

（1）开展促销活动。制造商通过开展促销活动，如广告宣传、商品展示、人员促销等，帮助中间商销售产品。

（2）提供市场信息。企业可以通过各种形式向中间商提供各种市场信息，使中间商做到心中有数，帮助中间商制订销售计划。

（3）提供融资支持。企业可以采取先提货、后付款的方式，为中间商提供资金方面的帮助。

（4）与中间商建立长期的伙伴关系。通过建立长期的伙伴关系，达到企业与中间商双赢的目的。

任务 2　掌握销售网络信息管理的内容

销售网络的信息包括消费者信息、产品信息、价格信息、技术信息、环境信息、供应商信息、中间商信息等内容。销售网络信息管理就是对以上内容进行收集、整理、分析、评估，以帮助销售管理人员对销售工作进行改进和控制。

1. 信息收集

利用销售网络可以收集全面、具体、生动而且真实的信息，收集信息要做到快、真、新。收集信息的方法可采用固定反馈制度，同时开展市场调查，利用销售会议和经销联谊活动也可获得有用的信息。

2. 信息整理

企业通过销售网络收集到的信息往往是分散、零星、杂乱无章的，一般不能直接用于指导企业销售决策。这就必须对信息进行整理，使之系统化、条理化，便于存储和分析。信息整理，一是把性质相同的信息资料按一定的标准进行归类，以便于企业销售管理人员、销售网络成员和专家学者对信息资料进行比较、分析和利用；二是将分类的信息一一记录下来，并且按照一定的顺序进行编号。编号的目的是使之条理化，方便查询。

3. 信息分析

经过初步整理后的信息还只能叫作原生信息，其特点是量多而分散，如果直接把这些原生信息送达企业决策层，那么企业领导将会淹没在这些信息的海洋中，永远做不出一项正确的决策，所以有必要对这些原生信息进行一番定性和定量的分析，然后才能加以利用。

4. 信息利用

通过销售网络收集到的一手信息，经过整理、分析后，变成有价值的再创信息，可供企业销售管理做决策时参考使用。销售网络信息的利用主要包括三个方面：

（1）用于管理实体分配。实体分配（包括存货、订货、运输等）管理都离不开销售网络信息的指导。

（2）用于评价、调整销售网络成员。企业对所辖销售网络成员要能及时做出评价，并根据规定予以奖惩，以充分调动各网络成员的积极性。

（3）销售网络信息还可用于企业的产品开发决策、定价决策、促销决策和服务决策等各方面，甚至可用于交流和转让，以充分发挥信息的应用价值。

任务3　了解销售网络的评价与改进

1. 销售网络的评价标准

企业的销售网络建立起来后，其销售效率如何、是否达到企业的经营目标，这是必须要考虑的。通常对销售网络进行评价的标准有经济性、控制性和适应性。

（1）经济性标准。对企业来说，企业的经营目标是在满足消费者需要的同时，最大限度地追求利润。采用经济标准，对企业所选择的渠道进行分析评价，是销售网络决策的重要方法。经济分析主要是考虑销售额的状况及销售额的成长性，同时还要考虑渠道的成本。一般来说，如果销售网络的投入成本高，而销售额达不到预定的目标，说明销售网络需要改进了。

（2）控制性标准。对中间商来说，由于他们都是独立的经济主体，有着自身经济利益，其所关心的是如何让自己利益最大化。这样企业与中间商在利益方面可能会出现不一致的地方。例如，中间商在经销商品的时候，希望经营的商品周转快、利润高，如果企业的商品达不到中间商的要求，中间商就可能不积极地推销企业的商品。因此，企业如何让中间商按照企业的目标从事经营活动，对中间商进行控制，是企业要考虑的重要因素。

（3）适应性标准。企业选择销售网络的时候，还要考虑选择的销售网络有无适应能力。一般来说，市场需求会随着市场的变化而做出相应的调整，销售网络能否适应这样的变化，关系到企业的发展。

2. 销售网络的评价内容

（1）销售网络成员的绩效。销售网络成员的绩效评价主要是根据企业与中间商签订的销售合同及奖惩标准来进行的。其方法有两种：

1）将每一中间商的销售业绩与上期的业绩或本期目标值进行比较，对于超额完成的中间商要予以鼓励，对于未达标的中间商则在进行调查的基础上，该处罚的要处罚。如果有客观原因，则要及时进行调整和改进，以保证销售网络整体水平的提高。

2）将中间商的业绩与该地区的销售潜量进行分析比较，并测算出实际业绩与销售潜量之间的比率，按先后次序排名，对排在前面的中间商要进行鼓励，对落在后面的中间商要进行鞭策。

（2）销售网络分销效率。销售网络分销效率的评价主要是对企业的存货水平、仓库位置及运输方式进行分析和改进，以达到最佳配置，并降低分销成本。销售网络分销效率通常可以采用定量分析的方法进行。例如，对企业的存货水平的分析，可以科学地确定订货量，达到最佳的存货水平。

（3）销售网络促销效果。销售网络促销效果主要是通过测定广告的效果进行的。广告效果的评定是指广告活动对购买者知识、感情与信心的影响，包括沟通效果和销售效果两方面。沟通效果的评定则可以通过对广告测试的方法来进行，常用的方法有直接评分、组合测试、实验室测试等。此外，广告效果的测试，还可以在广告播出以后进行测试。销售效果评价主要是看广告实施后，产品的销售量是否发生了变化，企业的知名度是否提高，商品的品牌认知度是否提高。通过这些方面的变化，来判定促销效果的好与坏。

3. 销售网络的改进

销售网络的改进，主要从销售网络的功能和结构两方面进行。功能的调整是指销售网络成员的某些任务的重新分配，结构调整是指销售网络中的中间商数量的增减和网络渠道层次的改变以至整个渠道系统的改变。

（1）增加或减少销售网络成员。在改进销售网络时，通常会涉及增加或减少个别中间商的问题。如生产者可能裁掉某个不符合企业要求的中间商，也可能促使另一个中间商加入其销售网络。什么时候增加、什么时候减少，进行这种决策的时候，需要分析企业的销售额和利润的变化情况。通常增加和减少某些中间商的时候，可能会对销售网络中的其他成员产生影响，这种影响表现在，如果减少某些落后的中间商，整个销售网络的利润可能会增加；另一方面，也会对其他中间商的销售费用产生影响，每个中间商所分担的销售费用会增加。因此，进行这类决策的时候，一定要从系统的角度来全面考虑。

（2）改进销售网络系统。销售网络系统的改进主要是通过调整销售渠道的长短、宽窄以及中间商的类型，增加或减少某些销售渠道等。企业调整销售渠道的长短，指企业过去使用短渠道，现在改用长渠道，或由长渠道改为短渠道。渠道宽窄的调整是指渠道成员数量的变化，调整中间商的类型是指企业过去使用代理商，现改为使用经销商或零售商等。

📕 单元小结

销售网络不仅包括传统销售渠道中的消费者、中间商，还包括媒体、第三方物流公司、咨询公司、会计师事务所、律师事务所、银行及其他金融机构、政府相关部门（如工商、税务）等。

销售网络的作用，主要表现在以下几个方面：创造时空便利，方便顾客购买；扩大市场覆盖，占领更多市场；提高交易效率，降低销售成本；分担市场风险，加快资金流动；广泛收集信息，正确进行反馈；建立竞争优势，形成无形资产。

影响销售网络设计的因素可以归纳为以下五个方面：产品因素、市场因素、企业自身因素、分销商因素和环境因素。

企业销售渠道决策涉及以下几个方面：直接渠道与间接渠道、长渠道与短渠道、宽渠道与窄渠道、单渠道和多渠道。

销售网络模式大致可分为松散型、公司型、管理型、契约型以及联盟型五种。

日用消费品按选购程度可以分为便利品、选购品和特殊品三种。不同种类日用消费品的销售网络构建有不同的要求和特点。

生产资料、服务产品和高新技术产品由于产品特性不同，在销售网络构建方面各有特点。

销售网络成员关系的管理涉及的内容很多，但居于核心地位的主要有与中间商的沟通、渠道冲突管理和中间商激励等问题。

核心概念

销售网络　销售渠道　销售网络成员　直接渠道与间接渠道　长渠道与短渠道
宽渠道与窄渠道　单渠道和多渠道

实训设计

项目：学会为某一具体产品构建销售网络。

目的：理论与实践相结合，通过了解销售管理实践加深对理论知识的理解。

内容：以某一具体企业为背景，为其产品设计一个切实可行的销售网络系统。

步骤：

（1）选取某一具体企业。

（2）通过文献调查、深度访谈、企业实习等方式，了解其销售网络模式。

（3）分析该企业现有销售网络模式存在的问题。

（4）根据该企业的实际情况，为其产品设计一个切实可行的销售网络系统。

训练题

1．简述销售网络与销售渠道的区别。
2．简述销售网络的作用。
3．简述销售网络的构成。
4．简述销售网络成员关系类型。
5．试述销售网络设计的影响因素。
6．简述销售网络设计的目标。
7．试述企业销售渠道决策的内容。
8．简述销售网络模式类型。
9．如何为日用消费品构建销售网络？
10．生产资料、服务产品和高新技术产品应如何构建销售网络？
11．处于生命周期不同阶段的产品构建销售网络时应该注意什么问题？
12．试述销售网络管理的内容。

综合案例分析

新产品的渠道扩张

张经理一直在J市周边的县市乡镇推广一种新产品——K品牌的泡腾颗粒,其是一种小儿退热产品。他在农村市场采取"直销"的渠道模式。直销有渠道短、反应迅速、促销到位、控制有效的优点。加上农村存在看病难、怕进医院的情况,有什么头疼脑热的,往往易受熟人或促销推荐的影响就近在小药店购买,这种模式张经理屡试不爽,很是推崇。

第二年,张经理开始实施他的"农村包围城市"的渠道扩张策略。K产品很快就被张经理的业务代表铺到J市各大中小药店。但几个月过去了,K产品销售竟然毫无起色。张经理是百思不得其解。其实原因很简单:城市的父母健康意识普遍很高,而且就医方便,碰到小儿发热的情况一般是送到医院或到附近的诊所就诊,很少直接到药店去买药,而且城市药店竞争激烈,终端推广手段更加丰富。这就是消费习惯和营销环境的变化对同一产品的销售所施加的不同影响。因此,新产品的区域经理在没有进行充分市场调查的情况下就匆忙扩张渠道覆盖面是要冒风险的。

问题:

1. 请问除了案例结尾分析的原因,还有哪些因素会影响到新产品的销售渠道设计?
2. 应如何构建新产品的销售渠道?
3. 你认为在产品生命周期的不同阶段,在销售渠道设计方面会有哪些不同?

单元 10　销售区域与终端管理

本章导读

通过本单元学习，读者应能理解销售区域的概念、销售区域划分的依据，掌握销售区域划分的方法，熟悉区域市场调研的内容、区域市场开发与管理的步骤，掌握区域市场开发与管理的内容，理解销售终端管理的目的与意义和终端通路管理的内容，学会终端陈列管理和终端理货。

知识点

- ★ 销售区域的概念，销售区域划分的依据和方法。
- ★ 区域市场调研的含义、内容。
- ★ 区域市场开发与管理的步骤、内容。
- ★ 销售终端管理的目的与意义、内容，终端陈列管理和终端理货的内容。

技能点

- ★ 能运用销售区域划分的有关知识，为某一具体企业或产品划分全国市场。
- ★ 能结合某一具体产品，为其制订一个区域市场调研方案。
- ★ 能根据上面针对某一具体产品的区域市场调研方案，为其制定一个区域市场作战方略。
- ★ 能举例说明某企业或某品牌在终端陈列管理和终端理货方面的独特之处。

素养点

- ★ 坚持全面学习观，了解整体国情，为从事销售区域与终端管理工作奠定良好的知识基础。
- ★ 坚持唯物主义认识论，深刻理解实践在认识中的决定作用，做好区域市场调研。
- ★ 牢记习总书记"登高望远"与"脚踏实地"的训诫，做好销售区域与终端管理工作规划与实施计划。
- ★ 树立长远的合作观，在从事销售区域与终端管理工作时力求各方合作共赢。

情境引入

销售区域与终端管理是企业销售组织战略得以实现的关键因素。

不合理的销售区域划分，不仅会影响市场拓展效果，还会导致销售成本的增加，最终导致企业无法达成销售目标。

终端作为实现产品销售最后也最为关键的一环，其建设与管理水平越来越成为销售决胜的关键。"终端决胜"已成为营销界的共识！

项目1　理解销售区域的划分

任务1　理解销售区域的概念

销售区域也称区域市场或销售辖区，它是指在一段给定的时间内，分配给一个销售人员、一个销售分支机构或者一个分销商的一群现实及潜在顾客的总和。销售区域可以有地理界线，也可以没有地理界线。

【案例点击 10-1】丰田汽车公司销售区域的划分

丰田汽车公司的经销商按产品的属性划分为"丰田""丰田宠儿""丰田花冠""丰田奥特"和"丰田威斯特"五大系统。各系统经销商经销不同系列的丰田车，彼此只在极个别的品种上有重复。每个经销商系统内有几十个分销商，他们在地域的基础上划分二级子系统。为避免相互竞争，各系统一般只在同一地区安排1～2个经销商，且每个经销商只能在所在区域内或指定区域内销售。这样，每个地区通常有5～7个经销商，他们分属不同系统，卖不同的车，相对重要的地方可多设一些经销商。

这样，虽然丰田的销售店无处不在，但又避免了销售力量的内耗。

但是也有不足之处，这样做使大量的资源没有得到共享，造成浪费，同时这样做需要巨大的经济实力，是一般中小公司所无法承担的。

因此，在众多的制造企业中，主要还是依据地域来划分区域的。

资料来源：王文良．销售学全书[M]．2版．北京：中国社会出版社，2006．

任务2　理解销售区域划分的依据

一般来讲，销售区域划分的依据有以下几个方面。

1. 地域相近性

在销售区域划分时，首先考虑的是便于管理，将地域相连的几块区域划分成一个销售区域，将为未来的管理提供方便，同时也可以节省人力、物力和财力。首先，地域相近，销售人员出差可以形成一条线走十几个城市的局面；其次，地域相近，便于促销活动的微观管理；最后，地域相近，便于集中设立相关的管理人员。

2. 地域内因素的相近性

一般来讲，在同区域内的人们性情和生活习惯比较接近。按照大的范围来划分，可以生活习惯将中国人划分为三大块。

（1）北方地区的人们性情和生活习惯比较一致，他们往往豪迈，不拘小节，热情奔放。

【小知识 10-1】东北人的饮食习惯

东北人在饮食方面，口味偏重；在主食方面，以面食为主；饮食粗糙，喜欢炖菜，什么样的菜都能放在一起炖，例如茄子、豆角炖土豆等，此外，吃生菜、茄子、白菜、葱、辣椒时喜欢沾酱生吃。东北人喜欢大块吃肉，大碗喝酒，小聚会、独酌时酷爱高度酒，大聚会时饮酒度数偏低；但对喝酒不是很挑剔，东北酒市场上的大多数品牌都是价格相对较低的地产酒，消费者的品牌意识相对淡漠，只要口感适合，至于哪个企业生产的就不那么关心，而且常常更换酒的品牌；东北人喝酒注重下酒菜的搭配，荤素和冷热拼盘等。东北人对茶不太讲究，一般只喝花茶。

（2）南方人，尤其广东人，自我感觉良好，无论吃、住、玩等项目均认为广东的最好。南方人谈生意事前讨价还价非常激烈，但如果成交，南方人会很守信用。

【小知识 10-2】广东人的消费观念

广东人的消费观念比较保守，他们习惯于有多少钱，办多少事；既不愿意向别人借钱，也不愿意借钱给别人。举债是一件非常不爽的事情，无债一身轻（不借债一身轻，不放债也同样一身轻）。据一项针对北京、上海、广州、郑州、武汉、成都和西安等 7 个城市居民进行的问卷调查表明，广州人对从"金融机构取得抵押贷款进行消费""有抵押的分期付款消费"等消费信贷方式的接受率最低。也就是说，广州人最不习惯于先使未来钱。

（3）长江流域的人被称为中部人，中部人的特点介于南方人和北方人之间。他们事前讨价还价比较认真，事后也能够比较认真地履行合同，思维比较理性。

在同一区域内人们的爱好具有很大的共性，在进行市调的时候，要把他们的爱好兴趣考虑在内。

同一区域内的人们评价事物的思维定式，以及审美特点、饮食口味等具有一定的相似性。划分区域的时候要充分考虑这一点，在同一区域内要考察人们的共性的表现，如果人们喜欢甜的口味，我们就不应该把苦的口味的产品投放到该区域。要适应当地人的喜好，顺应他们的需求，不能逆势而为。

【案例点击 10-2】不同区域不同消费特点 车商争相试水差异化营销

根据不同区域推出差异化营销，是比较务实的一种营销方法，也是汽车销售的一种趋势。

区域消费情报受到关注

同样一款汽车，厂家制定的销售政策都是一样的，为什么不同区域的销量会大不相同呢？研究发现，成都人买车算经济账，看重的是省油、故障率低和综合使用成本；山城重庆的道路比较窄且上下坡路比较多，重庆人爱面子，追求车子外观时尚大气的同时更关注车的操控性；地处东南沿海、经济较为发达的江浙，他们买车时更加理性一些，比较看重用车的感受；广东人则更实际，他们看重的是车的价格——差异化的区域消费特点使汽车厂家感觉到，只有根据差异制定出让消费者满意的销售策略，才会取得更好的效果。

差异化营销效果显著

一些汽车厂家已率先尝到了差异化营销的甜头，上海大众斯柯达明锐了解到温州等地行业领导人可以影响一些人的购车决策后，先后调查搜集了一批行业的通讯录并开展了针对性的营销，在教育等行业已取得了明显的效果。一汽马自达则抽调了销售、市场、服务等部门的人员，组成若干项目组，进入到主要城市的销售一线，协助区域经销商制定差异化销售策略。如北京经销商开展多种形式的店头试驾，各店周周有活动；广东成了价格试点，经销商对全系价格进行了调整，多功能轿车 Wagon 率先下调 4 万元；全面强化二级城市网点开发，在慈溪等江浙二级城市销量迅速拉升，取得显著效果；重庆经销商则根据当地消费者的特点推出了指导价销售，送终生免费保修的做法。

区域精准营销是趋势

根据区域特点推出差异化销售策略，实施区域精准营销的汽车厂家都收到了满意的成绩。一汽马自达公司负责人说，汽车销售是一门学问，不同区域的消费者选车的看重点是不一样的，汽车厂家只有根据各地消费者的特点，有针对性地去实施销售战略，才能取得理想的效果。区域差异化营销的尝试，已不仅仅是卖了多少车的问题，更重要的是品牌魅力和客户满意度得到进一步提升。

<mark>资料来源</mark>：汽车大世界．车厂争相试水，区域精准营销是趋势 [EB/OL]．（2007-10-19）[2022-03-04]．https://news.mycar168.com/2007/10/54996.html．

3．地域内对本产品的需求度

对于一些特殊产品来说，在不同的城市或区域内对它的需求是不一样的。例如，对空调的需求，哈尔滨与海口在需求量上有着极大的差别，因此，设立区域可能把东北三省划分为一个区域，而海南与广东、广西南部可能划分为一个区域。但如果是一家生产羽绒服的企业，哈尔滨的需求量远远大于海口，在销售区域划分上就又不同于上面的方式。

4．本公司的财力、物力及干部储备状况

如果一个公司实力较强，储备的干部较多，则可适当将销售区域划分得细些，可加大管理力度。如果公司实力较小，储备干部较少，则可将销售区域划分得粗些，则既能加强管理，又可节省开支。但这样的管理力度要小于细分化的管理。

【小知识 10-3】区域划分的基本原则

在划分市场区域的时候，要结合公司状况、产品、人力、市场运作等方面综合决定，一般地说，下面可以作为划分市场的基本原则。

1．核心市场细，外围市场大

核心市场是保障公司利润来源的市场，不仅份额大，利润更为丰富；外围市场对于很多企业管理者来说，是用来拓展业务、保证任务的。

比方说，如果企业是生产水稻用杀虫剂的，则应以水稻产区为主，在主要水稻产区划分的销售区域应该多些、细些；而对于非水稻主产区，则划分的区域比较少、比较粗些，甚至可以一人负责一个省区的销售。

2．核心大区域，人员主辅配

市场过细，则需要的人员增多，费用增加，管理上也增加了难度，同时，不利于调动业务人员工作的积极性，业务人员收入增长空间也有限。因此，核心市场划细，也有一个限度，在满足骨干人员成长和发展需要的同时，市场划分要保持一定的弹性，如某2～3个地区分给一个业务经理控制，配备1～2个助理。

3．强者操控大，弱者操控小

俗话说，"三年做个手艺人，十年难做个生意人"，业务人员基本上算生意人，但业务人员是有差别的，有的经验丰富，有的则缺乏销售经验；还有的能力比较薄弱，缺乏实践锻炼。如果在一个销售团队中，都找熟手不仅用人成本高，相互之间的磨合也比较困难。在企业中，强弱搭配的团队往往有活力并且比较稳定，因此，能力强的人其控制的区域大些，如在核心区域给2～3个地区级市场；能力弱的，其控制的区域小些，如在核心区域给2～3个县级市场。

4．品种单薄大，品种丰富细

有的企业，生产品种相对比较少，甚至只有1～2个品种；有的企业产品非常丰富，多达几百个，甚至上千个。为了保证每个区域有足够的市场容量，品种多的在区域划分时应该细些，反之则应该粗些。

5．通路短者细，通路长者大

现在一般将通路划分为省级、地级、县级、乡镇级，有的还有村级。大部分企业开始改革通路，从过去的省级下沉到县级，还有的企业直接下沉到乡镇级。显然，人的精力有限，通路下沉，则需要投放的时间和精力更多，其区域市场划分就应该小些，如有的只给业务人员几个乡镇就可以了；反之，通路长的，如选择省级总代理的，其区域就应大些。

6．市场集中细，市场分散大

做专一的市场，更容易聚焦！什么市场都做的，往往难以形成市场影响力和品牌力。因此，对于市场比较集中的区域，可以划分得细些，反之则可以粗些。

7．物流发达细，物流不便大

我们知道，物流越便利的，其市场越发达。因此，对于物流越发达的区域，市场可以划分得更细致，反之则可以划分得粗些。

资料来源：销售与市场网．区域划分的基本原则[EB/OL]．（2009-03-02）[2022-03-04]．https://www.cmmo.cn/b/84281/35981.html．

任务3　掌握销售区域划分的方法

如果在中国范围内进行销售，区域的划分方法比较多，概括起来有以下几种。

1. 六分法

即将全国划分为东北区、华北区、西北区、华东区、华南区、西南区六个区，这是传统的划法。这样划分的好处在于这六个区每个区域内人们的生活习惯非常相近，便于在同一区域内开发同一新品。

2. 四分法

将中国划分为四个区，即北区，包括东北、华北、京津地区；东区，包括上海、江浙等地；南区，包括两广等地；西区，包括湖北、四川等西北和西南一部分。这样划分的好处在于，这四个区内人们的生活习性更加接近，便于进行统一管理。

3. 八分法

将全国分为东北区、华北区、西北区、华东区、华南区、西南区、北京区、上海区共八个区。这样划分的优点在于将北京、上海两个重要的城市独立出来，或设立分公司，或设立总代理，便于厂方直接管理。

【案例点击 10-3】某饮料公司销售区域的划分

某饮料公司欲开发中国市场，总经理交代中国销售总监提报方案。中国销售总监提报如下方案。

方案一：将全国划分为北方区、华东区、华南区、西部区。总部设在上海。

方案二：将全国划分为东北区、华北区、西北区、华东区、华南区、西南区。总部设在北京。

方案三：将全国划分为东北区、华北区、西北区、华东区、华南区、西南区、上海区、北京区。总部设在北京。

问题：三个方案中哪个更好？为什么？

资料来源：王文良．销售学全书[M]．2版．北京：中国社会出版社，2006．

【案例点击 10-4】奔驰在华销售划分三大区域管理

2010年第四季度，梅赛德斯—奔驰正式宣布将其在华业务划分为北区、东区和南区三大区域，以深化区域各项职能，从而更好地实现奔驰在中国长期发展的远景目标。

梅赛德斯—奔驰（中国）汽车销售有限公司副总裁、北区总负责人施瑞特表示："此次区域化战略的实施将有助于我们进一步深化销售、经销商网络发展以及售后服务等多项职能，以满足北区市场更高标准的客户需求。"

划分大的销售区域之后，每个区域将由一个副总裁直接负责。将在销售流程、经销商培训与品牌宣传方面进一步加强，并针对每个区域制定适合的销售策略。

问题：试分析梅赛德斯—奔驰在华销售划分三大区域管理的背景。

项目2 学会开展区域市场调研

任务1 了解区域市场调研的含义

区域市场调研是指运用科学的方法，有目的、有系统地搜集、记录、整理有关区域市场信息和资料，分析区域市场情况，了解区域市场的现状及其发展趋势，为区域市场开发与管理提供客观的、正确的资料。

任务2 熟悉区域市场调研的内容

一般来讲，区域市场调研包括以下几个方面的内容。

1. 区域市场行政区划状况调查

区域内城市分为几级，一级城市有多少个，二级城市有多少个，三级城市有多少个，依据本公司产品的不同，将目标市场分为几个不同的级别，然后再根据不同的级别，进行不同的计划。根据"二八法则"，首先应找出一级城市有多少个，都分布在哪里，怎样建立分支机构才能最大限度地节省资源。一级城市一般规模比较大，需要精耕细作。二级城市虽然规模比一级城市小，但是二级城市数量却远远多于一级城市。二级城市的总体潜力与一级城市不相上下。例如，黑龙江省有十多个地区级城市，它们都属于二级城市，其总体潜力超过一级城市。三级城市主要是指（区）县，中国有两千多个县级城市，这些城市数量众多，总体消费潜力非常可观。但是，由于这些城市数量太多，位置太分散，如果厂家自己直接销售，则要派出大量人力，消费更多的财力。如何运作小城市，是各个企业根据自己的实际情况而定。没有实力的企业可以设立省级总代理，由总代理来管理小城市的销售工作。

2. 区域内消费者生活水平

目标销售区域内消费者生活水平由经济总量、人均收入、收入分配等因素决定。

在一级城市，人们的收入普遍较高，消费水平高。但在一级城市中，人们的收入分配并不均匀，同一个城市中，人们的收入水平可能相差很大，因此在一级城市中的销售布局要有所侧重。

二级城市人们的收入状况差距非常大，既有南方富甲天下的中等城市，如佛山、东莞、中山等城市，也有中西部非常贫穷的中等城市。

三级城市即县级城市，人们的收入状况也存在很大的差别，既有百强县中的富裕县，也有吃国家财政补贴的贫困县。企业要因势利导，将有限的资金投入到有巨大产出可能的地方。

对于广大农村市场而言，人们的收入水平普遍低于城市，且地区间差异巨大。因此，在划分销售区域和设立区域组织机构时应有所侧重。

【小知识 10-4】2021 年中国城市人均 GDP 排名

众所周知，人均 GDP 是最重要的宏观经济指标之一，经常与购买力平价结合，作为衡量人民生活水平的标准。

2021 年，全国人均 GDP 十强市依次为鄂尔多斯、克拉玛依、无锡、北京、苏州、南京、深圳、上海、常州、珠海。

除了鄂尔多斯、克拉玛依、北京、上海外，无锡、苏州、南京、常州隶属于江苏，深圳、珠海则隶属于广东。

可能很多人都没听过"鄂尔多斯"这个名字，但确实来头不小，既是内蒙古第一经济大市，也是首屈一指的资源大市，煤炭已探明储量 1676 亿吨，占全国的六分之一；天然气探明储量 8000 多亿立方米，占全国的三分之一。2021 年实现地区生产总值 4715.7 亿元，常住人口 215.4 万，人均 GDP 高达 21.9 万元，高居榜首。

克拉玛依虽然只是五线城市，却同样是资源大市，新中国成立后的第一个大油田即克拉玛依油田，人均 GDP 高达 21.42 万元，位列全国第二。

无锡虽是二线城市，却比一线城市还要"抢眼"，2021 年实现地区生产总值 14003.24 亿元，常住人口 746.2135 万，人均 GDP 为 18.77 万元，位列全国第三。

北京、上海、深圳作为三大一线城市，人均 GDP 分别为 18.39 万元、17.46 万元、17.38 万元，分别位列全国第四、全国第七、全国第八。而同为一线城市的广州，却并未冲进前十，仅以 15.12 万元位列全国第十四。

苏州是江苏第一经济大市，2021 年实现地区生产总值 22718.34 亿元，常住人口 1274.8262 万，人均 GDP 为 17.82 万元，位列全国第五。

南京 2021 年实现地区生产总值 16355.32 亿元，常住人口 931.47 万，人均 GDP 为 17.56 万元，位列全国第六。

常州 2021 年实现地区生产总值 8807.58 亿元，常住人口 527.8121 万，人均 GDP 为 16.69 万元，位列全国第九。

珠海是国务院批复确定的经济特区，GDP 总量虽然远不及深圳，但常住人口只有 243.9585 万，人均 GDP 为 15.91 万元，位列全国第十。

3. 区域内消费者消费习惯

由于历史文化、经济发展水平等的差异，不同地区在生活习惯上会呈现较大的差别。例如有的地区的人们喜欢储蓄，喜欢精打细算，他们的消费呈现出比较理性的特征。人们普遍有计划地支配自己有限的收入，理智谨慎地进行消费。在一些边远的地区，人们的消费观念相对保守，新的产品比较不容易打开局面。因此，在新品上市的时候，不应首先考虑在这些城市投放。

在一些经济发达的城市，人们则表现出较强的消费欲望和消费能力，相对较少储蓄。譬如北京、上海、深圳等地人们的消费观念就比较超前。

4. 区域市场需求调查

决定一个区域需求量的因素包括人口规模、购买欲望和购买能力等。在进行区域市场调研时，应该获取准确统计数据，并加以分析。

5. 区域内通路调查

通过区域内通路调查，应该了解以下信息。

（1）有关代理商的问题。包括本区域内有多少个该类产品及替代品的大型批发商，其中最大的、最有特色的、效益最好的有哪些，它们的基本情况怎样，最大的批发商有多大，其代理多少个品牌，每个品牌的月营业额有多少，该批发商的资金状况如何，有多少个替代品。

（2）本区域内有多少个大型卖场，它们的性质、作业流程、决策机制是怎样的？随着商业业态的发展，终端卖场已经成为一种产品尤其是日用消费品的重要销售渠道，在决定进入一个区域市场之前，对区域内每一个城市的大卖场进行调研是很必要的。首先应该对主要大卖场的日常管理模式、作业流程、店内决策机构和决策流程等了然于胸。其次，还要了解它们与外界的关系是什么样的，也就是说，它们的供货链是什么样的，它们的物流方式是怎样的，它们的销售是零售还是会员制。再次，还需要了解它们单位面积的贡献率是多少。一个零售企业，最重要的指标就是单位面积的销售贡献率。有的大型卖场经营面积很大，总营业额数量也比较大，但是单位面积的销售额却很少，也就是说单位面积的贡献率很低，或者说该企业的效率很低、效益很差。最后，要了解它们单位人员的贡献率是多少。考察零售企业的效率的另一项指标为单位人员的贡献率。有的零售终端的营业额比较大，但是，人员过多，平均到每个人头上的数量就很少，因此说单位人员贡献率不高。而另一类零售企业虽然面积小，人员少，但是单位面积和单位人员的贡献率却很高。

（3）本区内的批发市场有多少？虽然批发市场的作用在减小，但在一定时期内，它仍是辐射农村和中小城市的主要通路。因此，在开发一个区域市场之前，有必要调查区域内批发市场的分布情况。

6. 竞品及替代品状况

在商场上有一句话："了解你的竞争对手比了解你自己更重要。"在进入一个区域市场之前，最不能忽视的就是对竞争对手的调查。

（1）了解竞争对手的信息，可以从多方面去进行。包括实地调查、文献资料调查等。

（2）对竞争对手的情况做全面了解，涉及以下内容：该区域内有无竞品。如果有竞品，必须要确定进入的战略，是采取紧跟战略，还是领跑战略。如果有竞品，则还需要考虑竞品的详细状况，包括竞品有哪些品牌，各品牌进入该市场的时间各有多长，各占多少市场份额，竞品在该地区有多少个品种，竞品进了多少条通路，竞品的宣传方式是什么，竞品的成长曲线是什么样的，竞品在该区域内的销售机构是如何设置的等。

（3）了解替代品情况，包括替代品有哪些，替代品在什么情况下有可能转变成竞品，怎样从替代品的市场份额中抢来一部分。很多产品都有替代品，如白酒的替代品是红酒和啤酒。当白酒的价格上涨时，人们对白酒的消费量就会下降，而对红酒和啤酒的消费量就会增加。大部分产品销量与替代品销售量成反比关系，该品增加销量，替代品就减少销量。因此我们在开发一个区域市场的时候，除与竞品直接竞争外，还要与替代品进行间接竞争。

项目3　学会区域市场的开发与管理

任务1　熟悉区域市场开发与管理的步骤

一般来讲，当企业计划进入某一区域市场时，一般要经过以下过程或步骤：区域市场调研、确定区域市场开发战略、确定区域市场开发策略、划分和确认每个销售人员的责任辖区、责任辖区的规划和经营等，如图10-1所示。

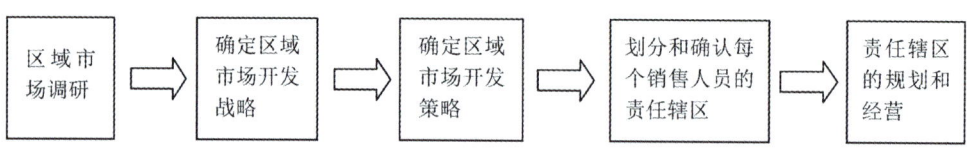

图10-1　区域市场开发与管理的步骤

任务2　掌握区域市场开发与管理的内容

根据前述区域市场开发与管理的步骤，我们可以将区域市场开发与管理的内容概括为以下几个方面。

1. 整体部署区域市场

区域市场的整体部署包括市场分级、点面呼应和点线呼应三大任务。

（1）市场分级。即将某一区域市场分成若干块相互关联的"亚区域市场"，每个"亚区域市场"再分成若干个相互呼应的"子区域市场"，各"子区域市场"可以相互连接成线。目的是梳理市场脉络，突出重点，抓住关键，带动全局。

（2）点面呼应。各"亚区域市场"的布点尽量以某个城市群（带）中某一中心城市为中心，以物流一日内可达客户的距离为半径进行点面整合，使之形成辐射状、同心圆形、扇形或三角形等市场格局。

【案例点击10-5】湖北亚区域市场划分

湖北市场的亚区域市场可以荆沙为中心，北连荆门、南接湘北、东抵仙桃、潜江，西至宜昌，形成辐射状市场格局，或形成宜昌、荆沙、荆门与仙桃、天门、潜江西东一大一小呼应的两个三角形格局。

问题：试分析以上区域市场划分方式的优缺点。

（3）点线呼应。以亚区域市场内或亚区域市场之间的铁路干线、公路干线、水运干线为主线，将交通枢纽城市贯穿成线，形成纵横交织的网络格局。

【案例点击 10-6】中原市场的市场划分

中原市场可以郑州为中心,以京广线、陇海线为纵横坐标轴,北连新乡、安阳,南抵许昌、漯河、信阳,西起西安、洛阳,东至开封、徐州,形成"十字型"连通的市场格局。

问题:试分析以上区域市场划分方式的优缺点。

2. 有效进入区域市场

《孙子兵法》云:"势者,因利而制权也。"销售的势,就是在市场竞争中,运用本身的最佳资源组合,掌握竞争优势,赢得最后的胜利。

在选择进入区域潜在市场的策略中,也必须因"势"而行,方能事半功倍,创造市场佳绩。具体来说,行销的"势"包括造势、攻势、强势、弱势、顺势、逆势六种。

（1）"造势"进入。以色列的"六日战争",即利用闪电般的3S战术（奇袭、迅速、优势）在数日之内击溃敌人,令全世界为之哗然,这就是造势。"娃哈哈"集团在其新品牌"非常可乐"上市之际,也是利用世界杯足球赛期间的高密度广告大造其势,一度形成"未见可乐,先闻其声"的浩荡景象,从而一举占领国产可乐市场。

借以造势的工具有多种,如企业形象、产品特色、生产成本等内有资源,也可使用广告、促销、公关、价格、渠道、媒体等外在系统。"造势"者在进入市场前必须考虑以下问题。

1）所造之势对区域潜在市场影响力的大小。

2）造势工具的整合。

3）竞争者可能的反击或追随。

（2）"攻势"进入。1989年,台湾向岛外开放洋酒市场。一时间,世界五大洋酒品牌与数不清的小品牌纷纷涌入台湾市场。台湾市场顿时"酒"雾弥漫,好不热闹。而美国的菲利普·莫里斯公司凭借其雄厚的财力和渠道优势,先经过一阵"造势"（在市场开放前,岛内报纸每天都在讨论洋酒的可能排名及市场接受程度）后,以雷霆万钧的攻势,在行销整体策略运用之下,除了运用公关手段促使媒体刊登对其有利的新闻报道外,在零售点也大量张贴海报、放置陈列架,以攻击性做法率先占有渠道各据点,激发顾客的购买欲望。其秋风扫落叶般的攻势造成"雷声大雨点也大"的强大声势,使其一举夺取台湾洋酒市场第一的宝座。这一连串行销活动就是"攻势"的做法。

采用攻势策略要求企业具有雄厚的实力。有能力组织二次进攻并始终保持优势,否则,一旦对手得以喘息,其强烈的反击会使企业陷入"再而衰,三而竭"的尴尬局面。两届标王"秦池"的遭遇就是一个很好的例子。

（3）"强势"进入。"强势"策略是可供强势企业或品牌运用的市场进入策略。日本丰田汽车公司自从在法国生产并销售小型轿车后,曾对西欧汽车制造业造成前所未有的撼动。素有"销售的丰田"美誉的丰田汽车公司在巴黎至朗斯的路旁及许多小城的街道,都设有其白底红线的销售据点,突出、明显的CIS设计,处处表现出行销上的强势风格,在整体规模下以万船齐发的方式,成功开启了当地市场。丰田的一款新车必须在定货四个月后才能取车,这就是"强势"进入策略所创造的令人吃惊的气势。

(4)"弱势"进入。"弱势"策略主要适用于弱势品牌。弱势品牌应当集中火力在优势资源上,展现自己的特性和魅力,极力争取一定的市场份额。可以运用的战术如下:

1)地区或局部作战。
2)集中攻击特定目标市场。
3)一对一作战。
4)彻底实施　点集中作战。
5)侧翼攻击,避免正面交锋。

【案例点击 10-7】"味全"奶粉的"弱势"策略

20世纪60年代,台湾婴儿奶粉市场为外来品牌的天下,味全是弱势品牌,无法与外国品牌正面竞争。味全便从地区市场切入,选择彰化县的员林镇为突破口,集中火力在医院的妇产科、小儿科和食品店上,利用集中于一点的力量,努力培养良好的客情关系。攻下员林市场后,又以同样的方式攻下了田红、溪湖,三点刚好形成三角形位置,二点连成线,三线成一面。之后又攻下和美、鳌化市等据点,如此一次又一次地以点攻掠的方式,建立起市场的区域基础。

问题:试分析哪些企业和产品适合采取"弱势"策略。

(5)"顺势"进入。一般来说,采取"老二主义"或局限于区域内的地区性品牌最善于借势使势,顺势而为,别人大成就,自己小成就。电脑业的很多PC机生产厂商就是采用此策略,在巨大的潜在市场前,他们躲在IBM与联想等巨人的阴影下努力耕耘自己的"一亩三分地",倒也自得其乐。

(6)"逆势"进入。反其道而行之即为"逆势"。独排众议者,虽然可能一时孤独,却因为独具眼光而扭转局势,反败为胜。例如对于渠道的开拓,传统的方式由上往下逐步拓展,即批发商—中间商—零售店。但最新的渠道开发方式,却反其道而行,即在设定新的渠道之前,事先做周密的调查,明确界定目标顾客,再选择目标顾客最合适的渠道,按零售商—中间商—批发商的顺序逐级而上,如此即能掌握整个市场的真实情况。

【案例点击 10-8】"波导"的"农村包围城市"策略

20世纪一场"农村包围城市"的战略革命将中国颓废的国势一举扭转,而21世纪初睿智的波导人凭着"自主渠道"的营销思维,再次将这种独特战略发挥到了极致。

面对国外品牌在中心城市过于根深蒂固的强势地位,在北京、上海、广州等城市,波导明显很低调,但在二级城市乃至县市级城市却做得很夸张,在中国很多中小城市的繁华地带几乎都有波导的广告牌或销售门面。

当时,波导股份有限公司副总经理隋波对此种战略做了合理的分析:"洋品牌在各大中心城市的强势地位短时间内不可动摇,我们一开始只能绕过去,将力量集中在洋品牌势力相对薄弱的小城市乃至农村地区,等我们的力量壮大到足够的程度时,再进攻并最后夺取中心城市。"

"波导"放弃了国外品牌的代理分销方式,而采取了"自主渠道"的策略。这种重终端、自下而上的模式,与国外厂商的自上而下的模式形成了鲜明的对比。然而,"波导"当时的辉煌证明这种策略无疑是明智的。

问题:试分析"波导"市场战略成功的原因。

3. 区域市场作战方略

区域市场的作战方略是决定地区市场销量的主要因素。在做地区市场作战方略决策时,必须重点考虑以下几个方面。

(1) 分析现状。设定目标之前,应确切地把握所在区域的现状。

首先,应了解本企业在该地区的市场地位(如市场占有率),同时,也必须确实地把握该地区的竞争状况和竞争关系。其次,本企业到底是强者还是弱者,也必须加以确定,因为强者与弱者的作战方法会有很大区别。此外,还应根据本企业的资料做销售分析(如产品销售额、产品等)。其他问题如销售费用、运输距离等也应事先做相关关系分析。

(2) 设定目标。目标是销售团队行动的标的和方向。

目标务必清楚、具体,并铭记在心。同时,还要设法扩大销售,提高毛利,节约销售费用,减少不利的买卖,使销售行动能取得最大的成果。此外,目标设定时应尽可能用数字来说明。

(3) 制作销售地图。制作并使用销售地图可以使销售活动视觉化。

因地区不同,有时需要地图,有时不需要地图。普通地图因为是彩色的,不易阅读,可先将其复印成黑白地图。有了地图,先依据各局部市场占有率的调查数据,以区为单位,用线条划分清楚,各销售地区即一目了然。还可根据市场占有率的数据,将各地区涂上不同的颜色,例如数据最小的用白色,最大的用红色,其次是橙色,再次是黄色,然后是绿色、蓝色等,这样一来即可排成一系列的色块,便于阅读。此外,还可根据百分比数分别用不同的颜色表示。例如,40%以上用红色,35%用橙色,30%用黄色,25%用绿色,20%以下用蓝色,10%以下用白色分别标记出来。

又如销售据点可以分别用不同颜色图钉插在地图上。可以把地图摊开贴在至少半寸厚的厚纸板上,周围用胶带贴牢,把公司的据点一个个标示出来,再把顾客分成若干层,现有客户用红色图钉标示,潜在顾客用黄色图钉标示。竞争同行也可依据其性质使用绿色或蓝色图钉标示。这样,全面的战略位置关系便跃然纸上。

使用销售地图时,可把人口、地区面积、人口密度等资料都标在上面。

(4) 市场细分化。为利于销售行动的进行,一般有以下市场细分原则可供参考:

1) 顾客为何购买?这是购买动机细分原则。
2) 顾客在什么时候购买?这是购买时机细分原则。
3) 哪些顾客在购买?这是交易主体细分原则。
4) 顾客购买哪些产品?这是交易客体细分原则。
5) 顾客在哪里购买?这是交易地点细分原则。

6）顾客用什么方法购买？这是交易方法细分原则。

（5）采取"推进战略"或"上拉战略"。这是古老而又崭新的课题。正常的操作应该是双管齐下，两者不可偏废，视企业实际情况而定。

【案例点击 10-9】"推进战略"还是"上拉战略"

以某食品企业为例，该企业拥有全国性的销售网络，收益在年年增加，发展潜力很大。作为一家制造厂商，该企业认为下列网络状态最为理想（简称状态 A）。

状态 A：一家批发商拥有 60 家零售店，每家零售店各拥有 60 个顾客。

如果产品的效用价值及其他条件一定，但目前的网络状态如下（状态 B），该采取何种销售战略呢？

状态 B：一家批发商拥有 20 家零售店，每家零售店各拥有 100 个顾客。

分析可知，状态 B 的批发商层次的占有度（与企业来往的店数/总店数）非常低，但是零售店层次的占据率却很高。这意味着在消费者层次，该企业的品牌知名度相当高，但还没有充分销售到大多数零售店中去，也就是说，批发商的力量很脆弱。在这种情形下，无论是制造厂商还是批发商，都有必要多雇佣业务员，积极建立销售网络，也就是说，应展开"推进战略"。

又比如，其他条件都一样，而目前显示出来的网络状态如下（状态 C），该采取何种销售战略呢？

状态 C：一家批发商拥有 100 家零售店，每家零售店各拥有 20 个顾客。

分析得知，状态 C 意味着批发商层次的占有度很高，但是在零售店层次的占据率却很低。这说明过去在流通阶段已经下过功夫，也就是"推进战略"相当积极，但就末端消费者或使用者而言，使他们对产品发生兴趣的"上拉战略"还是做得不够。因此，应该有效地使用电视或其他媒体编列预算，展开"上拉战略"。

（6）对付竞争者。要占据竞争者的市场份额，必须先找出竞争者的弱点。要知道对方的弱点，可以通过跟踪对方的业务员，或把竞争者的产品彻底分解检查，了解其产品的构造与功能。同时要把竞争对手的弱点转变成自己的强项，努力改善自己的产品、经营或服务，将自己的强项推销出去，特别要推销给竞争对手的顾客。

（7）努力开发新客户。不去开拓新市场而任其自然松懈下去，市场会难以维持现状，更加谈不上有所发展，开发新顾客是维系企业和地区市场生存的一项日常工作。

（8）让业务员知道活动目标。在展开地区市场作战攻略时，最后的决胜权掌握在业务员手里，他们是真正与竞争对手短兵相接的勇士。因此，在对业务员的人格、知识、经营、态度、机动力等做过综合评价之后就应把活动目标彻底让他们知道，如销售额目标、毛利目标、每天平均访问客户数、新客户开拓数量、账款回收率等。

4. 责任辖区的规划和经营

规划并经营"责任辖区"是区域主管的一项重要工作。下面将讨论如何规划业务员的责任辖区、如何经营责任辖区。

（1）规划业务员的"责任辖区"。

1）规划每个业务员的责任辖区。

假设某区域市场预计有5位业务人员，如何将区域市场适当地分配给他们，必须考虑业务员的工作能力与工作负担（巡回辖区的面积、经销商的数量等）。5位业务员的工作多半是商品介绍与促销、承接订单、销售服务、信息反馈等。由于牵涉无数次经销商拜访工作，每位业务员在开展工作时，必须对"销售路线"加以管理。

为达到有效经营，区域主管必须对责任辖区、业务员数目、业务员的销售路线三者进行协调。由于业务员的绩效通常跟拜访客户（经销商）的数量成正比关系，所以，在规划业务员责任辖区大小时，要考虑经销商数量、经销商分布的密度、拜访次数、每位业务员当天出勤时间等因素。例如，每人每天拜访6家经销商，则每月拜访130家经销商。若经销商数量多，而业务员数量不足，势必无法深耕市场。

除"拜访经销商效率"外，另一重要考虑因素是"配送效率"。由于配送是一种实体运输功能，配送周期与配送距离的相关性很高。例如，30公里是半天的配送范围，那么60公里就得花费一天的时间来处理。如果业务员辖区加大、工作量增加，区域主管就必须调整业务量和业务员的数量。

在台湾餐饮业，另有一套责任辖区管理，被称为"个人式餐桌制度"，就是划分服务人员的服务区域，将整个餐厅的餐桌数目（例如20个餐桌）分割成五块，每个服务人员负责一块。从客人进门、倒茶水、点菜、送菜到结账，完全属于区域范围内的责任。客人有抱怨或餐桌业绩不好，全由区域服务人员负责。相对而言，若业绩达到目标，每月可抽取业绩奖金。

2）规划业务员责任辖区的销售路线。

责任辖区划分到人后，业务员必须有效经营和管理自己辖区内的客户，视客户的重要程度、任务的不同，分别按销售路线进行拜访。所谓销售路线，是指每天或每月对区域内的客户（主要是零售终端），按照一定的路线进行巡回拜访，以便完成每天或每月所定的销售目标。

（2）经营责任辖区。

1）绘制"责任辖区地图"。

用色笔绘制出业务员本身的"责任辖区图"。再将辖区内的客户一个一个地按实际位置加以标示。这当中包括"竞争对手的客户"（可用黄色标出）和"本企业客户"（可用红色标出）。根据该地图就可以估算、计划出本企业在此辖区内的竞争地位与市场活动战略。

2）利用"责任辖区地图"检讨销售战略。

区域主管、业务员可以经常使用"责任辖区地图"检讨销售战略与行动。如可以对以下几个方面分别进行检核。

- 经销商的分布是否适当？
- 特约经销商的服务范围有多大？
- 从市场占有率来看，本企业在哪些地区势力强？哪些地区势力弱？
- 哪些地区有发展潜力？

- 是否有进一步增加经销商数量的必要性？
- 检讨相应地区业务员的业绩。
- 检讨配送路线。
- 考虑降低物流成本。

3) 责任辖区的行动顺序。

即建立"责任辖区地图"内的行动顺序。业务员在责任辖区内的工作包括拜访、推销、送货、收款、服务等，这些活动应有计划、有效率地加以进行。

- 通过市场开拓、逐家拜访"责任辖区"内的经销商搜集客户资料（地址、负责人、销售内容、类型、业绩、占地面积、进货联系人、结款部门等），并建立客户资料档案。
- 在销售地图上圈出责任辖区地图。
- 在责任辖区地图上逐一标示客户位置。
- 整理区域内的客户资料，以便决定拜访顺序和拜访周期（例如，该路线共25家客户，每周巡回一次）。
- 为确保效率和任务的实现，每一条"销售路线"应规划一定的里程数（如50公里以内）。每条销售路线的确定，应以辖区业务员能照顾到为原则，业务员按照既定路线逐一拜访客户。

【小知识10-5】区域经理销售管理工作六大禁忌

销售大忌之一：销售无计划。
销售大忌之二：过程无控制。
销售大忌之三：客户无管理。
销售大忌之四：信息无反馈。
销售大忌之五：业绩无考核。
销售大忌之六：制度不完善。

项目4　学会销售终端管理

任务1　理解销售终端管理的目的与意义

从不同的销售要素出发，销售终端管理有不同的目的与意义。

1. 对于厂家和经销商

对于厂家和经销商而言，销售终端管理可以：

（1）树立良好的品牌形象，增加消费者对品牌的关注度和信赖。

（2）便于消费者选择，刺激消费者冲动性购买，提升销量。

（3）提高货架占用空间和效率。

（4）避免断货脱销，而将消费者推给竞品。

（5）争夺有限的终端资源。

（6）提高竞争力，打击竞品。

（7）建立良好的通路客情关系。

2. 对于零售商

对于零售商而言，销售终端管理可以：

（1）增加利润。

（2）有效利用空间。

（3）有助于改善卖场陈列形象。

（4）增加流量。

（5）当产品或品牌影响力较大时，消费者会对其在不同卖场的投入（包括金钱、时间、精力和体力等投入）做比较。

3. 对于消费者

（1）便于找到所需商品。

（2）容易做出比较。

（3）整洁、生动化的陈列使消费者感到物超所值。

（4）可以唤醒消费者对所需商品的记忆。

任务2　理解终端通路管理的内容

一般而言，终端通路管理的内容包括以下几个方面。

1. 进店准备工作

在产品确定进入终端卖场前，企业应做好进店准备工作，包括以下几个方面。

（1）了解该店有无竞品。在进店前，首先要考察该店有无竞品。如果有竞品，要了解竞品有多少个品项，有哪些品项，竞品有的品项我们是否有，竞品没有的品项我们是否有，竞品的价位是怎样的，竞品在该店的优势是什么，是品种优势还是价格优势，我们该从哪些方面寻找自己的优势……

（2）了解该店有无替代品。了解替代品十分关键，因为它间接影响到本产品的销量。

（3）了解竞品的销售状况。竞品的销售状况直接关系到本公司产品未来的销量以及费销比的情况，竞品在该店的销售情况好坏还直接关系到本公司产品是否要进入该店的决策。如果竞品销售得好，本公司产品比其略有改进，则进入该店风险就不大；如果竞品的销售不好，那么，我们在考虑是否应该进入该店的时候，就要对竞品销量进行分析，找出销售不好的原因，如果没有找出确切的原因，则应慎重进入该店。

（4）对卖场进行详细调查。对卖场进行详细调查包括卖场的位置、面积与客流、单位面积产出率等。

（5）了解卖场结款信誉。一个卖场，不论其面积有多大，也不论客流量有多大，只要该卖场结款信誉不好，进店时都要慎重。

（6）了解卖场的管理水平。在考虑卖场的状况时，要对其管理状况进行考察，考察该卖场的管理是否规范，因为卖场管理水平的高低会直接影响到供应商的长远利益。

（7）了解卖场的决策程序。任何一个大卖场都有其自身的决策程序。有的卖场在审批进店产品时，采用总经理办公会议每周审批一次新品的方法，也有的公司采用部门负责制，由谈判部门或采购部门决定是否进新品。但不论怎样，供应商对卖场进店决策程序的了解都是十分重要的。

（8）了解卖场的合作方式。在卖场的众多合作方式中，有五种方式是最重要的。

1）第一种方式为租赁专柜方式。即供应商按月缴纳租金，风险由供应商自己承担。这种方式的优点是价位和陈列面由供应商自己管控。

2）第二种方式为商场买断式合作。该合作方式为卖场先将全额货款预付给供应商，然后供应商再发货。这种合作方式明显对供应商有利，因为货款安全全部得到保障；同时，店内货物的损失由卖场自身负责。

3）第三种方式为实销实结。这种方式主要适用于大卖场与不知名品牌产品的供应商之间进行。它明显对供应商不利。因为供应商不论发多少货，均不能视为销售，也不能按发货量结算货款。在卖场管理混乱的情况下，供应商风险会比较高。

4）第四种方式为账期结算。这种方式是最常用的。一般有账期30天（是指从卖场接到货物起，30天内结清，含第30天）、月结30天（是指当月卖场收到的货物价值总和累计在一起，再过30天统一结账。对于该月月初发的货，实际上账款期限已达60天）、月结60天之说。

5）第五种方式为保底销售。对于知名度很小的产品来说，无从预测其销售量，为规避风险，卖场根据该货柜的月场产值，提出保底销售的方式。要求供应商提供保底销售，如果该产品每月的销量少于保底数，则由供应商来将差额毛利补齐。这样卖场的利益就得到了保障。

2. 进店收支分析

一般而言，一个产品要进入卖场销售，需要缴纳进店费、节庆费、年底返佣、陈列费、海报宣传费、节日堆头费、特价活动费和统仓统配费等费用，企业应据此进行进店收支分析，以降低经营风险。

（1）进店费及支付方式。

1）进店费的内容。进店费一般包括开户费、单品费等。

开户费是新的供应商进店时在该卖场中建立档案，以确定其合法地位而交纳的一笔费用。开户费的多少由店的规模大小以及供应商的实力来决定。

单品费是卖场按单品数量和各单品收费标准向供应商收取的一笔费用。

在进行进场费的谈判时，卖场往往有自己的最底线，因此供应商最终支付给卖场的进场费与其自身的谈判能力是密切相关的。

2）进店费支付方式。进店费支付方式有现款、货款扣除、货补、促销代补等方式。其中促销代补是指用促销的方式代替直接付款。

进店费一般由厂家、代理商独自承担或两者按比例分担。

（2）节庆费及支付方式。节庆费是指供应商在卖场开业庆典、周年庆典时交纳给卖场的一笔庆贺费用。节庆费过去与进店费是一体的，但后来由于进店费是一次性的，而卖场希望每年都能够得到这个费用，于是就将每年的节庆费"发明"出来。

节庆费的支付，一般采用从货款中扣除的方式，这种方式减轻了供应商的现金压力，减少了一些中间环节。但也有的卖场希望以现金的方式支付，以获得充沛的"现金流"。

（3）其他费用。其他费用包括价格扣点、年底返佣、陈列费、海报宣传费、节日堆头费、特价活动费和统仓统配费等。

价格扣点分为明扣和暗扣两种。明扣指在合同中明确标出的扣点，有实物扣，也有现金扣，但更多的是以价格的扣点形式出现。暗扣一般指在合同中不明确指出的扣点。暗扣的随机性很强，不同的时期有不同的扣率。

年底返佣分为有条件返佣和无条件返佣。无条件返佣指没有任何条件，到年底必须按一定比例进行返佣，具有强制性。有条件返佣指供应商的产品销量达到一定量的时候，供应商必须按一定比例返佣金。一般来讲，销量越大，返佣的比例越高，最后达到某一固定比例将不再增加。

陈列费一般指特殊陈列的费用，主要指每年供应商的堆头陈列、端架陈列和样板店的陈列费用，每期费用的多少取决于供应商产品陈列的面积大小和位置好坏。

海报宣传费。各大卖场的宣传普遍采用专业广告和非专业海报宣传相结合的方式。海报的宣传虽有一定的广告作用，但其宣传成效有限，它的主要目的是给卖场承担宣传费用。

节日堆头费。在节假日的时候，供应商往往需要做一些促销活动。传统的促销活动的几种基本方法如买赠、堆头、海报、打折是必不可少的内容，卖场往往会要求供应商变换进行。而其中堆头的效果是最好的，因此，店方会收取一定的堆头费，该项费用的多少视情况而定。

特价活动费。卖场在做特价活动的时候，往往价格降得非常低，这些费用必须由供货商承担，特价活动费也就由此产生。

统仓统配费。一般地，单点卖场不存在该项费用，但统仓统配的连锁店却一定会有一些相关的费用，费用的多少取决于单点的数量多少和单点的分散程度。

3. 进店公关活动管理

根据店方采购流程的不同，进店的公关方式也不一样。

（1）全国联采。全国规模的连锁，采购权一般掌握在总部采购部手里，每个单点只有订货和陈列安排的权利。负责全国联采的往往是一个机构，在这个机构中，往往有几个关键人员，如何影响这些人就成了公关的重点。

（2）地方联采。地方联采的规模比全国联采的规模要小一些，但基本运作模式基本相当，两者在公关模式上也颇为相似。

（3）地方单采。地方单采，采购权往往集中在一两个人手里，在进店公关时，就要集中"火力"，攻克这一两个人的"防线"。

【小知识 10-6】个人公关的注意事项

不同的对象，采用不同的方法。

了解对方的特点，因势利导。

以善意为主流，不要威胁对方。

"合作共赢"是我们的指导思想。

培养共同的情趣，可以用较小的代价获得较好的评价。

沟通要有方法，不能千篇一律。

不断转变自己的观念，跟上时代的步伐。

资料来源：王文良．销售学全书[M]．2版．北京：中国社会出版社，2006．

1. 进店初期的促销活动

一个产品在进店初期，面临的局面是非常艰难的。一方面，店内要求必须有一定的销量，一个产品在进店初期不能达到店方要求，在短期内就会遭遇下架的处罚；另一方面消费者对该产品并不了解，在短时间内打开销路并不容易。

为了能够迅速打开局面，在产品进店初期一定要搞一些促销活动。促销活动的形式可以多种多样，如买赠，以尽快让消费者了解产品。

另外，在合作形式上，尽量不要采用保底销售的方法。任何一个新产品进店，都需要有一个培育期。但是，任何一个卖场，都会从自身的利益出发，而不愿给你时间来培育市场。因此，供应商只有在进店前的谈判中掌握主动，才能为自己赢得回旋的余地。

任务 3　学会终端陈列管理

1. 终端陈列的作用

一般而言，终端陈列有以下几个方面的作用。

（1）展示品牌。良好的品牌形象，无疑会对产品销售产生极大的促进作用。精心设计产品在终端的陈列方式，对展示品牌形象是非常有帮助的。

（2）展示实力。在卖场中，只有有实力的厂家才能得到较大的陈列面、较好的位置，甚至专架、堆头等。因此，好的陈列能充分展示企业的实力，从而树立产品在消费者心目中的形象。

（3）便于购买。产品陈列的目的就是要让消费者容易找到，并方便购买。

（4）便于选择。对消费者来说，购物时往往要货比三家。因此，陈列的好坏，关系到消费者对公司产品的评价，而消费者的评价又决定了其选择取向。

（5）打击竞品。当两个或两个以上同类产品在一起陈列的时候，消费者会进行一个比较。在品质、价位相当的情况下，谁的陈列好，谁就会占据主动。

2. 陈列的关键

影响陈列效果的关键因素包括位置、产品陈列方式、动线效果、整体效果等。

（1）位置。产品的陈列位置非常关键。首先，要与同类产品陈列在一起，便于消费者集中选购。其次，产品要摆放在等视线高度。由此位置往上往下为次之，最上、最下为最差。再次，产品陈列时，标签一定要朝向消费者，让消费者能够方便地选购。

（2）产品陈列方式。产品陈列方式包括陈列宽度、陈列高度和陈列深度等，不同的陈列方式不仅会影响展示效果，也会影响到消费者的购买选择。

陈列方式往往用数字表示，如 8:4:10，则表示陈列宽度为 8 个陈列面，高度为 4 个单位，深度为 10 单位。

陈列宽度，也称陈列面，陈列面越大，陈列效果越好。

陈列高度。陈列高度多少取决于货架的高度和产品本身的高度。

陈列深度。深度大小的作用在于调节货架上产品的丰满与否。如果产品多，则深度加大；如果产品少，则深度要小。

（3）动线效果。在产品陈列中，一般来讲，迎着动线的方向为最好的位置，背着动线的位置则较差，与动线平行的位置则为中等货位。因此，在选择货位的时候要充分考虑动线效果，尤其是端架则更为重要。

（4）整体效果。陈列效果是一个整体感觉。因此，在进行产品陈列时必须注意自己的产品组合在店中的整体效果，如产品颜色的搭配、产品层次的搭配等都应注意。

3. 特殊陈列

（1）堆头。堆头，也称堆箱，是指卖场中为突出品牌形象而对商品进行的单独陈列，有时是一个品牌的产品单独陈列，有时会是几个品牌的组合堆头。一般都是放在花车上，或箱式产品直接堆码在地上。堆头一般都是供货商要向超市缴纳一定的费用才能申请到。堆箱面积比较大，产品陈列得比较多，品牌的展示效果好。一般情况下，堆头要配以特价、买赠、礼品等促销活动，这样才能达到较好的效果。

（2）端架。端架是指货架两端的架子，特殊陈列的一种，主要用来陈列促销产品，能达到集中陈列、吸引顾客的目的。端架的货一定要丰满，陈列要美观、整洁、有特色。

（3）专架。专架是指某一产品的专有陈列架。

4. 陈列品的颜色搭配

（1）同色陈列。是指将同色系包装的产品陈列在一起。这种陈列方法有利于突出公司产品形象和公司整体实力，但是容易引起消费者混淆，不利于消费者选择单品。

（2）对比陈列。将色彩对比鲜明的两种产品并列陈列，突出单品的色调，容易吸引消费者的注意力，便于消费者对单品的了解和选购。但这种陈列方法不能很好地突出整体品牌形象，给人以分散、凌乱的感觉，也容易使消费者产生错觉，将本公司产品与竞品混淆。

（3）交叉陈列。是指将对比鲜明的几种产品相互交替陈列，每两个相邻产品的色调对比都比较鲜明，有一定的美学效果。但该种陈列的缺点依然是不能突出整体品牌形象。

（4）渐进式陈列。是指将各单品的颜色按由深到浅的顺序排列，陈列的效果色彩对比不如前几种方法，但该种陈列方法便于展示整体效果，也不会失去单品的特色。

5. 陈列成本的核算

（1）产品导入期。在这一时期，由于产品刚刚进入市场，知名度还不高，消费者接受程度不高，商品要拥有免费的、较大的陈列面几乎是不可能的。但与此同时企业又急需较大的陈列面做产品展示。因此说，在产品导入期，陈列费用占销售额的比例可以适当多些，但陈列的平均费用尽量不要超过销售额的15%。

（2）成长期。这一时期产品的知名度迅速扩大，销售量开始上升。产品的陈列应保持原来的势头，陈列费总额保持不变，但由于销售额的日益增长，陈列费用占比会有大幅下降，其他费用占比也会下降，企业的利润开始逐渐增加。

（3）成熟期。由于这一时期公司的销售额已经不再大幅增长，但销售额绝对数量已经很大。因此，这一时期要大幅度减少广告费，增大特殊陈列费，快速地回收成本，加大利润总额。堆头、端架、专架要尽可能多地增加。

（4）衰落期。在此阶段，必须适当减少各种费用占比，以便尽可能多地获得利润。这时陈列费占比要适当地减少，以便于公司用更多的利润来研发新品。

6. 陈列的要求

（1）同类陈列。陈列的产品一定要陈列于同类产品的货架上，不能异类陈列。比如，洗发水一定要与其他品牌的洗发水放在一起，千万不能另立一派，否则会严重影响销售。

（2）打压竞品。对于知名品牌，陈列要靠近竞品，以示打压。对于非知名产品，如果与知名产品靠近，则一定要以低价位或大幅度促销来抗衡。

（3）一物一签。每一件产品都要与价签位置相对应，切不可张冠李戴，或空有价签或有货无签。一物一签是商品陈列的基本要求，丢签、少签、窜签都是绝对不允许的。

（4）产品要按出厂日期先后陈列。一定要里新外旧，以便先进先出，同时便于厂方、店方人员及时发现过期产品，并及时更换。

（5）陈列清晰。陈列的产品的品种和品项一定要清晰。同类的产品一定要陈列在同一区域，不同类的产品一定要区分开来。否则，陈列会相当混乱，顾客会无所适从。同类产品中不同的品项也要有所区分，如用颜色的搭配和用小隔断区分都是区分品项的好方法。另外，推出新品时一定要放在最醒目的地方。

7. 陈列的调整

陈列调整包括陈列面的扩大、缩小、增加品种的变化和陈列面的变化等。

（1）陈列面扩大。企业为了提高品牌知名度和增加销售，一定要不断地扩大陈列面。而卖场的陈列面一般是有限的，因此，店方会千方百计地阻挠厂方扩大陈列面，而会要求厂方做堆头、端架、专架，有时还会人为地增加陈列的费用。这时供应商就要进行成本核算，如果总体上陈列费用不高，则应该继续扩大陈列，直至达到平衡点为止。

（2）陈列面缩小。当产品的陈列面缩小的时候，就意味着一定出了问题。要么是竞品进入或新的替代品进入，要么就是现有的竞品在陈列上下了工夫，要么是店方对此产品有异议，逐渐地减小该产品的陈列面。无论什么原因，陈列面的缩小都是一种不好的兆头，因此，必须认真对待，找出原因，快速解决，否则，陈列面缩小后不但给消费者带来不良印象，以后再想扩大陈列面就要多费几倍的人力、物力、财力。

（3）增加品种的变化和陈列面的变化。当品种增加时，一般店内的管理人员会要求该厂商保持陈列面总体不变，缩小原有产品的排面。这时我们的谈判沟通能力就显得尤为关键，因为任何卖场的陈列面都是有限的，都不会无限制地延伸。我们要尽可能地争取。

【案例点击 10-10】康师傅产品的陈列

顶新集团的康师傅"3+2"饼干是方形的，而纳贝斯克的饼干是圆形的。哪个形状更好呢？我到牡丹江市看陈列，牡丹江办事处主任对我说，我们的产品是方形的，不好陈列，而纳贝斯克的饼干是圆形的，所以陈列起来又整齐又漂亮。后来，我到佳木斯办事处、哈尔滨直营部、经销部，大家都是同一个借口。

因此，能否让大家心服口服就在于用事实证明是否真的是圆形的就比方形的好陈列。

于是，我分别在牡丹江的东兴购物、哈尔滨的波斯特、佳木斯的哈维斯等大卖场进行现场陈列实验。我用了约15分钟的时间，将康师傅的饼干全部按阶梯状陈列，并且根据不同的店的货架之间的高度不同予以灵活变通。结果，陈列的效果不但追上了纳贝斯克圆形饼干的陈列，而且比它漂亮得多。

我给各办事处主任讲，方形饼干由于侧面的商标图案可以完完全全地展示出来，而圆形饼干的侧面标贴只能弯曲地展现在顾客面前，所以说，方形饼干比圆形饼干更好陈列。陈列的关键在于用心去设计，用心去努力。我曾对下属说过，陈列就好比收拾、布置自己的居室，没有定式，只要美观、实用、舒适就是最好的。

资料来源：王文良．销售学全书[M]．2版．北京：中国社会出版社，2006．

任务4 学会终端理货

1. 理货员的主要工作职责

作为一名理货员，其主要工作职责包括以下几个方面。

（1）整理产品，使陈列整齐。断货少货都要及时补上；对齐价签与产品；搞好卫生；按产品出厂日期先后整理好产品。

（2）简单订货。对于中小店来说，如果缺货，理货员就可以订货，但对于大型量贩店来说，订货要有严格手续，理货员就不需要承担订货责任。

（3）补货。对于店中库房里有货但货架上无货的品项，理货员要把货物从库房里取出来摆到货架上。对于那些电脑资料显示有库存但由于卖场工作人员登记不及时而实际已经断货的品项，理货员应该查明原因，然后及时地把货补上。

2. 理货要点

（1）保证不断货。产生断货的主要原因有以下五个方面：第一，产品价签与单品不对位，使人容易产生错觉，以为货品丰富，其实早已断货；第二，理货员和业务人员巡店不及时或工作不到位，不能及时提出补货建议；第三，店内管理不严格，不及时订货；第四，店内为了盘点方便少订货造成断货；第五，店内存货被藏在某个角落里，不能被人们及时发现，造成账面有库存，而实际货架无库存。

对于各种原因造成的断货，理货员就要深入地了解原因，采取相应方式加以补救。另外，理货员平时要与店内主管、工作人员和其他厂家促销员多联系、多沟通，以便随时掌握情况。

（2）保证价签与产品对应。价签标明是什么产品、什么价格，那么货架上陈列的就一定是对应的产品，切不可移位。有些时候，当某一产品断货时，工作人员为了不使陈列面难看，而用其他产品暂时填补这一位置，事后又把这件事忘记了，直到引起消费者投诉才发现问题。

（3）保证产品先进先出。对于大部分产品，特别是日用消费品，消费者会在乎生产日期。因此，我们必须本着先进先出的原则，将先进的产品摆在最外面，直接面对消费者，这样一方面可以将先进入的产品卖掉，另一方面也可以提醒店内人员该产品的生产日期，以便及时调整。

（4）保证产品干净整洁。产品的干净整洁对消费者心理的影响显而易见，因此，必须定时对货架及产品进行清洁整理。原则上讲，这些工作应由店内解决，但店内往往解决不了，就只能由理货员自己动手了。

（5）扩大陈列面。在卖场中，尤其是规范的卖场中，陈列位置是相对固定的。但在经营过程中，陈列面随经营状况调整是常有的事。因此，理货员在理货的过程中要注意陈列面的变化或增加陈列面的可能性，并向业务员或主管建议扩大陈列面的方式、方法。

（6）发现问题。理货员经常深入卖场一线，他们看到、听到的有用信息特别多。同时他们发现的问题也会特别多，尤其是关于店内经营状况如有没有倒闭的预兆，各供应商对此店的态度和反应等。理货员发现问题应该及时汇报，以便公司防患于未然。

（7）观察竞品。竞品的任何举动，都会直接关系到本公司产品的销售，因此，理货员在巡视卖场时应该密切关注竞品的动向。一旦竞品有什么新的动向,应及时向公司汇报，以便公司及早采取应对措施。

单元小结

销售区域也称区域市场或销售辖区，它是指在一段给定的时间内，分配给一个销售人员、一个销售分支机构或者一个分销商的一群现实及潜在顾客的总和。销售区域可以有地理界线，也可以没有地理界线。

一般来讲，销售区域划分的依据有以下几个方面：地域相近性，地域内因素的相近性，地域内对本产品的需求度，本公司的财力、物力及干部储备状况等。

区域的划分方法概括起来有以下几种：六分法、四分法和八分法等。

区域市场调研包括以下几个方面的内容：区域市场行政区划状况调查、区域内消费者生活水平、区域内消费者消费习惯、区域市场需求调查、区域内通路调查、竞品及替代品状况等。

区域市场开发与管理的步骤包括区域市场调研、确定区域市场开发战略、确定区域市场开发策略、划分和确认每个销售人员的责任辖区、责任辖区的规划和经营等。

区域市场开发与管理的内容概括为以下几个方面：整体部署区域市场、有效进入区域市场、区域市场作战方略、责任辖区的规划和经营等。

从不同的销售要素出发，销售终端管理有不同的目的与意义。

终端通路管理的内容包括进店准备工作、进店收支分析、进店公关活动管理、进店初期的促销活动等。

终端陈列有以下几个方面的作用：展示品牌、展示实力、便于购买、便于选择、打击竞品。

影响陈列效果的关键因素包括位置、陈列方式、动线效果、整体效果等。

作为一名理货员，其主要工作职责包括整理产品，使陈列整齐；简单订货；补货。

理货的要点有：保证不断货、保证价签与产品对应、保证产品先进先出、保证产品干净整洁、扩大陈列面、发现问题、观察竞品。

核心概念

销售区域 销售辖区 销售地图 销售终端 堆头 端架 专架

实训设计

项目：为某一具体企业或产品制订一个区域市场拓展方案。

目的：理论与实践相结合，通过了解销售管理实践加深对理论知识的理解。

内容：以某一具体企业或产品为背景，为其制订一个区域市场拓展方案。

步骤：

（1）选取某一具体企业或产品。

（2）通过文献调查、深度访谈、企业实习等方式，了解其销售区域管理与终端管理现状。

（3）分析该企业或产品现有销售区域管理与终端管理方面存在的问题。

（4）根据该企业或产品的实际情况，为其制订一个区域市场拓展方案。

训练题

1. 销售区域划分的依据有哪些？
2. 销售区域划分的方法有哪些？试举例说明。
3. 简述区域市场调研的内容。
4. 简述区域市场开发与管理的步骤。
5. 试述区域市场开发与管理的内容。
6. 简述销售终端管理的目的与意义。
7. 试述终端通路管理的内容。
8. 试述终端陈列管理的内容。
9. 简述终端理货的内容。

综合案例分析

聚焦终端做精　扩销增量凭优

——西南化工销售区域化管理服务客户侧记

今年以来，西南化工销售公司提出了"聚焦终端，扩销增量"的战略部署，打响了一场占领终端市场的战役。截至8月底，该公司今年已实现销量40.02万吨，同比增长8.3%，市场占有率为80%以上，与公司组建之初的年销量5万吨相比增加了7倍。

西南化工销售公司所管辖的"五省一市"属于内陆市场。在这个区域内，客户企业虽多，但大多属于"小、散、弱"，市场开发难度大。尤其是近年来，许多竞争对手在西南地区建库设点步步紧逼，市场竞争异常激烈。为占领终端市场，西南化工销售公司从战略上全面推进"区域化管理和区域化销售"，实行"两级管理、小机关、大市场、大服务"，做到销售业务前移，管理重心下移，管理权限下放，充分利用分公司在市场前沿的快速灵活反应机制，全力以赴把五个分公司做强做大、做精做优。公司还提出了"抢先一步、加快布局、占领要害、抢占终端、加大直销"的经营思路，在区域市场形成"一个分公司建设一个中心库，在区域目标市场建立多个二级库；加快建设一级市场、二级市场和多个销售代表处"，建立起立体交叉、上下联动、左右呼应的市场营销战略网络。

针对西南区域绝大多数用户"小、散、弱"的特点，公司采取了"抓大带小"的策略。

"抓大"就是要紧紧抓住大的经销商和终端厂家，只有抓住影响西南市场的关键环节，才能尽快实现销量和效益的突破。为此，西南化工销售紧紧抓住占公司总销量80%以上的20多家大的经销商和终端用户，对他们实行一对一的个性化服务。贵州轮胎厂一年的橡胶需求量约2万吨，占西南化工销售公司橡胶总销量的40%。对于这个终端大户，公司采取个性化服务，凡是"贵轮"提出的问题，快速给予解决，无论资源多紧张都确保对其稳定供货。

"带小"就是对占公司20%销量的中小用户通过销售渠道，一方面将那些"小作坊"式的直销用户交给有资金实力、销售网络强的经销商去开发；另一方面引导和规范其发展，确保将这些小用户纳入中国石油的产品辐射范围之内。重庆捷盛塑胶原本是一家不起眼的小企业，西南化工销售重庆分公司一直关注着这个企业的发展，多次和他们交流，并利用订货的时机，为捷盛塑胶牵线搭桥，促成了捷盛塑胶的包装膜和格力电器配套。后来这个企业和西南化工销售建立起稳定的合作关系，有了西南化工销售原料的稳定供应，捷盛塑胶开拓了一块大市场，从一个二流企业迅速成长为行业的领导者。捷盛塑胶壮大后，所购高压系列产品量也从2005年的240吨增长到2008年的2600吨。

资料来源：周亚光. 聚焦终端做精，扩销增量凭优——西南化工销售区域化管理服务客户 [N]. 中国石油报，2009-09-07.

问题：

1. 请问西南化工销售公司为开拓市场，在区域市场开拓战略上进行了怎样的部署？
2. 请举例说明西南化工销售公司是怎样实施其区域市场作战方略的。
3. 西南化工销售公司的区域市场开发战略适合哪些行业的企业借鉴？为什么？

单元 11　客户管理

 本章导读

通过本单元学习，读者应能了解客户管理的含义、原则，掌握客户管理的内容、方法，了解客户分析流程，学会建立客户档案，熟悉客户分析的内容，了解现代销售中客情关系的特点，理解建立良好客情关系的要点。

客户管理

 知识点

★ 客户管理的含义、原则、内容、方法。
★ 客户分析流程、客户分析的内容。
★ 现代销售中客情关系的特点。
★ 建立良好客情关系的要点。

 技能点

★ 能举例说明某一日用消费品企业和工业用品企业在客户管理方面的独到之处。
★ 能举例说明某一服务企业和高新技术企业在客户管理方面的独到之处。
★ 能结合自己熟悉的某一企业，为其制定一个可行的客户管理战略。
★ 能结合某一企业的客户管理战略，制订一套客户管理方案。

素养点

★ 遵循社会主义核心价值观和营销伦理，对客户真诚无欺、信守诺言。
★ 遵循社会主义营销伦理，在进行客户管理时注意保护客户个人隐私。
★ 遵循社会主义营销伦理，不向客户销售假冒伪劣产品，不向客户夸大宣传公司的产品和服务。
★ 遵循社会主义营销伦理，不采用价格歧视、掠夺性定价、垄断价格等定价策略攫取不正当的高额利润。

情境引入

一粒麦子有三种命运：一是磨成面，被人们消费掉，实现其自身价值；二是作为种子，播种后结出新的麦粒，创造出新的价值；三是由于保管不善，发霉变质，丧失其价值。

这就是说，麦子管理好了，就会为人类创造出价值；管理不好，就会失去其价值甚至会带来负价值。客户也是这样，客户管理的目的就是要培养能够给企业带来正价值的好客户。

项目1　了解客户管理

任务1　了解客户管理的含义

1. 客户管理的含义

客户管理是指对客户的业务往来关系进行管理，并对客户档案资料进行分析和处理，从而与客户保持长久的业务关系。

2. 客户管理的对象

客户管理的对象无疑就是我们的客户，这里有必要搞清楚客户到底包括哪些类型。客户分类有不同的方法，常用的主要有以下几种。

（1）按客户的性质可以划分为政府机构、特殊公司（如与本公司有特殊业务等）、普通公司、顾客个人和商业伙伴等。

（2）按交易过程可以分为曾经有过交易业务的客户、正在进行交易的客户和即将进行交易的客户。

（3）按时间序列可分为老客户、新客户和未来客户。

（4）按交易数量和市场地位可分为主力客户（交易时间长、交易量大等）、一般客户和零散客户。

因不同类型的客户在需求特点、需求方式、需求量等方面存在差异，我们在进行客户管理时要采取不同的方法。

任务2　了解客户管理的原则

在客户管理的过程中，需要遵循以下原则。

1. 动态管理原则

客户的情况是千差万别而又处于变化中的。因此，对客户资料应当及时进行维护和更新，剔除过时的或已经变化了的资料，及时补充新的资料，对客户的变化进行跟踪，使客户管理保持动态性。另一方面，要注意对客户的筛选，留住关键客户，淘汰无利润、无发展潜力的客户。

2. 突出重点的原则

突出重点包含三个方面的内容。

一是要加强对重点客户的管理。重点客户不仅要包括现有客户，而且还应包括未来客户或潜在客户。

二是应根据不同客户的情况建立不同客户"资料卡"，加强对重点客户的资料管理。

三是对不同类型的客户应采用不同的销售策略和管理办法。因企业的资源有限，应将有限的资源用在关键客户身上。

3. 灵活运用的原则

在建立客户资料卡或客户管理卡后，不能束之高阁，应以灵活的方式及时全面地提供给销售人员及其他有关人员使用，使死资料变成活材料，提高客户管理的效率。另外，销售人员在客户管理工作中应分析每次预订、每次销售的情况，注重改进销售质量，更好地为客户服务，使与客户的长期交易关系更为稳固和可靠。

4. 专人负责的原则

由于许多客户资料是不宜流出企业的，只能供内部使用，因此，应确定具体的规定和办法，由专人负责管理客户情报资料的利用和借阅。

任务 3　掌握客户管理的内容

客户管理的内容涉及面广，不同企业因其客户管理理念和战略不同，在管理深度上也会有所差异。但一般来讲，客户管理的内容主要包括以下几个方面。

1. 利益管理

利益是联系经销商与厂家的纽带，如果经销商从厂家不能赚到钱或赚钱太少，经销商就会离企业而去，精心构造的销售网络就会土崩瓦解。企业要管理好客户，首先就要确保经销商赚到钱。

客户把产品分为两类：一是能够赚钱的，二是能够带货走量的。如果你的产品不能让客户赚钱，那你的产品就要能够为客户带货，使客户能够从大量走货中赚钱。如果你的产品既不能让客户赚到钱，又不能让客户带货，客户怎么会积极销售你的产品呢？但产品只起带货作用时，风险性也就产生了，因为如果别人的产品也能够带货时，客户就可能在某一天抛弃你。

让客户赚钱，今天许多企业都这样说，但并不是所有的企业都能做到这一点。让客户赚钱，不只是取决于企业的产品留给客户的价差有多大，而更重要的是取决于企业的市场开发与市场管理能力。为产品营造一个畅销的局面，为销售创造一个良好的秩序，是让客户赚钱所必不可少的条件。

2. 辅导和支援经销商

企业不仅要让经销商赚钱，而且要教会经销商赚钱的方法。企业要支持和辅导经销商发展，经销商的经营管理水平提高了，销售能力提高了，企业产品的销售量也就会随之而上升。

辅导经销商，即教育训练经销商，提高经销商的经营素质，强化其销售能力。

日本松下公司专门设立"松下销售研究所"，辅导松下公司的经销商，提高他们的经营素质和经营技能。伊利集团也在全国糖酒会期间聘请专家对经销商进行培训。有句话是"授人以鱼，不如授人以渔"，让经销商掌握促进销售的技能，比短期奖励更有效果。厂家对经销商进行教育训练的方法是多种多样的，既可以将经销商集中在一起进行"集合强化训练"，也可以由厂家派出专门的代表进行商品知识及销售方法训练，以及通过企业内部刊物进行训练等。

支援经销商，即厂家对经销商提供与销售有关的指导与帮助。经销商支援行动的内容相当繁杂。若按指导、支援的内容分类，有以下六项。

（1）与经营管理有关的指导、支援。如制定销售目标与销售计划的指导，对经营方针、经营政策提供意见，对经营者、管理者实施进修教育，提供财务管理意见，指导设置企业内部组织机构等。

（2）与销售活动有关的指导、支援。如提供同业动向、厂商动态等信息，对市场调查与分析的指导与协助，帮助培训销售人员，协助开发新客户，指导改善顾客管理，指导信用额度的设定与信用管理的方法等。

（3）与广告、公关有关的指导、支援。如支援制作广告宣传单及 DM，支援经销商所举办的活动，在电视、广告上提及经销商，允许经销商使用厂家制作的广告，支援、协助经销商召开消费者座谈会，分担经销商的广告费等。

（4）指导经销商店铺装修、商品陈列设计。如支援制作店铺招牌，支援开设展示窗、陈列室，提供商品展示、陈列技术，指导制作 POP 广告，协助提供展示台、陈列台，协助提供或选择各种陈列工具，对店内装修或布置提供技术指导等。

（5）拟定并推动与促销活动有关的节目。如支援经销商的企划宣传活动，协助举办如品尝、试用等活动，协助举办店头示范活动，举办销售竞赛并邀请其参加等。

（6）指导由各种刊物或大众传媒获取信息的做法。如发行供经销商参考的销售信息刊物，编辑供经销商的推销员阅读的小册子，传递有关同行业的信息等。

如上所述，经销商支援行动的内容相当广泛，因此，企业可根据不同的经销商采取不同的支援方法。

目前，企业在对经销商进行支援时，有以下发展趋势：对批发商，给予经营管理、促销活动策划方面的指导，并表明诚意，使经销商乐于合作；对零售商，重点则放在指导改进店铺陈列、公关、广告策划、促销活动开展等方面。

3. 客情关系

既然销售是人和人的沟通，因此，感情关系就成了客户管理的重要手段。感情关系可以弥补利益的不足之处。可口可乐公司在其一份销售手册中提出业务员的三大职责，第一就是与客户建立良好的客情关系。

【小知识 11-1】客户管理实务中两大问题

1. 管理与反管理

厂方代表管理客户价格、库存、渠道等，这仅是厂方的如意算盘，除宝洁、娃哈哈等强势公司外，真正能掌控客户的厂方代表并不多。更多的厂方代表因自身能力有限、得不到公司支持等原因无法管理客户，反被客户所管理，比如替客户收款、理货等。讲白了，厂方代表只起到支持销售作用，却没有起到管理控制作用。一些国内企业虽然认识到客户管理的重要性，可惜没有赋予厂方代表相应的奖罚权力和相应的信任度，这是无法管理客户的重要原因。

2. 良好客情与客户管理

既要保持良好客情，又要有效管理客户，是营销理念先进的厂方代表追求的目标，但这鱼与熊掌要兼而得之，还真不容易。现实中要获得良好客情，厂方代表可能以牺牲公司利益为代价，比如任由客户低价倾销、牟取暴利、任由客户侵吞赠送品等，这当然

谈不上什么客户管理。同样如果严格执行公司政策管理客户，往往又得不到客户的谅解，最终客情恶化。如何把握这其间的度，以及其中的"苦辣酸甜"，或许只有遍布大江南北的数百万个厂方代表心中最为明白。

4. 风险控制

经销商与厂家是两个独立的法人，有自己不同的经济利益。因此，经销商可能会为追求一己私利而置厂家利益于不顾，从而给企业带来风险，如窜货而引起的市场混乱、低价抛售冲击市场、拖欠货款造成资金风险等。企业必须加强风险控制。一位销售专家提出"对客户要像佛一样地敬，像贼一样地防"。企业控制风险的方法主要有合同和法律的方法、利益方法和客情关系。

【小知识 11-2】销售人员客户管理日常工作

1. 掌控客户订单，管理库存天数

对于公司产品销售走势，没有谁比厂方代表更了解。客户经销的产品成百上千，是不可能对各项产品的库存、销势了如指掌的。宝洁、强生、娃哈哈等大公司，均是先由厂方代表根据产品市场趋势和库存状况下订单，然后由客户签字盖章确认。

2. 管理客户产品出货价

客户出货价过低，容易造成市场窜货；出货价过高，导致零售定价偏高，从而影响终端消费需求，最终影响产品销量；出货价忽高忽低，容易引发市场动荡，也损害公司管理形象。因此，在客户管理实务中，加强对客户产品出货价格的管理就显得尤为重要。

在实务中，强生等公司一般将经销商商场供货价毛利控制在5～10个点，将批发市场供货毛利控制在0～3个点。

特别是当公司产品降价时，厂方代表对客户的价格管理尤为重要，一些总经销可能推迟降价日期，甚至不降价，从中牟取暴利。在新产品上市时，一些客户习惯于新品高利润，随后依据行情再降价，从而扰乱企业的定价策略。在这种情况下，厂方代表应一开始就把客户出货价控制在正常水平。

3. 管理业务小组

一般而言，客户管理工作的顺利进行也离不开客户支持，其中共同组建业务小组就是一种常规支持（如宝洁公司的联合经营部），业务小组人员的工资或奖金由厂方提供。厂方代表全面负责业务小组的日常管理，如制订销售计划以及奖金考核发放。本质上，通过管理业务小组，厂方代表控制了分销渠道，从而可实现厂方关于网点、陈列展示、POP张贴、情报收集等多项销售目标。但在实践中许多厂方代表可能无力也无心管理业务小组，厂方发给业务小组的工资或奖金反而成为经销商的利润补贴，这种情况是必须杜绝的。

4. 监控渠道促销活动，管理促销品

通过经销商搞批发渠道、零售渠道促销，是日用消费品公司中常见的市场推广手段之一。比如批发市场的积分累计，实物搭赠奖励，零售店的陈列竞赛奖励，以及厂方针对消费者的捆绑式促销。如果没有厂方代表的严密管理、全程跟进，客户就有可能不执行公司政策。截留、滥发赠送品，扣留奖励金，这些现象对一些不受制约的经销商而言，是惯用手段。

任务 4　掌握客户管理的方法

企业要进行成功的客户管理，除了要有先进的客户管理理念外，还必须遵循一定的客户管理路径或方法。

1. 明确的客户管理目标

在开展客户管理工作前，销售经理或客户经理应和参与此活动的所有人沟通清楚客户管理须达到的目标。这个目标既包括外部目标（企业向客户承诺的目标），同时也包括内部目标（为了改善客户体验而达到的目标，这个目标必须与企业战略和财务利益有关）。

明确这些外部目标和内部目标并与客户、员工广泛地进行沟通，对于任何一个客户管理系统而言都是非常关键而重要的基石。

与客户沟通外部目标有很多种形式，其中一种是制定愿景说明书，像亚马逊的"成为世界上最以客户为中心的公司"。另外，许多企业都会制作一个具体的"客户权利清单"，向客户清楚地说明了在一系列不同的情况和环境下，客户所拥有的权利。无论是哪一种形式，建立外部目标的关键在于让客户清楚地了解他们将得到怎么样的对待。

至于内部目标，则是客户管理系统运行的基础框架。内部目标的沟通也有很多种形式，像平衡记分卡或客户绩效管理系统等，许多企业都已经通过使用这些方法来和员工沟通客户管理的目标。美国汽车租赁公司 Rent-A-Car 是一个很好的例子，它为每一个办事处和员工设定了明确的客户管理目标。这样做的好处在于，企业可以确保每一个员工，而不仅仅是与客户直接打交道的前线人员，都能够积极地参与客户管理项目。

2. 清晰的客户体验战略

对于企业而言，拥有一套具体的客户体验战略是必要的。然而，并不是所有的企业都能够理解客户体验战略与企业的商业战略之间的关系，以及客户体验战略如何影响企业的战略。一些发展完善的企业除了努力保持行业平均水平外，还非常重视以下三点：具有领导力的产品，紧密的客户关系，以及卓越的后台运作能力。而这三点正好就是企业竞争优势的主要来源。

【案例点击 11-1】美国西南航空公司的客户体验战略

没有考虑到企业整体商业战略的客户体验战略注定是失败的。美国西南航空公司是一个典型的通过追求卓越的运行能力而成为行业翘楚的公司，通过这种卓越的运行能力，西南航空公司可以为乘客创造出独特的客户体验，像西南航空公司有名的乘客自选位置服务。这种服务在提高西南航空公司运作效率的同时，也为乘客带来了便利。因此，企业应结合其商业战略开发更多类似的服务，而不仅仅是专注于追求卓越的运行能力，或脱离这种能力来制定客户体验战略。

【案例点击 11-2】苹果公司的客户体验战略

另一个例子是以创新闻名于世的苹果公司（Apple），苹果公司的客户体验战略是基于其具有领导力的产品。以前，苹果公司的零售店都是由一些苹果迷来经营的，导致的结果是，这些店虽然让人觉得舒服，但外观并不令人愉悦，完全不能让人联想到苹果公司的产品。而现在，苹果公司的零售店已经焕然一新，除了依旧让人感到舒服外，整个布置与其产品的领导地位非常匹配，苹果公司已经找到了平衡公司战略以及客户体验战略的方法。认清核心战略，并尽一切可能把客户置于核心战略的中心，是联系客户战略与商业战略的关键。

至于以客户关系为中心的企业，像酒店业、餐饮业的企业等，会认为把客户战略与整体商业战略联系起来是一件自然的事情。但是在这种情况下，企业应特别注意资源的合理配置，避免出现企业由于偏重客户战略而忽视产品的创新和运行效率的提高等，最终使企业的整体绩效受到影响。

3. 完善的客户管理架构

客户的参与与真正进行购买是同等重要的。一个好的管理架构能够使企业更快地取得成功。经理们都承认客户是企业一项很重要的资产，但是，从企业的实际行动上却很难看到这一点。企业构建一个专门从事客户管理工作的团队，应该成为企业承诺进行客户管理项目的重要指标。众多教科书都对从事客户管理工作的人员提出了要求，但实际上，客户管理工作远远超出这些传统的要求。一个有效的从事客户管理工作的团队，首先必须拥有一名专门从事客户管理工作并对客户管理项目负全部责任的管理人员。一些知名的企业不仅专门指派一名高级管理人员从事客户管理工作，还为了便于进行客户管理，特意组建一个在企业内各个部门间进行协调的团队。在一些案例中，客户管理项目之所以失败，在很大程度上，是因为企业没有安排专门负责客户管理的人员，这样做的结果是，管理者在专注于企业的其他事务时往往会忽略了客户管理工作。因此，企业需要构建一个专门从事客户管理工作的团队，以确保客户管理工作能够得到一定的支持与资源。

4. 得到各部门认可的客户路线图

客户路线图是供重点客户经理使用，用以指导重点客户团队如何相互配合，有组织地、专注地完成目标的工具。制作一个高水平的客户路线图并不一定是一个复杂的过程，所需要的只是上文中提到过的外部目标和内部目标，这些目标必须得到可用于指导客户管理工作的企业战略的支持。一个成功的客户管理项目，企业会提前三个月到六个月部署其客户沟通、教育以及激励计划，并确保这些计划每年能够得到足够的预算支持。虽然客户路线图不一定很复杂，但一定是跨职能的，并且需要得到企业内部不同事业单位主管的支持。诺德士（Nautilus）是一个在生产和营销方面都领先的健身器材公司，它发现如果客户路线图没有得到公司内部各个部门的认可，很容易让客户产生许多迷惑。曾经有一次在面对公司的大客户时，公司间不同部门的工作人员竟相互不认识，最后还要客户替双方进行介绍。喜达屋（Starwood）酒店集团则是一个相反的例子，它为自己旗下的酒店量身定制了多年的客户体验计划，并把这些计划在不同的酒店管理者间共享。

【小知识 11-3】管理客户的"三支令箭"

为管理好客户，厂方代表更多的是运用专家力、威慑力，还有部分奖惩力，通过沟通、谈判、说服，从而达到管理客户及市场的目的。

1．专家力

事实上，宝洁、强生等外企在培训销售人员时，就非常强调"销售专家"的概念，多数情况下，厂方代表正是凭借"专家力"去影响和管理客户的。

2．威慑力

经销商选择权和货源控制权是一些厂方代表手中的两张王牌。在客户管理实务中，如果厂商双方因期望偏差、目标错位，而在资金、价格、网点、促销等方面达不成一致意见，厂方代表常以"增设分销商""断绝客户关系""不给供货"为理由来威胁客户，关键时刻威慑力常会产生意想不到的效果。当然威慑力不能滥用，否则必然导致与客户关系的僵化，使合作中断。

3．奖惩力

充分运用公司赋予的奖惩力，是厂方代表客户实务管理中常见的控制手段之一。如果客户遵循公司政策，厂方代表以"申请更多信用额度""提供更多人员""促销的支持""申请特别奖励"等方式奖励客户。如果客户不遵循公司相关政策，厂方代表亦可以"降低信用额度""转为现金客户""撤销人员支持""没收保证金""取消年底奖励"等方式惩罚客户。

项目 2　学会客户分析

任务 1　了解客户分析流程

客户分析流程主要包括整理资料、销售业绩分析、划分客户等级、客户名册登记、分析客户拜访路线、确定客户访问计划和客户资料管理等内容。客户分析流程如图 11-1 所示。

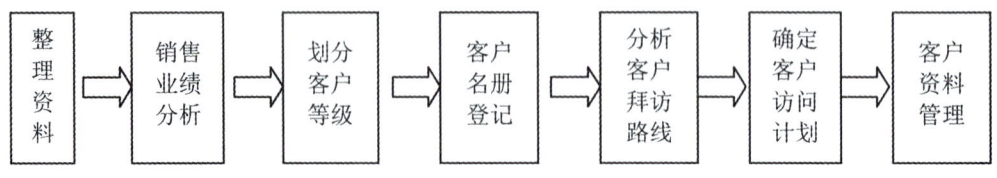

图 11-1　客户分析流程

1．整理资料

将某销售人员的销售业绩和客户访问资料整理后列在表格中，格式见表 11-1。

表 11-1　销售业绩和客户访问资料

序号	客户编号	销售额	累计	访问次数	累计	负责销售员
1						
2						
3						
4						
5						
6						
7						
8						
…						

2．销售业绩分析

将各销售员的销售实绩画出比例图，假定该销售员有 20 个客户，总的销售额为 250 万元。但其中前 4 个的销售额就占总销售额的 80%，第 5 个至第 10 个的销售额占 15%，后 10 个仅占 5%。据此可找出重点客户，进行重点管理，以提高销售效率。

3．划分客户等级

依据客户累计销售额，可以将客户分为 A、B、C 三级。具体分法是：

（1）将每个客户连续 3 个月（或 4～6 个月）的月销售额累计后简单计算平均值，求出每个客户的月平均销售额。

（2）将客户的月平均销售额按大小排序。

（3）依据某个月平均销售额为"等级标准额"，再将全部客户划分为若干等级。

如以排位第四的客户的月平均销售额作为 A 级客户标准额，在此标准额以上的客户均为 A 级客户。依此类推，确定 B 级和 C 级客户。

【小知识 11-4】管理客户的"ABC 分析法"

1．方法

（1）将客户按业绩大小顺序排列，从第一名排到最后一名。

（2）将全部客户的进货金额予以累计。

1）其累计的总金额在 55% 以内的客户称为 A 级客户。

2）其累计总金额在 55%～85% 的客户称为 B 级客户。

3）其累计总金额在 85%～100% 的客户称为 C 级客户。

（3）在理论上，最标准的型态是 A、B、C 级客户的金额比等于 A、B、C 级客户的个数比。在此种标准形态下，也就是每一个客户的进货金额都相同。因此，效率最高，风险最小。

2．用途

（1）经过"客户 ABC 分析"，就能知道本公司当前"销售通路"绩效的好坏。

（2）"客户 ABC 分析"可作为规划巡访路线的依据之一。例如：

1）A 级客户每月拜访 3 次；B 级客户每月拜访 2 次；C 级客户每月拜访 1 次。

2）生产工业品的厂家可以拜访 A 级客户为中心，顺道拜访附近的 B、C 级客户。

3）A级客户尽量排在月初第一周优先拜访。

4）C级客户可运用电话以减少拜访次数。

3．使用注意事项

（1）一般公司存在的问题是A级客户个数比较少，C级客户的个数比较多。

（2）B级客户之中，财力稳、富冲劲、有潜力的客户，应好好栽培，使之成为A级客户。

（3）C级客户可分为两类：

1）真正属于小型客户。针对此类客户可减少拜访次数，或改以电话联络是否需要订货。

2）其实是大型客户，财力没问题，但很少向本公司进货，多向竞争厂家进货。针对此类客户应更加努力，增加拜访次数，使之多向本公司进货。

（4）根据经验，原则上可每月做一次ABC分析。但某些行业的进货周期是两个月（亦即该行业的客户大多是每两个月进一次货），则可每两个月做一次ABC分析。

（5）每一次客户ABC分析的"名次"会变化。要注意看名次的变化，上升太快者（例如由原来C级客户突然升为A级客户的前几名），须注意是否有恶性倒闭的可能。下降太快者（例如从A级客户突然降为C级客户或不再进货），须注意是否被竞争对手侵入，或对本公司有重大不满。

4．客户名册登记

将全部客户分级后应分列成册，编制"客户等级分类表"。

5．分析客户拜访路线

客户拜访路线是指为便于客户巡访、送货、催收货款等将客户按地区和最佳交通路线划分的线路顺序。

6．确定客户访问计划

各级销售主管及销售人员对其所负责地区客户的销售访问工作，应有周密的访问计划。访问次数依客户级别不同而有所不同。

7．客户资料管理

对新老客户都应建立管理卡，对他们的资料进行妥善保管，既作为公司的综合资料，同时也为销售业务人员外出推销提供参考。

任务2　学会建立客户档案

客户档案，顾名思义就是有关客户情况的档案资料，是反映客户本身及与客户关系有关的商业流程的所有信息的总和，包括客户的基本情况、市场潜力、经营发展方向、财务信用能力、产品竞争力等有关客户的方方面面的信息。

建立客户档案的目标是缩减销售周期和销售成本，有效规避市场风险，寻求扩展业务所需的新市场和新渠道。同时通过对客户资料的有效利用，可以提高和改善客户价值、满意度、赢利能力以及客户的忠诚度，从而改善企业的经营状况。那么如何建立客户档案呢？

1．收集客户档案资料

建立客户档案就要专门收集客户与公司联系的所有信息资料，以及客户本身的内外部环境信息资料。它主要有以下几个方面。

（1）有关客户最基本的原始资料，包括客户的姓名、地址、电话以及他们的个人性格、兴趣、爱好、家庭、学历、年龄、能力、经历背景等，这些资料是客户管理的起点和基础，需要通过销售人员对客户的访问来收集、整理归档形成。

【案例点击11-3】密密麻麻的小本子

几年前，山东省有一个电信计费的项目，A公司志在必得，系统集成商、代理商组织了一个有十几个人的小组，住在当地的宾馆里，天天跟客户在一起，还帮客户做标书，做测试，关系处得非常好，大家都认为拿下这个订单是十拿九稳的，但是一投标，却输得干干净净。

中标方的代表是一个其貌不扬的女子，姓刘。事后，A公司的代表问她："你们是靠什么赢了那么大的订单呢？要知道，我们的代理商很努力呀！"刘女士反问到："你猜我在签这个合同前见了几次客户？"A公司的代表就说："我们的代理商在那边呆了整整一个月，你少说也去了20多次吧。"刘女士说："我只去了3次。"只去了3次就拿下2,000万的订单？肯定有特别好的关系吧，但刘女士说在做这个项目之前，一个客户都不认识。

那到底是怎么回事儿呢？

她第一次来山东，谁也不认识，就分别拜访局里的每一个部门，拜访到局长的时候，发现局长不在。到办公室一问，办公室的人告诉她局长出差了。她就又问局长去哪儿了，住在哪个宾馆。她马上就给那个宾馆打了个电话说："我有一个非常重要的客户住在你们宾馆里，能不能帮我订一个果篮，再订一个花盆，写上我的名字，送到房间里去。"然后又打一个电话给她的老总，说这个局长非常重要，已经去北京出差了，无论如何你要在北京把他的工作做通。她马上订了机票，中断拜访行程，赶了最早的一班飞机飞回北京，下了飞机直接就去这个宾馆找局长。等她到宾馆的时候，发现她的老总已经在跟局长喝咖啡了。在聊天中得知局长会有两天的休息时间，老总就请局长到公司参观，局长对公司的印象非常好。参观完之后大家一起吃晚饭，吃完晚饭她请局长看话剧，当时北京在演《茶馆》。为什么请局长看《茶馆》呢？因为她在济南的时候问过办公室的工作人员，得知局长很喜欢看话剧。局长当然很高兴，第二天她又找一辆车把局长送到机场，然后对局长说："我们谈得非常愉快，一周之后我们能不能到您那儿做技术交流？"局长很痛快就答应了这个要求。一周之后，她的公司老总带队到山东做了个技术交流，她当时因为有事没去。

老总后来对她说，局长很给面子，亲自将所有相关部门的有关人员都请来，一起参加了技术交流，在交流的过程中，大家都感到了局长的倾向性，所以这个订单很顺利地拿了下来。当然后来又去了两次，第三次就签下来了。

A公司的代表听后说："你可真幸运，刚好局长到北京开会。"

刘女士掏出了一个小本子，说："不是什么幸运，我所有的客户的行程都记在上面。"打开一看，密密麻麻地记了很多名字、时间和航班，还包括他的爱好是什么，他的家乡是哪里，这一周在哪里，下一周去哪儿出差。

有没有一种资料让销售人员能够在竞争过程中，取得优势、压倒竞争对手呢？有。这类资料叫作客户个人资料。只有掌握了客户个人资料的时候，才有机会真正挖掘到客户的实际内在的需求，才能做出切实有效的解决方案。

（2）关于客户特征方面的资料，主要包括所处地区的文化、习俗、发展潜力等。其中对外向型客户，还要特别关注和收集客户市场区域的政府政策动态及信息。

（3）关于客户周边竞争对手的资料，如对其他竞争者的关注程度、其他竞争对手各方面的信息等。

【案例点击 11-4】桌子上的电脑

在戴尔计算机公司的销售部门，常会在办公室里摆几张非常漂亮的桌子，桌子上面分别摆着 IBM、联想、惠普等品牌的电脑，销售人员随时可以将电脑打开，看看这些竞争对手是怎么做的。同时桌子上都有一个牌子，上面写的是：他们的特性是什么？我们的特性是什么？我们的优势在哪里？他们的劣势在哪里？这样做有什么用呢？就是要了解自己的产品特性和竞争对手的产品特性，有针对性地引导客户需求。

（4）关于交易现状的资料，主要包括客户的销售活动现状、存在的问题、未来的发展潜力、财务状况、信用状况等。

2. 客户档案的分类整理

客户信息是不断变化的，客户档案资料需要不断地补充、更新，所以对客户档案的整理必须也是动态的。根据营销的运作程序，可以对客户档案资料进行分类、编号定位并活页装卷。

第一部分，客户基础资料，像客户背景资料，包括销售人员对客户的走访、调查的情况报告。

第二部分，客户购买产品的信誉、财务记录及付款方式等情况。

第三部分，与客户的交易状况，如客户产品进出货的情况登记表、实际进货、出货情况报告，每次购买产品的登记表，具体产品的型号、颜色、款式等。

第四部分，客户退赔、折价情况。如客户历次退赔折价情况登记表，退赔折价原因、责任鉴定表等。

以上每一大类都必须填写完整的目录并编号，以备查询和资料定位；客户档案每年分年度清理，按类装订成固定卷保存。

任务 3　熟悉客户分析的内容

进行客户管理，不仅只是对客户资料的收集，而且还要对客户进行多方面的分析。客户分析的内容很多，主要包括以下几个方面。

1. 客户与本公司交易情况分析

（1）客户构成分析。

1）将公司的客户按不同的方式进行划分，如可以按业态分为批发店、零售店、代理店、特约店、连锁店、专营店、最终用户等。

2）小计各类客户的销售额。

3）合计各类客户的总销售额。

4）计算出各客户销售额的比重，特别是大客户在总客户销售额中的比重。

5）运用 ABC 分析法将客户分为三类，具体分类及管理方法参见【小知识 11-4】管理客户的"ABC 分析法"。

（2）客户与本公司的交易业绩分析。

1）掌握各客户的月交易额或年交易额。具体方法有直接询问客户、通过查询得知、由本公司销售额推算、取得对方的决算书、询问其他机构等。

2）统计出各客户与本公司的月交易额或年交易额。

3）计算出各客户占本公司总销售额的比重。

4）检查该比重是否达到本公司所期望的水平。

（3）不同商品的销售构成分析。

1）将客户销售的各种商品，按销售额由高到低排列。

2）合计所有商品的累计销售额。

3）计算出各种商品销售额占累计销售额的比重。

4）检查是否完成公司所期望的商品销售任务。

5）分析不同客户的商品销售的倾向及存在的问题，检查销售重点是否正确，将畅销商品努力推销给大有潜力的客户，并确定以后商品销售的重点。

（4）不同商品毛利率的分析。

1）将各客户销售的商品按毛利润额大小排序。

2）计算出各种商品的毛利润率。

（5）商品周转率的分析。

1）先核定客户经销商品的库存量；通过对客户的调查，将月初客户拥有的本公司商品库存量和月末客户拥有的本公司商品库存量进行平均，求出平均库存量。

2）再将销售额除以平均库存量，即得商品周转率。

（6）交叉比率的分析。

计算公式为

$$交叉比率 = 毛利率 \times 商品周转率$$

毛利率和商品周转越高的商品，就越有必要积极促销。

（7）贡献比率的分析。

1）求出不同商品的贡献比率。

计算公式为

$$贡献比率 = 交叉比率 \times 销售额构成$$

2）对不同客户商品销售情况进行比较分析，看是否完成了公司期望的商品销售任务；某客户商品促销或滞销的原因何在；应重点推销的商品（贡献比率高的商品）是什么。

2. 客户信用调查分析

客户信用调查可利用多种方式进行。

（1）通过金融机构（银行）进行调查。一般由业务经理提出委托申请，由业务银行协助调查，可信度比较高，所需费用少，但很难掌握客户的全部资产情况及具体细节，因客户的业务银行不同所花调查时间会较长。

（2）利用专业资信调查机构进行调查。这种方式能够在短期内完成调查，经费支出较大，能满足委托方的要求。调查人员的素质和能力对调查结果影响很大，所以应选择声誉高、能力强的资信调查机构。

（3）通过客户或行业组织进行调查。这种方式可以进行深入具体的调查，但会受地域限制，难以把握整体信息，并且难辨真伪。

（4）内部调查。询问同事或委托同事，了解客户的信用状况，或从本公司派出机构，或从新闻报道中获取客户的有关信用情况。

在调查客户信用时，可以调查该客户的资金筹措状况和货款支付情况，应注意是否存在以下情况：手持现金不足；提前收回货款；将票据贴现；为筹资而低价抛售；提前回收赊销款经营其他；经常奔跑于各类金融机构；银行账户被冻结；不能如约付款；推迟现金支付；托辞本公司的付款通知书未到；要求延长全部票据的支付期限等。

调查完成后，应编写客户信用调查报告。因为对客户的管理是一个动态的过程，所以要定期写成书面的《客户信用调查报告》，及时报告给主管领导。平时还要进行口头的日常报告和紧急报告。

定期报告的时间要求依不同类型的客户而有所区别，对于 A 类客户每半年一次，对于 B 类客户每三个月一次，对于 C 类客户要求每一月一次。

调查报告须在指定的时间提交给主管领导，按照公司统一规定的格式和要求编写。调查报告应力戒主观臆断，要以事实说话，但又不能罗列数字，调查项目应尽量保证准确全面。

3. 交易开始与中止的分析处理

（1）交易开始。公司应制订详细的销售员客户访问计划。销售员如访问某一客户五次以上仍无实效，则应从访问计划表中删除该客户。

在交易开始时，应先填制客户交易卡。客户交易卡由公司统一印制，有关事项交由客户填写。

客户交易卡的主要项目包括客户名称、总部所在地、交易对象所在地、通讯地址及电话、开业时间、资本额、职工人数、管理者人数、设备、经营者年龄、信用限度申请额、基本约定、回收条件。

向业务经理提交交易卡，得到认可后，向主管经理提交报批手续，然后才能与新客户进行交易。业务主管每周至少检查销售员的客户交易卡一次。

无论是新客户还是老客户，都可依据信用调查结果，设定不同的附加条件。如交换合同书、提供个人担保、提供连带担保或提供抵押担保等。

（2）中止交易。在交易过程中，如发现客户存在问题和异常之处，应及时报告上级。作为应急处理销售员可以暂时停止供货。

当客户的票据或支票被拒付或延期支付时,销售员应向上司详细报告。要尽一切可能收回货款,将损失降至最低。销售员根据上司的批示,通知客户中止双方交易。

销售主管要定期检查销售与收款是否平衡,有无逾期未收货款、票期过长及赊账超过信用额度的情况。

项目3　理解现代销售中的客情关系

任务1　了解现代销售中客情关系的特点

客情关系是产品、服务提供者与其客户之间的情感联系。从某种意义上来说,客情关系是公共关系和关系营销的一个分支,是产品、服务提供者在市场活动中,伴随客户关系建立、发展和维护所必然产生的情感联系。现代销售中客情关系具有以下几个方面的特点。

如单元1中美国学者托马斯·英格拉姆对销售管理发展趋势的判断所言,现代销售管理正在从交易推销到关系推销演进。因此,企业要生存发展,就必须对现代销售中客情关系特点有一个准确的把握。概括起来,这些特点包括以下几个方面。

1. 信息沟通的互动性

企业与分销商、消费者之间的信息是互动的,企业生产什么样的产品,取决于消费者需要什么样的商品,而消费者需要什么样的商品,就会通过一定的信息渠道反映给企业,企业会通过消费者的意愿来生产经营消费者所需的商品。现代科学技术在应用生产经营中的广泛应用,尤其是互联网的运用,使得企业与消费者之间的信息沟通更加畅通快捷。

【案例点击11-5】"亚马逊"与顾客的信息沟通

全球访问人数最多的网上书店亚马逊公司,面对越来越多的竞争对手能够保持长盛不衰的法宝就是注重对顾客信息的管理。当你在亚马逊公司第一次购买图书后,其系统就会记录下购买或浏览过的图书,当你再次进入该书店时,系统识别你的身份后就会根据你的喜好推荐相关的书目。你去该书店的次数越多,系统对你的了解也越多,也就能够为你提供更完美的服务,因此亚马逊公司始终维持着65%的"回头率"。

---

2. 战略合作的紧密性

在市场环境急剧变化的今天,企业要应对来自竞争对手的竞争,就必须将分销商和消费者纳入其发展战略,作为其战略上的"亲密伙伴"。企业发展与客户的满意是企业战略合作的基础与共同的要求。微软公司之所以能在全球范围内所取得巨大成功,正是在于其一直重视与客户的战略合作。

3. 市场活动的整合性

在现代客情关系中,生产商的"产"和分销商的"销"不再像过去那样各自为政,彼此割裂,而体现为产与销的紧密衔接。生产商和分销商的市场活动变成了一个整体,生产商根据分销商反馈回来的市场信息设计产品并组织生产，分销商在生产商的支持下对产品进行深度分销。

4. 信息反馈的及时性

随着信息技术的发展，厂商之间信息共享变得越来越重要。客户关系管理系统的广泛应用，将生产者和分销商紧密联系起来，实现信息的瞬时反馈和共享。如日本的花王公司信息反馈系统是日本最先进的消费者电子咨询系统，接线生可以在极短的时间内查询多达8,000页的资料，同时将顾客的意见或问题输入电脑。他不仅为消费者详细地了解企业及其产品提供了便利，也为企业及时了解和掌握消费者的意见、建议和要求提供了可能，从而使企业做到按需生产，按需销售，保证产品适销对路。

【小知识 11-5】关系营销和交易营销的区别

第一，交易营销的核心是交易，关系营销的核心是关系。

第二，交易营销把其视野局限于目标市场上，关系营销所涉及的范围则广得多。

第三，交易营销强调如何获得顾客，关系营销更加强调保持顾客。

第四，交易营销不太强调顾客服务，关系营销高度强调顾客服务。

第五，交易营销是有限的顾客参与和适度的顾客联系，关系营销却强调高度的参与和紧密的顾客联系。

任务2　理解建立良好客情关系的要点

在现代销售中，建立良好的客情关系包括以下要点。

1. 客户定位

定位即对客户情况的"锚定"。对企业客户而言，包括客户企业或单位的基本情况、经营范围、市场地位、目标客户群等。在与其交往的过程中，要注意把握客户企业的社会定位、企业文化等并采取相适应的公关方式和手段。对待个人客户，则要注意把握与其交往的层次性，如果对方是有一定社会地位的人，则在交往过程中可适当让企业高层介入，以让对方获得一种被尊重感和重要感。

2. 建立详细的客情资料表

传统的公关方式注重人际间的沟通，主要靠销售人员个人的社交能力完成。这种方式的优点是注重人情味，容易为客户接受。但这种方式的缺点是随意性大，缺乏科学性，而且也容易出现单元3中所说的那种"客户跟着业务员跑"的情况。在现代客情关系中，客情行动是基于对客户的全面了解和分析，并以企业整体形象为依托进行的。为此，企业要建立一整套完整的客情客户资料表，对客户的姓名、性别、年龄、单位的性质、个人在单位中的职位、家庭状况、性格特点和兴趣爱好等都能全面掌握，并为企业各部门和各相关人员所共享。

3. 选择合适的客情关系管理人员

在对客户进行公关活动的时候，一定要选择合适的人选，要避免派出的人员在能力、

仪表、文化水平、性格特点等方面与客户联系人差异太大而造成双方沟通困难的情况。如果客户是博士，我们就应该派出学历层次相对较高的人员去接洽；如果客户是归国留学人员，我们最好派出有海外背景的人；如果客户是一种完美者型的性格，我们也应当派一个行事谨慎、规范的人员与之接触等。

另外，在人员的选取上，既要考虑到其客户管理能力、经验，又要考虑其原则性，以避免其为了讨好客户而牺牲企业利益。

【案例点击 11-6】都是"良好"客情关系惹的祸？

我有个经销商朋友，做日化的，1998年开始做一个新产品，厂方请他在当地代为招聘一个销售主管，于是他就推荐了一位自己的老部下。当然了，作为老部下，客情关系确实是好得没有话说。起初经销商也相当配合，打款、进货、铺市……在整个"蜜月期"，厂方丝毫没有意识到，这么的"良好"客情，却在酝酿着一场危机。

半年多以后，这位主管被开除了，原因是他犯了以下错误：一是贪污促销人员工资（其实是虚报促销人员名额），二是向公司虚报陈列费用和进场费用。

之所以出现这样的局面，固然有这位主管操守和经销商的问题，但是问题更在厂方，不严格把住招聘关，这就是犯错误的开始。在厂方的招聘中，为了图省事而让经销商去代为招聘，这样招来的往往是和经销商站在同一条战线上的人。另一个原因恐怕就是对客情关系的片面理解，认为经销商招聘的主管就会有好的客情。维系好的客情是需要的，但厂方代表的第一原则是必须维护自己公司的利益，只有建立在这个出发点上，才能谈互惠。

资料来源：百度百科．客情关系[EB/OL]．[2022-03-09]．http://baike.baidu.com/view/2424280.htm#sub2424280．（略有修改）

【案例点击 11-7】如何在维护己方利益的基础之上来维持良好的客情

1999年年初的时候，我担任一家美资企业的浙江省经理，这家企业当时在浙江省的销售十分低迷，应收账款很多，分销很成问题。由于信用政策很苛刻，愿意做的经销商寥寥无几。

当时我和当地一个很有名的经销商进行着艰苦的谈判。之所以要和这个经销商谈，是为了全面加强我们产品在杭州的分销网络。这个经销商手上有着很多的大牌产品，分销网络很健全，甚至可以从杭州供货到温州的门店。我却不能给他太大的区域，宁波、温州我都已经谈好了经销商，我甚至不能给他杭州的全部，因为我在杭州另外还有一个经销商。这个谈判进行了两周，我几乎施展了以前在MARS大学所学的所有谈判技巧，向他陈述利益，展示我们产品的美好前途和目前的高利润（弱势品牌倒真的常有高利润）……终于，我和他签下了后来据说是这家公司有史以来最"丧权辱国"的合同——做杭州的部分商店，但是首单十万的现款要照打，信用额度也是一样的苛刻。经过这场谈判，我和我的经销商也结下了惺惺相惜的"战斗友谊"，对手从此成了朋友。

资料来源：百度百科．客情关系[EB/OL]．[2022-03-09]．http://baike.baidu.com/view/2424280.htm#sub2424280．（略有修改）

4. 让客户喜欢你的企业、产品和人

中国有句俗语，"顺情说好话，耿直讨人烦"。在客情关系建立和维护过程中，我们要顺势而为，切不可逆势而为。企业与客户一方面是一种利益关系，另一方面是一种感情沟通关系。企业的业务员在与客户打交道时，能够赢得客户的信任，能够赢得经销商的好感，给经销商良好的印象，在这种情况下，企业制定的政策，企业确定的制度，企业提出的要求，客户就会去遵守，愿意去执行。目前许多客户在与企业打交道时，基本上考虑的是"三好原则"，即产品好、企业好、企业的人好。

5. 从细节上着手

现代公关，必须从细节入手，进行长期投资。客户生日时，我们的一张贺卡、一份小礼物都可以达到良好的沟通效果。逢年过节，一个小小的祝福都是必不可少的。在单元 5 中谈到看一个人人际关系能力强不强时，我们提出主要从三个方面来判断：一是看这个人是不是细心；二是看他会不会说话；三是看他做小事是否到位。可见，注重细节在客情关系建立和维护过程中的重要意义。

【案例点击 11-8】汉司里工程公司的客户管理

汉司里工程公司在进行业务活动时，将销售工程师分到 8 个销售部。每个销售部配备 20 个销售工程师。每一个销售工程师都单独作业，采用的方法是一单跟到底的做法，即一个销售工程师从了解准客户开始，一直到与对方设备工程师接触，然后开始进行洽谈……

刘海是该公司的一名销售工程师，原来在一家消费品公司担任销售主管，非常成功。他来到汉司里公司不久，就被派到第一线。他与某集团公司的业务在开始的时候非常顺利，直接见到了负责该项目的李先生，双方谈得很投机，于是李先生就将该工程上报给工程部经理。工程部经理也很重视，于是约汉司里公司的刘海见面。对方的工程部经理皮特是工程方面的"海归"博士，在交谈中，皮特谈了很多有关该领域目前国际上的状况、新的流行趋势等各方面的问题。同时问了很多关于汉司里公司在该项目上的投入、技术水平、生产设备的生产厂的背景资料等各方面非常细致的问题。结果，刘海只说了一些无关痛痒的话，回答得非常不专业。

皮特经理对刘海的印象很不好，对汉司里公司的实力表示怀疑，于是否定了该项意向。该项目为何没有谈成，问题出在哪里？如果你是汉司里公司的销售总监，你将如何运作以重塑客情关系？

---

6. 与客户坦诚相待

在与人交往的过程中，坦诚至关重要，与客户打交道也应如此。很多做销售的人，油腔滑调，给人以非常不可靠的感觉。这样，客户在与你交往的时候，就会非常谨慎，甚至提防你。要知道，赢得客户的信任是建立良好客情关系的至关重要的一步。

单元小结

客户管理是指对客户的业务往来关系进行管理，并对客户档案资料进行分析和处理，

从而与客户保持长久的业务关系。

在客户管理的过程中，需要遵循以下原则：动态管理原则、突出重点的原则、灵活运用的原则和专人负责的原则。

客户管理的内容主要包括以下几个方面：利益管理、辅导和支援经销商、客情关系、风险控制。

企业要进行成功的客户管理，除了要有先进的客户管理理念外，还必须遵循一定的客户管理路径或方法，包括明确的客户管理目标、清晰的客户体验战略、完善的客户管理架构、得到各部门认可的客户路线图。

客户分析流程主要包括整理资料、销售业绩分析、划分客户等级、客户名册登记、分析客户拜访路线、确定客户访问计划和客户资料管理等内容。

客户分析的内容很多，主要包括以下几个方面：客户与本公司交易情况分析、客户信用调查分析、交易开始与中止的分析处理。

现代客情关系的特点主要有信息沟通的互动性、战略合作的紧密性、市场活动的整合性、信息反馈的及时性。

在现代销售中，建立良好的客情关系包括以下要点：客户定位，建立详细的客情资料表，选择合适的客情关系管理人员，让客户喜欢你的企业、产品和人，从细节上着手，与客户坦诚相待等。

核心概念

客户管理　客户体验　客户分析　ABC 分析法　客情关系　客户定位

实训设计

项目：学会为某一具体企业制订客户管理方案。

目的：理论与实践相结合，通过了解销售管理实践加深对理论知识的理解。

内容：以某一具体企业为背景，为其制订一套切实可行的客户管理方案。

步骤：

（1）选取某一具体企业。

（2）通过文献调查、深度访谈、企业实习等方式，了解其客户管理现状。

（3）分析该企业现有客户管理系统存在的问题。

（4）根据该企业的实际情况，为其产品设计一个切实可行的客户管理方案。

训练题

1. 简述客户管理的原则。
2. 简述客户管理的内容。
3. 简述销售网络的构成。
4. 简述客户管理的方法。
5. 简述客户分析的流程。
6. 简述建立客户档案的要点。

7. 试述客户分析的内容。
8. 简述现代销售中客情关系的特点。
9. 在现代销售中，如何建立良好的客情关系？

综合案例分析

华为营销启示录：华为的客户关系管理

华为的客户关系管理（CRM）在华为内部被总结为"一五一工程"，即一支队伍、五个手段（参观公司、参观样板点、现场会、技术交流、管理和经营研究）、一个资料库。

刘平先生在《华为往事》中回忆到："为经营好客户关系，华为人无微不至。华为员工常常能把省电信管理局上下领导的爱人带去深圳看海；把其家里换煤气罐等所有家务事都包了；能够从机场把对手的客户接到自己的展厅里；能够比一个新任处长更早得知其新办公地址，在他上任第一天将《华为人报》改投到新单位。这些并不稀奇的'常规武器'，已经固化到华为企业制度和文化中了。"

华为的营销两条线，一条产品线，一条客户线，产品经理负责售前、产品宣讲、技术交流、答标、市场策略等；客户经理，正如刘平先生所说的，把客户关系扩展到关注运营商客户，关注客户的家人，关注客户的喜好、需求乃至一举一动等。

而且最为可贵的是，华为把"一五一工程"制度化，形成一个成功的模式固化下来，形成一种文化。华为善于从实践中总结成功的经验，通过制度流程固化下来。这也是华为成功学习中国工农红军的范例。当年，红军从湘南到井冈山，一路上，旧的国民党兵很多都因为路途艰辛，因为上级官员的打骂，逃兵越来越多，很多连班的兵跑得都差不多了，而唯独罗荣桓的连班没有逃兵。我们伟大的毛委员便问罗荣桓："你有什么妙方诀窍呢？"罗荣桓告诉毛委员，是因为他的制度，党员的带头作用，把党建立在军队的领导之上。这个制度后来就成了党领导军队制度的来源。这个故事也说明毛泽东同志善于总结，善于从经验中总结出可贵的管理办法，而后用制度加以固化的管理思想。

资料来源：百度文库．华为营销启示录：华为的客户关系管理 [EB/OL]．[2022-03-12]．https://wenku.baidu.com/view/e28709927f21af45b307e87101f69e314232faeb.html．

问题：

1. 请问"华为"客户管理的成功之处在哪里？
2. "华为"经验可以为所有企业所仿效吗？为什么？
3. 你认为一个企业要进行成功的客户管理，应该具备哪些基础？

单元 12　销售物流管理

 **本章导读**

通过本单元学习，读者应能了解销售物流的含义，理解销售物流管理的流程，熟悉销售物流服务，了解销售物流合理化的内容，理解销售物流计划的重要性，熟悉销售物流计划的种类、内容、执行和控制，学会销售物流计划的编制，掌握销售物流管理的内容，熟悉销售物流组织与控制。

销售物流管理

 知识点

★ 销售物流、销售物流管理流程、销售物流服务、销售物流合理化。
★ 销售物流计划的种类、内容、编制、执行和控制。
★ 销售物流管理内容。
★ 销售物流组织与控制。

 技能点

★ 能结合某一企业具体情况，为其设计一个简单可行的销售物流管理方案。
★ 能结合某一企业具体情况，分析其销售物流管理存在的问题，并据此提出合理解决方案。

素养点

★ 树立社会主义法制观念，在从事销售物流管理活动时遵守相关法律法规。
★ 遵守社会主义商业伦理和道德，在从事销售物流管理活动时注意保护经销商、零售商乃至最终用户的合法权利。
★ 树立合作共赢的经营理念，在从事销售物流管理活动时与合作伙伴做到充分信任、协同计划、信息共享。
★ 树立生态文明观念，在从事销售物流管理活动时承担起环境保护的社会责任。

情境引入

很多公司都这样陈述其物流管理目标："以最低的成本，将适当的产品在适当的时间运到合适的地方。"可是，没有一个物流系统能同时完成最佳顾客服务和最低分销成本的目标。因为最好的顾客服务就意味着大量库存、效率更高的运输方式和更多的仓库，这一切都将增加物流管理成本。如何在改善顾客服务质量的同时降低企业物流管理成本，本单元将给出答案。

项目 1　了解销售物流

任务 1　了解销售物流的含义

企业的产品只有经过销售才能实现其价值，从而创造利润。销售物流是企业在销售过程中，将产品的实体转移给用户的物流活动，是产品从生产地到用户的时间和空间的转移，以实现企业销售利润为目的。销售物流是储存、运输、配送等诸多环节的统一。

任务 2　理解销售物流管理的流程

企业销售物流是企业物流的一个重要环节，它与企业的销售系统相结合，共同完成产品的销售任务。关于销售物流的流程，崔明等人在研究了目前企业销售业务流程及配送模式的基础上，提出了一个具有普遍意义的企业销售物流模型，如图 12-1 所示。

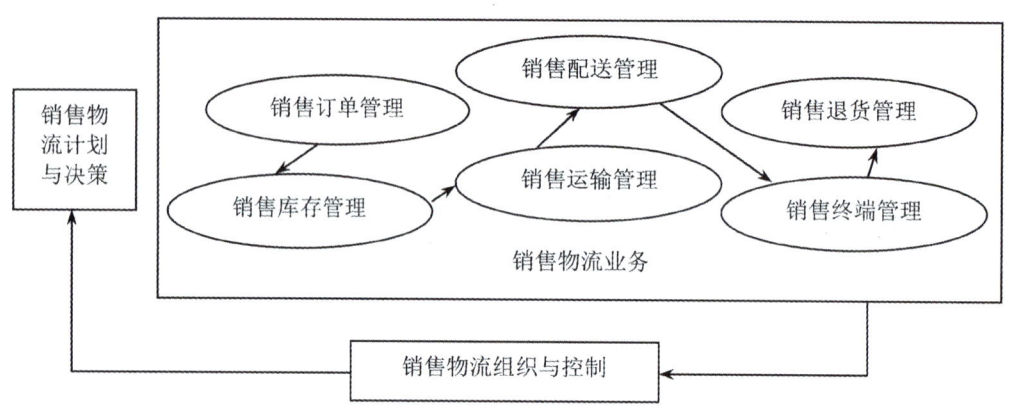

图 12-1　销售物流管理流程

销售物流归根到底是由客户订单驱动的，而物流的终点又是客户。因此，从企业方面来看，销售物流的第一个环节应该是订单处理。订单记录了客户的需求、订货的价格，并检查客户信用度和可用的物料。然后，根据销售订单实施其他物流业务。若有库存，则生成产品提货通知单，物流配送部门根据提货通知单生成物流配送单，进行销售运输、组织配送等。若没有库存，则生成产品需求单（包括采购单），再把信息传递给生产物流管理系统或供应物流管理系统。

对于由于损坏或其他原因退回的货物，还应该实施退货处理。退货在销售活动中会经常发生，由于销售退还的商品也需要登记和管理，也会有费用发生，因此退货作业与企业经济效益紧密相关，不可小视。

任务 3　熟悉销售物流服务

销售物流服务是指企业向客户提供及时而准确的产品输送服务,是一个广泛满足客户的时间和空间效用需求的过程。无论企业的性质如何,接受服务的客户始终是形成物流需求的核心和动力。为了保证客户满意,销售物流服务已成为企业销售系统,乃至整个企业成功运作的关键,也是增强企业产品差异性、产品和服务竞争优势的重要因素。

1. 销售物流服务的目标

销售物流服务的目标主要表现在以下几个方面。

(1) 扩大销售。无论是面向生产的物流服务,还是面向市场的物流服务,其最终产品都是提供某种满足客户需求的服务。在产品差异化日益困难的今天,服务是产品产生差异性的重要手段。如果销售物流服务活动提供了超出基本服务的额外服务,就能使本企业的物流产品和服务在竞争中比对手胜出一筹。因此,提高销售物流服务水平,可以扩大企业销售,提高市场占有率。

【案例点击 12-1】飒拉(ZARA)的物流管理

西班牙的 Zara 是欧洲领先的服装零售商,以合理的价格为消费者提供符合时尚潮流的服饰。公司销量达到 145 亿美元,拥有超过 2000 家店面,已经成功打破了零售业中几乎每一条传统惯例。

Zara 的第一家零售店创建于 1975 年。在 20 世纪 80 年代,其创始人阿曼西奥·奥尔特加(Amancio Ortega)与电脑程序员一起研发了一种新型的分销模式,将从设计到分销之间的时间缩短至两周——相比于行业内 6～9 个月的平均标准,这是一项重大的改进。其结果是,公司每年能够生产 1 万到 2 万件不同的服装,这几乎是 Gap 或 H&M 的 3 倍。由于从设计到投产的时间大大缩短,Zara 能够以消费者可承受的价格引入"快时尚"(fast fashion)商品。

无论目的地在哪,Zara 的商品都从西班牙发出。由于分销模式设计良好,从收到订单到发货在欧洲平均只需 24 小时,在美国和亚洲平均需要 48 小时。这种模式成功的关键在于有 50% 的生产工厂就在附近。所有的 Zara 门店每周收到两次新款货物,每种系列小批量的生产不仅吸引了顾客一次次光临,而且促使他们尽快购买。西班牙消费者平均每年会去城里的主要购物街消费三次,但由于 Zara 的物流和库存政策十分合理,消费者平均每年去 Zara 17 次。一些 Zara 的爱好者准确地知道新款的到货时间,并且会在当天早晨提前去专卖店抢购。这些措施使 Zara 全年的销量都很好,即使在经济发展迟缓的时期也是如此。公司也以全价销售更多的产品——全价销售货品占比的行业平均水平是 60%,而 Zara 是 85%。

资料来源:菲利普·科特勒,凯文·莱恩·凯勒. 营销管理[M]. 15 版. 何佳讯,于洪彦,牛永革,译. 北京:格致出版社,2016.

---

(2) 提高客户的满意程度。按照菲利普·科特勒的观点,顾客让渡价值(Customer Delivered Value, CDV)是指总顾客价值(Total Customer Value, TCV)与总顾客成本(Total

Customer Cost，TCC）之差。总顾客价值是指顾客期望从某一特定产品或服务中获得的利益的总和，包括产品价值、服务价值、人员价值和形象价值。总顾客成本是指顾客为购买和使用某一特定产品或服务而付出的代价的总和，包括货币成本、时间成本、精力成本和体力成本。

科特勒还认为，满意是指一个人通过对一种产品的可感知效果（或结果）与他（或她）的期望值比较后，所形成的愉悦或失望的感觉状态。这表明，客户满意水平是可感知效果（Perceived Performance）和期望值（Expectation）之间的差异函数。如果感知效果与期望相匹配，顾客就会满意；如果感知效果超过期望，顾客就会高度满意或欣喜；如果感知效果低于期望，顾客就会不满意。销售物流服务作为顾客总让渡价值的重要来源，无疑在提高客户满意度方面是至关重要的。

【小知识 12-1】迈克尔·波特的价值链理论

迈克尔·波特提出价值链的概念，并把它作为公司运营管理的一个工具，用以创造更多顾客价值的途径。价值链将企业运营涉及的诸活动分解为在战略上相互关联的九项活动，这九项价值创造活动又分为五项基础活动和四项支持性（辅助）活动。其中基础活动包括内部物流、生产运营、外部物流、市场销售和服务，辅助活动包括企业基础设施、人力资源管理、技术开发和采购。

资料来源：菲利普·科特勒，凯文·莱恩·凯勒．营销管理[M]．15版．何佳讯，于洪彦，牛永革，译．北京：格致出版社，2016．

（3）留住老客户，争取新客户。据贝恩咨询公司的研究显示，服务质量、留住客户和公司利润率之间有着非常高的相关性，满意的客户不但会重复购买，而且会因企业投在其身上的开发成本较低而获得比新客户更高的利润。同时，满意的客户还会充当推销员介绍新客户。相反，一个不满的客户将会投靠竞争对手，甚至通过口碑宣传让其他客户流失。高水平的销售物流服务能吸引客户并留住客户，并争取到新客户。

（4）降低销售物流成本。物流管理要求以最小的总物流成本产生最大的时间和空间效用。高质量的销售物流服务将以低成本、高效率的优势，帮助企业降低销售物流成本。

2. 销售物流服务的构成要素

销售物流服务由订货周期、可靠性、信息渠道、方便性等要素构成。

（1）订货周期。它是指从客户确定对某种产品有需求到需求被满足之间的时间间隔，也称提前期。客户订货周期的缩短标志着企业销售物流管理水平的提高。

订货周期主要受订单传送时间、订单处理时间、订货准备时间、订货装运时间等因素影响。

（2）可靠性。它是指根据客户订单要求，按照预定的提前期，安全地将订货送达客户指定地点。如果没有销售物流的可靠性做保证，销售物流服务只能是空谈。销售物流服务的可靠性包括提前期的可靠性、安全交货的可靠性、正确供货的可靠性等三个方面。

（3）信息渠道。同客户保持信息沟通是监控客户服务可靠性的手段。设计客户服务水平必须包括客户信息沟通。同时，沟通应该是双向的，卖方必须把关键的服务信息传递给客户，如卖方应把降低服务水平的信息及时通知客户，使客户及时做出必要的调整。另外，客户需要了解装运状态的信息，询问有关装运时间、运输路线等情况，因为这些信息对客户制订运行计划是非常必要的。

（4）方便性。它是指服务凡事必须灵活便利。从销售物流服务的观点来看，所有客户对销售物流服务有相同的要求，有一个或几个标准的服务水平适用于所有客户是最理想的，但却是不现实的。为了更好地满足客户需求，就必须确认客户的不同要求，根据客户规模、区域分布、购买的产品及其他因素将客户需求进行细分，为不同客户提供适宜的服务水平，这样可使物流管理者针对不同客户以最经济的方式满足其服务需求。

3. 衡量销售物流客户服务能力的标准

衡量销售物流客户服务能力的标准是指销售物流客户服务的基本水准，也是客户服务最基本的方面，包括可得性、作业绩效和可靠性。

（1）可得性。它是指当客户需要货物时，物流企业拥有的存货能够不断地满足其需要。可得性一般可用缺货频率、供应比率、订货完成率三个绩效指标来衡量。可得性可以通过各种方式来实现，最基本的方法是按照预期的客户订货量进行存货储备。因此，仓库的数目、地点和储存政策等便成了物流系统设计的基本问题之一。

（2）作业绩效。作业表现为物流企业从客户订货到产品交付使用的全部运作过程。作业一般通过速度、一致性、灵活性、故障恢复能力等来衡量。

（3）时效性。销售物流服务活动中还包括能否迅速提供有关物流作业和客户订货状况的精确信息。据有关调查表明，物流企业有无提供精确信息的能力是客户衡量其服务能力最重要的一个方面。一般说来，客户最担心意外事件，如果他们能事前收到信息的话，就能对缺货或延迟送货等意外情况做出快速调整。

另外，客户服务能力的一个重要组成部分是持续改善。物流管理人员应关心如何尽可能少地发生故障，以完成作业目标；而完成作业目标的一个重要方法就是从发生的故障中吸取教训，改善作业系统，以防止故障再次发生。理想的销售物流服务水平要求达到适当的质量、适当的数量、适当的时间、适当的地点、适当的价格、良好的印象。

任务4　了解销售物流合理化

销售物流合理化应该做到在适当的交货期，准确地向顾客发送商品；对于顾客的订单，尽量减少商品缺货或者脱销的情况；合理设置仓库和配送中心，保持合理的商品库存；使运输、装卸、保管和包装等操作省力化；维持合理的物流费用；使订单到发货的情报传递畅通无阻；将销售额等订货信息迅速提供给采购部门、生产部门和销售部门。

销售物流合理化，需要实施物流中心的集约化，构筑厂商到零售商的直接物流体系。将原来分散在各分店或中小型物流中心的库存集中到大型物流中心，通过信息系统等现代化技术实现进货、保管、库存管理、发货的实时管理。

销售物流合理化的形式有大量化、计划化、商物分离化、差别化、标准化等多种形式。

1. 大量化

通过控制客户的订货，增加运输量，使发货大量化。一般通过延长备货时间得以实现，如家用电器企业规定 3 天之内送货，这样做能够掌握配送货物量，大幅度提高配送的装载效率。现在，以延长备货时间来增加货运量的做法，已被所有的行业广泛采用。

2. 计划化

对客户的订货按照某种规律制订发货计划，并对其实施管理。例如，按路线配送、按时间表配送、混装发货、返程配载等各种措施，被用于运输活动之中。

3. 商物分离化

商、物分离的具体做法，是将订单活动与配送活动相互分离。这样，就把自备载货汽车运输与委托运输乃至共同运输联系在一起了。利用委托运输可以压缩固定费用开支，提高了运输效率，从而大幅度节省了运输费用。商、物分离把批发和零售从大量的物流活动中解放出来，可以把这部分力量集中到销售活动上，企业的整个流通渠道得以更加通畅，物流效率得以提高，成本得到降低。

4. 差别化

根据商品周转的快慢和销售对象规模的大小，把仓储地点和配送方式区别开来，是利用差别化方法实现物流合理化的策略。即实行周转较快的商品群分散保管，周转较慢的商品群尽量集中保管，以做到压缩流通阶段的库存，有效利用保管面积，使库存管理简单化。此外，也可以根据销售对象决定物流方法。例如，供货量大的销售对象从工厂直接送货，供货量分散的销售对象通过流通中心供货，使运输和配送方式区别开来；对于供货量大的销售对象每天送货，供货量小的销售对象集中配送，把配送的次数灵活掌握起来。

无论哪一种形式，在采取上述方法时，都把注意力集中在解决节约物流费用与提高服务水平之间的矛盾关系上。

5. 标准化

销售批量规定订单的最低数量，会明显提高配送效率和库存管理效率，比如成套或者成包装数量出售，如某一级烟草批发商进货就必须至少以一箱（50 条）为一个进货单位。

项目 2　学会制订销售物流计划

任务 1　理解销售物流计划的重要性

物流计划是按照物流决策所确定的方案，对物流活动及其所需各种资源，从时间和空间上做出具体统筹安排的工作，它是物流管理的首要职能。

物流计划的重要性可归纳为是决策的基础、应变的堤防、统一经营的保障、有效控制的手段。因此，物流企业对一切工作的管理，都必须始于计划和终于计划。

物流计划一般有三个要求：一是承诺性，对用户的保证，对未来的承诺；二是弹性，适应未来不确定性因素；三是滚动性，根据计划执行情况和环境变化而定期修订计划，使长期计划、中期计划、短期计划互相协调。

任务 2　熟悉销售物流计划的种类

按照不同的方式划分，销售物流计划可分为不同种类。

1. 按物流计划的层次和范围分类

从物流计划的层次和范围来分，物流计划分为三个层次。

（1）战略计划——物流远景规划，包括未来物流量及其构成，未来运输、储存的发展规模，物流机械化、自动化的发展水平，未来物流经济效果的分析等内容。

（2）战术计划——年度计划，即在一个年度内所要达到的物流目标。如对物流量的分析，物流设备的更新、维修的估计，对物流成本的分析，物流效果的目标及达到这一目标应采取的有效措施等。

（3）作业计划——季、月、旬、周生产计划，它是物流部门对各自的物流业务规定的物流数量、物流质量方面的具体生产计划。

2. 按物流计划的时间长短分类

从物流计划的时间长短来看，物流计划分为三种类型。

（1）长期计划，以 3～5 年为一期的计划。长期计划是一种目标计划。

（2）中期计划，以 2～3 年为一期的计划。中期计划是一种发展计划。

（3）短期计划，以 1 年为期，亦称年度计划。短期计划是一种营运计划。

3. 按物流计划的形态分类

从物流计划的形态划分，可将物流计划分为综合物流计划和部门物流计划。

任务 3　熟悉销售物流计划的内容

物流计划是对企业未来物流发展过程的统筹设计。按物流企业的状况、面临问题的复杂程度，企业的物流计划既有用数字表示的，也有用文字表示的。

1. 长期计划的内容

（1）决定物流总体战略目标的要求，体现企业发展方向和企业基本政策、策略以及今后获取、使用分配资源的准则。

（2）其计划内容范围，可遍及物流企业各方面活动。如利润、资金应用、组织、定价、员工关系、加工、营销、财务、公共关系、广告、研究发展、物流管理人员招聘、培训等。

（3）属于重点及目标性质的规划，只含较粗略的大目标数字。

（4）其计划时间长度，取决于计划内容复杂程度及性质。

2. 中期计划的内容

中期计划由长期计划衍生而来，是物流企业所设定未来 2～3 年内，各物流职能部门欲努力达到的目标，是用以执行长期计划和指导年度计划编制的计划。其内容如下：

（1）其时间通常为 2～3 年。

（2）此计划也有其目标政策及策略，不过它们衍生于长期计划，是长期计划的继续和具体化。

（3）其特点有别于长期计划。中期计划有详细的计划内容，具有综合性以及协调平衡的作用。

（4）中期计划内容是依据物流企业各职能部门所制订的详细计划，着重于各计划的配合协调，使原松弛的策略计划获得严密的内容。

（5）中期计划依据长期计划要求，各年分别制订计划，以适应物流企业内外环境条件。一般应用滚动计划法编制。

3. 年度计划的内容

年度计划是将长期、中期计划的目标及战略，分解成年度的物流经营目标。年度计划不仅是物流企业的执行计划，而且也可指物流环节、各部门的每季、每月，甚至每周的计划。此计划不仅仅含有数字，最重要的是应含有工作目标、方法、进度、负责人、经费等实质内容。其内容如下：

（1）年度计划时间，以一个预算年度为准，一般为1年。

（2）年度计划是在中期计划的基础上更进一步的设计、统筹，故年度计划纯属一种作业性计划。

（3）年度计划是物流企业各职能计划，它包括更具体的绩效目标。如营业计划（或称业务计划、营运计划）、流通加工计划、研究发展计划、人力发展计划、合作营运计划、财务计划（含筹资、投资和债券、股票的发行等）。

任务 4　学会销售物流计划的编制

长期计划一般只含较粗略的大目标数字，而无细节措施。一般企业以中期计划为中心，以年度计划为执行计划。目前实施目标管理制度者，大多编制中期计划和年度计划。

1. 销售物流计划编制的要求

（1）要认真贯彻国家有关的方针、政策和法规。

（2）通过对物流市场进行调查和预测，充分考虑本企业的优势，发展有特色、有竞争力的服务项目，若有条件，应当积极地进入国际物流市场。

（3）衔接长期、中期计划对年度计划提出的目标和任务。

（4）分析物流企业内外各种数据资料，以及它们对企业产生的影响。

2. 销售物流计划编制的程序

由于物流企业是根据具体情况来确定物流计划的，因此其编制程序根据物流企业的性质特点不同，而不完全相同。物流计划编制程序可以依据需要来设定：

（1）物流总公司计划，包括营运、流通、加工、研究、人力、公关、财务计划等部分。

（2）分公司计划，其内容同总公司计划一致。

（3）利润成本中心分别以事业部制订计划。

（4）职能部门分别制订计划。

（5）地区、产品配送部门分别制订计划。

任务 5　熟悉销售物流计划的执行和控制

为保证年度计划的实现，要组织好物流计划的执行与控制。

1. 销售物流计划的执行

物流计划的执行，最重要的有两项工作。首先，把物流总目标层层分解下去，做到层层有目标和计划；另外，经常对物流计划运行情况进行修订和调整。一般采用以下两种方法：

（1）滚动式计划法。滚动式计划法把计划分为若干期，根据物流计划执行一定时期的实际情况和环境变化，对以后各期计划的内容进行适当的修订，并向前推进一个新的执行期。

这种方法的特点是远近结合、近细远粗、逐年滚动。这样既使物流计划保持严肃性，又具有适应性和现实性，有利于保持前后期工作的衔接协调，也可以使物流计划能够适应市场的变化，提高适应外部环境的能力。

（2）应变计划法（或应急计划法）。应变计划法是指当客观情况发生重大变化，原有计划失去作用时，物流企业为适应外部环境变化而采用备用计划的方法。一般物流企业在编制年度物流计划时都制订了备用计划，以便企业在内部调整计划时比较主动，从而避免慌乱，减少损失。

2. 销售物流计划的控制

要保证物流计划的实施，必须在计划执行过程中加强控制，也就是按预定的目标、标准来控制和检查物流计划的执行情况，及时发现偏差，迅速予以解决。控制包括事前控制、事中控制和事后控制。为此，首先要制定各种科学的标准，如定额、限额、技术标准和计划指标等；其次要健全物流信息反馈系统，加强物流信息管理。

项目3　掌握销售物流管理内容

如图12-1销售物流管理流程所示，销售物流管理的内容按流程依次包括销售订单管理、销售库存管理、销售运输管理、销售配送管理、销售终端管理、销售退货管理。随着销售管理从粗放型向集约型转变，单品管理正成为销售物流管理的重要内容。

任务1　掌握销售订单管理的内容

1. 销售订单管理的目标

一般来讲，销售订单管理的目标包括以下几个方面。

（1）简化接单作业。传统接单方式是客户电话订货或传真订货，最通常是派人员去巡货、补货。电话、传真常造成订货资料不明确等情况，需再确认；而派人员巡货虽可顺便促销新品但却需花费人员成本，现如今零售店家数众多，客户订货频度又高，因此人员巡货的成本效益已受到考验。

（2）处理量多繁杂的订货资料。零售店家数多，每家订货品项又多而每家的销售条件可能不同（信用额度、售价、加工要求、配送要求等），这些因多样少量、高频度订货方式所引发的繁杂、多量订单资料，对订单处理系统是个挑战。

（3）掌握订单进度。接单之后，订单是否如期出货、如数出货、库存若缺货如何处理、客户若异动订单资料如何处理、客户查询订单状况时能否告知等，这些订单的进度、交期、例外管理，都是客户服务水准的表现。订单处理是供需双方的事，要提升订单处理效率，需考虑双方的作业改善，尤其企业间合作共同创造利润的趋势来临，如何在双方间找寻一种更合适的订单处理方式是订单处理的重要课题。

【小知识 12-2】有效的订单管理系统的特征

有效的订单管理系统必须达到：
- 提升客服水平。
- 降低订单出错率。
- 通过高度的履单、交互销售或是向上销售等扩大业绩；同时，有能力针对特定目标市场区域，精确地设计价格及促销模式来创造利润。
- 通过设定获利的管理措施和降低订单输入成本来保障一定的利润率。

资料来源：孙明贵，崔明. 销售物流管理 [M]. 北京：中国社会科学出版社，2005.

2. 销售订单管理的流程

销售订单管理的作业流程起始于接单，经由接单所取得的订货信息，经过订单资料输入、资料核查确认，并按此订单进行库存分配和订单数据处理输出，由此开启销售出货物流活动。在这一连串的物流作业里，订单是否有异动、订单进度是否如期进行也是订单管理的范围，即使配送出货，订单管理也未结束，其配送时还会出现订单异动，如客户拒收、配送错误等，将这些异动状况处理完毕，确定实际的配送内容以及此后对订单资料的分析全部完成后，订单管理才算结束。销售订单管理作业流程如图 12-2 所示。

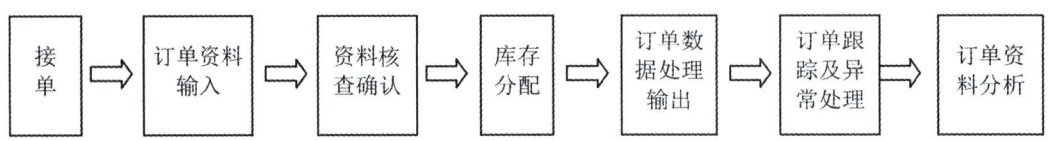

图 12-2　销售订单管理作业流程

3. 销售订单管理的内容

由上述销售订单管理作业流程可知，销售订单管理的内容包括以下几个方面。

（1）接单作业。接单作业为订单管理的第一步，随着流通环境及科技的发展，客户的订货方式由传统的人工下单、接单方式，演变为计算机间直接送收订货资料的电子订货方式。

【小知识 12-3】电子订单接单方式

电子订单接单方式为：
- **Client** 登录：客户远程接入企业系统，作为远程用户登录，启用客户端系统，按系统所提供的单据格式输入单据，形成电子单据。
- **格式文件转入**：客户按企业管理系统所要求的单据数据格式生成相应的单据数据文件，传入本系统，并引入本系统中形成正式单据。
- **E-mail**：按电子单据格式，自动生成 E-mail，按企业的 E-mail 地址，发送电子单据，本企业再将 E-mail 数据转化为电子订单格式。

- Internet 网上登录：在企业所提供的网页上，直接登录输入生成电子订单等单据，并提交企业数据库。

资料来源：孙明贵，崔明. 销售物流管理 [M]. 北京：中国社会科学出版社，2005.

（2）订单资料处理。订单资料处理包括订单资料输入、订单资料核查及确认、库存分配、订单数据处理输出。

订单资料输入方式有人工输入和联机输入两种。随着计算机和通信技术的发展，联机输入方式应用越来越广泛，这大大提高了订单资料输入的准确性和工作效率。

订单资料核查及确认包括输入检查、交易条件确认等事项。

订单存货的分配模式，可分为单一订单分配及批次分配。单一订单分配多为线上实时分配，亦即在输入订单资料时，就将存货分配给该订单。批次分配指累积汇总数笔的已输入订单资料后，再一次分配库存。由于物流中心订单数量多、客户类型等级多且多采用一天固定配送次数，因此通常采用批次分配，以确保库存能进行最佳的分配。批次分配的作业方法有按接单时序划分、按配送区域或路径分配、按流通加工需求分配等。

订单资料经由上述处理后，即可开始打印或输出，以展开后续的物流作业。

（3）订单跟踪及异常管理。订单经由接单作业进入物流中心，经过输入、查核确认、库存分配等处理，最后产生出货指示资料，开始拣货、出货配送，最后经由客户签收、取款结案等整个循环作业。订单资料在循环里的每个节点的处理是否按正常程序进行，以及前后节点间的衔接是否准确无误，这些都是系统应该保证的。因此，对于实际作业中无法避免的订单异动情况，系统应加以甄别、修正，以维持系统的正确性以及避免因异动造成损失。

（4）订单资料分析。通过订单资料分析，可帮助企业更好地了解其商品、客户、物流等的特性，以作为客户管理、市场预测、销售预测等决策参考依据。

任务 2　掌握销售库存管理的内容

销售库存管理是销售物流管理中非常重要的一个环节。库存是企业的一项巨大投资，其目的是保证生产和销售的连续性并最大程度满足客户的需求。有效的库存管理能够加快资金周转速度，增加投资收益，还可以提高物流系统效率，增强企业竞争力。库存管理最主要的目标有两个：一是保证供应，二是降低成本。

【小知识 12-4】销售库存管理的目标

销售库存管理的主要目标有：
- 防止断档。
- 保证适当的库存量，节约库存费用。
- 降低物流成本。
- 保证销售的计划性、平稳性以消除或避免销售波动的影响。
- 展示功能。

- 二次包装功能。
- 储备功能。

<u>资料来源</u>：孙明贵，崔明．销售物流管理 [M]．北京：中国社会科学出版社，2005．

1. 销售库存管理模式

销售库存管理模式包括销售库存的仓储模式和仓储策略两个方面。

（1）销售库存的仓储模式。如何为库存安排仓储空间，企业可以有多种选择。从成本和客户服务的角度看，仓库选择和布局及合理使用是仓储管理的一项重要决策。销售库存的仓储模式主要有自有仓库仓储、租赁公共仓库仓储和合同仓储三种。有些企业适合自建仓库，而有的企业更适合租赁仓库，但大多数企业则由于不同地区的市场条件及其他因素而结合使用自有仓库与公共仓库。企业需要根据自身特点和条件，在对成本和客户服务进行对比分析的基础上做出合理选择。

（2）销售库存的仓储策略。销售库存的仓储策略主要集中体现在两个方面：一是应该使用多少仓库；二是应该使用哪些类型的仓库才能满足市场需要。

【小知识 12-5】影响仓库数量的主要因素

- 客户对服务的要求。当客户对服务标准要求很高时，需要更多的仓库来及时满足客户需求。
- 运输服务的水平。如果企业不能提供快速的运输服务，就要增加仓库来满足客户对交货期的要求。
- 客户的小批量购买。客户为了降低维护库存的成本，经常需要频繁地小批量购买。由于分销渠道对仓库需求的影响非常大，因此企业就有必要建更多的仓库来保证分销渠道的畅通。
- 计算机技术的应用。计算机的普及和应用成本的降低，以及应用模型及配套软件在现代化仓库中的广泛应用，大大提高了仓库资源的利用率和运作效率，可以使企业对仓库的控制不再受仓库数量与位置的限制。

<u>资料来源</u>:孙明贵，崔明．销售物流管理 [M]．北京:中国社会科学出版社，2005．（略有修改）

现在许多厂商是结合使用自有仓库、公共仓库和合同仓库来进行储存活动的。自有仓库和合同仓库可以满足企业年度的基本需求,而公共仓库则可应付旺季之需。通常说来，仓库全年都处于满仓的可能性极小。尽管按照一般的计划原则，仓库的设计旨在满仓利用，但事实上全年满仓利用的时间在 75%～85% 之间。因此，在 15%～25% 的时间里，那些旨在满足高峰时所需的仓库空间并没有得到充分利用。在这种情况下，也许可以采取的更有效办法是建自有仓库以满足 75% 的需求，而用公共仓库来应付高峰期的需要。

2. 销售库存管理业务流程

销售库存管理业务流程主要包括货品的入库管理、储位管理、拣货搬运管理、二次包装或出库管理、库存盘点、核查、提案改善等环节。

任务 3　掌握销售运输管理的内容

运输活动及其载体所构成的运输系统是销售物流管理系统中最重要的组成部分之一，通过运输活动，销售物流系统的各环节才能有机地联系起来，销售物流系统的目标才能得以实现。稳定可靠、灵活快捷的销售运输系统支持是整个物流系统成功运转的关键之所在。销售运输管理的主要内容包括销售运输方式、销售运输管理流程和销售运输策略。

1. 销售运输方式

运输就是通过火车、汽车、轮船、飞机、管道等交通工具使实体货物在物流据点（如仓库、商场、配送中心、物流中心）之间流动。

按照运输工具及运输设备的不同，运输包括铁路运输、公路运输、水路运输、航空运输和管道运输五种主要方式，此外还有一些新型运输方式。各种运输方式有其自身的特点，并且分别适合运输不同距离、不同形式、不同运费负担能力和不同时间需求的物品。

2. 销售运输管理流程

随着物流管理观念在经济各领域的普遍渗透，运输部门在企业中的作用逐步提升，运输管理的基本责任和内容也随之发生了变化。运输管理是一项复杂、细致、富有挑战性的工作，是成功物流系统的重要保障。销售运输管理作业流程如图 12-3 所示。

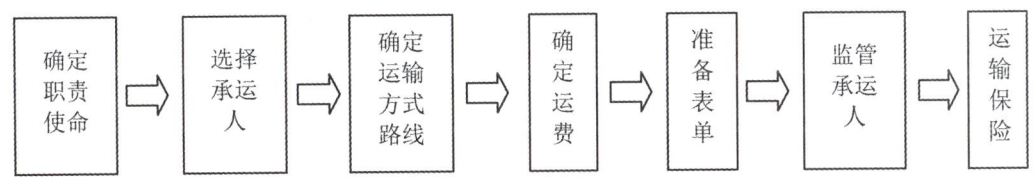

图 12-3　销售运输管理作业流程

3. 销售运输策略

销售运输策略主要包括运输方式选择、运输合理化和运输决策三个方面。

（1）运输方式选择。运输是指商品在物流据点之间的移动，而用来作为商品在物流据点间移动手段的，有公路、铁路、内航海运、飞机、管道等。选择运输方式时必须综合考虑，要权衡运输服务效率和运输成本。企业可根据实际情况使用单一运输手段，也可以将两种以上不同的运输手段组合起来使用。

【小知识 12-6】选择运输工具时应该考虑的因素

- 运费：高低。
- 运输时间：到货时间长短。
- 频度：在固定期间内可以运输配送的次数。
- 运输能力：运量大小。
- 货物的安全性：运输途中的破损及污染。

- 时间的准确性：到货时间的准确性。
- 适用性：是否适合各类型货物运输。
- 伸缩性：是否适合多种运输需要。
- 网络性：和其他运输工具的衔接，是否符合多式联运或一贯制运输的需要。
- 信息：货物所在位置的信息能否有效地取得。

资料来源：孙明贵，崔明. 销售物流管理 [M]. 北京：中国社会科学出版社，2005.（略有修改）

（2）运输合理化。运输合理化首先要从选择运输方式开始，逐一考察运输距离、运输环节、运输工具、运输时间、运输费用这五个要素。

具体来讲，企业可以从以下十个方面来促进运输合理化。

1）提高运输工具实载率。实载率有两个含义：一是单车实际载重与运距之乘积和标定载重与行驶里程之乘积的比率，在安排单车、单船运输时，这是作为判断装载合理与否的重要指标；二是车船的统计指标，即一定时期内车船实际完成的货物周转量（以吨·公里计）占车船载重吨位与行驶公里之乘积的百分比。在计算时车船行驶的公里数，不但包括载货行驶，也包括空驶。

提高实载率的意义在于充分利用运输工具的额定能力，减少车船空驶和不满载行驶的时间，减少浪费，从而求得运输的合理化。

2）减少动力投入，增加运输能力。其要点是，少投入、多产出，走高效益之路。运输的投入主要是能耗和基础设施的建设，在设施建设已定型和完成的情况下，尽量减少能源投入，是少投入的核心。做到了这一点就能大大节约运费，降低单位货物的运输成本，达到合理化的目的。

3）发展社会化的运输体系。运输社会化的含义是发展运输的大生产优势，按实际专业分工，打破一家一户自成运输体系的状况。

一家一户的运输小生产，车辆自有，自我服务，不能形成规模，一家一户运量需求有限，难以自我调剂，因而经常容易出现空驶、运力选择不当（因为运输工具有限，选择范围太窄）、不能满载等浪费现象，而且配套的接、发货设施，装卸搬运设施也很难有效地运行，所以浪费颇大。实行运输社会化，可以统一安排运输工具，避免对流、倒流、空驶、运力不当等多种不合理形式，不但可以追求组织效益，而且可以追求整个社会的规模效益，因此发展社会化的运输体系是运输合理化非常重要的措施。

4）利用合理分流的运输方式。开展中短距离铁路公路分流，实行"以公代铁"的运输，是合理分流的一种形式。这种运输合理化主要表现为两点：一是对于比较紧张的铁路运输，用公路分流后，可以得到一定程度的缓解，从而加大这一区段的运输通过能力；二是充分利用公路从门到门和在中途运输中速度快且灵活机动的优势，实现铁路运输服务难以达到的水平。

5）运用分区产销平衡。这是指根据产销的分布情况和交通运输条件，在产销平衡的基础上，按照近产近销和运输里程最小化原则来组织运输活动。它加强了产、供、运、销等的计划性，消除了过远、迂回、对流等不合理运输，节约了运输成本及费用，降低了物流成本。实践中，它适用于品种单一、规格简单、生产集中、消费分散，或者生产分散、消费集中且调运量大的物品，如煤炭、水泥、木材等。

6）发展直达运输。直达运输是追求运输合理化的重要形式，其要点是通过减少中转、过载、换载等，从而提高运输效率，省却装卸费用，降低中转货损。直达的优势，尤其在一次运输批量和用户一次需求量达到了整车时表现最为突出。

7）实施直拨运输。直拨运输是指商业、物资批发等企业在组织物品调运过程中，对当地生产或由外地到达的物品不运进批发站仓库，而是采取直拨的办法，将物品直接分拨给基层批发、零售中间环节甚至直接客户。直拨可以减少中转运输环节，并且还可以在运输时间与运输成本方面收到双重的经济效益，是力求以最少的中转次数完成运输任务的一种形式。

8）采取配载运输。配载运输是充分利用运输工具载重量和容积，合理安排装载的货物及载运方法以求得合理化的一种运输方式。配载运输也是提高运输工具实载率的一种有效形式。它一方面要最大限度地利用车船载重吨位，另一方面又要充分使用车船装载容积。

实际工作中可以采取很多方法来提高运输工具配载率，这些方法包括混合配载轻重商品、实行解体运输、提高堆码技术、采取成组配送等。

9）发展特殊运输技术和运输工具。依靠科技进步是运输合理化的重要途径。例如，专用散装罐车解决了粉状、液状物运输损耗大、安全性差等问题；袋鼠式车皮大型半挂车解决了大型设备整体运输问题；"滚装船"解决了车载货的运输问题，集装箱船比一般船能容纳更多的箱体，集装箱高速直达车船加快了运输速度等，都是通过采用先进的科学技术实现合理化。

10）利用流通加工。有不少产品，由于产品本身形态及特性问题，很难实现运输的合理化，如果进行适当加工，就能够有效解决运输问题。例如，将造纸材料在产地预先加工成干纸浆，然后压缩体积运输，就能解决造纸材料运输不满载的问题。轻泡产品预先捆紧包装成规定尺寸，装车就容易提高装载量；水产品及肉类预先冷冻，就可提高车辆装载率并降低运输损耗。

总之，在运输合理化措施方面会有许多问题有待解决，销售企业在运输实践中，在运输合理化方面应考虑以下几个方面：运输方式的选择、运输路线的确定、运输工具的配备、运输计划的制订、运输环节的减少、运输时间的节省、运输质量的提升、运输费用的节约、作业流程连续性、服务水平的提高等。

任务 4　掌握销售配送管理的内容

所谓配送就是在合理区域范围内，根据客户要求，对物品进行拣选、加工、包装、分割、组配等作业并按时送达指定地点的物流活动。

配送是物流中一种特殊的活动形式，是商流与物流紧密结合，包含了物流中若干功能要素的一种物流活动。

从物流的角度来看，配送集装卸、包装、保管、运输等各种物流功能于一身，通过这一系列活动将货物送达客户。所以，有人从这个角度称配送为"小物流"。

从商流来说，物流与配送又明显不同，物流是商物分离的产物，而配送是商物合一的产物。配送是"配"和"送"的有机结合。

1. 配送模式

从我国现有情况来看，一般有四种销售配送模式，不同的企业可以针对自身情况在实践中灵活选择运用。

（1）企业内自营型配送模式。这是目前生产、流通或综合性企业所广泛采用的一种配送模式。企业通过独立组建配送中心，实现对内部各部门、厂、店的物品供应统一配送。这种配送模式在满足企业（集团）内部生产材料供应、产品外销、零售场店供货和区域外市场拓展等需求方面发挥着重要作用。

较典型的企业内自营型配送模式，就是连锁企业的配送。大大小小的连锁公司或集团基本上都是通过组建自己的配送中心来完成对内部场、店的统一采购、统一配送和统一结算的。

【案例点击 12-2】日产、海尔的自营配送中心

日产汽车销售公司有以自动化仓库为主体的配送中心，该中心占地 13,500 平方米，高 25 米，共有 15 个巷道，库存 37,674 个货位（世界最大的自动化仓库之一），保管由该工厂自己生产、包装好的汽车维修配件，并按订货要求，发送到各用户。

海尔物流中心就有采购件和制成品两个自动化仓库，共有 14 个巷道，19,536 个库存货位。采购件自动化仓库负责向装配线准时地配送零部件；制成品自动化仓库负责向全国 42 个分销配送中心准时地配送制成品。建成后，库存占压资金由 1999 年的 15 亿元，降至 2000 年的 7 亿元、2001 年的 3 亿元。海尔配送体制建成后，已经做到中心城市 6～8 小时配送到位，区域销售店配送 24 小时到位，全国主干线分拨配送平均 3.5 天到位。

资料来源：孙明贵，崔明．销售物流管理[M]．北京：中国社会科学出版社，2005．（略有修改）

（2）单项服务外包型配送模式。它主要是由具有一定规模的物流设施设备（库房、站台、车辆等）及专业经验、技能的批发、储运或其他物流业务经营企业，利用自身业务优势承担其他生产性企业在该区域内市场开拓、产品营销而开展的纯服务性的配送。

在这种配送模式中，生产企业租用批发、储运等企业的库房，作为存储商品的场所，并将其中的一部分改造为办公场所，设置自己的业务代表机构，并配置内部的信息处理系统。通过这种现场办公式的决策组织，生产企业在该区域的业务代表控制着信息处理和决策权，独立组织营销、配送业务活动。提供场所的物流业务经营企业，只是在生产企业这种派驻机构的指示下，提供相应的仓储、运输、加工和配送服务，收取相对于全部物流利润的极小比例的业务服务费。

开展这种模式配送的物流业务经营企业，对所承揽的配送业务缺乏全面的了解和掌握，无法组织合理高效的配送，在设备、人员上浪费比较大。因此，这是一种高消耗、低收益的配送模式。

（3）社会化中介型配送模式。在这种模式下，从事配送业务的企业，通过与上游客户（生产、加工业）建立广泛的代理或买断关系，与下游客户（零售店铺）形成较稳定的契约关系，再将生产、加工企业的商品或信息进行统一组合、处理后，按客户订单的要求，配送到店铺。这种模式的配送，还表现为在用户间交流供应信息，从而起到调剂余缺、合理利用资源的作用。

社会化的中介型配送模式是一种完整意义上的配送模式。目前，大多数企业、集团，特别是物流、配送企业正在积极探索这一模式。

（4）共同配送模式。这是一种配送经营企业间为实现整体的配送合理化，以互惠互利为原则，互相提供便利的配送服务的协作型配送模式。

共同配送模式属于一种横向集约联合。按供货和送货形式的不同又可分为共同集货型、共同送货型和共同集送型。

共同集货型是指由几个物流配送部门组成的共同配送联合体的运输车辆，采用"捎脚"方式向各货主取货。共同送货型则是共同配送中心从货主处分散集货，而向客户送货采用"捎脚"方式。共同集送型则兼有上述两种模式的优点，是一种较理想的配送模式。

按共用化范围确定的模式，共同配送还可分为资源共同型和共同管理型。前者是指参加横向集约联合的企业组成共同配送中心，利用各加盟企业的有限资源（含人、财、物、时间和信息），使之得到充分利用。后者则是企业间在管理上各取所长，互通有无，优势互补，特别表现在人员使用与培训上。

2. 销售配送作业流程

要节省物流成本、提高企业利润，销售物流配送作业流程的有效化、系统化、科学化显得格外重要。从上游客户供货到最终发到下游客户，商品经过进货、搬运、储存、流通加工、拣货、出货、输配送等环节，每一个环节都有自己的特有功能，都不可或缺。销售配送作业流程如图12-4所示。

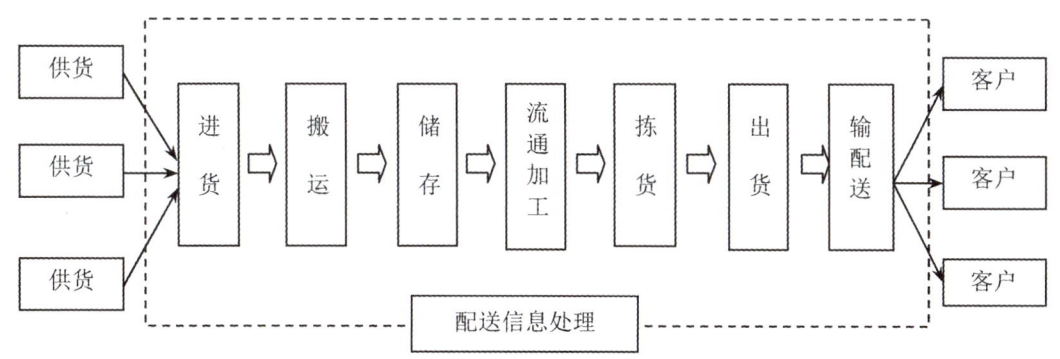

图12-4　销售配送作业流程

任务5　掌握销售终端管理的内容

从销售物流的角度讲，销售终端管理的内容主要包括终端陈列和终端理货等内容。由于这些内容在单元10的项目4中已有详细阐述，在此不再赘述。

任务6 掌握销售退货管理的内容

1. 销售退货管理的含义

商品退货，是指依据买卖合约而出货的商品，由于某些原因，客户将商品退回企业。商品退货会即时减少企业的营业额，降低利润，企业应检讨商品竞争力并加强营业管理，提高营运绩效。

在销售退货管理的内部分工中，仓储部门负责清点退货商品，确保商品数量准确性；质量管理部门负责鉴定和确认退货商品是否达到退货标准；会计部门负责调整应收账款余额及发票重新处理等。

企业处理客户的退货，不管是经销商的退货或是使用者的退货，必须遵循一定准则和要求，应当事先明确接受何种程度的退货，或者在何种程度下接受退货，并作为销售条件的一部分。

【案例点击 12-3】销售退货管理——企业信誉的保证

售出不合格产品后及时给予退换货，是商家赢得顾客的一种有效的方法。因为这种方法最能体现出商家的信誉。

日本企业之所以能够称雄世界，这与他们努力争取"信誉"有着极为重要的关系。日本东京奥迭克余百货公司一天下午接待了一位来自美国的顾客，其买走了一台索尼牌唱机。尔后，售货员发觉卖出的唱机忘记装入内件系统，于是立即寻找这位美国顾客。根据售货单上的签名，职员们连续打了32次电话，最后通过长途电话与客人的工作单位联系，才得知其在东京探亲的地址。次日，公司副经理带着工作失误的售货员和一台新唱机找上门去换货、道歉，并向他赠送一盒蛋糕、一套毛巾和一张著名唱片，并反复请求这位顾客宽恕。最后的结果，当然是让客户非常感动。

日本大企业家小池说过："做生意成功的第一要诀就是诚实。诚实就像树木的根，如果没有根，树木就别想有生命了。"这段话也可以说概括了小池成功的经验。小池出身贫寒，20岁时就替一家机器公司当推销员。有一个时期，他推销机器非常顺利，半个月内就跟33位顾客做成了生意。之后，他发现他们卖的机器比别的公司出品的同样性能的机器昂贵。他想同他订约的客户如果知道了，一定会对他的信用产生怀疑。于是，大感不安的小池立即带着订约和订金，整整花了3天的时间，逐家逐户地去找客户，然后老老实实给他们说明，他所卖的机器比别家的机器昂贵，为此请他们废弃契约。

这种诚实的做法使每个订户都深受感动。结果，33人中没有一个人跟小池废约，反而加深了对小池的信赖和敬佩。

诚实真是具有惊人的魔力，它像强力的磁石一般具有无比强大的吸引力。其后，人们就像小铁片被磁石吸引似的，纷纷前来他的店购买东西或向他订购机器。这样没多久，小池就成为订单"满天飞"的人。

资料来源：孙明贵，崔明. 销售物流管理 [M]. 北京：中国社会科学出版社，2005.（略有修改）

2. 销售退货管理流程

为加强客户销售退货管理，提高客户服务能力，企业必须遵循一定的管理流程。可以通过多联式"验收单"在各部门的流动，来控制客户所退的商品，并在账款管理上加以调整。

（1）客户退货时，把所退货物直接退给销售部或客户服务部，由销售部或客户服务部有关人员送至验收组进行验收。

（2）经验收或根据合同条款，若不符合退货要求，则交回所退货物；若属于条款退货范围，则填写退货申请表单，送至销售部经理或客户服务部经理审核。

（3）销售部经理或客户服务部经理把审核结果传达给相关人员。退货时，销售部开具销货退货单三联，第一联连同核后验收单存档，其他两联连同所退货物送交给物流控制部。

（4）物流控制部接到退货单后，将退回货物入库；并且把销货退货表单第二联自留存档，第三联送至会计部门。

（5）会计部门收到销货退货表单，核准其正确无误后，进行账务处理。

项目4　熟悉销售物流组织与控制

一般来讲，销售物流的组织与控制包括销售物流组织构建、销售物流人员管理和销售物流综合绩效考评等内容。由于涉及这些内容的原理、方法与单元3（销售组织管理）、单元5（销售人员的招聘与培训）、单元6（销售人员的薪酬与激励）和单元7（销售人员绩效考评）相关原理、方法基本相似，在此不再做深入探讨，请读者自己查阅相关资料。

单元小结

销售物流是企业在销售过程中，将产品的实体转移给用户的物流活动，是产品从生产地到用户的时间和空间的转移，以实现企业销售利润为目的。销售物流是储存、运输、配送等诸多环节的统一。

销售物流服务的目标主要表现在以下几个方面：扩大销售；提高客户的满意程度；留住老客户，争取新客户；降低销售物流成本。

销售物流服务由订货周期、可靠性、信息渠道、方便性等要素构成。

衡量销售物流客户服务能力的标准包括可得性、作业绩效和可靠性。

销售物流合理化的形式有大量化、计划化、商物分离化、差别化、标准化等多种形式。

销售物流计划的重要性可归纳为是决策的基础、应变的提防、统一经营的保障、有效控制的手段。因此，物流企业对一切工作的管理，都必须始于计划和终于计划。

销售物流管理的内容按流程依次包括销售订单管理、销售库存管理、销售运输管理、销售配送管理、销售终端管理、销售退货管理。随着销售管理从粗放型向集约型转变，单品管理正成为销售物流管理的重要内容。

销售物流的组织与控制包括销售物流组织构建、销售物流人员管理和销售物流综合绩效考评等内容。

核心概念

销售物流　销售物流服务　销售物流合理化　销售物流计划　销售订单管理
销售库存管理　销售运输管理　销售配送管理　销售终端管理　销售退货管理

实训设计

项目：学会为某一具体产品设计销售物流管理系统。
目的：理论与实践相结合，通过了解销售管理实践加深对理论知识的理解。
内容：以某一具体企业为背景，为其产品设计一个切实可行的销售物流管理系统。
步骤：

（1）选取某一具体企业。
（2）通过文献调查、深度访谈、企业实习等方式，了解其销售物流管理系统。
（3）分析该企业现有销售物流管理系统存在的问题。
（4）根据该企业的实际情况，为其产品设计一个切实可行的销售物流管理系统。

训练题

1. 简述销售物流管理的流程。
2. 简述销售物流服务的目标。
3. 简述销售物流合理化的形式及内容。
4. 简述销售物流计划的重要性。
5. 试述销售物流管理的内容及相互之间的关系。
6. 简述销售物流管理的内容。

综合案例分析

京东的供应链管理

京东是中国的综合网络零售商，是中国电子商务领域受消费者欢迎和具有影响力的电子商务网站之一，在线销售家电、数码通信、电脑、家居百货、服装服饰、母婴、图书、食品、在线旅游等12大类数万个品牌百万种优质商品。京东在2012年的中国自营B2C市场占据49%的份额，凭借全供应链继续扩大在中国电子商务市场的优势。京东已经建立华北、华东、华南、西南、华中、东北六大物流中心，同时在全国超过360座城市建立核心城市配送站。

京东供应链模式

京东商城是通过一体化的供应链管理，聚拢更多上游的品牌商、供应商，并利用京东商城的规模效应，推动各个产业链与供应链的效益最大化，打造出一个诚信、繁荣、共赢的B2C网络零售生态系统，具有持续化供应链的能力，拥有高效的、高度标准化的供应链支撑系统，并形成规模效应。

如果品牌商自己做B2C的电子商务平台，自建物流、配送和货到付款的支付体系的话，后台体系的成本是销售额的12%～18%。京东商城却能把成本压到6%左右，这对于品牌供应商具有极大的吸引力。正因为如此，后台成本的超过五个百分点的降低成为了打动供应商的理由。而且在京东商城，库存周转的周期是12天，而国美、苏宁这类实体店面竞争对手通常达到了40～60天。这对于更新速度极为快速的电子产品行业（京东最主要的业务范围）来说，供应链速度快一天，就能在产品过时掉价之前多卖一天，也就能多获得一天的利润，所以，这也凸显京东强大的竞争力。所以，京东的物流、商流、资金流和信息流运转效率相对于传统渠道高。

对于B2C平台来说，供应链的提速依赖于后台的仓储物流体系的高效运转。而京东这些年来，一直把物流作为第一任务来发展，不断加大对仓储物流后台的扩建。在华北、华东、华南、西南建立了四大覆盖全国各大城市的物流中心，同时在40余座重点城市建立了配送站；自建的物流体系不仅为用户提供了更好的服务，更重要的是缩短了供应链流程，大大缩减了运营成本。自建物流节省开支，公司内部人员做物流比较放心，可以给客户贴心的感觉。还可以使企业掌握对物流的控制力，可以保持旺盛的竞争力。同时自营物流可以使物流、商流、资金流、信息流结合得更加紧密，从而提高物流作业的效率，减少资金占用。

京东供应链管理分析

1．在采购环节

京东商城依靠其包含RFID、EPC、GIS、云计算等多种物联网技术的先进系统对一个区域进行发散分析，从而了解客户的区域构成、客户密度、订单的密度等，根据这些数据提前对各区域产品销售情况进行预测，根据预测销售量备库，同时决定采购商品分配到哪些区域的仓库，及各仓库分配数量。

物联网技术的应用可以使京东由产品销售总量的预测细化到各个区域，根据销售前端传来的详细信息，有利于采购人员做出更合理的采购决策。例如，在京东成熟的3C数码市场领域，其产品平均库存周转率约为11.6天，京东采购人员会对相关产品进行频繁采购，同时开放平台的供应商可以在其后台即时查看产品销售情况以及时补货。在这个环节上，物联网技术降低了用户在下订单出现缺货现象的可能性，有利于顾客更快做出购物决策，增加购物的流畅感，提高了顾客的消费体验。从成本管理角度分析，物联网技术可以帮助采购人员更合理地做出采购决策，提高了产品库存周转率，提高了产品合理分配仓库程度，节约了属于作业成本范畴的采购成本、库存成本、物流成本；销售数据与供应商的直接交流，允许供应商自行补货，也降低了交易成本的谈判成本、协调成本、信息成本。

2．在仓储环节．

京东商城应用的主要是RFID技术、EPC库存取货技术、库存盘点技术以及智能货架技术，以此实现仓库自动化管理。京东商城将自身库房划分为三大区域，分别为收货区、仓储区、出库区。在收货区，京东商城首先对供应商送来的商品进行质量抽检，然后利用EPC和电子标签技术给每件商品贴上条形码标签，作为该件商品的独一无二的身份识别证据，随后全部商品在仓储区域上架入库，每个货架均有唯一编号。上架时，京东仓库商品管理人员会利用PDA（手持终端）设备扫描商品条形码和商品进行关联后传入信息系统。这样，用户订单下达后，仓库商品管理人员可以依据系统记录直接到相应的货架取货，无需核对商品名称。

此外，京东商城根据历史数据计算结果，会及时将相关度高的商品摆放在一起，以提高库房完成订单的效率。当在促销季节时，为配合网站商品促销，库存位置也会同步改变，以节约取货时间，提高商品出库效率。仓储系统管理包含三大模块，分别是入库管理模块、库存位置管理模块、出库管理模块，该系统负责出入库管理扫描、更新EPC标签信息以及确定商品储存库区和货架位置等。物联网仓储管理技术的运用使京东能更高效地摆放商品，更加及时地更新库存信息，实现了仓库内商品的可视化管理，提高了仓储环节的敏捷性和精确度，促进了京东商城服务水平的提高，为发/退货的正确和补货的及时性提供了保障，提高了客户满意度。从成本管理角度来看，这些技术使仓储空间效用最大化，减少了商品库存，降低了存储成本，实现了储存、出入库、盘点等环节的自动化管理，节约了劳动力和库存空间，大幅度减小了供应链中由于商品位置错误等事故造成的损耗。

3．在分拣环节

京东商城同样应用的是RFID、EPC等技术。首先通过ERP系统确定订单所需商品发货库房，然后自动查询到商品在仓库中的位置，信息将自动发送到库房管理人员随身携带PDA上，在工作人员分拣货物完毕后，货物将放在对应的周转箱上传送到符合的扫描平台上，确认无误后，打印发票清单送到发货区域准备进行运输。物联网技术的运用实现了商品的快速分拣，有助于提高分拣效率，商品的快速分拣有助于快速发货，减少顾客的等待时间，有助于顾客更早享受商品的价值。从成本管理角度分析，这些技术的应提高了商品分拣的自动化程度，较少量的分拣人员即可高效完成工作，效率大幅度提高的同时，节约了大量的人工成本。

4．在运输配送环节

京东商城主要应用的是GIS地理信息管理系统技术，这种技术是物联网技术应用的典型实例，京东商城通过和一家地图服务商合作，将后台系统和该公司GPS系统进行关联，实现了可视化物流。京东商城在运送的包裹上和运货车辆上均装有EPC标签，包裹出库时将通过RFID技术进行扫描并和运送车辆关联起来，当货车在路上行驶时，其位置信息将通过GPS系统即时反馈到后台系统，并在网站地图上显示出来。京东商城的GIS系统可以使物流管理人员在系统后台即时查看物流运行状况，同时，车辆位置信息、停驻时间、包裹分配时间、配送员和客户交接时间都会形成海量原始数据。京东商城物流管理者通过分析这些数据，可以做出合理的人员安排计划，优化服务区域配送人员分配，缩短配送时间，优化配送流程。另外该系统还可以使用户即时查询商品运输信息，提高了用户对商品的实体感知程度。从成本管理角度分析，该技术的使用优化了京东商城自身的配送计划，相当程度降低了在电子商务企业总成本占有极大比重的运输成本。

资料来源：知乎．京东供应链管理分析[EB/OL]．（2021-12-03）[2022-03-16]．https://zhuanlan.zhihu.com/p/440853197.

问题：

1．京东在销售物流管理方面采取了怎样的战略和策略，以赢得竞争优势？

2．你觉得京东的销售物流管理模式还存在哪些问题？如何改进？

3．通过本案例，你认为销售物流管理系统在整个企业销售管理系统中的地位如何？

参考文献

[1] 熊银解，查尔斯·M. 富特雷尔，张广玲. 销售管理 [M]. 3 版. 北京：高等教育出版社，2010.

[2] 秦毅. 金牌销售经理Ⅰ [M]. 北京：北京大学出版社，2011.

[3] 秦毅. 金牌销售经理Ⅱ [M]. 北京：北京大学出版社，2011.

[4] 秦毅. 金牌销售经理Ⅲ [M]. 北京：北京大学出版社，2011.

[5] 麦肯思特营销顾问公司. 销售网络建设与管理 [M]. 北京：经济科学出版社，2005.

[6] 李俊杰，蔡涛涛. 销售管理知识、方法、工具与案例大全 [M]. 北京：企业管理出版社，2011.

[7] 王文良. 销售学全书 [M]. 2 版. 北京：中国社会出版社，2006.

[8] 程淑丽，王宏. 市场营销精细化管理全案 [M]. 北京：人民邮电出版社，2008.

[9] 菲利普·科特勒，凯文·莱恩·凯勒. 营销管理 [M]. 15 版. 何佳讯，于洪度，牛永革，译. 北京：格致出版社，2016.

[10] 斯蒂芬·P. 罗宾斯，玛丽·库尔特. 孙建敏，黄卫值，王凤彬，等译. 管理学 [M]. 14 版. 北京：中国人民大学出版社，2008.

[11] 于雁翎. 推销实务 [M]. 广州：广东高等教育出版社，2006.

[12] 汪中求. 营销人的自我营销 [M]. 北京：北京理工大学出版社，2022.

[13] 尚致胜. 超级影响力——N.L.P 致胜行销学 [M]. 北京：企业管理出版社，2001.

[14] 詹承豫. 从这里出发——娱乐管理的 99 个故事 [M]. 北京：中国建材工业出版社，北京赛迪电子出版社，2004.

[15] 詹姆斯·柯林斯，杰里·波勒斯. 基业长青 [M]. 真如，译. 北京：中信出版社，2019.

[16] 吉姆·柯林斯. 从优秀到卓越 [M]. 俞利军，译. 北京：中信出版社，2019.

[17] 拉里·博西迪，拉姆·查兰. 执行—如何完成任务的学问 [M]. 刘祥西，译. 北京：机械工业出版社，2016.

[18] 周昌湘. 非人力资源经理的人力资源管理 [M]. 广州：广东经济出版社，2010.

[19] 陈子秋. 客户经理培训方案精选 [M]. 广州：广东经济出版社，2005.

[20] 郭全中，徐进，傅晨. 成功管理销售队伍的秘诀 [M]. 北京：机械工业出版社，2005.

[21] 周树清. 销售业务管理：68 黄金法则与实务 [M]. 北京：中国经济出版社，2006.

[22] 冯章. 销售人员管理：50 黄金法则与实务 [M]. 北京：中国经济出版社，2006.

[23] 戴良铁. 人力资源管理实务——方法、工具、计算机软件 [M]. 广州：暨南大学出版社，2003.

[24] 刘光起. A 管理模式 2022 版 [M]. 北京：企业管理出版社，2002.

[25] 成君忆. 水煮三国 [M]. 北京：中信出版社，2013.

[26] 艾跃进. 品行管理 [CD]. 北京：中国科学文化音像出版社，2021.